経営学の危機

詐術・欺瞞・無意味な研究

デニス・トゥーリッシュ
佐藤郁哉［訳］

Management Studies in Crisis

東京 白桃書房 神田

Management Studies in Crisis

Fraud, Deception and Meaningless Research

by

Dennis Tourish

This translation of *MANAGEMENT STUDIES IN CRISIS* is
published by arrangement with Cambridge University Press,
through Tuttle-Mori Agency, Inc., Tokyo

日本語版への序

本書の日本語版が刊行されることを非常に光栄に思います。もっともその一方で私は、そもそもこのような内容の本を書かなければならなかったという点については、それをとても残念なことだとも思っています。私は、経営学をめぐる状況がより健全なものになり、また経営学者たちの注意が、企業組織や社会全体を悩ませている多くの問題に対して向けられるようになっていくことを望んでいます。そして、まさにそれこそが、この本を書くことになった動機でもあるのです。

経営学の分野には、研究者として本来取り組まなければならないはずの、本当の意味で重要な問題を無視してしまうという傾向が存在しています。たとえば、英語圏の経営学者たちは、2008年に起きた世界的な金融危機（その影響は未だに続いています）、気候変動問題に対して経営者たちが本来果たすべき役割や具体的な解決策、世界中に広がる不平等、株主価値を過度に優先する新自由主義の席捲によって社会全体が被ってきた深刻な影響などの多くの問題についてはほとんど発言してきませんでした。

その代わりに経営学者たちの多くがおこなってきたのは、代わり映えのしないテーマを取り上げた上で、それに些細なバリエーションを付け加えただけの論文を書く、というようなことだったのです。しかも、それを理解しがたい言葉や言い回しを使って書いてきたのでした。したがって、たとえ読者の皆さんにとってその種の文献に理解できない部分があったとしても、それは決して皆さんの言語能力のせいなどではありません。単に、私たち経営学者の英語表現が拙劣なだけなのです。それに加えて、「疑わしい研究行為（questionable research practices)」などという奇妙な言葉で呼ばれる行為に研究者が手を染めている例も少なくありません。これは、発表された研究の多くが間違っていたり、信用できなかったり、根拠薄弱であったり、馬鹿げたものであったりしていることを婉曲に言い表したものです。本書では、なぜこのような事態が生じてしまうのかという点について解説していきます。一方で私は、それよりも重要な事柄として、この本において、そのような問題に対して何をなすべきかを説明しようとしています。

残念ながら、私は日本の大学の現状についてはあまり詳しく知りません。しかし、ヨーロッパ、アメリカ、オーストラリア、その他の国々における学術生活は、ごく少数の一流ジャーナルに論文を掲載するという圧力に支配されてきました。実際にそれに成功する人はほとんどいません。しかし、そのほとんど見込みが無い成果を切望するあまりに、すぐには答えが見通せない大きな問い（リサーチ・クエスチョン）に取り組むことを避けてしまいがちです。そのような大きな問いへの挑戦は、非常に難しいことだと考えられているからでもあります。むしろ「ギャップ・スポッティング（リサーチ・ギャップの検出）」などと呼ばれているように、主流の研究動向の枠からはみ出すことなく、また通説に挑戦することは回避して瑣末《さまつ》な問題に取り組んでいくのが賢いやり方なのです。そのような圧力は日本にも存在しているのでしょうか？　もし存在するのだとしたら、読者の皆さんは本書の内容に何らかの価値を見出すことができるかも知れません。

もっとも、本書は単なる悲観論ではありません。現在の学術生活のあり方に対して挑戦し、またそれを変革していくために私たちができることはたくさんあるはずなのです。それは、経営学者である私たち自身にとって大切なことです。しかし、それよりもさらに大切なのは、私たちがそうすることは社会全体にとっても重要な意味があるという、紛れもない事実なのです。この本を読み終える頃には、読者の皆さんが勇気づけられ、また何らかの変化をもたらす上で必要となる力が得られたと感じていただけることを切に願っています。

2022年1月26日

デニス・トゥーリッシュ

謝辞

この本を書くにあたっては、ラッセル・クレイグ教授に非常に多くを負っている。長年にわたる彼との共同作業と友情は刺激的かつ生産的であり、また何よりも大きな喜びをもたらすものであった。本書に含まれている幾つかの章は、彼との共著論文が元になっている。それに加えて、ラッセルはその他の章についても丁寧に読み込んだ上で、貴重なフィードバックと批判的なアドバイスを提供してくれた。また、良き友人であるポール・ロブソン教授に対しても、統計学的な問題に関して専門的な示唆を提供いただいたことについて、ここで謝意を表明しておきたい。

目次

第8章 「エビデンスベーストの経営」の約束と問題とパラドックスと 290

第9章 有意義な経営研究の復権を目指して 327

序章

経営学における危機

はじめに

北アイルランドからオーストラリアに居を移して、同国有数のビジネススクールで働くことになったのは１９９９年のことだった。海峡をまたいで別の大陸に移住するというのは私にとって大きなチャレンジであった。一方で、それは、コミュニケーション学という社会科学系の研究分野を離れて、それまであまり馴染《なじ》みがなかった学問領域の中に移り住むということをも意味していた。実際のところ、両方とも私にとっては自分の将来に関する不安にさいなまれるような体験ではあった。もっとも、本書は、私がまだオーストラリアにいた当時に、何人かの人々と交わした会話が発端になっている。

とある日、同僚と私は、定例の研究セミナーに参加するため米国からやってきたシニア級の経営学者とランチをとりながら議論を交わしていた。食後のコーヒーの際に、話題は研究活動の現状へと移っていった。その米国からの客は、皆が知っているはずの事実について話すような口調で、さりげなく次のように述べたのであった——「まあ、経営学系の研究って、大体みんなクズみたいなのばっかりだよね」。彼の発言に対してその場に居合わせた私たちは一斉に笑い声をあげた。少しばかり気まずくて神経質な感じのする笑いではあったのだが……。

どうやらその場の一致した見解としては、彼の言っていることは紛《まぎ》れもない、れっきとした事実ではあるが、一方で、そんなことは社交の場で口にすべきではない、というものであったらしい。それは喩えて言えば、皆の前で、「本当はオペラなんかより、バグパイプの方が好きなんだよね」などと口走ってしまうようなものなのだ。実際のところ、私自身、その米国人学者の無神経きわまりない発言からかなりのショックを受けたことを未だに覚えている。もっとも、そのショックの度合は、その後長年のあいだに徐々に薄らいでいくことになった。

というのも私は、次第に経営研究のあり方について相当程度の危機感をおぼえるようになっていったからである。その危機感は、たとえば、この分野の学術ジャーナルがおおかた到底読むにたえない代物だという点や、掲載された論文の多くが取るに足らない瑣末なテーマしか扱っておらず、他方で非常に重要な問題を無視し続けてきたという事実によるものである。

これについて、ジョン・ミンガーズは2015年に次のように指摘している。

Web of Science［代表的なオンライン学術誌データベース］をざっと眺めてみると、1990年から現時点までに刊行された経営学系の11万5000本の論文のうち、気候変動の問題を扱ったものは328本（0.28パーセント）に過ぎないことが分かる。また、経営学系だけでなく商学・金融系を含めた論文全体で22万2500本のうち、「リーマンショックにともなう」金融危機に関する論文は292本（0.13パーセント）のみであった。さらに興味深いことには、この問題を扱った最初の論文は2008年に掲載されたものであり、しかも、それが同年では唯一の論文だったのである。これは、現実に金融危機が起きる以前の時点でその問題についてはほとんど誰も予見していなかった、ということを如実に示している[1]。

これを［経営学の］危機と呼ばずして、何を危機と呼ぶべきであろうか。また、ミンガーズが指摘した事実は驚くべきことであり、かつ恥ずべきことだとも思う。

実際、現時点まで、米国経営学会（Academy of Management）から刊行されている主要ジャーナルのどれを見ても、2008年の金融危機が契機となって生じた世界レベルでの景気後退について真正面から取り扱った論文を掲載した例は一誌も無かった。また、これも注目すべき点なのだが、金融学関連のトップジャーナルの場合ですら、世界金融危機に関して本格的な分析をおこなった論文はほとんど掲載されてこなかった。さらに、それらのジャーナルに掲載された論文で報告されている研究の性格は、金融危機以前のものと何ら変わるところが無いのである[2]。

恐らく、現実世界で生じた事態などは真剣な議論に値するほど重要なものだとは思われていなかったのだろう。しかしその一方で、銀行や金融システムのあり方がその後根本的な改革を遂げたと見なせるような証拠はどこにもない。この点からすれば、ゾッとするような予感さえしてくる。つまり、金融危機は「それが果たして再び起こるものであるかどうか」などではなく、「次の危機が起きるのはいつなのか」という点こそが問題だということである。つまり、単なる時間の問題にしか過ぎないのだと思えてくるのである。しかも、実際にそれが起きたときの経済的、社会的、政治的な面での打撃は壊滅的なものであるはずだ。一方で、経営学者たちは——主流派であれ批判理論を奉じる人々の場合であれ——この種の深刻な問題をあらかた無視しながら、ひたすら無関心を装って静観を決め込んできたのである。

これらの問題については以前から認識されてきたはずなのだが、今なお解決されないままに放置されている。たとえばビル・スターバックは、既に2003年の時点で、次のように指摘していた――「組織研究者の中で組織と社会的に重要な問題とのあいだの関係について焦点をあてて研究をおこなった者はほとんどいない。一方で、古くからの社会問題は根強く残っているし、新しい問題が次から次へと登場している」[3]。

スターバックの見解によれば、「組織理論は、もっと人々の幸福に対して貢献できるはずだし、実際にそうすべきである。そのような貢献を目指して力を尽くすことによって、組織研究の分野における議論は活性化されるだろうし、我々の地域社会や社会全体、そしてより多くの人々にとって有益なものになるはずだ」。ところが、現実の経営学者ときたら、本来重要であるはずの問題に向き合うときには、私たちの多くが歯科医のところに行こうかどうか迷っているときと同じような姿勢で臨んできたのである。つまり、そうすることが自分にとって良いことであり、また絶対そうすべきだと承知しているはずなのだが、どうにも気が進まないのである。それにしても、なぜ、こんな状況に陥ってしまっているのだろう？　この問いこそが、本書全体を通して私が追究していこうとする問題に他ならない。

このような懸念は、今やかなり一般的なものになっている。また、経営学系のジャーナルで深刻な問題として取り上げられることも増えてきた。たとえば、ビル・ハーレイは彼が「経営研究において登場しつつある信頼の危機」と呼ぶ問題について書いている。ハーレイは、次のように論じる――「なぜ、経営学者は自分たちの研究や論文発表に関わる活動が非常に不満足なものであり、また無意味であるとさえ感じるようになっているのだろう？　あからさまに言えば、このような感じ方というのは、我々の多くがおこなってきた研究とか論文には実務的なインパクトなどほとんど無いという事実に対する、まったくもって当然の反応だとさえ言えるのである」[4]。

それに加えて、経営学系の論文の多くは、まるでマゾヒスト的な読者に対して苦痛を与えることに快感をおぼえるサディストによって書かれた代物のようにさえ思えてくることがある。*Academy of Management Journal* を無作為に検索してみたところ、次のようなタイトルの論文が見つかった――「いつメディチ家はダ・ヴィンチに迫害を加えたのだろうか？　文化生産の領域における外部のステークホルダーとの関係が及ぼすシグナリング効果を緩和する」[5]。このタイトルを目にして、その論文に何が書かれているか解読してみようなどと思う人々に、幸《さち》あれかし！　私の場合、この論文の要旨（アブストラクト）を辛抱強く読み続けてみたところ、次のような文章を見つけることができた。

外部ステークホルダーとの関係の重要性（芸術家に対して寄付をした企業数によって操作化した）は、芸術家仲間による評価に対して負の影響を及ぼしているという点について確認できた。（中略）本論文は、シグナリング効果という観点を導入することによって、制度ロジックという理論的観点とステークホルダー関連の研究分野に対する貢献を果たしている。つまり、本論文では、主流の制度ロジックがよってたつところの芸術仲間の評価は、外部ステークホルダーとの関係によって直接的なインパクトを受けるということを示したのである。

……というような感じで文章が続いている。この論文自体には一定の価値が認められるし、読みやすい文章も幾つかは含まれている。しかし、論文の読者がまず目を通すのは、たいていの場合は、その要旨の部分であるはずだ。だとしたら、なぜ、この要旨は、かなり狭い範囲の専門的な議論について熟知している読者にしか理解できないような文章で書かれなければならなかったのだろうか？

このような問題に加えて、私が改めて調べてみたところ、経営学分野では色々な種類の研究不正が蔓延しているという事実も明らかになってきた。本書では、それらの不正についても解説していく。

研究不正の中には、たとえばデータの捏造《ねつぞう》といった明白な不正だけでなく、盗用、自己盗用［自分が発表した論文や本の一部を、出典を示さずに使い回す］、明らかに質の低い統計分析やp値ハッキング［自分にとって都合のいいように統計数値を操作する行為］などグレーゾーンのものも含まれている。最後に挙げたp値ハッキングには、統計的に有意な結果が得られるようにするために、統計解析の際に都合の悪い幾つかの変数を除外したり、当初の計画どおりに作業が完了する前に研究を中断したり、統計的検定から得られた数値を四捨五入して「丸める」手口などが含まれている。経営学の分野では、その種の行為の発覚によって、いったんジャーナルに掲載された論文が撤回される例が増えている。一方でまた、明らかに致命的な欠陥があると見られる、誇大広告とも言えるような議論を臆面もなく披露している論文の数も増加傾向にある。

ここでは、後者の一例を心理学の分野から取り上げてみることにしたい。心理学は経営学の隣接分野であり、その分野の研究を通して明らかになった事実には、経営学理論に対してだけでなく企業経営の実務という点でも多くの示唆が含まれている場合もある。また、経営学系と心理学系のジャーナルで扱われているテーマのあいだには相互に重複も多い。

エイミー・カディは、2010年にハーバード・ビジネススクールの新任教員として採用されることになった。彼女は、2名の共同研究者とともに「パワー・ポージング――短時間の非言語的ポーズは神経分泌レベルとリスクに対する寛容度に対して影響を与える」というタイトルの論文を発表した(6)。その論文によれば、「2種類の単純なポーズを、それぞれ1分間とるだけで力が湧いてくるし、たちどころにパワフルになれる」のだという。力（パワー）を示すような特定のポーズを採用すれば、自分自身にとってだけでなく他人に対してもよりパワフルに見えるのだそうだ。

同論文の著者たちは、その種の効果の幾つかについて次のように要約している。「本研究の結果によって、高パワーの非言語的ポーズは（低パワーのポーズとは対照的に）、男性と女性の実験参加者の両方について神経分泌と行動に変容をもたらすことが確認された。つまり、高パワーのポーズをとった人々はテストステロン［男性ホルモンの一種］の昂進、コルチゾール［副腎皮質ホルモンの一種。「ストレスホルモン」とも］の低下、そしてパワフルな感覚とリスクに対する耐性を得たのである。低パワーのポーズをとった人々の場合は、それとは反対の傾向が見られた」。さらに著者たちは、この実験結果には「現実の世界でも応用可能な示唆が含まれている」(7)としている。となると、たとえば私の場合だったら、そういうポーズをとることによって、自分の専門領域であるリーダーシップ研究やリーダーシップ開発プログラムに対する顕著な効果が期待できるということになるだろう。

どうやら、他の人々も同じように考えたらしい。たとえば、カディは間もなくＴＥＤトーク［有名なオンライン講演サイト］をおこなうことになり、彼女のトークは人気番組の1つになったのであった(8)。さらに、2014年にはニューヨーク・タイムズがカディの研究に関する記事を掲載した。それは、まるでハリウッドスターのプロフィールを紹介する記事のような印象を与えるものだった。その記事によれば、彼女は「世界中から高額の講演依頼を受けており、また、リトル・ブラウン社とは次の年に出版される本の契約を交わしており、さらに、ポーズの効果に関心を寄せているさまざまなタイプの熱狂的ファンを大量に惹きつけている」。また、カディの研究に含まれているインプリケーションは広大なものだともされている。「小学生、退職者、トップアスリート、外科医、政治家、いじめや性暴力の被害者、窮地に陥っている難民、精神病や身体的問題（四肢マヒを含む）を抱えている人々——これらの人々が全て、自信に満ちたポーズをとることによって、あるいは（四肢マヒ患者の場合は）そのポーズを頭の中で思い描くだけで、ほとんど即座にモリモリと自信が湧いてきたのだという」。その記事には「ハーバードの研究室の前で勝利のポーズをとるエイミー・カディ」というキャプション付きの写真が添えられていた[9]。

そして、カディの著書は予定どおり2015年に出版され、アマゾンのウェブサイトから本を購入した読者からは数々の好意的なレビューが寄せられた。その本のタイトルである *Presence: Bringing Your Boldest Self to Your Biggest Challenge*（邦訳『〈パワーポーズ〉が最高の自分を創る』）は、ポジティブ心理学ブームにフィットするものだと言えるだろう[10]。何しろ、この流派の心理学は、単に適切な精神的態度を持つように心がけるだけで問題の多くは消え去ってしまう、という考え方を私たちに吹き込もうとしているのである。

もしかしたら、実際にそんな効能があるのかも知れない。しかし、1つだけちょっとした問題が出てきた。カディたちとは別の一組の研究者たちが、果たして、それほどまでに華々しい注目を浴びた研究と同じような結果が実際に再現されるものかどうか検証してみたのである。その実験には、カディたちの研究に比べて5倍の人数の参加者が協力した[11]。ところが、その再現研究では、元々の研究で得られたとされる効果は、何ひとつとして見出されなかったのである。もっとも、2016年にアンドリュー・ゲルマンとカイザー・ファングが報告しているように、カディたちによるオリジナルの研究結果は、今日に至るまでマスメディアによって広く流布され続けている[12]。一方、それとは対照的に、実験結果が再現できなかったとする再現研究の方はほとんど注目されてこなかったのである。

結果が再現されなかったのには多くの理由が考えられるだろうが、誰ひとりとして元々の研究結果が捏造されたものだという可能性には言及してこなかった。他の多くの人々と同じように、研究者だって当然、自分たちの仮説が正しいことを証明したいと思っているはずである。したがって、仮説を肯定するような証拠を探そうとするし、他方では、否定的な証拠については見て見ぬふりをしがちなのである。

また、たしかに根気強く研究を重ねていけば、最初の発見事実の傍証となる、より確実なデータが得られるかも知れない。しかし当然ではあるが、研究者としてのキャリアにとっては、マスメディアにもアピールする画期的な主張のように見えるものを打ち出すことができれば、とてつもなく有利だろう。そのマスメディアと言えば、いつだって、センセーショナルな最新の「発見」を鵜《う》の目鷹《たか》の目で探し求めているのである。それにしても、そのような画期的な発見事実のうちのどれだけが本物であり、またどれだけがそれとは逆に、不適切なサンプルサイズや、厳密性とはほど遠い類《たぐ》いの分析手法、あるいはインパクトのある発表をしたいと思って派手に自己宣伝をつとめた著者の手口、そしてまた時には全くの捏造によって仕立て上げられたものなのであろうか？　以上のような疑問こそが、読者が今日にしているこの本を書かなければならないと私が思った理由なのである。

　第1章では、これらの問題の歴史的なルーツについて見ていく。私が見るところ、経営研究には還《かえ》るべき「黄金時代」など元々存在していなかったのである。現在我々が直面しているのと同類の問題は、そもそもの最初の頃から何らかの形で存在していた。もっとも、（業績評価に関する）数値絶対主義と監査主義の際限のないプロセスは、これら全ての問題をさらに悪化させるとともに、一方では新たな問題を生じさせ、事態をさらに複雑なものにしている。第2章では、このような要因間の関連のダイナミクスについて検討していく。それらの問題が研究生活の質に対して与えてきた甚大な影響については、第3章で扱う。第4章では、学術研究全般にわたって見出すことができる各種の研究不正や逸脱行為について検討を加えた上で、続く第5章では特に経営研究の分野で、それらがどのような形で現れているかについて詳しく見ていく。

　経営研究の場合には、「理論の構築」という幻想にあまりにも囚われてしまっている、という特有の問題がある。しかし、そんな理論構築などというのは、多くの場合、単なる思い上がりのナンセンスに過ぎないのである。その点について第6章で検討した上で第7章では、リーダーシップ研究におけるいわゆる「理論開発」の事例を取り上げて深く掘り下げてみていく。デニース・ルソーやジェフリー・フェファーのように著名な研究者の中には、経営研究におけるレリバンス（現実（実務）関連性）の欠如という問題への解決策は、彼らが「根拠にもとづく経営（Evidence-Based Management）」と呼んでいるものの中にある、と主張する人々もいる。第8章では、この主張に関する私なりの見解を提示する。特に、経営研究が陥っているお粗末な現状が、根拠にもとづく経営などという発想を問題含みのものにしている、という点について論じる。情報学者が以前から喜んで私たちに教えてくれてきたように、たしかに、ガーベージ・イン・ガーベージ・アウト（GIGO）なのである。つまり、屑のようなデータからは屑のような結果しか生まれないのだ。第9章で私は、経営研究は、社会的に重要な問題の解明に対してもっと努力を傾けるべきであると論じ、またその実例について幾つか紹介する。

最後に第10章では、「特定の利害関心を超越した知的探究」という伝統的な学術研究の価値を取り戻していくために、研究者個人としてあるいは私たちが集団として何ができるか、という点について見ていく。それは取りも直さず、それ自体が自己目的化してしまった論文生産などよりもはるかに重要な目的を念頭に置きながら研究をおこなうことに力を注いでいく、ということに他ならない。

ここで断っておくべきだろうが、この本で私は自分が学者の鑑《かがみ》とでも言えるような模範的な研究生活を送ってきたなどと主張しているわけではない。実際のところ、私自身はこれまで、本書で扱っているような過ちを何度となく繰り返してきた。その中には、たとえば、分かりにくい文章を書いてきたことや本来無視すべきであったテーマの研究にかまけて時間を無駄にしてきたことなどが含まれる。実際、この罪深き世界の中にあって、何人《なんぴと》たりとも何らかの過ちから自由であるはずもない。

また、私はこの本を、異議申し立ての数々を並べ立てるだけの本にするつもりはない。本書では、その全体を通して、私たちが今後将来に向かって進んでいく上で何をなすべきかという点に関する提言を示している。それらの提言を貫く根本的な前提には、世界は現在非常に多くの点において深刻な課題に直面している、という認識がある。そして、それらの問題の多くは組織のあり方と深く関わるものである。

たとえば、仕事の本質的な性格を変えつつある新しいテクノロジーの導入に対して我々はどのように対応すべきだろうか？　また、現在、研究者たちは所属する大学で、「画期的な研究をおこなっている」という見せかけを取り繕《つくろ》うという点に関して、以前にも増して強いプレッシャーがかけられるようになっている。私たちは、大学内におけるそのような文化の変容に対してどのように対処していけばいいのだろうか？　事実、大学人は、その種のプレッシャーに同調している限りは、それなりにいい給与をもらえる。しかし、それとは逆に同調圧力に抵抗したりすると何らかのペナルティを課されることになってしまうのである（これは、取りも直さずこれまでも数々の研究不正を生み出してきた伝統的なインセンティブ構造である）。そして、我々が生活を送っている、この際限無く変化しつつある世界において、大学一般、そして特にビジネススクールは、一体どのような目的を追求すべきなのだろうか？

私は、経営学者は以上のようなさまざまな問題に対して重要な貢献ができるはずだと信じている。しかし、現在までのところは、まだそんな貢献などできていない。実際、ほとんどの経営者は私たちが書いた論文を読むことがないし、世間のたいていの人々は、そもそもその種の経営研究というものがこの世に存在していることすら知らない。そして、その人々の直観はきわめて健全なものなのである。

このような現状を変えていくことは、当然、私たち自身にとっても有益な結果をもたらすはずである。さらに大事なポイントなのだが、実際には以上のような体《てい》たらくであるために、私たちは、私たちを取り巻く数々のエキサイティングかつ非常に重要であり、ときには恐怖を催すことさえある数々の問題をめぐる議論に対して影響を及ぼすという貴重な機会をみすみす見逃してきたのである。この現状は、私たちが真に望んでいるものなのだろうか？　私たちは、本当にこんなことしかできないのだろうか？

これらの問いに対する読者諸氏の答えが「そんなことはない！」というものであることを祈りつつ、次章以降の議論を展開していきたいと思う。

第1章

最初から欠陥だらけ
——経営学の不幸な生い立ち

はじめに

この章では、主に2つの点について論じていく。

第1のポイントとしては、経営研究の歴史についてその発祥の頃にまで遡って詳しく検討していく。特に重点を置くのは、科学的管理法の発想に結びついていったフレデリック・テイラーの仕事である。また、人間関係論の起源になった、かの有名なホーソン研究についても見ていく。これら2つの研究の検討を通して、私は、いま経営学分野における研究を混乱させている問題の多くは、この分野の発祥時点から存在していたことについて論じる。

それらの問題の中には、調査設計のまずさ、ごく少数のサンプルから得られた知見に過ぎないにもかかわらず、それを何らかの職業に従事している（世界中のあらゆる国の）人々全てを含む母集団にまで一般化しようとする極端な傾向、権力というものをめぐる問題を曖昧にすることによって既存の利害関係に奉仕しようとする、露骨に政治的な思惑などが含まれる。この章で扱うのは単なる歴史的な検証に留まらない。というよりはむしろ、我々がおこなう研究の根底に現在もなお存在する、基盤の脆弱さという問題に対して光をあてた上で、この状況を改善することを目指す際に乗り越えていかなければならない課題がいかに大きなものであるかを明確にしていこうとするものである。

本書における第2のポイントとして、私は、経営研究におけるレリバンス（現実関連性）と科学的厳密性の関係という実に厄介な問題を扱うことにする。(1) 米国のビジネススクールに関するフォード財団とカーネギー財団のレポートがそれぞれ1950年代末に発表されて以来、経営学者たちは研究方法の厳密性、特に数量的なアプローチを採用することによって厳密性を保証しようという強迫観念にとらわれるようになった。(2) 一方、それ以前に経営研究として通用していたものの少なからぬ部分は、現実関連性《レリバンス》という点では優れていた。その多くは実務家によって書かれた報告であり、それらは当時実務家たち自身の多くが手にとって読めるような種類の幾つかのジャーナルに発表されたものであった。しかし、一方で、それらの報告は理論的ないし方法論的な洗練さの度合という点で何らかの問題を抱えており、その結論や情報が正しいこともあれば明らかに間違っている例もあった。

この点に関する修正の必要があったという点はたしかに言える。しかし、現在はそれとはまるで正反対の極端な傾向が見られる。つまり、ほとんどの場合、経営研究を通して生み出されるアイデアを理解できるのは、ごく少数の信奉者だけなのである。また、学会の研究発表大会や学術ジャーナルでの発表という範囲を越えてそれらのアイデアの現実問題への適用の可能性を見出すことができるのは、それよりもさらに少数の人々でしかない。こんな体《てい》たらくに陥ってしまった背景にある事情について明らかにすることは、取りも直さず経営学に関する不都合な真実について語ることに他ならない。それはまた、ビジネススクールというものが何であり、またさらに重要な問題として、ビジネススクールが今後どのようなものになるべきかという点に関わる基本的な議論を提起することにもなるだろう。

ベスレヘム製鉄会社の伝説と科学的管理法の科学的厳密性

人はたいてい、物事の起源に関する物語が好きなものである。また、その種の物語は、民間伝承（フォークロア）やおとぎ話あるいは神話のような形で脚色されているのが常である。それと全く同じことが経営研究についても言える。一般に信じられていることからすれば「はじめ［経営学の創始］に言葉ありき」なのであり、その言葉というのは「科学的管理法」である。言うまでもなく、これはフレデリック・テイラーの仕事に関するものであり、特に彼が1911年に出版した *The Principles of Scientific Management*（邦訳『科学的管理法』）に関連づけられている。

ロバート・コンティが『オックスフォード版・経営理論家ハンドブック（*The Oxford Handbook of Management Theorists*）』の中でテイラーの生涯と業績について解説した際に、コンティは、次のような実に的確な指摘をしている――「テイラーは、あらゆる経営学者の中でも、最も極端で、かつ相反する感情的反応を引き起こしてきた人物である。彼は賞賛の的であるとともに、激しい批判の対象にもなってきたのだ[4]」。賞賛の的というのは、テイラーは、経営側がいかにすれば生産性と利益を最大化できるかという点についてシステマティックな議論を提示したように見える、という理由によるものである。一方、批判の対象というのは、そのような議論を通して、彼が労働者を機械仕立ての身体部位――機械なので感情や社会的な欲求は無視して差し支えないということになる――のような地位に貶《おと》しめたと言われているからである。この問題こそ、後に人間関係論の提唱者たちが批判的な修正を加えようとした重要なポイントの1つであった。

テイラー主義のエッセンスは、特定の作業を実行するために必要な時間を測定することにあった。これによって、経営者側は労働者の能力を必要な課業の内容に合わせることができるようになったのである。テイラーは、経営側と労働者は基本的には同じ立場にあるのだと主張した。言い争いをしている兄弟同士のように、両者が時にはその点について共通認識を持てなかったりすることがあったとしてもである。科学的管理法の影響は、今日でもさまざまな面に見られる。たとえば、それは効率性に対する飽《あ》くなき関心であり、また、その関心と密接に関連しているのだが、ビジネスの世界において定期的に流行する多種多様な経営改革プログラムに対する従業員の抵抗を克服しようとする試みにも、その影響を見ることができる。

テイラー自身は、ハーバード大学への進学を断念してエンジニアとなり、金型製作工や工作機械のオペレータとして働くことになった。彼は、そのキャリアのかなり早い段階から「生産抑制行為（soldiering）」を深刻な問題として認識していた。これは労働者がみずから生産量を制限する行為であり、また、仲間からの同調圧力によって強制されることが多かった。彼の言葉を借りれば、それは「イギリスとアメリカ両国の労働者を悩ませている最大の悪癖」なのであった。(5) もっとも、労働者がこのように振る舞っていた理由は恐らく自明であろう。実際、生産性が向上すればするほど以前よりは人手は要らなくなるし、失業してしまう可能性だって出てくる。したがって、必ずしも賃金の上昇に結びつくわけではなかったのである。それもあって、テイラーは出来高払いシステムを提唱した。しかし、経営者側は労働者の賃金が増えたときには出来高を計算する際の単価を下げることが多かった。これは出来高払いの趣旨とは矛盾する対応である。このような問題を克服することは、テイラーが生涯にわたって自分の使命として考えていたものであった。

テイラー主義の典型的なイメージは、工場におけるベルトコンベア式の組立ラインである。そこでは、ロボットのような人間の大群が同じ課業を機械的に繰り返すことによって生産効率の最大化を目指している。そのイメージは、チャーリー・チャップリンによる古典的な映画『モダン・タイムズ』をはじめとして、何度となくパロディ化されてきた。米国の人気TVシリーズだった『アイ・ラブ・ルーシー』にも同じような内容の有名なエピソードが含まれている。そのエピソードでは、主人公のルーシー（演：ルシル・ボール）と彼女の友達がチョコレートの製造ラインで働いている。彼女たちの仕事は、チョコレートがベルトコンベアの上を通り過ぎるときにそれを包装紙に包み込むことである。作業のはじめに、監督者は、チョコレートが1個でも包装されずにラインを流れていったら解雇だぞとがなり立てていた。最初のうちは全て順調だった。しかし、ラインのスピードが上がったために、ルーシーたちは包装できなかったチョコレートを食べてしまったり、食べきれない分は帽子やポケットに入れたりして必死になって隠さなければならなかった。やがて監督が再び登場して、その監督はルーシーたちに向かって、彼女たちは実に見事に仕事をこなしていると告げる。その上で、もっとラインのスピードを上げろ！　と大声で指示するのであった(6)。

経営手法に関する斬新な発想を確立したというテイラーの主張にとっては、彼自身がおこなったある研究が非常に重要な意味を持っていた。1899年、彼と何人かの共同研究者たちはベスレヘム製鉄会社で、製鋼用の銑鉄《せんてつ》の棒が鉄道車両にどのように積み込まれているか、という点に関する研究をおこなっていた。テイラーが主張しているところによれば、彼は75名の男性工員の作業について数日のあいだ研究した上で、より多くの銑鉄棒を積み込むことができる体力を備えた数人の工員を選んだのだという。その中でもずば抜けていたのは、テイラーが「シュミット」と呼んだヘンリー・ノルであった。注意深く設計された休憩期間を実験条件として組み入れることで、生産性が上がったとされた。以下の話ではシュミットが主役ということになるのだが、テイラーは、ここで彼がシュミットと最初に交わした、後に悪名高いものになる対話について書いている。(以下では、あまり長くならないように原文に若干の編集を加えている。)


「シュミット、君は高めの男かね?」

「あん、何のことだべ……」

「まあここに来て、私の質問に答えるんだな。私が知りたいのは、君が高めの男なのか、それとも、ここらの安上がりな仲間と同じなのかということなんだ。1日1・85ドル稼ぎたいのか、それともあの安めな連中みたいに1・15ドルで満足できるかってことだよ」

「おらが1日1・85ドルを稼ぎたいってことかね? それだけ稼げれば、おらが高めの男になるってか? うんだ。高めの男だべなあ」

「ああもう、私をいらいらさせないでくれよ。君はもちろん1日1・85ドル稼ぎたいだろうね。それは、誰だってそうだろう! 君だって、そんなことと君が高めの男だということが無関係だってことはよく知ってるはずだ。頼むから私の質問に答えて、もう時間を無駄にしないで欲しいねえ。さあ、ここに来てくれ。あのズク(銑鉄)の山が見えるかね? ……まあ、君が高めの男なら、明日あの貨車にあそこにあるズクを1・85ドルで積むだろうな。さあ、目を覚まして私の質問に答えてくれ。君が高めの男かどうか教えてくれ」

「ええと、明日あの汽車にあそこのズクを積めば1・85ドルもらえるんかね?」

「そうだとも、君はもちろんそうしたいよなあ。あそこの山を貨車に積めば1・85ドルもらえるし、これから一年じゅう毎日それだけもらえるんだ。それが高めの男がすることなんだよ。そんなこと、君は私と同じくらいに知ってるはずだよね」

「あん、そりゃ大丈夫だあ。明日1・85ドルでズクを貨車に積んで、毎日それだけもらえるんだね？」

「そうそう、そうなんだよ」

「じゃあ、おらは高めの男だな」

「おいおい、ちょっと待って、待ってくれよ。君だって、私と同じように、高めの男だったら、朝から晩まで言われた通りにやらなければならないって知っているはずだよ……まあ、君が高めの男なら、明日、朝から晩までこの人が言った通りにやるんだ。彼がズクを手に持って歩くように君に言ったら、君はズクを持って歩く。そして彼が君に座って休むように言ったら、君は言われた通りに座る。君は一日じゅうずっとそうやって作業するんだ。……高めの男だったら、彼に言われたことをするだけでいいのであって、口答えなんかしないんだ。分かるかな？　この男が君に歩くように言ったら、言われたとおりに君は歩くんだ。彼が君に座るように言ったら、君はその通りに座るんだ。絶対、口答えなどしてはいけない(7)」


テイラーはシュミットの知能水準を半ば痴呆に近いものだと見ているようだ。実際、右に一部を引用したようなテイラーの報告に含まれている2人の対話の記録は、上の立場から見下したような調子が随所に見られる。シュミットは重い荷を負わされた獣のような存在に過ぎず、その重要性や価値が自明であると考えられる目的――つまり、より多くの銑鉄を積み込むという目的――を追求するために、上役の意のままに操られるべき存在だと見なされているのである。

テイラー自身は次のように述べている。

これは、かなり乱暴な言い方のように思えるかも知れない。たしかに教育を受けた機械工との会話だったらそう言えるだろう。知的な労働者の場合でさえそういうことになるだろう。しかし、精神的に鈍いタイプのシュミットのような男の場合、これは適切な話し方なのであり、決して冷たい言い方などではないのである。なぜなら、こういう話し方の方が、シュミット自身が望んでいるはずの高賃金に対して注意を向けさせる一方で、とても自分の手には余る重労働だと見なしてしまうような考え方から注意をそらす上で効果的だからである。(8)

シュミットはここでは子供のような地位に貶《おと》しめられており、ビル・クックが指摘するように、昔の米国南部における奴隷とその主人との関係にも喩えられるような扱いを受けている。(9) そして実際、テイラーは計画や複雑な思考ができる人々と実際に重いものを持ち上げて作業するという重労働に従事する人々とのあいだで明確な分業をおこなうことを提案している。テイラーの見解では、後者の仕事の場合、馬鹿力と無知の組み合わせ以上のものは特に必要ではないのである。「その種の仕事は非常に荒削りで単純なものであり、著者は、知恵のあるゴリラを訓練することができさえすれば、どんな人間よりも効率的な銑鉄運搬作業者になると固く信じるものである」(10)。彼は後に再びこのテーマに触れて、その種の仕事ができる者にとって必要となる属性について詳しく説明している。

［シュミットは］非常に愚かで粘液質型であり、彼の気質は他のどのタイプにもまして牛のそれに似ている……あまりに愚かなので、「パーセンテージ」という言葉すら彼にとっては全く意味がない。したがって、シュミットがこの仕事でうまくやっていくためには、彼よりも賢い者の指導によってこの科学

の法則に従って働く習慣を身につけるように訓練されなければならないのである。[11]

このように、テイラーの科学的管理法のシステムは、経営側と労働者とを明確に分離するものであった。つまり、作業プロセス全般に及ぶコントロールを経営側の手に委ねることによって、労働者の方には、科学的管理法の原理に従って割り当てられた特定の課業を実行する上で必要なだけの知識やスキル以外のものは持たせないようにしたのであった。[12]この発想の前提になっていたのは、経営側も労働側も基本的には同じような利害関心を持ってはいるものの、労働者の側は最小の仕事で最大の賃金を得ることに本質的な関心を持っているのに対して、経営者の側は最小の賃金で最大の作業量を確保することに本質的な関心を持っている、という見方である。両者の利害は決して一致するはずもなかった。それは必然的に経営側と労働者とのあいだに対立を生み出し、ひいては労使間の紛争に至るはずであった。

事実、右記のエピソードから何年か経った後で、米国下院の特別委員会における証言においてテイラーは、生産量を増やし、かつ出来高給システムを確立するための「ギャングボス［職能別職長制における準備作業担当職長］」としての彼の最初の試みが3年間に及ぶ闘いへと結びついていったと述べている。[13]このように、彼の科学的管理法のシステムには強制的な指示と命令という要素があらかじめ組み込まれているのである。テイラーは次のように述べている――「このような迅速な作業が保証されるのは、作業方法を強制的に標準化し、最良の道具と作業条件を強制的に採用した上で協力を強制的に得ることを通してのみなのであります。また、実際に標準的方法を採用し、この協力を強制的に獲得する義務は、経営者側にのみあるのであります[14]」。

この種のアプローチは、作業に対する監督業務とそれを実際におこなうために必要な管理職層を大幅に拡充していくことを意味していた。次の引用でテイラーは、銑鉄が実際にどのようにして積み込まれ、また休憩期間がどのように設定されていたかについて説明している。

シュミットが作業を開始してから彼は一日中、定期的に、ストップウォッチを持っている上司から次のような指示を受けた。「銑鉄を取り上げて歩け。さあ、座って休め。さあ歩け、今度は休め」という具合にである。彼は作業にかかれと言われたときには作業をし、休むように言われたときに休憩を取った。[15]

テイラーは、この種の業務をおこなう監督者全員の利害関心が企業の所有者の利益とごく自然に一致すると想定していた。しかし、こういう想定については、古代ローマ時代の *Quis custodiet ipsos custodes?*（クゥイス・クスドーディェト・イプソース・クストデース［誰が見張り役を見張るのか?］）というラテン語の言い回しが頭に浮かんでくる。実際、管理者たちは彼ら自身の利害関心を持っており、臆面もなくそれを追求していた。その意味では、意図せざる結果の法則から逃れることはできるはずもないのである。

1941年に出版され、当時非常に影響力があったジェームズ・バーナムの *The Managerial Revolution*（邦訳『経営者革命』）には、その時代の終末論的な雰囲気、そしてまた、その当時広く共有されていた、資本主義や民主主義など、それまで永遠に続くものと思われていた全てのものが破滅の道をたどっているという予感からくる恐怖感が色濃く反映されていた。[16] バーナムは、それらの制度の終焉を予見する一方で、新しいタイプの経営者層が権力を握っていくことを予測し、また、実際に彼らの地位と権威が高まり、またその人数が増えつつあるという事実について認識していた。彼は、社会全体の支配権が議会や代議員機関一般の手から抜け落ちて、みずからの利害のために世界を作りかえようとしている新しい経営者層の手に渡りつつあるのだと主張した。バーナムの予言の細部（実際には、資本主義とそれに関連する制度は、当時示されていたいかなる予想もはるかに越える強靱な回復力があることが明らかになっていった）は別として、「どのようにして経営者層の力を抑制すればよいか」という問題は今日でも我々を悩ませている。

一方で、特に意外なことでもないのだが、テイラーの観点からして最も重要だったのは、シュミットとシュミットの同僚がそれぞれの作業シフトで運搬する銑鉄の量を12トンから47トン以上にまで増やせるようにすることであった。テイラーの証言によれば、シュミットは、シフトによってはこの目標さえも上回ることがあったのだと言う。テイラーはまた、ベスレヘム工場に来て彼の試みに協力するように外部から労働者を募ったのだが、その際には地元の新聞の記事の助けを得ていたのだとも主張した。シュミットの物語は今や伝説的なものになり、数え切れないほど多くの教科書で何度となく語られ、また、何十年にもわたって世界中の教室で議論されてきた。しかし、チャールズ・レッジとアメデオ・ペローニが指摘しているように、ここで致命的なのは、そのストーリーの主な構成要素の幾つかが事実を改竄《かいざん》したものに過ぎず、「事実というよりはフィクションだった」ということである。[17]

テイラーは、彼自身のアイデアの熱心なセールスマンであり、さまざまなタイプの聴衆を前にして自分のアイデアについて話すときには、その元になった物語をさまざまな形で飾り立てて脚色していた。たしかに、ベスレヘム製鉄も「シュミット」［という仮名で呼ばれた工員］も現実の会社および人間として存在してはいた。しかし、他の多くはファンタジーであった。たとえば、シュミットや他の工員は特に慎重に選抜されていたというわけではなく、またその頃は、どのような種類のものであれ出来高給に対しては反対が広まっていたようなのである。さらに当時、地元の新聞にベスレヘムの工場やテイラーについての記事が掲載されたなどという事実は無かったし、テイラーが説明している、注意深く調整された休憩時間も実際には存在していなかった。現実には、銑鉄を積みこんだ後で工員たちが手ぶらで戻ってきたとき、その帰り道の歩行のあいだが「休憩時間」として見なされたのだった。

また、銑鉄を運搬する作業の観察対象になったとされる75名の工員というのも実際には存在していなかったようだ。事実としては、むしろ、必要に応じて銑鉄運びや他の作業をおこなっていたような何十人かの工員がいて、テイラーはこの工員たちの中から、見た目が頑丈そうだという「科学的根拠」にもとづいて、何人か大柄なハンガリー人労働者を選び出したのだった。彼らも当初はテイラーたちに良い印象を与えようとしていて、大急ぎで作業をすれば、それぞれのシフトで16・5トン分を貨車に運びこむことができた。彼らの作業率は1日10時間労働で71トンに相当するはずだが、テイラーはこれを75トンに切り上げた。もっとも、そのようなペースで作業は続けられないだろうと考えた末に、目標を40パーセント削減した。これは、専門家のあいだでは「何も無いところから数字を捻《ひね》り出す」として知られている「科学的」な手続きである。

それでも、マシュー・スチュワートが指摘しているように、「労働者が一日中そのようなペースで銑鉄の運搬作業を続けられると仮定するのは……100メートル走の記録をそのまま当てはめて長距離マラソンの時間を推定するのと同じくらいに現実離れした話になるだろう(18)」。実際、ハンガリー人の工員たちが、最初と同じペースで無制限に働き続けることが想定されていることに気付いたときに反抗的になったというのも、特に不思議なことではない。その後、時々ぽつぽつといった感じで「ボランティア」が現れていた。テイラーと彼の仲間たちは、この時点では、どんな労働者であれ、彼らが類人猿の段階を抜け出て二足歩行をしているような程度の知能さえ持っていれば誰だって大歓迎したことであろう。九分九厘間違いないと思われるのだが、恐らくこの時期に、先にその一部を引用した、何度となくこれまで取り上げられてきたテイラーとシュミットのあいだの対話が創作されたのだろう。そして、この「ボランティア」である新しい工員グループの何人かが疲れ果てて脱落した後に、シュミットだけが科学的管理法の希望の灯をともし続けることになったのであろう。以上のような点を含めて考えれば、テイラーが彼の科学的管理法のアプローチによって生み出されたと主張していた「大がかりな業務改善」というイメージはかなり色あせてしまうことになる。

このように、科学的管理法の始祖であるテイラーは、どうやら実際の事実というものに対して、かなり自由気ままな関係を持っていたようである。彼は断固として、本当の事実を、うまく仕立て上げられた物語にとって邪魔にならないように脚色することを決意したのである。これは、ジョン・フォードの古典的な西部劇『リバティ・バランスを撃った男』を髣髴《ほうふつ》とさせるものである。その映画で俳優のジェームズ・スチュワートは上院議員のランセ・ストッダードを演じている。ストッダードは米国副大統領になる可能性があるのだが、その評判は昔ヴァランスという無法者を始末したという偉業にかかっていた。新聞記者との長時間にわたるインタビューの中の回想シーンで、スチュワートは、ヴァランスは実際にはジョン・ウェイン演じるトム・ドニフォンによって撃たれたということを明らかにしている。一方で記者は、インタビューの最後に取材メモを火の中に投げ込むことになる。その有名なシーンで、記者は次のように述べている――「閣下、ここは西部です。伝説が事実になったら、その伝説を記事にするというのがルールでしてね」。相当額のコンサルティング料金を手に入れていたフレデリック・テイラーは、まさに、その記者が語ったのと全く同じようにすることを決めていたようなのである。

さて、経営学分野の研究スタンスと学識は、その後もテイラーの場合と同様の「創造的」精神によって貫かれているのだろうか？　もし経営学という学問の信頼性に対して自信を取り戻すためにホーソン研究に頼れるのだとしたら、それはたしかに我々にとって幸運だと言えるかも知れない。しかし、それは本当にそうなのであろうか？

ホーソン研究――不快な警告？　それとも見習うべきお手本？

ホーソン研究との関連で最も頻繁に名前が挙がる人物は、当然ながらエルトン・メイヨーである。彼は自己宣伝の能力に長《た》けており、実際また宣伝するのに相応しい説得力のある話を常に探し求めていた。メイヨーはオーストラリアで生まれ、3カ所の医学校を中途退学したはずなのだが、医学博士であるという世の中の誤解を正すための機会がたとえあったとしても、その度にそれを避けていた。私が見る限り、彼の唯一の真の学位は、アデレード大学の心理学および哲学の学士号であった。それよりも上の学位は、クイーンズランド大学から授与された名誉修士号であった（彼はそこで一度だけ講演をおこなったことがある）。もっとも、ホーソン研究と経営学における同研究の重要性を示す主な舞台になったのは、1922年に彼が移住した先の米国である。そこでメイヨーは本格的な活動を開始することになる。

メイヨーのキャリアがたどった経緯については、今日では想像し難い面があるだろう。所持しているものと言えば、個人的な魅力とオーストラリアの首相が書いてくれた推薦状しかなかったにもかかわらず、彼は、自分が特別の支援に値する人物であることを後援者やビジネスマンあるいは政治家に対して納得させてしまう、という不思議な才能を持っていた。メイヨーはジョン・D・ロックフェラーを説得して1923年にペンシルバニア大学ウォートン校が彼を採用する上で必要になる資金を提供してもらうことができた。その際ロックフェラーは、「世界中の人類の幸福を促進する」ことを目的にして母親の名前を冠して設立された基金の理事たちから反対の声があがっていたにもかかわらず、メイヨーを支援していたのであった。

1926年になって、メイヨーはハーバード大学に移った。同校のビジネススクールの副研究科長だったウォレス・ドナムによって個人的に採用されたのである。このときにも、かなりの反対があった。ここで再度、メイヨーにとっての「フェアリー・ゴッドマザー〔困難から救ってくれる魔法使いのおばあさん〕」であるロックフェラー財団が支援の手を差し伸べてくれた。同財団は、ハーバードのビジネススクールが彼を雇用する上で必要となる経費を4年間、場合によってはそれ以上の期間にわたって負担することに同意してくれたのである。

時代状況というコンテクストが全てを説明してくれる。実際、それを考慮に入れなければ、ホーソン研究が与えたインパクト、そしてまたロックフェラー財団が同研究に対して資金を提供することになった経緯については理解できないだろう。当時は、ストライキが米国全体を席捲していたのである。1919年には400万人もの米国の労働者がストライキに参加した。カナダではゼネストがあった。ボストン市警もストライキをおこない、インフレは手のつけられないほどの状況になっていた。さらに数百万人が死亡することになったインフルエンザ〔スペイン風邪〕の流行は、文明の将来をめぐる広範なパニックの一因になっていた。メイヨーは精神分析理論を少しばかりかじった上で、そのアプローチを労使紛争に関する問題の解明に対して適用した。1922年に執筆された文章の中で彼は「賃金と労働条件ではなく、むしろ人間の心における『薄明（トワイライト）』の領域に隠されている不満が真の問題なのかもしれない」と主張した。

それに続く文章は、次のようなものである。

「産業における混乱」は、単に賃金や労働条件に対する不満によって引き起こされたものではない。

むしろ、内に隠された精神的な混乱の炎の元に対して意識的な不満がいわば「点火する」ことになったという事実から生じたものだと考えられる。熱狂的な感情が産業界に蔓延している。資本家が仕組んだ陰謀に関する風説が熱心に受け入れられ、冷静な論理などは侮蔑の対象でしかない[19]。

ここでは、労働者側の憎悪は治療を必要とする非合理的な病理であり、したがって「職場の『声』を示すものとしてはふさわしくない」とされている[20]。一方、管理者が非合理的に行動する可能性があるという点については全く考慮されていない。

これは、明らかに極度にイデオロギー的な議論である。私が見るところ、これは、1851年に米国の医師サミュエル・カートライトが診断を下した病気と相通じるものがある。その病名はドラペトマニア（drapetomania）であり、「逃亡奴隷」と「狂った」ないし「発狂した」を意味する2つのギリシャ語を組み合わせて出来上がった用語である[21]。その主な症状は、主人から逃げ出したいという奴隷の不合理な欲求なのだという。

カートライトは、彼の同時代人の多くと同様に、聖書では奴隷制が認められていると信じていた。それは、黒人は白人よりも本質的に劣っているという考え方を反映したものであった。自由などは奴隷たちを惨《みじ》めにするだけだというのである。カートライトは、恐らくメイヨーも賛同するであろうと思われるような言い回しを使って、「ドラペトマニアの『治療法』は、十分なだけの生活必需品ときちんとした労働環境を提供してくれる断固たる意志を持つ慈悲深い主人である」と書いている。一方で、そのような治療法でも奴隷の反乱精神を沈静化できなかった場合については、次のように述べている。

人間性とそれ自体の善は、彼ら黒人の祖先がカナン［ノアの3人の息子の一人であるハムの息子。旧約聖書の解釈では黒人の始祖とされる］あるいは「従順で膝がよく曲がる者」という名前を与えられたとき以来、彼らがその後全ての時期にわたって占めることになる従順な状態にいたるまで彼らが罰せられるべきであることを要求するものである。彼らはその状態のままに留まるべきであり、また逃亡病を予防しその病を治療するためには、子供たちが受けるのと同じような世話をされ、また慈悲に満ちた注意深い人道的な扱いを受けるべきなのである(22)。

権力者側の観点から見て、このような解説に何か気にくわない点などあるだろうか？ジョン・ヴァン-マーネンは、メイヨーの議論について次のように解説している。

所有者や管理者にとっては、次のような点について繰り返し言ってもらえることほど魅力的なことはないだろう。つまり、従業員や直属の部下は、本当は非合理的で非論理的なのである。従業員や部下が協力してくれないのは、本心では協力したいと思っているのに、その欲求衝動が阻止されているからである。彼らの経済的欲求というのは、実際には、職場で相談され耳を傾けてもらいたいという気持ちの裏返しなのである。そのような欲求は、従業員の社会的および感情的な欲求に対して細心の注意を払ってあげられるような何らかの治療体制によって最も適切な形で満たされるのだともされる。そして、所有者ないし管理者である者は、職場に社会的調和をもたらすという歴史的な使命（または運命）を担っているのだと言う(23)。

今やエルトン・メイヨーの手には独自の理論があった。彼が必要としたのはそれを裏付けてくれる証拠だけであった。そこにホーソン工場が登場してくることになる。

イリノイ州シセロ・タウンにあるホーソン工場は、ウェスタン・エレクトリック社によって運営されていた。当初、同社は、単純な技術上の問題関心にもとづいて、照明の効果に関する調査を委託していた。つまり、より上質の照明が生産性を向上させるか否かという点に関心があったのである。報告書の中で主張されている調査結果は我々が使っている教科書の中に未だに記載されており、読者の好奇心をかき立てている。つまり、明るさの度合を上げた場合も下げた場合でも生産性は上昇したのである。この調査結果は、生産性を向上させるためには、間接的な形ではあっても単に従業員に対して注意を払ってやるだけで効果が上がるというような見方を強化することになった。なんと素晴らしい発見事実であろうか！ 結局のところ、生産性の向上というのはそれほど難しい課題ではないようなのだ。

ホーソン実験に対するメイヨー自身の直接的な関与はごく限られたものでしかなかった。1928年と1929年に、彼は実験現場で合計6日間を過ごし、そのあいだ、もっぱら研究資金を確保したり研究員を任命して管理したりする業務に従事していた。そのうちの2人、フリッツ・レスリスバーガーとウィリアム・ディクソンは、1939年にホーソン工場における一連の研究に関する重要な報告書を発表することになった。(24) メイヨー自身はと言えば、1933年に短めの本を出版し、その内の2章がホーソン研究についてふれていた。これらの本には、1927年から1932年のあいだにおこなわれた5つのステージにわたる研究の内容と成果が報告されている。その後、世界恐慌によって研究は中断され、研究者たちは荷物をまとめて本来の所属機関に戻らなければならなくなった。彼らは膨大な量のデータだけでなく、それよりもさらに大量の生煮え状態の憶測を持ち帰ったのだが、とりあえずは、それらの情報を元にして分析をおこなうことになったのである。

研究の第1ステージで中心になっていたのは、電話機の部品であるリレー（継電器）の組み立て作業に従事していた5人の女性工員に関する2年間に及ぶ研究であった。その工員たちは工場の他の部署から切り離されて、実験者と工場の管理者の両方から特別な関心が寄せられることになった。また、休憩時間には、彼女たちは互いに通常よりも親密なやりとりをおこなうことができた。実験をおこなった者たちの主張するところによれば、このような社会的条件こそが、彼らが興奮まじりに報告した生産性の向上を説明する原因だったと言うのである。レスリスバーガーとディクソンの主な結論は、その後、膨大な数の経営学系の教科書を通して一般に普及していくことになったのだが、それは次のようなものであった――「どの実験結果の場合も、労働者が主に経済的利益によって動機づけられているという理論をいかなる形でも立証するものではなかった。実際のエビデンスは、賃金というインセンティブの効果は、他の要因との関係に左右される部分が大きいこともあって、それ自体が独立した効果を持つものとして分離することは不可能だということを示していたのである」。

しかし、実はこの解釈に含まれている問題はあまりにも多い。まず、実験に参加していたのはたった5名の女子工員であったという点について考えてみる必要がある。しかし、実際にはこれですら事実を誇張している部分がある。エルトン・メイヨー自身の説明によれば、「工員1と工員5の作業内容は、工員2、3、4がおこなった作業の性格とは全く異なるような、顕著な不規則性を示している」[25]。ここで「顕著な不規則性」とされているのは、主に、映画やボーイフレンドあるいは衣服などの話題をめぐる「過度の」会話を指していたようである。「工員1」と「工員5」は、ほどなくして2人のもっと素直な女子工員に置き換えられることになったのだが、「置き換えられた」彼女たちは実験者が想定した以上に従順に行動した。一方で、想定とは矛盾するような最初の2人のデータは破棄されることになった[26]。

被験者の選び方に関するこれだけいい加減なアプローチは、どのような主張をしようとする場合でも明らかに非常識なものである。ましてや、そんな発見事実が世界の事実上全ての職場の状況に適用できることを示唆するなどというのは、本来あり得ない話である。被験者の数をごく少数にしていた理由に関するメイヨーの正当化も同じように馬鹿げている。それは、「集団のサイズが小さければ、観察担当者が実際に生じた変化について気づく可能性は高くなるはずだ」というものであった[27]。これだけではサンプルサイズがあまりにも小さく、したがってどのような一般化も無効だという可能性は、どうやらメイヨーの頭には浮かばなかったようなのである。

現在では、実験者側の持っている期待が、実験対象に対して当初想定されていた通りの効果を生み出す傾向があるという点についてはよく知られている[28]。これについては、クレバー・ハンスなどと呼ばれた「話す馬」にまつわる現象について考えてみるといいだろう。馬のハンスは数を数えることができるということで20世紀初頭のベルリンで名声を博した。彼の能力たるや、「3と2の合計は？」というような算術問題に正しい答えを出すことができるほどであった。ハンスは、ひづめで数字や文字を叩くことで答えを示していたのである。しかし、綿密な研究の結果として明らかになったのだが、彼は訓練士の顔の表情に反応することでこのような奇跡を成し遂げていたのだった[29]。

リチャード・ギレスピーは、科学捜査を思わせる徹底した分析を通して、同じような汚染プロセスが「ホーソン効果」のカギとなっていた要因の1つであることを明らかにしている[30]。ギレスピーの指摘は、次のようなものである。

それぞれの段階の実験条件が導入される前に、工員たちは実験者たちと面談し……そこで話し合いがおこなわれた。その場で出てきた話題の中には、これまでの実験の進捗状況、生産に影響を与える要因、そしてまた、休憩時間の設定や終業時刻の切り上げによって労働時間が短縮されるにもかかわらず、工員たちは生産量を増やすことができると考えているかどうか、などというものが含まれていた。

これは、実験手続きに関わる最も初歩的なレベルでのルール違反である。またここで、そもそも誰が誰を対象にして実験をおこなっていたのか、という点についても問い直してみる必要があるだろう。もちろん、90年以上も前におこなわれた研究については、今日の科学的研究に対して要求されるようなレベルの方法論的な適切さを期待すべきではない、と言うことはできる。たしかに、そういう指摘には当たっている部分があるかも知れない。しかし、たとえそうだとしても、それだけ深刻な問題を抱えている研究の結果については、これまで長年にわたって受けてきたような尊敬の念をもって扱うべきではない、ということもまた確実に言えるはずである。

作業内容が「顕著な不規則性」を示したとされる2名の女性工員たちに関するメイヨーの説明も注目に値する。

工員1と5は最初から「神経質である」と見なされていた。年齢と経験という点では、2人のあいだにはかなりの違いがある。工員1は約40歳の未亡人であり、子供が2人いるが、その2人とも両方とも学校ではうまくやっている。彼女は5年間に及ぶ雲母剥離作業の経験がある。工員5は18歳の未婚女性であり、実家で暮らしている。彼女は「厳しい親の躾《しつけ》、特に母親からの躾で拘束されている」。……2

人のうち年上の方は知的で良心的であり、「児童福祉」について読んだり考えたりしている。友達は少なく、彼女の子供たちのことを過度に気にかけている。一言で言えば、彼女は自分が置かれた状況について真の意味で強迫観念的に「考え過ぎ」ているのである。[31]

当時の常識的な評価基準を考慮に入れたとしても、これは粗雑であり、またかなり不当な評価の仕方である。メイヨーについては、人道的な精神を持つ人物という好意的なイメージで語られることも多い。しかし、どうも彼はフレデリック・テイラーと比べても労働者に関してそれほど高い見識を持っていたようには見えないのである。ジェラルド・ハンロンは、科学的管理法と人間関係学派の見解が何らかの点で「正反対」であるとするような単純な見方について批判を加えている。それどころか、これら2つの学派は、経営者が収益性の向上のために必要だと思うことであったら、どのようなものであれ、労働者の意志をそれに従属させるべきである、という目的を共有していたと言うのである。このような、従業員に対する無礼であり、かつ侮蔑的とさえ思えるような態度は、両方の学派の発想の中に共通して組み込まれていた。ハンロンが指摘するように、両方とも「労働者には政治的、道徳的および性格上の欠陥があるために管理者としての能力などは持ち合わせていない」と確信していたのである。[32]

アレックス・キャリーが1967年に発表したホーソン研究に関する最初期の批判的なレビューは、今なおかなり説得力があるものである。[33] 彼は、研究のステージ1の全期間を通して、参加した女性工員の労働条件には多くの変更が加えられていたという点について指摘している。その中には、労働時間の短縮、休憩時間、より友好的な監督法、奨励給システムなどが含まれていた。また、その実験結果を比較できるような対照群は設定されていなかった。2年目の終わりまでに、実験に参加した女子工員たちの生産性は30%程度向上した。これに関する最も可能性の高い説明の中には、休憩時間か新しい奨励給システムあるいはその両方によって、彼女たちが一層努力して働いたというものが含まれていた。レスリスバーガーとディクソンは、このような説明の可能性についても検討を加えてはいるのだが、かなり疑わしい理由にもとづいてその説明を却下している。つまり、彼らは、作業曲線も健康診断の結果もそれほど大きな疲労感があるという証拠を示していないし、社会的な配慮と奨励給の影響がかなり大きなものであるので、休憩時間と奨励給が何らかの独自の効果を及ぼしていたことは証明できない、というのである。しかし奇妙なことに、彼らは社会的な条件が持つ影響に対しては、同じ論理を適用して否定するようなことはしていない。実際、もしそうした場合には、彼らが最初に立てていた仮定が否定されることになってしまうだろう。

もっとも、研究全体の中心とも言える部分には、さらに根本的な欠陥が存在している。ここでは、それについてアレックス・キャリーに説明してもらうことにしよう。ステージ3では、以下のようであったのだということ。

増加率に占めるそれぞれの女子工員の貢献度を計算するために、調査員は各女子工員について、研究期間内で「ピーク」となっていた生産を示した期間を選択して、このピーク（最高値）と研究の初期の生産率の差として増加を測定した。これらのピークは、女子工員によってそれぞれ違う比率で発生していた。報告書で結論として主張されていた15パーセントという増加率を確保するために、分析作業は事実上、それぞれの女子工員のケースにあわせて都合よく選び出された日で切り上げられていた。実際には、報告書の中で主張されている平均15パーセントの増加率を達成した期間などは1つとして無かったのである。(34)

これは驚くほどいい加減なデータの選び方である。もっとも、右に挙げたキャリーの見解はどちらかといえば寛大すぎるのかも知れない。スティーブン・ジョーンズは、1992年に従業員の生産性に関するデータの再分析をおこなっている。彼の結論はかなり辛辣なものであった。

作業条件に変更が加えられる前の週と比較してみた場合、その条件を幾つかのものだけに絞った上で検討してみると、主な被験者グループに属していた労働者一人ひとりの平均的な生産量は、条件が変更された週にはわずかに低下していることが分かる。もっとも、実験室における変化をもっと広い範囲でとらえて見た場合には、実際の生産量の変化パターンはまちまちだった。ただし、どちらの場合も、数値的な変化は非常に小さいものでしかなかった。その後の数週間についても、同じように明確なパターンは見られず、この場合の変化もごくわずかである。実際、通常の統計的検定による有意水準では、実験条件の変化が加えられる前後の各週に関して、その生産量の平均は同一であった［＝特に顕著な変化と言えるものは無かった］という仮説を否定することはできないのである[35]。

ここで、そもそもホーソン研究が始まるきっかけになったオリジナルの「照明実験」に立ち戻って考えてみることにも意義があるだろう。ここで、照明の明るさを上げても下げても生産性が向上したという発見事実について思い出していただきたい。しかし、この結論はある種の誤解に基づくものだという可能性がある。スティーブン・レヴィットとジョン・リストは、2011年に照明実験のデータを再分析してみた。その結果、彼らは、工場に労働者がいない日曜日にだけ照明条件が変更されていたことを見出したのだった。その上で、月曜日に生産量が測定されていたのだった。レヴィットとリストが報告しているように、「経験的な事実としては、通常、金曜日や土曜日よりも月曜日の方が生産性は高い。月曜日の生産性は大体いつも高いものになるのだが、それは特定の月曜日に照明量の変更があったかどうかとは一切関係が無い。したがって、研究者たちは、どうやら曜日による効果をホーソン効果と取り違えていたらしいのである[36]」。

これは、どうひいき目に見ても残念な話でしかない。この話を締めくくるにあたって、これが今日の社会におけるより広い問題について持つ意味について考えてみる必要がある。以上の検討を通して、我々には、今やごくごく平凡な2つの洞察が残されているだけだと言える。まず、人々は通常、尊敬、愛、友情への欲求など、仕事以外のニーズを職場に持ち込んでいるものである。第二に、我々が他の人々に対して無礼な対応をせずに親切に接していれば、その人々は自分たち自身についてより肯定的に感じて、またより効果的に仕事をする可能性があるだろう。これらは、本当に驚嘆すべき事実だと言えるだろうか？　また、このような内容でしかない理論的見解は、それらの元になった理論化とデータ収集の方法がこれまで受けてきた賞賛に値するようなものだろうか？　経営研究は、これまで分かりきったことを小難しい言い回しで説明し続けてきた（第6章参照）。しかし、その同じ内容を日常的な言い回しで翻訳してみると、表面的には深い洞察に見えるものであっても、その多くは雲散霧消してしまうのである。

また、私は、当時のメイヨーを駆り立てていた政治的、イデオロギー的な仮定に対して我々はもっと注意を払うべきだと思う。私は先に、彼が労使紛争を非合理的な心性（マインドセット）の産物、特に従業員の側のそれに起因するものであると見ていたという点について指摘しておいた。ジョン・ヴァン‐マーネンが述べているように、「メイヨーにとっては、人が非常に合理的であるとともに非常に非協力的でもあり得るという可能性は「問題外であり」誤謬に満ちた推論だったのである[37]」。このような根拠薄弱な考え方は、今日もなお経営学における健全な理論化を阻害し、また実証研究のあり方を歪めている。そして、我々の学問領域は今こそ、そんな発想から脱却すべきなのである。

我々は、仰々しい主張に対してもっと懐疑的になり、またそのような主張の根拠だとされているデータについては改めて問い直していく必要がある。メイヨーと彼の共同研究者は、データを何年ものあいだ自分たちのあいだだけのものにしていた。その間ずっと、彼らの研究者としての真摯《しんし》さや分析の信頼性は絶大なる信頼を勝ち得ていた。幸いなことに、そのデータの多くは再分析できる形で保存されていた。しかし、もしそうでなかったらどうなったであろうか。第5章では、この問題に改めて触れることになる。その章で私は、これまで以上のはるかに高いレベルでデータの透明性を確保していくことが必要だと主張する。フレデリック・テイラーと同じように、エルトン・メイヨーの場合も実証データに対しては「粉飾を含む」「創造的精神」あふれる関係を持っていた。事前に立てていた理論に対するこだわりもメイヨーの分析内容を汚染しており、彼は実証データについては、それを虚心坦懐に分析するのではなく、むしろ彼が既に知っていると思うことの裏づけとして利用していた。これらの問題は、今日でも我々の研究に悪影響を及ぼしている。我々自身の研究をより良い方向に改善していこうとする際には、「反面教師である」テイラーとメイヨーの両者の著作からは、彼ら自身が意図したよりもはるかに多くのことを学べるかも知れないのである。

経営研究における科学的厳密性と現実関連性

以上の全てのことからは重大な疑問が生じてくる。そもそも、経営研究には何らかの意味があるのだろうか？　20世紀を通じて、このような疑問が提示されることはごく稀であった。というのも、検討に値するような経営研究などはほとんど存在していなかったからである。この点に関しては、1959年のフォード財団の報告書の指摘が特に辛辣なものであった。それは、ビジネススクールに対して「より刺激に満ちた知的雰囲気を作り出し、先進性に欠ける教員に対しては自分の専攻分野と関連領域における最新の学術文献と経営上の実務の動向に注意を払い、また未知の領域に踏み込むようなリサーチ・クエスチョンを設定した上で、もっと意義のある研究に携わるような能力と欲求を持つように」促していた[38]。

さらに、次のようにも指摘していた。

多くのビジネススクールでは、研究の必要性に対してはリップサービス（口先だけの約束）しかなされていない。学部教育を重視する学校の場合は、研究活動のための時間もエネルギーも資源もほとんど残されていない。……学部長の多くは、何が重要な研究の方向性であるかという点などについて何も考えていない。一部では、大学当局に提出する報告書に載せられるようなご立派な業績リストを埋められさえすれば、とりあえず何か文献らしきものを発表していれば良いのだとも考えられていた。

これは（耳に）痛い！　当時は、研究の発表媒体も少なかった。*The Academy of Management Journal*（AMJ）は1958年に刊行が開始されたばかりであり、*Administrative Science Quarterly*（ASQ）が創刊されたのは1956年のことだった。また、*The Academy of Management Review* が登場したのはようやく1976年になってからだった。これらの初期の取り組みのクオリティがどのようなものであったかは、AMJの創刊号を見ればある程度見当がつくだろう。その号には、リチャード・シュミットによる「経営者の意思決定」という題名の論文が掲載されていた[39]。この論文で彼は、「経営者は問題解決活動の一環として意思決定をおこなう責任がある」と述べた後で次のように指摘している。

典型的な企業のライフサイクルは、一連の問題によって特徴づけられている。ここで問うべきは、なぜ問題が発生するのかということである。答えは、全てのビジネスが成長における何らかの段階にあるという点にある。成長というのは、絶対的または相対的、あるいはそれら両方の基準で、プラス、ゼロ、またはマイナスの変化を意味する。しかし、成長は自動的に生じるわけでもルーチン的な過程でもないため、問題は必然的に発生するものであり、したがって何らかの決定を下す必要がある。

この指摘には、何らかの現実関連性があるのかも知れない。しかし、これは深遠な洞察であるとは到底言えないし、明らかに科学的な厳密性に欠けている。この論文は、明々白々で常識程度の事柄について述べているに過ぎないのである。また、私が今このような遠慮会釈《えしゃく》もない評価ができるのは、単なる後知恵のおかげというわけでもない。上記のような類いの論文は、それらが刊行された当時でさえ、不安と動揺を引き起こしていたのである。1956年のＡＳＱの創刊号には、ジェームズ・トンプソンによる「経営科学の構築について」というタイトルの論文が掲載された。彼は、その論文で次のように主張している。

我々の分野における文献の多くは民間伝承のようなものに過ぎず、現在の実務の手順や技術がどのように実行されているかについて説明したり、「これこそ我々が採用すべき方法だ」などと宣言したりしている。こういう文献には、検討対象である手順や手法のあいだにある関係や組織の中で生じているその他の事柄に関する、かなり大胆な、かつ多くの場合は暗黙の仮定が含まれている。この種の文献では、特定の方策が適切なものだと主張されていることも多い。たとえば、「ゼネラル・モーターズがそれを採用している」あるいは100社にも及ぶ「最も適切に経営されている企業」が使用しているということを理由にして、ある手段によって望ましい結果が得られるのだと頻繁に主張している。しかし……特定の方策は、あるコンテクストに埋め込まれている場合には「成功」とのあいだに高い相関を示すかも知れないが、別のコンテクストでは低い相関しか見られないものである[40]。

トンプソンが批判したこのような種類のアプローチは、トム・ピーターズとロバート・ウォーターマンが1982年に著した *In Search of Excellence*（邦訳『エクセレント・カンパニー』）などの通俗書の場合は特に顕著に見られるのだが、それだけでなく現在もかなり広い範囲で見出されるものである[41]。もっとも一方では、経営学系の研究は科学的厳密性を目指すことができるという見解はあるし、また組織運営に関する新しい科学を作り上げるに足るだけの説得力のある理論が構築できることを示そうとする傾向も強まっている。

この点に関連してケン・スターキイとニック・ティラッツが2007年に著した本の中で強調されているのは、1980年代から1990年代にかけてビジネススクールに新たに参入していった社会学や心理学など他の分野のバックグラウンドを持つ学者が果たしてきた役割である。これらの学門領域では、

「適切な実験」を設計することに対する関心が高まっており、定量的なアプローチにかなりの重点が置かれるようになっていた。ビジネススクールの教員は今や、彼らが「論文」と称するものを書いている。これの論文は、自然科学系のジャーナルに掲載される論文と同様に、専門的な学術用語と厳密に規定されたフォーマットがその特徴になっている。……一方で、たとえば、複雑で扱いにくいものではあ

るが、より現実世界に近い人間の状況を対象にした定性的調査などをはじめとする古くからの伝統に沿った研究は次第に相対的に劣ったものとして見られるようになっていった。……ますます多くの論文が、もっぱら企業や経営業績に関わる瑣末な側面についてのマイクロ・レベルの分析に没頭するようになり、一方で、より広範な問題に関わる議論や差し迫った問題に関する研究は衰退していった。[42]

これは、研究の厳密性が向上する一方で、実務家にとっての現実関連性が低下していったことを示唆している。学術界で生み出されたアイデアが経営実務に対してどの程度の影響を与えているかという点について検討した上で、ジェフリー・フェファーとクリスティーナ・フォンは、2002年に次のように指摘している――「企業が実装するために経費を払っているツールやアイデアのうち、学術界発のものは3分の1以下に過ぎない。大学から出てきたものはあまり使用されておらず、放棄されることの方がむしろ多かった[43]」。

こうしてみると、どうやら我々は自分たち自身と我々が最も身近なものとして考えている小部族的な「研究者ムラ」のために論文を書いているようである。実際、我々の研究には退屈で瑣末な問題を扱っているものがあまりにも多い。一方で、社会が直面している最も大きな挑戦課題については、もっぱらそれを回避しようとつとめている。次に挙げるのは、かつて米国経営学会会長をつとめていたアン・ツイの見解である。

象牙の塔の周りには侵入不能の壁があり、部外者が内部に隠された奥義にアクセスすることを防いでいる。ビジネススクールの多くの科学者は、自分の仕事の実践的な価値については全く気にしないか、表面上気にかけているフリをしているだけである。彼らがおこなった研究の成果は、同じように難解な問題に取り組んでいる他の科学者だけが理解したり読んだりすることができる学術誌や書籍のページを埋め尽くしている。中枢の地位を占めているのは成功した学者であり、その研究はほとんどがAランクの閉鎖的なジャーナルに掲載されている。新参者は、それらの学者を理論および方法論的な厳密性の規準を設定する人々として尊崇している。実際、若手の研究者は、中心的な学者たちが採用している方法や基準に忠実に従わなければならないのである。さもなければ、一流のジャーナルから自分たちの論文をリジェクトされるリスクがある。学術界の外側にいる人々（経営者や一般の人々）は、象牙の塔の内部で起こっていることに幻惑され、時には不満を抱くこともある。しかし、その人々は、学術界内でおこなわれる研究が、どのような理由で、また誰にとって価値があるのかという点について問い詰めることができるだけの科学的専門知識を持ちあわせてはいないのである[44]。

ビジネススクールで働く者たちが「科学者」であるという疑わしい前提はさておくにしても、「経営研究の価値に関わる問いに対する」ここでの答えは、より現実関連性がある研究を目指すべきである、というものなのだろうか？　ドナルド・ハンブリックはその通りだと主張した人々の一人である。以下は、１９９３年の米国経営学会会長としての講演からの抜粋である。

我々が責任を負うべきは我々自身に対してではなく、むしろ経営改善を切実に必要としている世界中の組織と、できる限り最も効果的な管理者（マネジャー）になることを目指している人々に対してなのである。今こそ、内閉的なループから抜け出すべきだ。我々の存在意義を示す時が来たのである[45]。

このような主張に含まれる誤りについて理解するためには、もう一度先に挙げた「経営者の意思決定」という論文を読み直してみるべきだろう。これまで我々の学門領域で生じてきたさまざまな変化の中には、共通して1つの不変の事実が認められる。言うまでもなく、リチャード・シュミットの場合は、彼のアドバイスを管理者（マネジャー）あるいは彼が「エグゼクティブ（経営幹部）」と呼んでいた管理者に向けて提示していた。当然とも言えるが、これらの人々は常に「彼」という代名詞で呼ばれていた［当時、女性の経営幹部は想定されていなかった］。しかし、むしろここで注目すべきは、全ての重要な決定を下すのは管理者であるという仮定が置かれていたという点である。一方で、経営幹部以外の人々の専門知識をどのように活用すべきかという点については、一切考慮がなされていないのである。

つまり、管理者は問題に関連する全てのことを既に知っているか、あるいはまた、自分で見つけ出すことができるのであり、さらに、いったんそうしたならば、管理者は他の人々に実践させる解決策を打ち出すことができるのだと言うのである。フレデリック・テイラーであれば、そういう仮定に喜んで賛同していたことだろう。ここでの現実関連性の考え方に従えば、研究者が発表する文献は、管理者がより良い意思決定をおこなう上で役立つだけでなく、彼らの差し迫ったニーズに即応するものであるべきだ、ということになる。この種の発想は、未だに我々がおこなう研究の多くの根底にあるものだと言える（「エビデンスにもとづく経営」については第8章参照）。

しかし、管理者たち自身は組織や社会を構成する一員に過ぎない。一方で、彼らが実際にどのように行動するか、そしてまた我々の組織がどのように機能し、また最終的に成功するか失敗するかということは、我々全てに対して大きな影響を与えることになる。したがって、ここではフレデリック・テイラーに敬意を表しつつも、管理者たち以外の人々の見解に対しても耳を傾ける必要があるだろう。実際、彼らは傾聴に値いするだけの重要な情報や見解を持っているはずなのである。

管理者たちの仕事はとかく慌ただしいものになりがちなので、当然ながら彼らは、差し迫った問題や直近の優先事項に対して関心の焦点を合わせる傾向がある。そのような管理者が参照できる「ベストプラクティス」を解明しようとしている者は多いが、その最良の実践なるものの根拠だとされるエビデンスについてじっくり検討を加えようという者はそれほど多くはない[46]。

実際には、これまで数限りないほど多くのインチキな改善法が「ベストプラクティス」と称して提案されてきた。たとえば、1990年代の経営コンサルティングの世界において即座に華々しい成功を収めたビジネスプロセス・リエンジニアリングのことを思い出してみよう[47]。この発想は、当初ロケットのような勢いで飛び立った。経営学系のあらゆる著述家の中でも恐らくは最も有名なピーター・ドラッカーでさえ、「リエンジニアリングは斬新なアイデアである。これはマスト（必須）である」と語ったとされている[48]。関係者全員にとって悲劇的だったのだが、リエンジニアリングはほとんど瞬時に、まるで不発弾の花火のように地べたに墜ちてしまったのであった。

アイリーン・シャピロは、これらの熱狂的流行によって巻き起こされる狂乱状態のことを「役員室における一時的流行のサーフィン」という印象的な言葉で表現している[49]。マーティン・キルダフとミハエラ・ケレメンが指摘しているように、経営学系の研究の際に、このようなマインドセット（思考の習癖《クセ》）を持っている管理者が中心的な調査対象になっていたとしたら、その研究の焦点はより根本的でかつ重要なプロセスではなく、短期的な問題だけに対して当てられることになるだろう[50]。それによって、研究の方向性は歪められ、特定の研究課題のみに集中して他の課題は無視してしまうことになるに違いない。

また、どの知識が本当に重要で何が重要でないかを理解することの難しさについても考えてみたい。これは、必ずしも自明ではないのである。クリス・グレイは、多くの純粋数学は、コンピュータが発明されて以降になって初めて現実問題への適用可能性が明らかになったと指摘している。彼は、これに関連して次のようにも言っている――「当面は役に立たない知識の生産は公共財なのである。というのも、それは有用な知識を生み出す可能性に対して支払わなければならない対価だからである」[51]。

また、有用な知識と思われたものが、実際には無用であるだけでなく、むしろ有害だということが判明した例は少なくない。これについては、金融業界に職を得た学者たちが2008年の大不況を引き起こす上で実に大きな役割を果たしていた、という事実ほど恰好の例はないだろう。マーク・ラーマンス、アンディ・ロケット、ケヴィン・ドウドが指摘したように、現実に金融危機が起きるまで、多くの実務家は、金融学者たちの仕事については、それこそが役に立つ研究の輝かしい事例だという風に見ていたのである[52]。たとえば、債務担保証券（collateralized debt obligations=CDOs）は、金融研究の影響を強く受けて開発されたものであった。

重要なターニングポイントは、2000年にデイビッド・リによって「デフォルト相関について――コピュラ関数アプローチ」という地味なタイトルで発表された学術論文であった[53]。この論文では、（原則としてなのだが）以前と比べてはるかに広い範囲での投資について正確に価格設定できるという触れ込みの「ガウス型コピュラ」を提案するものであった。これを適用することで、CDOsは、資産を細かく分割された債権（トランシェ）として安全な形でプールした上で投資家に売却できるようになると言うのである。理論的には、これによってリスクが拡散されて軽減されることになる。しかし一方では、それによって、他のやり方では一定以上のクレジット（与信枠）を取得できないはずの人々がローンを組めるようになったのである。かくして、サブプライム住宅ローンの市場が生まれた。これは素晴らしい仕組みだった、突如としてそれが破綻するまでなのだが。

結果的には、市場に対して過度のリスクに備えた「予防接種」をするのではなく、むしろ途方もない破滅的な状態を引き起こすウイルスを市場に注入することになってしまった。事実、市場というのはかなり扱いにくいものであり、計算上の公式が予測したようには振る舞わなかった。これは特に驚くべきことでもないだろう。というのも、ガウス型コピュラは因果関係と相関関係とを混同しており、また過去に起こったことが将来に関する信頼できる指針になると想定していたからである。[54] たしかにモデルは数学的にはエレガントなものだったかも知れない。しかし、恐らくその数学モデルは天文学よりは占星術のそれに似ていたのであった。ということで、科学的な厳密さと現実関連性とのあいだの「結婚」の不幸な結末に関する話はこの程度にしておきたい。

当然ではあるが、2008年の世界金融危機に関わる全ての責任を1本の論文と一人の学者に負わせることはできない。しかし、リのアイデアが、金融業界で働く人々の共感を深いところで引き起こさなかったならば、あれほどのインパクトを与えることは無かったであろう。

パングロスは、ヴォルテールの風刺劇である『カンディード、あるいは楽天主義説』の登場人物であり、途方もなく楽観的というのが彼の性格に見られる顕著な特徴である。それは、彼が梅毒にかかったときですらそうだった。これに関するパングロスの理屈づけは次のようなものであった――「これは避けられないことであり、最善の世界のためには必要な要素なのだよ。なぜなら、たしかにこの病気は生命の源を汚し、生殖行為の妨げになることも多く、また明らかに自然の大いなる理《ことわり》に逆らうものだが、コロンブスがアメリカの島でこの病気にかかっていなかったとしたら、我々にはチョコレートも鮮やかな洋紅《カーマイン》［メキシコ等のサボテンに寄生する臙脂虫からとれる深紅色の染料］も無かったのだから」。パングロスについてさらに良く知られているのは、次のような主張である――「全ての可能な世界において全ては最善の状態である」。

ブレンダン・マクスウィーニーは、経済に関してはまさにパングロス的な想定が、2008年までのあいだに広く共有されていたと指摘している。(55) 多くの経済学者たちと(と政治家たち)は、彼らが「大平穏期」[国民総生産やインフレなどの経済指標の変動が小さい期間]と呼ぶものについて語っていた。これは、世界経済が非常に安定して洗練されたものになっているおかげで、市場変動性が小さなものになったことを前提としていた。しかし、リの研究はたしかに、リスクに関する無頓着な態度を助長したという点で際立ったものであった。なぜなら、各種の金融商品を巧みにパッケージとしてまとめておけば、リスク管理の必要性は、仮にあったとしても、それほど重要なものではなくなったことを示しているように見えたからである。その意味で、彼やその他の学者たちは、金融セクターを率いて管理していた人々に蔓延していた思い上がりのムードを大いに助長したと言える。そして、「現実の世界」は、未だに金融危機の影響による後遺症から立ち直ってはいないのである。

我々はビジネスの世界にどれだけ近づくべきなのか?

以上のような問題、その中でも特に、現実関連性が欠如しがちだという問題に対する1つの解決策には、経営研究者が「現実の世界」においてもっと多くの時間を費やすようにする、というものがある。たとえば、コンサルティングの活動を通して研究者が持っている専門的な知識を企業組織と共有するのである。

この点に関しては、私が以前、経営学分野で最も良く知られている一人であり、その論文が何千回となく引用されてきた、ある米国の学者と交わした会話のことが思い出されてくる。私はあるとき彼と、データ入手のために企業の許諾を得る上での方法について話し合っていた。彼は私に対して、この問題を解決するためにはコンサルティング業務をするのがいいだろうとアドバイスしてくれた。「彼らにとっても利益になると約束するんだね」と彼は助言してくれた。「その上で、手に入ったデータを論文に使うんだよ」。その米国の学者によるアドバイスと同じような主旨で、マイケル・タッシュマンとチャールズ・オライリーは、「エグゼクティブ教育」が持つ意義について強調して、次のように述べている――「教員や博士課程の学生が現場の管理者との関係を築き上げることは、我々の研究の信憑性を高め、また我々の分野において厳密でありかつ実務的な意義もある資料を使って教育をおこなうために必要とされる能力を向上させる上で恰好の方法である(56)」。

この種のアイデアには、もちろん幾つか利点がある。しかし、同時に欠点もある。コンサルティング活動にあまりにも依存してしまうと、我々のリサーチ・クエスチョンが経営陣の短期的な利害関心を支持するような方向に偏向してしまいかねないのである。というのも、経営者たちが望んでいるのは「利益」であり、しかも彼らはできるだけ早くその利益を達成したいと思っているからである。エグゼクティブ教育を通じて形成される人脈的な関係は、コンサルティングにも結びつき得るだろうが、同時に我々のマインドセットを変えてしまう可能性がある。これらの問題は、多くの研究において実際に顕在化しており、その中には、公刊されたケーススタディの例も含まれる。

たとえば、ケン・スターキイとニック・ティラッツは、1995年から2004年のあいだにEuropean Case Clearing House（欧州事例研究情報センター［現在の名称はThe Case Centre］）から賞を受けたケーススタディについて調べてみた。その結果、それらのケーススタディには直接引用が183カ所あることが判明した。107カ所は上級管理職、50カ所は他の管理職従事者、1カ所が従業員、2カ所は顧客、23カ所は他の人々の証言からの引用であった。スターキイとティラッツが述べているように、「このようにバランスを欠いた研究アプローチを採用することは、学生にとって好ましくない例になってしまうだろう。というのも、学生たちが、組織全体を理解する上ではCEOにインタビューするだけで十分だと思い込んでしまう可能性があるからだ」[57]。この種のアンバランスを含むケーススタディは、研究者に対しても好ましくない先例になる。というのも、そういうアプローチだと、資料の出所と解釈の枠組みを特定の方向に偏向させ、物事の限られた側面しか見ないようにしてしまいかねないからである。

ミシェル・アンテベイは、これと同じような点について、ハーバード・ビジネススクールにおける教育方法に関するフィールドワークを通して報告している。それによれば、ケーススタディ法というのは、企業の成功を目指して「好戦的な」活動に従事する英雄的な個人の行動を強調しがちな面も持つ、教員向けの教育ガイドとして使われる傾向があるのだと言う[58]。結局のところ、研究における科学的厳密性と現実関連性の関係というのは、「そのような判断が形成されて評価が定まり、実際に適用される文脈から切り離して考えることはできない」のである[59]。同様の問題は、本章で先に解説した「科学的」管理法とエルトン・メイヨーの人間関係学派に含まれる疑わしい解釈の随所にも見出すことができる。

研究者は、公平無私な真実の探求者などではなく、あまりにも容易に企業の目的に対する有給の擁護者、いわば「金で雇われる殺し屋（guns for hire）」になってしまいがちである。本書の執筆時点の例で言えば、ヒューストン大学バウアー・ビジネススクールの金融学担当教授であるクレイグ・ピロンの事例について考えてみよう。2013年にニューヨーク・タイムズに掲載された報道記事は、彼が投機家を弁護するためにおこなってきた活動の内容についてふれている[60]。それには、長期間にわたる連邦機関に対する直接的なロビー活動や、トレーダーや規制当局とのセミナーの開催が含まれている。2011年に提起されたある訴訟で、その原告は、ピロンの研究を大いに活用して、結果として投機活動の停止措置を2年間遅らせることに成功した。その間、ピロンは［デリバティブ取引所である］シカゴ商業取引所、ロイヤル・バンク・オブ・スコットランド［RBS＝現在の名称はナットウェスト・グループ］、およびエネルギー関係の投機的売買をしている他の数社から「研究コンサルタント」として報酬を得ていた。これは偶然の一致なのだろうか？　私はかなり疑わしいと思っている。ニューヨーク・タイムズの記事には、他にもピロンと同じような立場にある研究者の多くの例が挙げられていた。それらの研究者は、一様に、特定の企業から受け取った報酬は自分の見解には影響を与えていないと主張している。しかし、もしそれが本当だとするならば、我々は心理学の教科書の内容を書き直す必要があるということにもなるだろう。

以上の例は、「現実関連性」という言葉に含まれる、かなり気懸かりな意味内容と、一部の経営学者が社会における自分たちの役割をどのように見ているかを示している。実際、そうした役割は現実関連性に満ち溢れていると言えるだろう。もっとも、それは現実関連性というものが、我々の研究を強大な権力と立派なオフィス、有り余る資金を持っている人々にとってだけ役立つものにすべきだということを意味する場合なのだが。私自身は、我々はもっと社会全体のためになることができるはずだと思っている。

結語

私は、我々の研究は、特定の利害関心にとらわれることなく、世界が直面している現実的な問題に取り組むことができるし、また実際に取り組む必要があると信じている。このような形で研究に対して取り組む際には、「現実関連性」というものについては、単に実務家と「親しくする」ことが必要だと主張することなどよりも広い意味でとらえることが要請される。また、それにともなって次のような一連の問いが提起されてくる――どのようにして、どの問題が重要でありどれが重要でないかを決めるべきか、誰を我々の研究の読者および受益者として考えるべきか、そしてまた純粋な理論的探究がもたらしてくれる喜びと我々の周りの世界に対して影響を与えることの必要性とのあいだのバランスをどのようにとるべきか。ジョン・ミンガーズは、批判的実在論の枠組みは、そのような点について考えていく上で特に参考になると示唆している。私は、彼の議論には説得力があると思っている。ミンガーズが提供している数多くの有用な提案の中には、研究は学際的なものであるべきであり、物理的、生物学的、社会的、政治的メカニズムがどのように相互に影響しあって予測不能な結果を生み出すかという点について認識していく必要がある、というものがある。また彼は、研究にあたっては単一の方法だけでなく各種の手法を併用する必要があると主張している。

一方で彼は、研究は次のようなものであるべきだと言う。

批判的であり、また我々がおこなう全ての決定と行動に不可避的に付随することになる倫理的および道徳的側面を明確に認識して、自分たちは何らかの意味で「価値自由」であるなどという、テクノクラート的、管理主義的、または実証主義的な議論を言い訳に使ったりしないで、世界を全ての人々にとってより良いものにしていくことを目指すべきなのだ。(61)

現実世界が直面している差し迫った問題を経営学者が無視しつつ、幅広い読者には背を向けて単に仲間内だけを向いて論文を書いていたり、あるいは、現実関連性というものを〈組織における特定の構成員にとってどれだけ役立つか〉という観点からしか見られないような学術界のあり方を正当化することなどできない。

そのような意味での現実関連性が、金銭面も含めて、それを主張する人々に利益をもたらすことが多いというのは、果たして偶然なのだろうか？　その種の見解に屈してしまえば、我々が生み出す知識は、何らかの現実関連性はあるものの、断片的なものでしかなく、時には危険であり、かつ近視眼的であることも多く、また最も重要なはずの多くの問題を無視するものになってしまうというリスクを抱えることになる。

これに関連して、カール・ワイクは次のように賢明に指摘している。

研究者が「現実の世界」に関してあまりにもナイーブであると批難する実務家は、彼らが考える現実世界こそが本当の現実世界であるかのように研究者に扱ってもらいたいと思っている節《ふし》がある。そんなことは研究者の仕事などではない。学者がやるべき仕事は、むしろ個別的であり特殊なものでしかない世界がどのような経緯でまるで普遍的な世界であるかのように見られるようになってしまうのか、という点について理解することである。また、ある種の既得権益がこの普遍性の定義を流布させていく上でどのように機能するかという点について理解していくことも重要である。その上で研究者がおこなうべきは、ある種の既得権益によって見落とされがちな盲点が生じているときに人々がその事実について声をあげて指摘すること、そしてまた、それとは異なる種類の利害関心を現実のものにすることを促すようなやり方で、これらの点に関する基本的な事実について伝えていくことなのである。[62]

経営研究の多くは大学の内部でおこなわれてきたが、研究のあり方を改善していこうとする中で、我々は、その大学というのはそもそもどのような組織であり、どのような経緯で生まれ、またどのような価値を擁護するものなのかという問題について改めて考え直していかなければならない。ジョン・ガードナーは

1968年に、「大学は闘いの最中に忘れられがちなもの、日常生活の混乱の中で脇に置かれてしまいがちな価値、我々が真剣に考えるべきであるはずなのに決して実際には目指そうとしない目標、直面したくない事実、そして答えを追究する勇気が欠けてしまいがちな問題を追究していくためにこそ存在しているのだ」と書いている[63]。

これは純粋な意味での、利害関心を超越した研究のあり方に関するビジョンである。それは、最終的な結果がどのようなものであれ物事の真実を追究していくこと、権力に挑戦するという意欲、そしてまた、専門職集団と組織の発展を、それ自体が目的ではなく、むしろ目的を達成するための手段と見なしていくという決意を意味する。我々がこれらの価値を見失った場合には、我々はそれらの価値の崩壊に加担し、ひいては自分自身をすら見失うことにもなってしまう。それらの大切な価値を再認識することによって、我々は、学術研究のインテグリティを、それを弱体化させようとする圧力に直面しながらも擁護していくことができるようになるだろう。また、そうすることは、我々の多くがそもそも研究生活というキャリアを志すようになったきっかけについて改めて思いをめぐらす機会にすらなるかも知れないのである。

第2章 学術研究を堕落させ学問の自由を脅かしつつある監査の暴虐

社会科学全般、特に経営学分野での研究の質や目的に関する懸念は、今や広く共有されるようになっている。*Organization Studies* の編集委員長をつとめていたデイビッド・クーパッソンは2013年に退任する際の編集後記で、「この分野における研究の多くに見られる、政治的・社会的な現実との関連性の欠如」について嘆いていた[1]。クーパッソンは、研究業績という点での生産性を重視する文化が支配的になっており、彼が「情熱あふれる学識」と呼んだものよりも、むしろ論文の刊行自体が自己目的化しつつあると指摘したのである。事実、ますます多くの論文が無意味であり、かつ長たらしい悪文で書かれており、一般の人々にとっては、全くと言ってよいほど魅力が無いものになり果てている。マッツ・アルベッソン、イアニス・ガブリエル、ローランド・ポールセンは、これら一連の問題によって引き起こされた事態について次のように指摘している。

研究者の間では（自分自身のものを含めて）学術研究の意義や意味に関する冷笑的な態度（シニシズム）が広がっている。論文の刊行は、業績上の達成目標と大学ランキングをめぐる、その場しのぎのゲームのようなものになっている。論文は研究者自身のキャリアと所属大学の名声にとって不可欠ではあるだろうが、本質的な意味や価値は見当たらず、実社会での使い道などあるはずも無い。(2)

この章では、以上のような問題を、我々が、大学、ビジネススクール、学術ジャーナル、そしてまた個々の論文を対象とする、何らかの数値指標を使った評価と管理や監査、そしてランク付けに対してますます執着するようになっている、という事実に関連づけて解説していく。大学ランキングのリストは、大学と同じ数だけ色々なものがあるように見えることさえある。どの大学も自分のところがナンバーワンであるリストを何とか見つけようと悪戦苦闘するものであり、事実、それがうまくいく場合も少なくない。たとえば、手元にある2018年2月22日付の *Times Higher Education*［英国を中心とする高等教育関係の情報誌。発行元は世界的な大学ランキング産業＝「ランキングマフィア」（佐藤郁哉、2017）のメインプレーヤーでもある］を開いてみると、最初に目につくのは、北アイルランドにあるクイーンズ大学ベルファスト校が提供した見開き2ページの広告である。そこでは「英国で知識移転パートナーシップのナンバーワン」であると宣言されている。これが何を意味しているか分かるだろうか？　まあ率直に言って、そんなことを気にかける必要があるとも思えないのだが。

説明責任を果たすというのは、たしかに研究者や大学に期待されて当然のことではある。しかし、本来は説明責任を確実にするために設計されたはずのシステムが、今や、その意図とは全く逆の結果をもたらすような段階にまで至ってしまっている。2015年に英国の高等教育助成評議会によって発行された報告書の題名は『測定指標の潮流（*The Metric Tide*）』というものであった。(3) 監査文化の油断ない監視の目にさらされる中で、研究者は答えを求めるのに時間がかかる重要なリサーチ・クエスチョンを設定することを恐れるようになった。まるで獣《ビースト》のようなところがある測定システムは常に腹をすかせている。今やそのケダモノに対して餌を与えることが研究を通して社会に貢献することよりも重要な関心事になってしまっているのである。

この章では、我々がどのようにしてこのような情けない状態に陥ってしまったのか、という点について見ていく。また、この本全体を通して、それに対して我々に何ができるかを考えていくことにしたい。

監査文化の肥大化

マイケル・パワーは、1997年に *The Audit Society: Rituals of Verification*（邦訳『監査文化――検証の儀式化』）という本を出版した。[4] その本におけるある種の主張が読者のあいだに深い共感を巻き起こしたことは明らかである。たとえば、この本は現時点ではGoogle Scholarで7500回を超える引用があり、出版以来何度も版を重ねてきた。パワーは、彼が「監査爆発」［監査の爆発的増加］と呼ぶもの、そしてまた人々が従事している全ての活動を測定、評価、集計しようとする際限のない試みが引き起こしてきた不安について解説している。これら一連の活動を担当する膨大な官僚的制度が登場してきた。もっとも、

監査を可能にする価値観と慣行は組織運営の中核的な部分に深く浸透しているのだが、新しい報告義務に対して同調的対応をするためには、それ相応の実行力と資質が必要になるということだけでなく、その一方で、新しい精神構造、新しいインセンティブや物事の重要性に関する新しい考え方などが次第に形成されていくことによって、……監査プロセスは新しいタイプの組織人を生み出していく可能性があると言えるのである。

監査は、我々の活動に対して向けられる、客観的で中立的な視線などではない。爆発的に増大する監査は、評価対象となる対象のあり方それ自体を変えていくのである。出版後しばらくしてから、パワーは自著について振り返って、次のように指摘している――「（監査の拡大には）組織に対する信頼の低下につながる可能性がある。……監査爆発は、規則遵守に関わる複雑なゲーム（たとえば、公的な「協議」という外見を取り繕うこと）や、……組織の変革を阻害し従業員の志気を低下させがちな防衛的な戦略と非難過剰の傾向……と密接な関連を持っているのである」(5)。

セニア・カルファ、エイドリアン・ウィルキンソン、ポール・ゴランは、オーストラリアの地方大学において業績評価制度が導入されていった前後の経緯を鮮やかに描き出している。

その大学では包括的な監査の実施が至上命題となったのであるが、教員たちは、その方針に従って、教育と学習、研究と学生の研究指導、地域社会への関与と社会貢献について評価されることになった。点数制による複雑な評価システムが導入され、「条件を満たしている」というような程度の評価では、ほとんど「失格」と同義だと見なされるようになっていった。カルファらは、これに関連して、ある種のパラドックスについて報告している。ほとんどの教員スタッフは当初そのような評価制度の導入に反対したのだが、それでも最終的には同意することになった。彼らは、自分たちの仕事を守るためには、「お約束」としてある種のゲームに参加する必要があるだろうと考えていたのである。目立った抵抗はまれであり、不満を抱えた教員は次々に退職していった。残った人々は新制度に同調することによって「新しい秩序の中で自分なりの居場所を確保する」ために闘ったのだが、それによって同僚との結びつきは弱まり、また集団的抵抗の可能性も消えていった(6)。カルファらは、ピエール・ブルデューの言う「ゲーム」の比喩を使って、次のように結論づけている――ゲームをプレイしているあいだに人々は自分たちがゲームに参加しているという、その事実それ自体を忘れ去り、また最初のうちは反対していた新しいゲームのルールによって自分自身を（再）定義してしまうことがあるのだ、と。これらのルールは、最終的にはごく自然なものとして受け取られるようになり、人々の生活をより一層強力に支配するような形で再生産されていくことになる。

このような状況が生じてくる理由や実際のプロセスについてさらに詳しく検討していくためには、ジャレミ・ベンサムのパノプティコン［円形に設計された全展望型の監視システム］、つまり少なくとも看守と管理者の側から見れば理想的な刑務所の構造について解説したミシェル・フーコーの著作が参考になるだろう。フーコーは、その仕組みについて次のように説明している。

［パノプティコンは、］囚人の側に意識的で永続的な可視性を自覚させるような状況をもたらすことによって、権力の自動的な発動を確実なものにする。結果として監視が永続的であるような仕組みにすることは、たとえ現実の監視は断続的にしかおこなわれていなくても、完成の域に達した権力の場合、実際の権力の行使は不要になる。この建築上の仕掛けは、権力を行使する者とは無関係に権力関係を構築し維持できるようになっている。要するに、囚人たちは、彼ら自身が担い手の一員でもある権力状況に巻き込まれることになるのである。そのためには、囚人が看守によって絶えず監視されるだけでは、ある意味では十分過ぎるのだが、他方では不十分でもある。不十分というのは、囚人は自分が監視されているということを意識していなければならないからだ。一方で十分過ぎるというのは、囚人は実際に監視されている必要がないからである。この点に関連して、ベンサムは、権力というものは可視的であるとともに、検証不能にすべきだという原理を提示している。可視的という意味は、囚人の目の前には、彼の挙動を常に監視している中央の高い塔が存在しているということである。検証不能というのは、囚

人には、自分がいついかなる時に実際に監視されているか否かを知ることなどできないからである。しかし一方で、彼は常に監視されているということを意識せざるを得ない……「パノプティコン」は、権力を自動化して無名化するという点できわめて重要なメカニズムである。[7]

右で指摘されたようなパノプティコンの特徴とその監視下に置かれた囚人の状況の少なくとも幾つかは、現在、自分の業績に関する審査や監査が保留されていたり、進行中あるいは最終段階に入っていることによって、事実上監視が常態化している研究者の状況とその人々の多くが抱いている感情に近いものであろう。サイモン・ヘッドは、２０１１年に発表した「英国の大学が直面している恐るべき脅威」において、このような事態を引き起こした起源の多くがハーバード・ビジネススクールなどで開発されたアイデアにあるとしている。[8] 彼は、特にバランスト・スコアカード（ＢＳＣ）という発想およびそれと関連する概念であるキー・パフォーマンス・インジケーター（ＫＰＩｓ――重要業績指標）の発想を取り上げている。ロバート・キャプランとデイビッド・ノートンによって開発された、バランスト・スコアカード（一見無害に思えるネーミングではある）のアイデアは、津波のような勢いで最初はビジネス界を席捲し、次いで高等教育の世界を呑み込んでいった。キャプランとノートンの元々の論文は１９９２年の時点で『ハーバード・ビジネス・レビュー』に掲載されて以来、同誌に掲載された中でも最も影響力のある論文の1つになった。[9] 本書の執筆時点でいうと、Google Scholar では約2万３０００件の引用がある。その論文の最初の文章が全体のトーンを規定している――「測定されたものが全てである」。

ハネ・ノルクリットが的確に言い表しているように、ＢＳＣは「戦略的なコントロールのための道具」である。[10] そのＢＳＣは、過去数十年に及ぶ新自由主義の時代精神と歩調を合わせるようにして、かつて専門職従事者が持っていたはずの自律性を、儀式化した検査や競争と商業化を求める要請の前に屈服させることになる[11]。ローレンス・ブッシュは、新自由主義の中心的な仮定は、「全ての政府機関、研究教育機関、民間の任意団体、およびその他の機関は、市場ないし準市場的なシステムとして再構築され再形成されなければならない」というものであると指摘する[12]。これを達成するためには、従来以上に干渉的な形式の監査と測定が必要になってくる。その前提にある想定は〈そのような測定をおこなうことによって説明責任が達成され改善が期待できる〉というものである。しかし、ジェリー・ミュラーが指摘するように、その種の発想によってもたらされる、既定の到達目標をひたすら追求していくような考え方は、現実には「ソ連のシステムが抱えていた多くの本質的な欠点を再現してしまうことになる[13]」。それらの欠点は、取りも直さず、ソ連をむしばみ最終的には同国の経済を崩壊へと導いていったものである。というのも、そのシステムでは、実際の品質とは無関係に数値目標を達成し、それが何であれ測定できるものだけに焦点を合わせることによって、それ以外の重要な問題を無視してしまうからである。今や我々の大学は、新自由主義とソビエト型計画経済とのあいだの「強制結婚」によって産み落とされた子供のようなものになってしまっている。それによって、かつて大学の基本的な活動原理であったはずの目的意識が今やひどく変質してしまったというのも特に不思議なことではない。

それと同じように、もともとキャプランとノートン自身は、「バランス」が図られ測定され採点された人々がそれら一連の事態についてどのように感じるか、という点などについては一切考慮に入れていない。むしろ、スコアボードというものは、「トップマネジャーに対してビジネスの迅速かつ包括的なビューを提供する」ことができる一連の指標を提供することが約束されているのである[14]。大学に導入されたＫＰＩの発想にもとづく独特の用語法は、学術生活のかなりの部分に汚染の輪を広げている。その結果、マッツ・アルベッソンとアンドレ・スパイサーが指摘しているように、「かつて大学は独自の論理と儀式と運営方針の伝統を持つ組織として考えられていたが、現在ではますます（過剰に）管理された他の組織と似かよったものになってきている」[15]。実際、管理部門は、その権力が増大していくことによって、粗雑であり、かつ各種の嫌がらせ行為を含む有害な形の管理統制に手を染めていきがちなのである。[16] 大学において使われる言葉も変化しつつある。本や論文は「アウトプット」になっている（ここで私自身へのメモ→自分がアウトプットを生産しているのであって、本を書いているのではないということを忘れないようにしておこう）。その種のアウトプットとしてますます多くの業績が量産されており、多くの場合その唯一の目的たるや、次回の研究評価事業［すぐ後で言及されるResearch Excellence Framework（研究卓越性評価事業）などを含めた英国における国家レベルの研究評価事業の詳細については佐藤郁哉（2018a、b）参照］に間に合うように評価され、点数がつけられ、そのうち忘れ去られることでしかないのである。

ここで、これら一連のプロセスの中でも最も強い影響力を持っているものの兆候に対して目を向けておきたいと思う。つまり、研究者が実際にどのように研究をおこない、どこにその成果を発表するかという点を管理（つまり統制）する上で、ジャーナル・ランキングとジャーナル・インパクト・ファクターへの依存度が高まっているという事実である。

ジャーナル・ランキング、引用指標、インパクト・ファクターがいかに学術研究の価値を毀損してきたか

ジャーナル・ランキングには、学術ジャーナルが何らかの形で合意された方法に従ってリストアップされ

ている。そのランキングにおける順位は、論文ないしその著者である大学教員の質を測る上での代理指標だと見なされることになる。そのようなシステムで高い評価を受けた人々は幸運であるが、一方で悲惨なのは不名誉な烙印を押されたその他大勢の人々である。

フィナンシャル・タイムズ紙（*Financial Times*＝FT）は、学術ジャーナル50誌をリストアップした上で、それらのジャーナルにおけるビジネススクールの教員の刊行実績を、教員たちが所属するMBAプログラムの品質を測る上での重要な尺度と見なしている[17]。これは喩えて言えば、映画作品のクオリティを判断しようとする際に「作品自体の質ではなく」その映画の広告が載っている出版媒体に対する評価を基準にするようなものだ。さらに、FTがランキングを決めるのに使われてきた方法は、法王選挙（コンクラーベ）のために開催される枢機卿たちの会議における審議と同じくらいに不透明である。実際に何が起こっているのかは誰も知らないし、FTもそれについては公表していない。しかし一方で、その影響は甚大かつ深刻なものである。何としてでもMBAプログラムの順位を上げたいビジネススクールは、その種の論文の刊行に相応しい研究をしているか否かは無視して、ことある毎に、自校の教員に対してFTトップ50のどれかのジャーナルへの論文掲載を優先するよう「奨励」している。それぞれのジャーナルにとっては、その誌名がFTのリストに含まれていることは何物にも代えがたい名誉である。したがって、ジャーナルの編集委員たちは必死になってトップ50に自分たちの誌名があがるようにロビー活動をおこない、それが首尾良くいったときには祝杯をあげ、反対にリストから外されたときは悲嘆に暮れることになる。

他のランキング・システムでは、それぞれのジャーナルに順位［や格付け評価］を割り振ったリストを提供している場合が多い。英国では、全英ビジネススクール協会（Association of Business Schools＝ABS）のジャーナル・ランキング（ABSガイド）が大きな影響力を持っており、リストに含まれるジャーナル数は

2015年には1402誌だったのが2018年には1582誌にまで増えている。[18] ABSガイドは、政府による研究卓越性評価事業（Research Excellence Framework＝REF）を真似て個々のジャーナルに［1から4までの］総合的な評価点を与えている。さらに「傑出したジャーナル」に対しては［アスタリスク（＊）付きの］4*というカテゴリーの特典が与えられる。[19] 豪州ビジネススクール学部長評議会が作成したランキングでも、同じようなやり方が採用されている。[20] こちらは最初のものが2007年に公開され、2009年、2013年、2016年にそれぞれ改訂され、現在、新たな見直しが進行中である。

ランキングは南アフリカとメキシコでも開発されてきた。[21] フランスの場合は、ビジネススクールの多くがCentre National de la Recherche Scientifique が発行するリストを重視しており、そのリストとABSガイドとのあいだにはかなりの重複がある。[22]

トリブルは『スタートレック』（米国のSFテレビドラマ）に最初に登場したときは、毛皮のような可愛らしい生き物であった。しかし、じきに爆発的に繁殖して重要なシステムに支障をきたし、通気孔からこぼれ出し、乗組員の時間とエネルギーをどんどん食い尽くして、宇宙船エンタープライズ号全体に大騒動を巻き起こしていった。ジャーナルのランキングはそれと同じような繁殖力を持っているように思われるので、私は、それらのランキング自体をランク付けするための新しいシステムが必要であると主張したくなってくる。もっとも、それは時を経ずしてさらに別の追加的なシステムへと発展する可能性がある――ジャーナル・ランキングのランキングをランク付けするためのシステムの……という具合にして。全く新しい産業が我々を待ち受けているのである。そのランキング産業が絶頂期を迎えるのはまだ少し先のようではあるが、それぞれの大学内では、既存のランキング・システムが業績管理用のツールとしてますます頻繁に利用されるようになっており、教員たちに対して、エリート・ジャーナルと目される特定の一群のジャーナルでの論文掲載を再優先事項にするように駆り立てている。それらのシステムは学術界の「血流」とも言える根幹の部分にまで入り込んでおり、事実、研究者仲間で交わされる会話においては、ランキングが及ぼす影響やその副作用に関する話題がかなりの部分を占めている。どのジャーナルがランク入りしたか？　どのジャーナルが外されたか？　「我々の」ジャーナルの順位を上げてジャーナルXよりも優れたものにするにはどうすればよいだろうか？　その手の話を聞く度に、私は、現実的に意味のある研究をおこなう代わりに、こんなことのためにどれだけの時間が費やされているのだろうかと思わずにはいられない。

以上のような事態は、学術研究のあり方に対して深刻な影響を及ぼしてきた[23]。実際のところ、重要な論文の多くはトップジャーナルとは見なされない媒体に掲載されてきたのであり、逆に質の低いはずの論文がトップジャーナルに掲載されてきたという明白な事実がある[24]。さらに興味深いことであるが、最も良く知られた経営学者たちが自らの理論の概要と理論構築の過程について語ったある書籍では、その著者のうち何人かは、論文をメジャーなジャーナルに掲載してもらう際にさんざん苦労しなければならなかったという点について明らかにしているのである[25]。

研究者の多くは、ランキングリストについて批判的な見解を持っている。2018年にジェームズ・ウォーカーとその同僚が1945人の英国の学者を対象にしておこなった調査では、そのうちの68・5パーセントが、〈ABSガイドが、本当は取り組みたいと思っている問題をめぐる議論から研究者の注意をそらしている〉という意見に同意または強く同意していることを明らかにしている。また68・4パーセントは、ランキングリストによって研究の均質化が生じており、58パーセントは、リストが無難な研究だけを選ぶ傾向を生み出していると指摘していた、などさまざまな否定的な意見を表明している。しかし、ここには1つのパラドックスがある。回答者たちはそういう批判的見解を抱いているにもかかわらず、ABSガイドは他の研究者の研究の質について判断を下すのに役立つと考え、また67パーセントは、自分がどこに論文を掲載すべきかについて決める際には、ほぼ毎回ないし常にABSガイドを参照していたのである[26]。これを喩えて言えば、ABSガイドは、業績追求をめぐる強迫観念という点では、その薬理効果よりも害の方が多いと確信していながらも、とにかくそれを服用する必要があると感じさせてしまうような薬剤に匹敵するほどに甚大な影響を及ぼしてきたのだ。そして、そのあいだに、我々の研究環境の健康状態は悪化の一途をたどってきたのである。

この点については、もう1つの事例が参考になる。英国では、2014年に一連の作業が完了することになっていた第1回目のREFが実施された際に、ビジネススクールは、どの研究者、したがってどの出版物を評価対象として提出するかを決定することができた。当時のABSガイドのリストは、そのような決定をおこなう際の主たる基準になっていた。つまり、もしそのリストで4つ星（4*）［アスタリスク（＊）は星印でもあり「スター」と発音される］に格付けされているジャーナルに掲載されている論文の数が十分にある場合、幸運な評価結果を期待してシャンパンの栓を抜くことが出来たのである。結果として、4×4のスーパースターとして知られるようになった一部の学者には需要が集中して、評価事業のために実施される在籍状況調査の期限直前に他の大学に移籍することで給与の大幅な引き上げをはかることもできた［4×4は、フォー・バイ・フォー＝四輪駆動車の連想から。REFでは、通常一人の研究者について4点の業績を提出することが想定されていた］。もちろん、ここでの前提は、ABSの4つ星ジャーナルに掲載された論文の全てがREFで同じように4*というスコアで評価されるということである［REFでは、それぞれの研究業績について1*（独創性、意義および厳密性において国内的に評価されるクオリティ）から4*（独創性、意義および厳密性において世界主導的なクオリティ）までのスコアに最低点のUnclassified（評価対象外）を加えて5段階評価が採用されていた」。これは大学の役職者にとっては、論文を実際に読むという面倒な仕事をしなくても教員たちが書いた論文の質を評価できる、という意味で便利この上ない発想ではある。ここでは、短期的な取引関係こそが標準的な考え方なのである。となると、あらゆる点において、長期的な忠誠心という発想には長期的な未来への展望などない、とするような発想であるようにも思えてくる。

しかし残念ながら、ジャーナルのランキングが、ＲＥＦで特定の論文がどのように評価されるかという点に関する信頼できる指針であるという幻想は、ものの見事に打ち砕かれることになったのである。２０１４年に完了したＲＥＦ事業の審査委員長と副委員長だったマイク・ピッドとジェーン・ブロードベントは、評価結果について独自の分析を発表している[27]。彼らは、無作為に選択された１０００点の「アウトプット」を使って分析してみたのだが、その中にはＡＢＳの４つ星ジャーナルに掲載された２３９本の論文が含まれていた。これらのうちＲＥＦで4*の評価を受けたのは94本（39パーセント）のみであった。95本は3*と評価され、47本が2*、３本は1*と評価されるか最低点の「評価対象外（Unclassified）」だったのである。同様の食い違いは、ＡＢＳで３つ星、２つ星、および１つ星のジャーナルに掲載された論文についても見られた。要するに、たとえトップジャーナルと称されていた学術誌ではあっても、そこに掲載された論文がＲＥＦで受けた評価スコアには大きなばらつきがあり、一方で、ランクが低いと思われていたジャーナルに掲載された多くの論文がＲＥＦでは良好な成績を収めていたのである。

これは特に驚くべきことでもない。実際、さまざまな現象に対して単一の尺度を当てはめようなどとすることは、大人向けと子供向けの小説、あるいは歴史書と科学に関する本を一緒くたにして同じ基準で判断しようとすることにも等しい無謀な試みである。もちろん、そんな場合でも評価結果には何らかの類似性はあるだろう。しかし多くの場合、そのような類似性以上に大切なのは食い違いの方なのである。学術ジャーナルの編集委員、特に英国外の編集委員がある論文をアクセプトするかリジェクトするかを決定するときに、編集委員はその論文がREFやそれと同類の評価事業で最終的にどういうスコアを獲得するかについて思い悩むことなどはないだろう。一方で、私が右で引用したデータは、評価事業の関係者についても同様のことが言えるという点を強く示唆している。実際、彼らは、おびただしい数のジャーナル・ランキングリストの作成者がさまざまなジャーナルについてどう評価しているかという問題など特に気にかけてはいない。両方とも、全く別のことをしようとしているのである。その両者を同一視してしまう人々は、いわば尾骶骨《びていこつ》を上腕の骨と取り違えるような間違いを犯しているのである。

以上で指摘したことがどれだけ重要な意味を持っているかという点について少し考えてみて欲しい。良質な論文がREFの評価対象から外されることによって著者のキャリアを損なってしまう可能性があるのだが、一方では、［たまたまトップジャーナルに掲載されていた］より質の低い論文が多く含まれることによって著者のキャリアを押し上げている可能性もあったのである。これに関連して、あるときに、私の専門分野でもあるリーダーシップ研究における重要なトピックを扱った論文を書いた同僚と交わした会話のことが思い出される。私は、その論文は、その問題についてこれまで読んだ中で最高のものだと思っている。実際に、その論文は広く引用されていた。それで、それが目前に迫ったREFに提出されたかどうか聞いてみたところ、掲載誌がそのときはまだ2つ星の評価しか受けていなかったジャーナルだったので、評価対象からは外されたという返答であった。(28)どうやら、［その論文の著者の所属していた大学の］方針は、ともかくREF向けに測定しておく必要があるので、かなり不正確なやり方でしかないのだが、時間がかからない簡便な測定法をとりあえず利用するということらしい。このようなアプローチが原子力発電所や橋梁あるいは高層ビルの建設に際して適用できるかという点について考えて見るのも一興である。また、医療の場合はどうだろうか？

患者：先生、心臓発作なんです。

医者：ナンセーンス！　あなたのような年齢層の方たちで心臓発作になる人なんか39パーセントしかいないはずだし、大丈夫だよ。

患者：でも、私は死にそうだと思うんで・す・け・ど……（床に倒れ込む）

医者：はい、次の患者さん！

ABSランキングやより一般的にはジャーナル・ランキングへの卑屈とも言える盲信は、論文に含まれるアイデアの質よりも、掲載される媒体の方が重要であるという見方を助長してきた。同様に、この測定基準が新規採用や昇進審査に関わる学内委員会で使用されるような場合は、当の研究者自身が何の魅力も感じていないような発表媒体や研究領域に注力することを促す業績中心主義を助長するようなツールにもなる。これは、学問の自由に対する侵害である。アンドルー・スパークスが「監査をめぐる狂乱」と呼んでいるものによって、研究者たちは自分自身を「到達目標、指標、評価への応答者」として仕立て上げていくことになる[29]。彼らは、さまざまな研究課題に対する個人的な思い入れなどは脇に置いて、その代わりにシステムから押しつけられてきた測定基準にもとづいて自分自身を定義することを余儀なくされるのである。そのようなプロセスでは、新しい方法や理論などは、定義上、片隅に追いやられてしまう可能性が高くなってくる。

次に挙げるのは、アン・クンリフが、米国の大学のテニュア・トラック［終身在職権を獲得する可能性があるポスト］であった当時の彼女のキャリアについて解説している証言である。

「トラック」というのは、「適切な」ジャーナル（つまり米国におけるトップの4誌）に論文を掲載するという政治的ゲームに同調するということを意味していた。そんな同調的な対応は、私の研究の哲学的な背景や、一般に認められたやり方で論文の構成を考えたり、「出来の良い」文献レビューを書いたり、仮説命題を検証したり、厳密な手続きによってインタビューを実施したことを示したり、一般化可能な理論を開発したりできるという点で私が抱えている明らかな欠陥（これらは全てリジェクション・レターに出ていたコメントである）から考えれば、まずあり得ないことであった。トップジャーナルの編集委員の一人は、3回目の改訂後に私の論文をリジェクトした際に次のように述べている――「このコメントを書いているあいだに、評者は、理論的貢献という点に関するコミットメントや期待という点に関して、投稿者とのあいだに本質的な見解の相違があるという事実に気づかざるを得なかった」。たしかに、その通りだとは思う。しかし、そんな違いが存在していることがたとえ認識されていたとしても、我々は、結局のところ、主流とされる側のパラダイムの評価基準によって一方的に判断されるのである！[30]

彼女は上の引用に続けて、彼女の論文が後にヨーロッパのトップジャーナルにアクセプトされて、その刊行以来、「最も読まれた論文」のリストに載ったことについても述べている。

彼女がここで解説しているのと同じようなプレッシャーは、大学院生が博士課程に入学した瞬間から始まる。特に、論文を掲載する価値があるのはごく少数のジャーナルのみだと教え込まれている米国のエリート・ビジネススクールではそうである。アジネッシュ・プラサドの報告によれば、博士課程の院生たちの多くは、〈彼らが当初抱いていた問題関心はエリート・ジャーナルへの投稿にとって有利ではない〉という指導や助言を受けた際には、その研究課題を変更してしまうのだという[31]。恐らく、それらの変更の中には望ましいものもあるだろう。しかし、私には、学位論文の研究トピックを選択する際の規準としては、何誌かのジャーナルで「アイスクリーム店で言えば」たまたま「今月のフレーバー」とされているようなものを選ぶということほど不適切な規準があるとは思えないのだ。

トップジャーナルを偏重する暴虐とも言える傾向は、現在、米国やヨーロッパという範囲を超えて世界中に広がっている。エマ・ベル、ニヴェディタ・コティヤル、ヒュー・ウィルモットは、インドの経営学者のあいだに、米国系のジャーナルに論文が載りやすいということで、実証主義的で定量的な手法が好まれるようになったという点について報告している。[32] エクル・シュスリは、ドイツにおける同じような動向について説明している。ドイツでも、経営学系の博士課程の学生は、インパクト・ファクターが高いジャーナルに定量的な研究にもとづく論文を掲載することが奨励されている、というのである。彼女はまた、研究書がRe-galmüll、つまり書棚のゴミと見なされるようになったと報告している。ここでもドイツ経営学者協会によってジャーナル・ランキングリストが作成され、研究職の求人の際に求職者の業績評価点を計算する上で使用されている。[33] こうしてみると、我々の分野でおこなわれている研究の多くが紋切り型で瑣末なテーマを扱い、かつ退屈なものだというのは特に不思議なことではなくなってくる。

これらの傾向は、学術研究が社会に与えるインパクトのあり方および特定分野に特化したジャーナルの展開の両方に対して影響を及ぼしてきた。その種のジャーナルは、多くの場合、特定の分野の熱心な読者に対してより直接的に語りかけるものである。しかし、これらのジャーナルは、引用スコアが低く、したがって公式のランキング・システムでは最上位層の枠外である可能性があるため、若手の研究者からは無視されがちである。[34] ほとんどのランキング・システムは、ジャーナル・インパクト・ファクター（JIF）にも大きな重点を置いている（このテーマについては、すぐ後で詳しく説明する）。いずれにせよ、これによって、新興分野の新しいジャーナルが安定した位置を占める可能性はさらに制限されることになる。というのも、新規の学術ジャーナルは、JIFの計算の根拠になる、Institute for Scientific Information（科学情報研究所）のSocial Science Citation Indexに登録されるまで3年のあいだ待たされるからである。その後、インパクトのスコアが与えられるまでには、さらに3年間の「待機期間」がある。

これは、ジャーナルの創刊から最初のJIFを受け取るまでに最低6年という期間が必要であるということを意味する。その意味するところは明白である。ジャーナルのインパクト・ファクターは、さまざまなジャーナル・ランキング・システムで広く使用されている基準の1つである。創刊直後のジャーナルにはそのスコアが無いことを考えれば、当然かなり不利な状況に置かれることになってしまう。実際これは、自己成就的な予言になる可能性があると言える。事実、研究者は、まだインパクト・ファクターがついていなかったり、ランキングリストで上位ではなかったりするジャーナルへの論文の掲載を避ける可能性がある。結局のところ、これによって、創刊間もないジャーナルはそこそこのインパクト・ファクターしか与えられず、したがってまた「公式」のジャーナル・ランキングで上位になるのに苦労することがほぼ確実になってしまう。それは絵に描いたような「キャッチ22」［どうあがいても解決策が見つからないジレンマ］的状況である。ジャーナルは優れた研究が掲載された場合にのみ上位にランク付けされるが、優れた研究を掲載できるのは、上位にランク付けされた場合のみなのである。ありがたいことに、一部の学者がこれらの圧力に対して少なくとも部分的には抵抗しているために、以上のような自己成就的予言の効果は必ずしも完璧なものではない。

まだジャーナルのランキングがこれだけ遍在的で不公平なものになる以前の状況とは違って、現在では、特定のジャーナルの順位が各種のリストで上下に移動する範囲は限定されるようになっており、それによってエリート・ジャーナルに対して半永久的なアドバンテージが与えられる可能性が出てきた。そのようなアドバンテージがフイになる可能性もあることにはある。しかし問題は、リストの一番上にあるジャーナルの場合、研究者の採用や昇進を左右する人々によって最も高く評価されていることによって、著者にとって非常に望ましいものになってきた、という点である。著者は、論文の内容が本来想定しているはずの読者にとって適切であるか否かに関わりなく、トップジャーナルに投稿するための研究をおこなうことを強く推奨され、時には物質的・金銭的なインセンティブを与えられたりもしている。かくして、これらのジャーナルは、「トップ」の論文を出版していると見なされているためにトップジャーナルの位置に留まり、トップジャーナルとして見なされているために「トップ」の研究論文を掲載しているのである。[35] 経営資源にもとづく戦略論（リソース・ベースト・ビュー）に従って言えば、トップジャーナルの名声は、他の資源――この場合、キャリア志向の研究者たちが掲載したがるということ――を引きつける資源になるのである。[36] このような「現職のアドバンテージ」は、競合者（つまり他のジャーナル）が同じようなリソース（資源）を形成して同等ないしより優れた地位を占めることを妨げることになる。これは、いわゆる「マタイ効果」、つまり「誰でも持っている人にはもっと与えられ、彼は豊かになるだろう。しかし、そうでない人からは、彼が持っているものさえも奪われるだろう」と書かれた聖マルコの福音書［マタイおよびルカによる福音書にも同様の記載がある］にちなんで名付けられた現象の典型例である。[37] ここで扱っている問題との関連で言えば、ジャーナル・ランキングにおける高い順位は自己成就的予言になるのであり、それが失われるのは、編集委員と出版社が何らかの理由で自己破壊本能を持ってしまった場合のみなのである。

事実、2018年版のABSガイドに挙げられたジャーナルの数は、前の版よりも180誌多かったのだが、前の版で取り上げられていたジャーナルの評価についてはほとんど変更が無かった。ジャーナル4誌が4*に、別の1誌が4にアップグレードされたのみだったのである。[38] したがって、少なくともこの場合、ジャン-バプティスト・カーの有名な格言、つまり、*Plus ça change, plus c'est la même chose*（「変われば変わるほど、変わらない」）はたしかに核心を突いているのである。あるジャーナルがいったんＡＢＳランキングでトップの地位を獲得した場合には、そのジャーナルがその位置を失うことは、ラクダが針の目を通過するよりもあり得ないことなのである〔「ラクダが～」もマタイ、ルカおよびマルコの福音書にある喩え〕。ＡＢＳガイドについては２０２１年に「メジャーレビュー（大がかりな見直し）」が約束されている。さて実際にはどうなるか、見てのお楽しみではある。〔実際の見直しの結果については、95ページの訳注参照。〕

以上で述べてきたような傾向には、独創的で画期的な学術研究に対して深刻で重大な影響を及ぼしかねない面がある。ＡＢＳのようなジャーナル・ランキングリストは、通常 *Academy of Management Review*、*Academy of Management Journal*、*Administrative Science Quarterly*、*Organization Science* など「エリート」級の米国系ジャーナルに対して特等賞を授与している。これらのジャーナルと同じようなテーマを扱っている他のジャーナルとのあいだには基本的なアプローチという点で大きな違いがあり、右に挙げたエリート・ジャーナルの場合は、実証主義と機能主義の正統性という堅固な厚い壁で四方を固めている。より批判的であり、また非正統的な性格を帯びた研究は、論文として刊行されるどころか相手にされることすら稀である。シンシア・ハーディが指摘するように、

これらのジャーナルに掲載される「権力」というテーマに関する論文――あるとしても非常に稀なのだが――は、ほとんどの場合、主流の概念的な定義を採用して、権力というものを〈行為者が他者の行動に対して影響を与えるためにおこなう金銭的および象徴的な資源の行使〉としてとらえている。そうすることで、彼らは権力をめぐるダイナミクスについては、それを、政治的問題を十分に認識し、紛争の際に自由に使える権力資源を活用するために全力を尽くすことができる能力を有する特定の当事者の

あいだの何らかの意識的な戦略と見なすことになる……そこでは、過去40年間にわたって展開されてきた深い洞察を含む根本的な概念上の展開についてはほとんど言及されていない。つまり、いわゆる米国系のエリート・ジャーナルは、甚だしくかつ弁解の余地が無いほどに時代遅れになっているのである。(39)

彼女はさらに、権力に関する学術的議論に対して非常に大きな影響を及ぼしたミシェル・フーコーの研究業績が、北米の学術研究では引用されることすら滅多にないことを指摘している。たとえ引用されることがあったとしても、それは通常ヨーロッパの学者によるものであり、彼らもごくわずかばかりを密かに持ち込むのである。それらの論文には、いわば試験で不正行為を働いている現場を押さえられるのを恐れている学生のようなコソコソした態度が見られることすらある。

クリス・グレイは、以上の傾向が我々の研究の仕方に対して与えてきた影響について、次のような形で的確に強調している。

グローバルなジャーナル・ランキングの支持者にとっては……ジャーナルに関する唯一の階層区分は、単に「エクセレント」ないし「ワールドクラス」の研究と質の低い研究とを区別するものでしかない。このような見方は、この階層関係が形成されていく際にその背後にあったはずのマクロとミクロ両レベルの政治的なダイナミクスを無視している。したがって、この観点からは、低く評価されるのは質が低い研究だからではなく、特定のタイプの研究だからであるという点が見落とされてしまうのである。(40)

そのようなトップジャーナルの覇権的支配（ヘゲモニー）を受け入れることは、つまり、我々がそれらのジャーナルを支配している知的、理論的、方法論的パラダイムを受け入れざるを得ないということを意味する。研究者は、いわゆるトップジャーナルへの掲載を目指す場合には、それらのジャーナルを支配する伝統や偏見の影響から免れることはできないのである。実際、たとえばグレイは、*Administrative Science Quarterly* への寄稿者は、ほぼ例外なく米国出身者であると指摘している。また、同誌に論文が掲載されているごく少数の米国以外からの寄稿者も、彼らの論文を載せてもらうために、必然的に米国の学術研究の実証主義的および機能主義的な本流の作法（オーソドキシー）を受け入れてしまう傾向がある。もちろん例外はある。しかし、それら例外的な事例も一般的な傾向を覆《くつがえ》す上で十分なほどの数にはなっていない。

自己引用の増大

大学で教員の採用や昇進に関する決定がおこなわれる際には、たとえば論文の掲載誌のランキングなどではなく、論文の被引用数のスコアを考慮すべきだ、という提案がなされることもある。これは善意にもとづく提案であり、また被引用数というのは客観的で無害な指標であるようにも思える。しかし悲しいかな、意図せざる結果の法則はここでも健在なのである。

２０１０年の後半に、イタリアでは教授人事に関して「ハビリタシオン」というシステムが導入された。これには、発表した論文の数、全体的な引用のレベル、およびその *h* 指数［論文の被引用度を示す指標］などが含まれていた。イタリアの自然科学者８８６人を対象にした研究によれば、容易に予測できることではあるが、これらの指標の導入が科学者の論文における自己引用の数の大幅な増加を引き起こしていったという事実が見出された[41]。これが科学研究の実績評価にとって何を意味するかについて考えてみて欲しい。ある分

野における それほど重要でもない論文が、自分自身の論文を引用している著者だけでなく、他の研究者によっても頻繁に引用されることになってしまうのである。その種の自己引用は1回当たりにつき、それが無い場合に比べて3・65回分の引用を生み出す[42]。それだけでなく、より価値のある論文が無視され、それによって研究者たちの注意を不適切な方向に歪めてしまうことになる。もちろん、行き過ぎた自己引用よりも性質《たち》の悪い慣行というものは存在する。しかし、自己引用の増大は学術研究におけるインテグリティが次第に崩壊しつつあるという事実を如実に示している。またそれは、ネガティブな副作用についてはほとんど考慮せずに、全てのものに対して監査と測定を適用すべきだという信念によって拍車をかけられてきたのである。

インパクト・ファクターという地獄の猛火

論文の被引用数などと並んで大学の経営陣のお気に入りになっているもう1つのアプローチは、学術ジャーナルのインパクト・ファクター（JIF）である。これは、あるジャーナルで過去2年のあいだに掲載された論文が［データベース内に登録されたジャーナルで］引用された回数の総数を、そのジャーナルが同じ期間に掲載した論文の数で割った数値として計算される。そのようにして算出された数字がジャーナルのインパクト・ファクターとなり、通常はその数値がジャーナルのウェブページ上に誇らしげに掲げられている。当然ではあるが、2年間というのは、学術論文の影響は言うに及ばず、何かがもたらした影響について評価するためには呆れるほど短い期間である。実際に論文を執筆して投稿し［編集委員や査読者の指示に従って］改訂を重ねていく作業自体に最低でも2年はかかる場合があり、ジャーナルの発行までにはさらに時間がかかかる。この期間内に9割方の論文が全く引用されていないのも特に不思議なことではない。少なくともトムソン・ロイター社の論文データベースである Web of Science の場合について計算されたように、掲載後5年後であっても84パーセントの論文は1回も引用されていないままなのである。[43] しかし繰り返しになるが、ジャーナルの関係者はJIFが増加すれば大喜びし、減少した場合には意気消沈することになる。言うまでもなく、あるジャーナルのJIFをそのジャーナルに掲載された個々の論文の質を測る代理指標として採用したいという誘惑はかなり強いものがある。それもあって、研究者はインパクト・ファクターが高いジャーナルにのみ掲載することが「奨励」されている。しかし、ランキング・システムにおけるジャーナルの順位の場合と同じように、JIFはあるジャーナルに掲載された個々の論文の価値について知る上では全く当てにならない代物である。

ここで最も明白な問題として浮かびあがってくるのが、歪度《わいど》［被引用度に関する分布の歪みの程度］である。つまり、ごく少数の論文がかなり高いレベルの被引用数を獲得している一方で、大多数の論文はそうではないのである。ビンセント・ラヴィエルとキャシディ・スギモトは、生化学および分子生物学におけるジャーナル4誌における引用数について検討を加えた。彼らによれば、「全てのジャーナルで、ほとんどの論文の被引用数は低レベルなものであり、被引用数が多い論文はごくわずかに過ぎなかった。また、ジャーナル間の歪度の類似性という点も顕著なものであった。これら4誌のジャーナル全てについて、ほぼ同じ比率（28・2パーセント〜28・7パーセント）の論文だけが、そのジャーナルのJIFの数値と同等あるいはそれ以上の被引用率を示していたのである」[44]。言葉を換えて言えば、それらのジャーナルに掲載された論文の70パーセント以上は、迂闊《うかつ》な人がJIFの数値からの連想で期待してしまうよりも被引用数が少なかったということになる。これは特に例外な事柄ではなく、他の分野のジャーナルについても通常言えることである。

より質の高い論文がインパクト・ファクターの高いジャーナルに掲載されているということ自体は容易に想像できる。もちろん、そういうことも現実にはあり得る。しかし、自然科学系のトップジャーナルに掲載された論文の質に関する研究は、当然のことながらそのような想定には注意が必要であることを示している。幾つかの分野では、インパクト・ファクターの高いジャーナルは、ランクの低いジャーナルよりもむしろ信頼性が低くなっている。たとえば、認知神経科学および心理学のジャーナルの場合、統計的な検出力はランキングの順位と負の相関関係があった。(45) こういう結果が出てしまう理由は明らかではないが、明らかな可能性の1つは、高インパクトのジャーナルへの掲載というプレッシャーに対応する中で、研究者は本来踏むべき手続きに比べてかなり端折《はしょ》ったやり方で研究をおこなってしまう可能性がある、というものである。それにもかかわらず、ジャーナルの編集委員や出版社は、「良好な」JIFを達成することの利点に対して強い関心を抱いている。したがって、彼らはそれを可能な限り吊り上げようとするのである。「強制引用（coercive citation）」は、インパクト・ファクターの数値を上げることを目的にして、ジャーナルの編集委員が著者に対して〈自分たちのジャーナルに掲載された論文を引用するように〉というプレッシャーをかけるときに生じる。私自身、かつてそのような「奨励」を受けて、素直にその指示に従ったことがある。ボブ・ディランが1960年代に「『マイ・バック・ページズ』で」歌ったように、「ああ、でもあの頃僕はずっと年寄りじみていた。今じゃ、それよりも若いんだ」なのである。

強制引用は、ある種の論文やジャーナルがそれぞれの分野に対して実際よりも大きな影響を与えているという印象を醸《かも》し出しているのだが、それによって、研究活動の実態に関する記録を歪めてしまうことにもなりかねない。しかし、この慣行もまた現実には蔓延しているのである。2017年におこなわれた調査で、エリック・フォングとアレン・ウィルハイトは、ビジネス系を含む18の分野で活動する1万2000人の研究者から回答を得た[46]。その内の90パーセント以上が強制引用を不適切な慣行であると見なしていたが、一方で14・1パーセントはその時点までにその種のプレッシャーを受けた経験があり、またかなりの者がその指示に従ったことがあると答えている。また、フォングとウィルハイトの分析は、ビジネス系のジャーナルの場合は、他の分野に比べて引用を強要する可能性が高いことを示していた。さらに、インパクト・ファクターが高いジャーナルほど強制引用がおこなわれる傾向が強かった。これは学術界にひたひたと迫り来る腐敗の文化の兆候であり、その文化の影響は研究活動と大学人の活動に広く浸透していきつつある（第4章を参照）。ジャーナルの編集委員ですら規則を曲げているのであれば、個々の研究者は、たとえ自分が同じことをしたとしても失うものなど何もないと判断するに違いない。

以上は、あらゆる種類のランキングにつきものの問題である。１９７０年代に著名な英国の経済学者によって提唱されたグッドハートの法則は、一般に次のように要約されている——「測定すること自体が目標になってしまうと、それは測定としては役に立たなくなる」[47]。実際、人々は何とか抜け道を探そうとするものであり、したがってまた、指標が測ろうとしているものを変えてしまおうとする。たとえば、英国の国民保健サービス（ＮＨＳ）の制度下で働いている医師の多くは、患者の待ち時間に関する目標を達成したことを病院が報告できるように、患者に関する記録を改竄するように圧力をかけられていると主張している[48]。同じように、スコットランドの警察官たちは、逮捕の実績と検挙率の目標を達成するために、不十分な証拠しかないのに容疑者を検挙してきたと報告している[49]。

大学も例外ではない。マルコム・グラッドウェルは、大きな影響力を持っているUS News社の大学ランキングを見事な筆致で痛烈に批判している[50]。彼は、さまざまな指標の重み付けが少し変わっただけでもランキングにおける大学の順位が大きく変化するという点について指摘したのである。これが、最も悪質な不正操作を誘発する元凶にもなってきた[51]。たとえば、2013年にワシントンポスト紙は、5つの大学が順位を上げるためにUS News社に報告するデータに改竄を加えていたと報道している。その中には、チューレーン大学のフリーマン・スクール・オブ・ビジネスが含まれていた。同校は、フルタイムのMBA学生が示したGMATの平均点と、過去2年間にMBAプログラムに応募した受験者数を過大に報告していたのである[52]。だからと言って、当然ながら、必ずしも他の大学がきちんとしたデータを報告していたということを意味するものではない。それは単に、5校の場合、嘘をついている現場を押さえられたということを意味しているだけなのである。実際、同じような慣行はその後も継続しておこなわれている。たとえば、テンプル大学のビジネススクールの学部長も、MBAプログラムに関するデータを改竄したということで2018年に辞任を余儀なくされた。同校のオンラインMBAプログラムは、US Newsの順位表から削除されることになったが、そのプログラムはそれ以前の4年のあいだ連続してトップにランキングされていたのであった[53]。

この種の現象で最も悪名高い例は、2010年の *Times Higher Education* の大学ランキングに関係するものである。たとえば、エジプトのアレクサンドリア大学はこのランキングで世界147位になった。それまで同校についてそんな話を聞いたことがある人はほとんどいなかったし、それ以降もそうである。順位の急激な上昇は、そのほとんど全てが、アレクサンドリア大学の教員の一人であるモハンマド・エルナシーの論文が達成したとされる膨大な数の引用によるものであった。彼は自分が編集した学術ジャーナルに320本を超える論文を掲載し、それらを自分自身で何度も引用したのである[54]。

これまで見てきたように、ジャーナルのランキングとJIFへの依存は、同じような精神構造の一部を成している。つまり、大切なのはただひとつ、つまり論文刊行をめぐるゲームで勝利を収めることだけである。また、研究や論文を通して主張しようと思っている内容よりも、自分自身の論文を掲載したり編集委員ないし査読者として関わるジャーナルのランクの方がはるかに重要なのである。そして、その精神構造は、本来、研究活動のインテグリティを擁護する試みの最前線に立つべきはずの多くの人々がみずから非常に疑わしい行為に手を染めるようにけしかけている。

もちろん、これは、高等教育システムの中にジャーナル・ランキング・システムとインパクト・ファクターをさらに制度化しようという、効率優先主義的な業績達成志向というプレッシャーが存在していなければ、何ら重要な問題にはならないはずである。以下で検討を加えていくのは、まさにその問題である［（効率優先的な）業績達成志向（performativity）＝批判的経営研究系の用語としてのperformativityは、多くの場合、組織における現状の維持を自明の前提とした上で所定の目標を効率的に達成することをひたすら目指す発想を指す。ここでは主に、研究業績の効率的な達成を学術的知や真実の追求よりも優先する傾向を指している。Fournier & Grey（2000）およびAlvesson, Bridgeman, & Willmott（2009）参照］。

ランキングの梯子《はしご》をよじのぼることと業績達成志向のプレッシャー

ここでは、特にジャーナル・ランキングをめぐる各種の問題に焦点をあてて検討していくことにしたい。というのも、その種のランキングは、まさに業績達成志向を駆り立てる道具立てとして使われてきたからである。それに加えて、研究者自身がこのプロセスに加担するようになっている点も注目に値する。しかも、それには、批判的経営研究（Critical Management Studies＝CMS）の研究動向に共感し、また学術研究以外の領域で効率優先的な業績達成志向が顕在化している場合にはそれを強烈に批判してきたはずの研究者たちも含まれているのである。

イアニス・ガブリエルは、ジャーナルの編集委員たち自身が、企業というセッティングに関してであれば批判の対象とすることも多い、「戦略」、「戦術」、「ポジショニング」等の、業績達成志向に関わる用語法によっていかに束縛されているか、という点について指摘している。(55)その場合、学術的な知それ自体を前進させるということよりも、嫌悪の対象になっている「ライバル」に対して「我々の」ジャーナルのランクを上げていくことが至上命題になってくる。批判的研究を重視するジャーナルの場合も、そのミッション・ステートメントとは裏腹に、このゲームの中に巻き込まれている。どうやら、逃がれる術《すべ》などないようなのだ。

より上のランクを目指す際にとるべき1つの手段は、既に勝ち組としての地位を確保しているジャーナル――これは通常、米国ベースのジャーナルを意味するのだが――のやり方を模倣することである。このようなジャーナルではリジェクション率90パーセント以上というのが一般的なので、それが他のジャーナルも目指すべき方向性だということになる。となると、ジャーナルが100パーセントのリジェクション率を誇るようになるのは時間の問題であるに違いない。あまりにも要求水準が高すぎるので、誰が書いたどのような論文であってもそのジャーナルのページを飾るのに十分な資格があるとはみなされないのである。リジェクション率を上げるためには、論文を投稿してくる者に対して、批判的な調子でコメントを加えていくことが必要になってくる。この問題に関するイアニス・ガブリエルの議論は、我々の多くが実際に経験してきた傾向を浮き彫りにしている。つまり、査読担当者と編集委員のコメントが、より辛辣で時には個人的な批判を含むものになり、また査読コメントを受け取った投稿者のやる気を殺ぐような衒学《げんがく》的なアプローチというような形で劣化しつつある、という傾向である。

当然ではあるが、査読担当者は、あり余るほどのバイアスを抱えて査読の作業に臨むものである。エデン・キングらによれば、査読者は特に「最初から意識的ないし無意識的に批判的なレンズを通して投稿原稿にアプローチする。彼らの主な仕事の1つは、原稿が抱えている問題を特定することである。そのため、長所が何点かあるだけでなく幾つか弱点もある原稿は、短所が少なくて長所も少ない［=可もなく不可もない］論文よりもリジェクトされる可能性が高くなってしまう[56]」。

1983年には、特にピアレビュー（査読）につきものの問題に関連の深い研究がテレサ・アマビルによって実施された[57]。彼女は55人の学生にニューヨーク・タイムズに掲載された2冊の本に関する書評を読んでもらった。実はそれらのレビューを書いたのは同じ人物だったのだが、アマビルは書評の内容に少し手を加えて、それぞれの本について2通りのバージョンを作成した。一方のバージョンは全体として否定的なトーンのものであり、他方は好意的なものであった。学生たちは書評を書いた者の知性について評価するように求められたのだが、彼らは否定的な書評を書いた者の知性を好意的な書評を書いた者の場合よりも相対的に高く評価した。また、否定的な書評の書き手は、より有能でありかつ専門的知識を持っているという風に評価された。我々自身もこういう傾向については何となく知っているので、自分がいかに賢いかを他の人に印象づけようとするときには、より批判的になりがちではある。

結果として、このような「ネガティブな面を強調する」傾向は、ブライアン・ギブソンとエリザベス・オーバーランダーが「批判過多」と言い表したような結果をもたらすことになる[58]。これに関しては、査読者が自分自身の置かれている立場をどのようにとらえているか、という点について考えてみる必要がある。彼らは、編集委員の目にアマチュア的でナイーブ、あるいは超楽観的ないし無能に見えることを決して望んではいない。となると、合理的な方法として考えられるのは、必要以上に批判的になることである。もっとも、これがひいては、査読者自身の投稿論文もいつの日にか過剰な批判にさらされるという状況が維持されていくことにつながるのである。かくして我々は、自分自身の投稿原稿が否定的なレビューを受けるケースが増えていることに愚痴をこぼすという事態を迎えるのだが、他方で、自分が査読者になった際には、他人の研究について過度に批判的なレビューを書くことにもなる。

また、査読者の意見が分かれたような場合には、編集委員はほとんどの場合、批判的なレビューの方を支持する傾向があるように思える。これは、もしかしたら編集面での優れた判断力を示しているのかも知れない。しかし別の解釈としては、それは「悪いことは良いことよりも強烈である」という効果の反映かも知れない。つまり、何かについての否定的な情報やフィードバックは、肯定的なものに比べてはるかに強い形で我々の判断に対して影響を与えるのである[59]。編集委員という立場にある者が、時間的な切迫や自分が責任を負っているジャーナルの威信を気にかけているという事実を考えれば、彼らがこの方向に流されがちな理由は容易に理解できる。実際、もし彼らが潜在的に優れた価値を持つ論文をリジェクトしたとしても、それについて誰も知ることはない。しかし、彼らが質の低い論文を掲載した場合、それは全ての人々の目にさらされることになってしまう。こうして、条件反射的に否定的な評価を下したりリジェクションをしてしまう傾向はますます強くなっていくのである。著者にとってみれば、これらは全て、痛みが伴う論文改訂の無限の繰り返しを意味する。イアニス・ガブリエルも主張しているように、

今や論文の刊行は長期にわたるプロセスとなり、相互に矛盾するような要求を突きつけてくるさまざまな厳しい主人［＝査読者］を満足させようとして、自分にとっては全く関心がない著者の名前を引用したり、興味のない議論を取り上げたりするためにおびただしい数の改訂をおこなわなければならない。しかも、それらを、厳しい字数制限の範囲内で処理する必要がある。ほとんどの著者は、ただひたすら

論文の掲載を目指して、これらの苦難と大量の改訂の苦痛を甘受し、特に不平を表明することもなく事実上全ての批判とありとあらゆる提案を受け入れていくのである(60)。

これではあまりにも事実を誇張しているように聞こえるだろうか？　もしそうだと思うのならば、スコット・セイバートが2006年に書いたある証言について考えてみて欲しい。ここで彼は、*Academy of Management Journal* に掲載された共著論文について書いている。その論文は、2004年に年間優秀論文賞を受賞している。セイバートによれば、

最初に受けとった編集委員と査読者のコメントは、全部で13ページにわたるシングル・スペースのテキストであった。R&R［Rewrite and Resubmit=改訂して再投稿］は、ある編集委員によって「ハイリスク」と評価されていた。我々のリプライは31ページのシングル・スペースの文章で構成されていた。2回目の編集委員と査読者のコメントは10ページに及ぶものであった。我々の側からの2回目のリプライは13ページであった。我々は文字通り元の原稿を書くのと同じくらい労力を査読者への返信のために費やしたのだと言える(61)。

ある意味で、セイバートとその共著者が改訂作業の際に示した献身的な努力は称賛に値するものである。また、彼はこの改訂プロセスに関する解説を全面的にポジティブな調子で書いているということは明記しておくべきだろう。この回顧なエッセイに彼がつけたサブタイトルである「査読者は著者のベストフレンド」もそれを物語っている。しかし、別の見方をすれば、これはもう狂気《クレージー》の沙汰としか言いようがない。しかし、

このクレージーさは明らかに無理やりに強制された種類のものである。トップジャーナルに論文を投稿することは、人質として囚われるのとほとんど同じである。その場合、不服従に対する最終的な制裁はリジェクション（つまり審査過程の終了）である。著者たちはこの運命から逃れるために必死に努力するのだが、それは彼らに与えられている苦痛の体験に対して心からの感謝を捧げながら、査読者が突きつけてくる風変わりな指示と要求に屈する場合にのみそうすることができるのである。彼らは腹の中が煮えくり返るような思いをしながらも沈黙を守るか、ストックホルム・シンドローム［長時間に及ぶ誘拐事件などで被害者が加害者に対して共感し好意さえ抱いてしまう現象］の犠牲者になる可能性がある。後者の場合、最初のうちは査読プロセスをひどい仕打ちだと思うのだが、最終的にはそれがとても好きになってしまうのである。

私は、ピアレビューは付加的な価値をもたらし得るし、また実際にそうなることも多いという事実を決して否定しているわけではない。しかし、私は、それがこれだけ長期にわたり、かつ過酷な性格を帯びるものになると、投稿された原稿が最終的に日の目を見るまでに、元の原稿に含まれていたはずの生命感、情熱、そして個性などの全てが破壊される危険があると主張したい。事実、著者は、査読者を満足させることによって掲載が保証され、それで研究者としてのキャリアを築き上げるという目的のためだけに、本心では書きたくないと思っているものを書くことになってしまったと感じるかも知れないのである。

カール・セーデルストレムとアンドレ・スパイサーは、このような運命が今やどれほど一般的になったかという点について実例を挙げて明快に説明している。彼らは、幾つかのジャーナルに投稿し、結果として何度となく改訂を受けることになったある論文の書き直し作業に彼らが実際にどのように取り組んだかということについて説明している。その論文は最終的には掲載されたのだが、それは原稿を書き始めてから10年も後のことであった。彼らはこの成果について決して満足感を覚えているわけではなく、むしろ次のように書いている。

それは最初のバージョンよりも良いものになっていたのだろうか？　我々には分からない。当初感じていた知的興奮は既に我々から消え失せていた。また、もはや我々には論文が自分の言葉で書かれたものだとは思えなくなっていた。今やそれは、査読者が我々に書かせたいと思っていた内容の単なる寄せ集めであり、たしかに少々学術論文風ではあった。……我々は二重の意味で囚われの身になってしまったように思えた。著者の側としては、自分がワナにはまっているように感じ、自分にとって面白いとは全く思えないものを書かざるを得なくなっている。査読者と編集委員も同じように感じており、無意味だと思う論文にコメントすることを余儀なくされているのだった。執筆に何百時間も費やされ、レビューと編集には数十時間があてられてきた。それにしても、一体何のために？[62]

最近になって、2人の同僚が私に、最近ではあまりにも馴染深いものになってしまった種類の物語を話してくれた。彼らは我々の分野で最も有名なジャーナルの1つに論文を投稿した。その原稿は、2年間で3回の改訂を経ることになった。査読者と編者委員は最終的に論文受諾の方向で同意したのだが、その時点になって、編集委員長が介入し、掲載が拒否されたのである。私には、これほど長期にわたる手続きと恣意的な権力の行使から誰が恩恵を受けることになるというのか全く理解できない。しかし、それが多くの無駄な仕事や屈辱、絶望感を引き起こすものだということだけは知っている。それにしても、一体何のために？　たしかにその通りなのだ。

研究助成金と学問の自由

監査を偏重する精神構造はまた、競争的外部資金としての研究助成金を獲得する必要性への執着を生み出してきた。英国の大学の場合、6校に1校の割合で個人レベルないし部門レベルでの収入目標が導入されている。[63]助成金収入の獲得それ自体が自己目的化してしまうことの無意味さは明らかである。実際、我々の分野における研究では多くの場合、必要なのは考えるための時間だけである。リサーチ・アシスタントを大勢雇う必要もない。C・ライト・ミルズは『社会学的想像力』（1959）で次のように述べている――「私は可能であれば、実証研究などはやりたくない。実際、もし調査をするのだったら研究助手がいないと大変なことになる。しかし、スタッフを雇えた場合には、さらに厄介なことになるだろう」[64]。

研究助成金は、あらゆるものの中で我々にとって最も貴重な研究上の資源を奪ってしまう可能性がある。それは、時間である。監査のプロセスは、そのようなデメリットを考慮することなく、さらにそれらの問題を悪化させるような形で、全体として減少しつつある資金源からできるだけ多くを確保することを目指して、より多くの研究者に対してより多くの助成金申請書を書くことを余儀なくさせる。その結果として、助成金獲得の見通しをさらに減少させている。要するに、ゼロサムゲームなのである。これは、経営学系の研究の場合、特に深刻な問題となる。2018年の全英ビジネススクール協会の報告によると、商学・経営学研究に対する英国内の財源からの資金は、過去6年間で実質12パーセント減少した。[65]研究評議会からの資金は10パーセント、産業界からの分は20パーセント減少した。研究者たちはますますヨーロッパの基金からの資金に依存するようになったのだが、ブレグジット［英国のEU離脱］がその不確実性に対してさらに拍車をかけている。そのような状況にあるにもかかわらず、所定の目標を達成できなかった研究者はしばしば「業績管理」の対象にされる。本末転倒としか言いようがないのだが、監査文化のもとでは、システムによって生み出されたはずの問題が個人の側が抱えている欠陥の証拠であるとされ、またその欠陥は適切に「管理」する必要があるとされてしまうのである。

これは、テレンス・カランとルーシー・マリンソンが次のように定義する学問の自由に対しても深刻な影響を及ぼすことになる――「何を研究するかを決定する自由、研究方法を決定する自由、研究の目的を決定する自由……研究結果を同業者やより広い世界に向けて広めるための媒体や方法について決定する自由」[66]。助成機関の側がどのような研究をおこなうことについて決め、さらに特定のジャーナルが特定のアプローチや方法論、そして何よりも理論的視点の優先順位までをも決めているので、助成機関が指定する研究上の目標や特定媒体での刊行という要件は、右のように定義された学問の自由とは相容れないものとなる。我々は、本来、研究活動において自分たち自身が望む任意の方向に自由に進んでいくことができるはずであった。しかし、次第に我々は、我々をつなぎ止めている鎖の範囲内でしか歩き回ることができなくなっている。

たとえば、2010年版のABSガイドの場合、その目的の1つは「人事採用に関わる決定にとって参考になる情報を提供する」ことであると宣言されていた[67]。かつて学術界における文化は「出版するか消滅するか（publish or perish）」というものであった[68]。現在、それは「（ABSガイドの4つ星ジャーナルに）頻繁に出版するか消滅するか」というものに変わっている。この業績達成志向の意図が実際にどのように実行されているかを見ることにしたい。2010年の後半になってオーストラリアを代表する研究中心大学の1つであるクイーンズランド大学は、「Qインデックス」を発表した。これはまず、各研究者について、その研究関連の収入、研究出版物（当然、ジャーナル・ランキングリストにもとづいて重み付けされる）、大学院学位の修了者数および院生指導の負担量を測定するものである。次に、各教員についてQインデックス（小数点以下2桁まで計算される）が作成され、大学、学部および専門職スクールレベルでの平均スコアと比較される。また、それぞれの研究者のスコアは同じ職位にある学部内の全てのスタッフのスコアと比較された上で、役職者によっておこなわれる査定の対象になる。

つまり、人々は本質的に1個の数値に還元されることになったのである。私は9・22、あなたは10・33、彼女は12・34であるという具合にして。これについて最初に私にメールを送ってくれたクイーンズランド大学の元同僚は、そのメールを「敬具、8・22」という悲痛なブラック・ユーモアで締めくくっていた。私は、このようなQインデックスのやり方以上に、内発的な動機づけを減退させ、経営者による監視を拡大し、人々の志気をくじく上で効果的な方法については想像することさえできない。それは大学や研究の商品化と企業化を促進させる手続きであり、学術生活にとっての本質的な拠り所であったはずのものを毀損してしまう。当初の意図がどのようなものであったにせよ、ジャーナル・ランキングが今我々を据え付けているのはこの陰鬱きわまりない事態をさらに進行させていくプロセスのレールの上なのである。

ハゲタカジャーナルの大量増殖

しかし、ここにはもう1つ別種のパラドックスがある。それは、一流ジャーナルに論文を掲載する上で苦労している経験の浅い研究者にとっては特に厄介な問題かも知れない。つまり、ハゲタカ（「略奪的」）ジャーナルと呼ばれる現象である。その種のジャーナルは本物の学術ジャーナルの外見や手続きをマネしているのだが、実際には事実上誰が書いたどのような論文でも、また実質的にはどんな内容のものでも掲載してくれる――あくまでも相応の料金と引き換えにではあるが。それらのジャーナルには、ピアレビューや編集の手続きなどは無い。ほとんどの学者は、定期的にそれらのジャーナルから寄稿を求めるメールを受け取っている。私の場合は、毎週そのような「招待」を幾つか受け取っている。彼らが設けている「基準」に関する

1つの洞察が、カタルジナ・ピサンキとその共著者によって提供されている。[69] 彼らは、アンナ・O・サスト(Anna O. Szust)という名前で架空の女性科学者を創作した。「Szust」は、ポーランド語で詐欺を意味する。彼女のために、教員用のウェブページなど、さまざまな偽装がなされた。履歴書・業績表がでっちあげられ、それによれば、アンナにはまだ学術ジャーナルでの掲載実績こそないものの、さまざまな本や書籍の章の刊行という実績があるという設定になっていた。実際には、それら全ては実在していないものであった。その上で、アンナ名義で、360誌のジャーナルに対して編集委員の資格で参加させてもらえるように申請した。その結果、40誌のハゲタカジャーナルと8誌のオープンアクセス・ジャーナルが実際に彼女を編集委員として任命した。他の幾つかのジャーナルからは、料金と引き換えに任命するというオファーがあった。その後、アンナはそれらの申請を取り下げたのだが、ピサンキと共著者によれば、それ以降も彼女は11の「ジャーナル」のウェブサイトで編集委員会のメンバーとして登録されたままであったのだという。

その種の発表媒体は、迂闊なところがありまた絶望的な気持ちに陥っている人々を狙い撃ちすることによって貴重な時間と資源を浪費させることになる。2225名のイタリア人科学者を対象にしたある研究では、そのうちの5パーセントがハゲタカジャーナルに少なくとも1本の論文を発表していることが判明したと指摘している。[70] これらの「ジャーナル」の一部は、Scopusなどの引用インデックスにさえ含まれている。特定の分野に関してそれほど深い専門知識を持たない人であれば、研究者について評価する際に、そのような媒体での出版が、通信制大学を装う企業から偽の学位を取得することと同じくらいに怪しげな行為であるという点に気づかずに判断を下してしまうかも知れない。それらは、論文刊行をめぐるプレッシャーから生じる意図せざる結果の現れの1つである。その種の問題に対してきちんと対処することそれ自体は重要である。しかし、ハゲタカジャーナルをめぐる問題の最も重要な背景として、公式のジャーナル・ランキング・システムの存在が挙げられるということについては疑う余地が無い。ともあれ、私は、ランキング・システムは百害あって一利なしだと確信しているのである。

手段優先主義的な動機とナンセンスな研究

今日では、論文執筆の際の目的に関して手段優先主義的な動機が占める割合がますます圧倒的なものになってきている［手段優先主義（instrumentalism）＝研究活動を学術的知識の向上それ自体を目的とするのではなく、安定したポストの確保やキャリアアップの手段として考えるような傾向。クリメッキ（2018）参照］。その動機自体、ジャーナル・ランキングによる専制的な支配の影響を受けてさらに極端なものになっている。この点に関連して、私は、カール・セーデルストレムとキャスパー・ヘデマエカーズによる次のような洞察的考察に深い共感をおぼえる。

自分が取り組むべきアイデアを考え抜いてからそれを言葉にするというのではない。まずジャーナルの格付けから始めて（「4つ星のだっけ、それとも最低でも3つ星にしておこうか？」など）、次にそのジャーナルの性格からして何が受け入れられるか、より具体的には、何が編集委員たち自身あるいは彼らが持つ独特の好み、欲求、そしてコダワリにアピールするかを考える。我々はまず自分たち自身に対して「どういうのが今トレンドなのか？」と問いかける。それと「何が研究上の貢献として認められるか？」とか。……いわゆる4つ星ジャーナルを想定して書くというのは、「自分の興味関心で書くのとは」全く別次元の話なのである。この論文刊行に関わるプロセスに含まれるある種の要素は、我々が最初に研究職につくことを目指した頃に持っていた動機や志とは相当違うものだとしか思えない。我々は自分たち自身が考えたことを紙に書くというよりは、むしろ戦術的な計画立案に近いことをしているようであり、また、その作業の後で腹立たしい思いをしているのは明らかに我々だけではない。この心穏やかならざる事実に対処するために、シニシズム（冷笑的態度）と若干の自己嫌悪に陥ってしまうのはごく自然なことのようにも思える。[71]

ジャーナル・ランキングは、世界中の大学セクター内に存在しているある種の緊張関係を具体的な形で示している。その緊張関係の一方には、自由な学術研究という理想が存在する。他方には、厳しく規制された範囲の枠内に研究と論文刊行の慣行を囲い込もうとする業績達成志向のプレッシャーがある。このような緊張状態がある中で何か良いものが生まれてくることなどあり得ない話だろう。クリス・グレイは、それらの傾向が我々の学術研究を弱体化させていく上で及ぼしてきた影響について的確に説明している。

その結果として、米国のエリート・ジャーナルとそのエリート・グループに参加しようとするヨーロッパのジャーナルは両方とも、ますます紋切り型で退屈なものになり果てている。論文では、まず瑣末なリサーチ・クエスチョンが提起され、その後に膨大な量の文献レビュー（多くはコンピュータが自動的に生成したものだろうが）と恐らくは方法論（または、もっと一般的には単なる「方法」）についての解説、その次に調査結果が幾つか提示され、今後の研究のための何らかの提案がなされ、研究の限界について述べられた後で、控えめな結論が提示される。私は、そのような論文を書くためにはそれなりの技術と献身的努力が必要であることを否定するものではない。もっとも、それは、暗号じみたクロスワード・パズルを解くこと（実際、それは論文の作成作業によく似ているようにも思える）を専門にしている人々の技術と献身を私が否定しないのと同じ程度にではあるのだが。事実、そのような論文の書き方に幾つかのメリットがあるとしても、そのメリットの中には、刺激的で活気に満ち、かつ多元的な組織研究をおこなっていくことなどは含まれていない。ましてや、革新的な組織研究ができるはずなどあり得ない(72)。

大学教員たちが、業績達成に関して大学側から課される過大な要求と彼らの服従をチェックするために仕立てられた監査体制によって当惑し、消耗し、自信喪失状態に陥っているというのは、ますます明白な事実になっている。奇妙なことなのだが、これらの感情は、アウトプット、助成金の「獲得」、実務的インパクト、知識移転、実業界への関与などについて設定された指標の測定対象からは除外されている。学生の教育に関わる活動が評価の対象から除外されていることは言うまでもない。これではまるで、これら全ての職務が生身の人間ではなくて実体を持たない物体によって遂行されているかのようである。それでも、大学の教職員にとっての福祉や、大学とは何か、そして大学がどこに向かっているのかという問題に関して真剣な議論をおこなっていく際にはその中心課題として取り上げられるべき問題である。監査体制は恐ろしい人的被害をもたらしてきたものであるが、次の章では、これらの痛ましい犠牲の少なくとも一部をカーテンの裏から引き出して明るみに出すことにしたい。

［訳注　ＡＢＳガイドは２０２１年版から *Academic Journal Guide* に名称変更され、また収録誌は２０１８年版から１５６誌増え全体で１９６８誌となった。そのうち12誌が３から４に昇格していたが、４から4*へのアップグレードは４誌のみであった。なお、初めて収録されたジャーナルのうち３誌が４という評価を受けていた一方で、それ以外のジャーナルの多くは１という評価であった。詳細については次のウェブサイトを参照：https://charteredabs.org/academic-journal-guide-2021/］

第3章 レヴィー・ブレイクス《堤防が決壊する時》——壊滅寸前の研究生活

はじめに

当然ではあるが、ビジネススクールの教員に対して加えられているプレッシャーをめぐる問題については、彼らが在籍する大学の全体的な状況から切り離して考えることはできない。そこで、私はこの章を、経営学とは異なる分野の研究者であり、また特に個人的な面識があったわけではないが、学問上の同僚である人物の記憶に敬意を表してから始めたいと思う。彼の名前はステファン・グリムであり、グリムは２０１４年に亡くなった。彼に降りかかった不幸な出来事をめぐる話はかなり極端なものであるが、恐らく我々がそうであって欲しいと思うほどには特殊なものでもない。実際、私には彼の話が、現在の大学における研究生活の実状を示す最悪の実例となっており、したがって我々に対して、大学のあり方を根本的なレベルで変えていく必要がある、という冷厳たる事実を突きつけていると思えてならないのである。

ステファン・グリムは、ロンドンにある「世界をリードする」インペリアルカレッジに在籍する毒物学の教授だった。グリムはその職責を十分に果たしていたはずなのに、当時の同校の実験医学部の学部長は２０１４年3月になって彼に対して次のように電子メールを送りつけたのである。

私には、あなたがインペリアルカレッジの教授職に関わる基準を満たすのに苦労しているように思われます。この基準には、研究プログラムに関連して設定された資金を維持し、研究費については年間20万ポンドの分担金を維持することが含まれます。当方としては、あなたがインペリアルカレッジの教授として期待されるレベルで業績を達成しているかどうかについて真剣に検討する必要があるのです。

そのメールの文面には、グリムの研究成果の質や業績数についての批判は特に含まれていなかった。そうではなくて、彼は、十分なくらいに多額の経費が必要となる研究をしていなかったということで批判されたのである。他の電子メールを見ると、グリムは自分が解雇対象になっていると信じ込んでいたことが分かる。彼の推測は正しいものであったかも知れない。実際、グリムの直属上司はある電子メールで、「(これは)あなたの業績の現状に関する非公式的な措置の開始」であるという主旨の内容について明言していた。また、グリムが「他の場所［大学］での可能性を求める」ことを望むのならば、彼に対して「援助」を提供する用意があるとも述べていた。

ストレスは相当大きなものであった。インペリアルカレッジから受けた仕打ちについて述べている電子メールで、グリムは次のように書いている。

こんな締め切りを設定された上で、自分の生き残りのために助成金を申請しなければならないというのは、私にとって非常に良い状況だったと言わざるを得ない。我々は誰だって、助成金の見込みなんて宝くじに当たるかどうかみたいなもんだって知っている……なぜ教授職にある自分がこんな仕打ちを受けなければならないのだろう？

メールには次のような文章が続いている。

ああいう連中は、彼らが人の命を台無しにしているということについて分かっていないんだ。まあ、たしかに彼らは僕の命を台無しにした。これはもう大学なんかじゃなくて、ビジネスだ。ピラミッドの上の方にいるごく少数の者だけが裕福になっていて、残りの我々は金銭のために搾取されているんだ。[1]

ステファン・グリムは、2014年9月になって大学の管理者たちから追加的な措置に関する通告を受けた際に、自宅でみずからの命を絶った。彼の死は、大手新聞を含めて多くのメディアの注目を集めた。グリム教授に対するインペリアルの扱いは、それらの報道や彼の死に関する調査において重要な問題として取り上げられることになった。検察医は、研究資金獲得に関するプレッシャーが主要なストレス要因であると指摘し、彼の死については「［起こってはならない］不必要なものである」と表現した。[2] グリムの同僚であるインペリアルの研究者は、マスメディアのインタビューに答えて次のように述べていたとされる。

恐らく最もショッキングなのは、こんなことが起きたことについて実際には我々の誰も本当の意味ではショックを受けていない、ということでしょう。今や高等教育はビッグビジネスみたいになっていて、インペリアルは、絶対、世界ランキングの順位のことしか考えていないんです。我々の多くは、以前は学問の世界は知識や科学的研究が及ぶ範囲を拡大することを目指すものだと思ってた。決して、研究をおこなう人々が使い捨て商品のように扱われるようなビジネスなんかじゃないと思っていたんですが……今の状況は残忍で恐ろしくて、とてつもなくアンフェアなところがある。皆んな、同僚の誰かが「もう［大学の方針に］合わない」とか何らかの意味で生産的じゃないと判断されたために［大学当局から］目をつけられているというような話を聞いたことはあるんですよ。

この悲劇的結末は特に恐ろしい部類に属するものであるが、ある意味では、学術研究がかつてないほどに詳細な査定を受けるようになったという、より広範なプロセスの一部に過ぎないとさえ言える。たとえば、2018年6月8日号の *Times Higher Education* には、「カーディフ大学は『過労状態にあった』講師の自殺案件に関する調査を予定している」という見出しの記事が掲載された。その記事が報告しているのは、他の職務に加えて、418点もの試験答案の採点を20日以内に完了することを要求された会計学講師のマルコム・アンダーソンの死の件である(3)。

本章は、いかにして、またなぜこんな事態に至っているのかという点について検討を進めていく中で、グリム教授が彼の最後のメッセージで提起した痛切な問い、つまり「なぜ教授職にある自分がこんな仕打ちを受けなければならないのだろう?」という問いに対する何らかの答えを見出そうとするものである。

現在の研究生活をめぐるプレッシャーについて誰かが論評しているときには、彼らに対して〈現実には存在などしていなかったはずの黄金時代が失われたと言い張っているに過ぎない〉という非難が浴びせられることがよくある。つまり、彼らの嘆きは、蒸気機関や羽根ペンの時代に回帰することを主張したり、ソーシャルメディアがまだ発明されていなかった頃の時代をひたすら恋い焦がれるようなものだと言われるのである。しかし、現状について批判する際に、以前の状況の全てが完璧であったと信じる必要などは特にないはずだ。必要なのは、ただ単に、我々が現在おこなっていることは研究生活の質を劣化させており、また我々が生み出している研究のクオリティを低下させているという事実を指摘することだけなのである。ステファン・グリムをめぐる不幸な出来事、そしてまた彼の後に同じような運命をたどった人々についてはもっと真剣に考えていかなければならないはずである。

人間の組織としての大学

実に不思議なことなのだが、大学が何をしているのかという点に関わる議論の多くは、その大学につとめる教職員の労働条件の重要性については全くと言ってよいほど考慮に入れていないのである。それを典型的に示す例がある。デイビッド・ウィレッツはかつて英国政府の大学・科学政策担当大臣をつとめていた。彼は現在、ロンドンのキングスカレッジの客員教授、オックスフォードのナフィールドカレッジの名誉フェロー、レスター大学の総長、そして貴族院議員をつとめている。彼は2017年に、『大学教育（*A University Education*）』というタイトルの本を出版した。[4] これは、大学を熱烈に弁護している本であり、大学が持つ社会的価値、そしてまた大学が学生の生活をどのように豊かなものにするかについて雄弁に語っている。たとえウィレッツの政策オプションの幾つかには疑問があったとしても、彼が「私は大学を愛している」と高らかに宣言する時に示される彼の誠実さを疑う理由はない。それでも、その439ページに及ぶ本には奇妙な欠落がある。ウィレッツは、大学で働く教職員の福利厚生に関わる問題や、彼が議論したり擁護したりしてきた各種の改革案が教職員に対して与える影響については何ら言及していないのである。

彼は、学生がもっと教員と接触できるようにすることなどを含めて、大学は教育の質の改善に向けて「より多くのことをしなければならない」と繰り返し主張している。しかし、大学は単なる建物ではない。大学はそこにいる生身の人間から成り立っているのである。ウィレッツが教育あるいはその他のことについて「大学はもっとやらなければならない」と言うときに、彼は教員がもっと多くのことをやらなければならないと主張しているようである。一方でウィレッツは、現在政府内で流行しているような政策に注力してより多くのことを実施する代わりに、我々が何をやめるべきかについて述べてはいない。しかし、我々は――まだ――無尽蔵に使える資源などではない。もしかしたらウィレッツは、我々の大学に在籍している物理学者の同僚が時空の構造をねじ曲げて24時間が48時間になるようにするべきだと考えているのではなかろうか？

これと同じような調子で、彼は、研究評価事業が「他のどの国にもまして研究者に対して業績達成に向けた強力な圧力をかけることによって、英国の研究のパフォーマンスを変容させていった」という具合に、かなり強気な発言をしている。[5] もちろん、米国のアイビーリーグ系の大学やオーストラリアのグループ・オブ・エイト〔主要8大学〕、あるいは研究集約型を自称している他国の大学セクターで働く人々だって、自分たちは英国の大学と同じような圧力に直面していると正当に主張することができるだろう。オーストラリアにおける研究評価事業は、「豪州のための研究卓越性（Excellence in Research for Australia＝ERA）」イニシアチブという、実にものものしい名前で呼ばれている。〔英国と同様に〕このオーストラリアの場合も、評価事業が全てを呑み込んでしまうような関心事項になることによって、教員の関心を教育活動からそらしており、また彼らのあいだに相当程度の疎外感、ストレス、不満を引き起こしているという証拠が蓄積されつつある。[6]

ウィレッツに公平を期して言えば、彼自身も、英国における評価事業には、それにかかる多額のコストや膨大な事務作業にともなう負担、複数の大学や研究者のあいだに協力的な関係ではなく競争関係が生みだされることにともなうストレスなど、幾つかの問題があることを認めている。実際、これらの問題は、幾つもの不条理な結果を招いてきた。たとえば、英国の大学の多くは、新規採用や昇進人事に応募する人々に対して、共著論文に対してどれくらいの割合で貢献してきたかという点について報告するように要求している。しかし、共著であろうと単著の場合であろうと、論文を書く際にどれだけの時間、あるいはどれだけの希望や労力を注ぎ込んだかという点に関する詳細な記録を取っている者など誰もいるはずはない。これは超現実的で無意味な要請であり、実際人々は、その要請に従っているように見せるために数字を捻り出す（つまり嘘をつく）ことを余儀なくされている。さらに事態を悪化させる場合があるかもしれない。たとえば、ドイツでは「ハンデルスブラット（Handelsblatt）」という、ビジネス紙によるジャーナル・ランキングが広く使用されており、共著論文が不利になるようなルールにもとづいて論文に対する重み付けがなされている。[7]

しかしここでは、それが教員を「より大きなプレッシャー」にさらしているということで「ウィレッツが」賞賛しているシステムがもたらしてきた影響について考えてみよう。どうやらデイビッド・ウィレッツは、研究者というものは、足元に火炎放射器の炎でも吹き付けられなければ研究のためにベストを尽くす気にならない、ということを暗に仮定しているようである。これはあり得ないことである。また、たとえそれで高い得点が与えられることがあったとしても、より多くの論文が生み出される研究環境というものと、前向きの変化を生み出すような研究の発表を促進する環境とのあいだには明白な違いがある。他の学問分野でも実際にそうなのだが、今やかつてないほどに大量の経営研究がおこなわれるようになっていることには疑いの余地はない。もっとも、公式の研究評価事業によってどれだけの量の論文をどのジャーナルに掲載すべきかという点に関する目標値が設定されるようになった時代の前に出版された論文に比べて、現在刊行されている論文の方が本当の意味で質の高いものであるかどうかは全くの別問題である。また、ウィレッツは、個々の研究者たちが、「プレッシャー」によって実際にどのような影響を受けたかという点については何ら考慮していない。彼はごく単純に、その種のプレッシャーは、それまで無気力状態にあった我々に対して「活を入れて」いく上で必要なものだったと考えているのである。以下では、そのような点に関してウィレッツにとっても参考になるような情報を提供することにしたい。

21世紀の大学とビジネススクールで働くということ

大学人の生活に関する一般的なイメージは、今もなお、世間から隔絶された「象牙の塔」というものであろう。そこでは、学者が3か月間の夏休みに入る前に、ポートワインのグラスを傾けながら、素晴らしいものではあるが何の役にも立たないアイデアについて考えをめぐらしているのだという。実際には、第2章で説明した監査文化は、長時間の労働や極度のストレス、そして研究生活への関与の低さを生み出してきた。マキシミリアン・フォクラーとサラ・ド・リジクは、監査によるプレッシャーの結果として、我々は次のような状況にあると指摘している——「高等教育機関は大学ランキングにおけるトップの座を争い、研究者たちは、特定の財源からの資金援助を受けることができる上位数パーセントの学者の地位や特権的なジャーナルでの論文掲載を目指して競争し、学術ジャーナルですらそれぞれの分野で最上位のランクを目指して争っている[8]」。エクセター大学の上級管理職は、これらの関心事項に駆り立てられて、実に猛烈な勢いで大学ランキングにおける自校の順位を上げようとした。彼らは「成功」したのだが、それには多大なコストがともなっていた。その中には、教員間のストレスレベルの大幅な上昇、仕事量の増大、トップダウン式の組織文化の発生、そしてまた「驚くべきほどの数のいじめと、教員が自分たちのものとは対立するような意見を表明したときに特定の上級管理職従事者が示した高圧的で不快な言動」が含まれていた。[9] これは、大学というものの本来のあり方とは、どれだけほど遠い状況であろうか。

個々の研究者に対するプレッシャーはこのようにして絶えず強められているのだが、これには軍拡競争に似たところがある。実際、そこでは常に勝者よりも敗者の数の方が多く、「勝者」の場合でさえ、その悪戦苦闘にともなう極度の疲弊のあまり集中治療を必要としているように見えることがある。全員が獲得を目指していたとしても助成金の総額というのは当然限られており、トップジャーナルに掲載される論文の数にも限りがある。また、どのようなランキングシステムの場合であっても、トップ10に入ることができるのは結局のところ10大学だけなのである。人々はこれまで以上に猛烈なペースで走っているのだが、ほとんどの場合、「ランニングマシンの場合と同じように、それで前に進めるわけでなく」単にそれ以前と同じ場所に留まるためだけにそうしていることに気がつく。

このような状況が人々の志気に対して及ぼしてきた影響は容易に想像できる。この点に関しては、年輩の同僚と交わした会話のことが思い出される。その同僚は、国際的に高く評価された研究者であり、その論文はこれまで数え切れないほど頻繁に引用されてきた。彼には、博士号を目指して勉強している近親者がいたのだが、彼は次のように語っていた――「しかし、私は何とか説得して諦めさせようと思っているんだ」。データがその理由を説明している。2013年に英国の大学教職員組合（University and College Union＝UCU）のメンバーを対象にして実施された調査では、73パーセントが「自分の研究にストレスを感じている」という見解に同意している[10]。また、回答者の半数は、自分の一般的なストレスのレベルが「高い」あるいは「非常に高い」と感じていた。

これは、英国だけに限った話ではない。「燃え尽き（バーンアウト）」は、一般に、感情面での倦怠感、冷笑的態度、非効率性、および達成感の低下の程度を示している[11]。米国の42大学に在籍する1439名の教員を対象にして、その燃え尽きという言葉がどの程度自分に当てはまるかという点に関する調査が実際された[12]。その内27パーセントが、「頻繁に」あるいは「非常に頻繁に」燃え尽き症状を経験していると回答している。これは、医療従事者などハイリスクのグループと同等のレベルである。焦燥感、過労、そして常に「オン（仕事中）」であるという感覚が蔓延している。現在、米国の多くの若手ないし年輩の研究者が、彼らの体験と、その結果として彼らが研究の世界から離脱していった理由について書いている。これは、*Chronicle of Higher Education*［米国における大学関係の週刊情報誌およびニュースサイト］が「QuitLit」（離職話）と名づけているジャンルである。同誌のサイトには、その種のストーリーへのおびただしい数のリンクが張られている。それらのストーリーの中で書き手たちは、悲しみや苦痛あるいは後悔の念に触れる一方で、それと同時に、才能があり高度な教育を受けた人々が、研究以外の領域で生涯をかけて関わるべき価値のあることを見出したことで持つことができた安堵感についても述べている[13]。

Times Higher Education は、2018年に2379人の大学教員を対象にしておこなわれた調査の結果について報告している[14]。回答者の61パーセントは英国の大学に籍があり、17パーセントが米国、5パーセントがオーストラリアの大学の教員であった。少数ではあるが、他の53カ国の教員も調査に協力した。回答者のうち5分の2は、過去3年間に長時間に及ぶ労働に従事していたと報告し、40パーセントは1日10時間以上働いたと述べている。米国の社会科学系のある教授は、「この3年以上、満足に1週分の休暇を取れたこ

となどない」と語った。また、英国の有名大学に在籍するある講師は、「5年のあいだ、毎年クリスマス休暇のときに講義の採点をしなければならなかった」と回答している。グラウド・ド・ヴィータとピーター・ケースが主張しているように、大学の官僚主義化と監査の拡大によって、「大学の教員職はかつては最もやりがいのある専門職の1つだったが、今や日々の労働における喪失感によってストレスレベルが上昇しつつある職業に変わってしまった」[15]。以上のような状態は、優れた研究業績ないしそれが何であれ優れたものを生み出す上ではきわめて不適切な条件でしかないように思われる。

そんなことには一切お構いなく、オーストラリアのビジネススクールの中には、研究者が2年間でトップジャーナルに少なくとも2本の論文を掲載することを要求しているところもある。また私は、教授に対して、任意の3年のあいだにAないしA*の論文を最低3本発表することを要求している大学があることを知っている。これらのうち少なくとも1本は、弟子ないし若手研究者との共著論文でなければならない。彼らはまた、同じ期間に相当の助成額が支給される競争的研究資金の申請書を提出することが期待されている。このように各種の期待を日常的に負わせるというのは、率直に言って馬鹿げている。ここでは、何か意味のあることを述べることよりも、むしろ「適切な」媒体で頻繁に論文を刊行することの方が優先されているという事実に注意して欲しい。これは学術研究に関するレゴランド［レゴブロックでできたテーマパーク］的なモデルである。つまり、表面的な見かけのほうが実体よりも重要なのである。

オーストラリアにおける大学の状況は長年にわたって実に悲惨なものであった。マルコム・サウンダーズは、2006年の時点にまでさかのぼって、次のように述べている――「オーストラリアの大学は恐怖の雰囲気によって支配されている。その最も明白な結末は、同調主義者が示す冷笑的スタンスとでも呼べるものである」[16]。これはたしかに私が短い期間オーストラリアの大学に在籍していたあいだの印象とも一致する。

また、全ての指標は、右に挙げたようなものも含めて多くの問題がさらに悪化していることを示している。オーストラリアの高等教育はたしかに今では国際的な評価を得ているが、残念ながらその評価は、先頭に立って愚かな発想を採用したことによってもたらされたものなのである。実際、現在の学術界全体を覆っている傾向について次のように見るのは妥当であるように思われる――「研究者によって発表されたジャーナル論文の数とそれらが掲載されたジャーナルのレベルは、かつては一定程度の関心が持たれるというくらいの問題に過ぎなかったのだが、それが今や主要な関心事項になった。一部の人にとっては、それがほとんど唯一の関心事にさえなっている」[17]。

ベン・マーティンは、「研究者のあいだに不満、幻滅、さらには大学での生活に対する絶望感さえも増大しているという印象さえある」と述べている[18]。私には、これが荒唐無稽な印象であるとは思えない。これについては、英国を代表するビジネススクールの1つであるウォーリック・ビジネススクール（WBS）の事例および、野心あふれるマーク・テイラーが2010年に同校の新研究科長として任命された際に生じた危機について考えてみて欲しい。彼は2016年までその役職にあった。

テイラーが就任してすぐに、彼の最優先事項が、各種のランキングにおけるWBSの順位を上げることだということが明らかになった。それ自体は特に異論のないことである。実際、誰も、専門職大学院や大学の順位を下げることを目指すべきだと主張するはずはないだろう。しかし、テイラーが順位を上げるためにどのような方法や測定基準を採用したかというのは、それとは別の問題である。彼の就任後すぐに、ABSガイドで4つ星として格付けされているジャーナルに論文を掲載することが、教員の採用と昇進の際に使用される唯一の基準として浮上したのである。教育能力は重視されなかった。目標として設定されたレベルで論文を掲載できなかった人々は、自分たちが業績管理の対象になっていることに気がつき、非常に多くの人々

――国際的に有名な研究者も含まれていた――が同校から去ることを選んだ。

その後、WBSにおいて余剰人員として削減対象になる可能性がある職員数が明らかにされたときには、大学教職員組合（UCU）のウェブサイトに議論のためのフォーラムが設けられ、教員の苦悩と絶望が広く公開されることになった。表3・1に、その内の幾つかの投稿を例示しておいた[19]。

テイラーがこのような管理方針を採用することになった背後にある彼の野心について考えてみると、改めて気づかされることが多い。テイラー研究科長は、彼のビジョンはWBSを「ヨーロッパにおける主要なビジネススクールの1つ」にすることであると宣言した。ここで印象的なのは、そのビジョンそれ自体あるいは全体的なバランス感覚に関しては、まともな正当化がおこなわれていないということである。一体どこの世界で、ランキングで2位、3位、ないし4位に過ぎないことが憂うべき事態として考えられているというのであろうか？　テイラーにはもちろん支持者もいて、そのうちの何人かはUCUフォーラムの議論にも参加していた。実際、椅子取りゲームには、いつだって少なくとも何人かの勝者はいるものだ。しかし、オラン・アラカブクラー、アンドルー・ディクソン、ラルフ・スタベレンは次のように指摘している。

説明責任というものを、ビジネスの世界の発想や用語法を中心にして、競争、効率、ランキング、業績、および費用対効果（コストベネフィット）分析などの観点から新自由主義的な発想に沿った形でとらえてみたとしよう。その場合は、組織的な管理体制による介入が始まり、それによって、何年にもわたって築き上げられてきた学術の世界や専門職のあり方が変質してしまう可能性が十分にある[20]。

WBSの事例は、以上のアラカブクラーらによる指摘について考えていく上で恰好のケーススタディである。しかし、ああ残念ながら、WBSは例外などではない。たとえば同じような管理体制が、2013年にナイジェル・ピアシーが英国のスウォンジー大学の経営学部長に就任した際に導入されたようなのである。彼はその役職を2年にわたってつとめ、同校内に大きな混乱を引き起こした。彼のリーダーシップの基本的なスタイルは、彼が教員に対して出したメールの文面に鮮やかに示されている。彼は、ビジネススクールは「ポニーテールと絞り染めのTシャツを着た「ヒッピーのような」1960年代

表3.1 WBS 教員によるコメント

1. 「現在、WBSでは危機感が高まっている。新しい研究科長が任命されて以来、かつては非常に成功していたビジネススクールが地に墜ちてしまった。それは、最も有能な教職員が大量に離職していったことに如実に示されており、その損失は新規採用による埋め合わせの分をはるかに上回っている。これらの新人たちは、この専門職大学院に対して距離を置いているか、あるいは絶えず顔ぶれが変わるいわゆる「上級管理職チーム」に即座に組み込まれてしまう。その結果、彼らはこのスクールについてまったく理解していない。これらの新しい教職員の何人かは職に就いてから数カ月も経たないあいだに離職していったこともあり、このスクールは混沌を極める不幸な状態に陥っている。」
2. 「管理目標を達成するために考えられた残忍な嫌がらせを含む試みは、WBSを、志気に乏しく不満があふれる場にしていった。たとえば、漏れ聞こえてくるところによれば、巨額の報酬で採用されている新規のシニアクラスの教員たち（4×4*たち）は、大学当局から、学生を教える必要もなければ採点作業をする必要もないと何度となく言われているらしい……これでは『研究中心大学』の意味をなさない。」
3. 「最近離職したWBSの教員の1人として、私は率直に言って、同僚間の仲間意識と教員の志気という観点から見たスクールの頽廃ぶりは衝撃的だった。『テイラー時代』以前に働いていた人なら誰でも、このスクールは必ずしも常に完璧だったとは言えないまでも、それでも独裁体制ではなく多くの人々が仕事に対して真面目に向き合っていたことを知っている。しかし、もはや、そういう状況ではないのだ。」
4. 「『REFで4×4*』という方針に対する執着は、明らかに倒錯的な結末を引き起こすものだ。研究者としての我々には選択肢がある。たとえば、ゲームのルールに従ってプレイし、どんな犠牲を払ってもマジック4を目指すというやり方もある（つまり、学生や同僚間の仲間意識や人間味など糞食らえ、なのである）。あるいは、よりバランスの取れた研究生活のポートフォリオが、自分のキャリアにとっても学生の経験としてもより適切であり、やりがいという点でも意味があるはずだという、専門職としての判断を信頼していくことだってできるのだ。」

の生き残りにとっての難民休憩所ではない」と宣言したのである。別のメールで彼は、労働組合員を「不快で汚ならしいリトル・ピープル……たいていの場合、彼らは惨めな髪型、噛み跡が残っている汚れた爪、そしてキャリア上の失敗という点で容易に判別できる」と述べた[21]。彼がスクールの経済学プログラムを閉鎖すべきだと決めた際には、そのプログラムの一部の教員について「ビジネススクールの他の部分に感染して害悪をもたらしている『毒』」と表現した方針説明書が回覧された。「あるシニアレベルの教員たちは癌と化している。スクールの他の部分が生き残るためには、今すぐそれを切除する必要がある」[22]。これではまるで教員を聞き分けのない子供のように見なして、一から十まで大人が言うことに従うように仕向けることを目指すような大学経営のモデルではないだろうか。とにかくこれは、明らかに仲間意識にもとづく同僚間の信頼関係を築くためのやり方などではないだろう。

イアニス・ガブリエルは、スウォンジー大学で採用されたトップダウンのアプローチとよく似たものとして、別の大学における変化のプロセスについて説明している。どうやら、それはトップクラスのビジネススクールの1校であるようだ。ここでもまた、大学ランキングという点でのポジショニングの改善が最優先事項となることによって、あらゆる種類の組織改変が正当化された。そして、それがその大学に在籍していた人々に対して与えた影響は甚大なものであった。

> 批判が内面化され、多くの従業員にとってそれは自己を認識する際の見方にもなっていった。実際、建前的な原理原則、スター、有名人、世界的リーダーなどの理想像を常にモノサシにして自分自身の価値を測るのであるから、自分に何かしら欠けている面があるのに気づくのは当然のことだった。その結果、多くの者が抑鬱傾向に苦しめられ、しかも、その傾向は明白だったのにもかかわらず表だって議論

されることはなかった。人々が微笑みを浮かべたりジョークを口にしたりすることも滅多になくなっていった。時折、パンチの効かないブラックジョークが発せられることはあった。しかし、それでさえ本来のユーモアが持つ反抗的で独創的な性格は欠けていた。リーダー層のあいだにさえ陰々滅々とした雰囲気が蔓延していた。それは、多くの場合、組織内における広い範囲に及ぶ官僚主義的な体制に逆らったとしても無意味だという認識や、この組織では失敗したプロジェクトにおいてライバル校がその能力を存分に発揮して成功を収めた際の無力感と関係していた。[23]

これら全てが示しているのは、長期にわたってトップ校の地位に留まる上で要求されるレベルの業績を果たしていこうとする際には、通常の生活を送ることなど考えられないほどの強迫的な取り組みが必要になってくる、ということである。そのようなストハノフ［1930年代にソ連を席巻した強引な生産性向上運動］的とも言える労働規範は、深刻なアイデンティティの危機を引き起こす。

ナンシー・デイは、投稿したアウトプットがリジェクトされた際に、その事実が著者に与える影響について扱った数少ない「アウトプット」の内の1つを発表している。それによると、トップジャーナルでのリジェクション率を考えると、1000人の投稿のうち900人の原稿が却下されるだろうということである。その後、却下された著者のほとんどが、たとえば採択率が20パーセント程度である格下のジャーナルに再投稿したとすると、その内720人が却下の憂き目に遭う。ついで、これらの研究者が30パーセントの採択率のさらに格下のジャーナルに提出した場合、504人が却下されたままになる。「したがって、彼らが一貫して熟練の技量を維持するか幸運に恵まれていない限り、全ての研究者の少なくとも半数が何度も原稿のリジェクションを経験することになるのである[24]」。何度となく繰り返される原稿の却下がもたらす感情面での影響には、疎外感、落胆、幻滅、自我損傷、研究者としてのアイデンティティへの脅威などがある。米国の大学でテニュア・トラックの段階に留まっている人々の場合は通常任期中の6年以内に6本の論文の掲載が期待されるので、これらのプレッシャーは特に厳しいものになる。

また、論文の刊行に成功した人々の場合でも、自分自身の価値に関する不安から完全に免れるわけではない。デイビッド・ナイツとキャロライン・クラークは、52人の研究者にインタビューを実施した[25]。そのうちの多くは、ナイツとクラークが「インポスター（詐欺師）症候群」と呼ぶものに自分たちが悩まされていると証言していた。これは、自分が他の人よりも不安定で無能だという信念であり、それは、各種の業務を所定の時間内に満たすことができないという無力感や不安の感情と結びついていた。過去の成功が将来の成功を保証するものではない以上、彼らの不安感には十分な根拠があると言える。

それと同じような内容について、ダグラス・ピーターズとスティーブン・セシは、調査自体は彼ら自身が認めるように小規模なものであったが、その後非常によく知られるようになったある研究で示している（その結果は1982年に刊行されている）。彼らは、心理学系のジャーナルに12本の論文を投稿してみたのだが、実は、それらの論文は、過去にそれらのジャーナルに掲載されたことがあるものだった[26]。そのうち、3本は同一の論文だということが見破られたのだが、残りの9本は査読プロセスにかけられた。そして今回は、18人の査読者のうち16人がリジェクションという提案をしたのだった。彼らは、問題となった論文の方法論および理論面での欠点を取り上げて酷評していた。そして、編集委員たちはその査読者たちの見解を受け入れて、自誌が過去に掲載したはずの8本の論文をリジェクトしたのであった。

既に確立された地位を得ている研究者の場合も、どうやらストレスやリジェクション、そしてキャリア上の失敗の可能性から免れているわけではないらしい。マッツ・アルベッソンは次のように指摘している。

私のようなシニアの教員も、自分がごく最近発表したジャーナル論文や本と同じくらいのレベルの価値しかないのだと感じるようになってきている。また、論文を何本発表してそれがどんなジャーナルに掲載されたかという点についてますます意識するようになっている。これは明らかに過去数十年のあいだに生じた劇的な変化である。(27)

女性の研究者はとりわけ深刻なストレスに直面しているようである。次に挙げるのは、そのようなストレスのレベルの高さと、なぜ多くの人々が研究生活から離れていくのかという問題をめぐって、*Times Higher Education* のウェブサイトのスレッドに寄せられていた数多くのコメントの中から一例だけを抜き出したものである。

私は学期のあいだじゅう週に平均60時間働き、それに加えて30～40時間は家事、料理、育児などをしてきました。……私たちの場合、週に1回は研究日の権利が与えられるという建前になっているのですが、そういう日もたいていは授業の予習とか書類仕事で忙殺されています。自分の研究（海外出張が必要なことも多いのですが、段々ほとんど不可能になっています）のための時間を捻り出すことができるのは、子供が寝てからで、零時とか午前2時までとか、それから目を覚まして午前6時頃までずっと研究にあてたこともありました。当然ですが、私は深刻な病気を抱えるようになりました。生活費は私が1人で稼いでるので仕事は辞められないんですが、このままじゃやっていけないことも分かっています。これはノーマルな生活じゃないし、本当のところ、どんな意味でも「生活」などと呼べるものでもありません。本当に失望させられるんですけど、大学側は、子持ちの職員にとってのワークライフバランスをめぐる問題は、適切な育児サービスを保証してやることだけだと考えているようです。なので、私に対して土曜日のオープンキャンパスの仕事とか、夕方の教育イベントを担当するよう要求しても構わないと思っているらしいんです。……本当は私は、チャイルドケア・サービスを利用して他人に息子の世話を任せることなんかよりも、息子と一緒に過ごす時間をできるだけ持ちたいと思っているんですけど、そういう事情なんか大学側の眼中にはないみたいです。知り合いの女性研究者の中で、生活と研究のあいだで綱渡りすることなんか想像できないので子供を産むのを避けている人はビックリするほど多いんですよ。(28)

私は右に引用した記載を、英国の代表的なビジネススクールの1つで教授として勤務している女性の知り合いとシェアしてみた。彼女はすぐに返信してくれて、自分も、子供を一人だけにするか、全く持たないと決めている多くの女性研究者を知っている、と答えてくれた。つまり、通常の家庭生活と研究上のキャリアを組み合わせることが不可能であると認識されているのである。これは、取りも直さず多くの大学が選択してしまった方向性に対する重要な起訴事実の1つに他ならないだろう。著名な経済学者のアンドルー・オズワルドが主張しているように、「これではまるで、我々がストレスと恐怖心を最大化するためのシステムを意図的に設計したかのようである。それは危険で、狂気の沙汰であり、大学というものの精神に反している」。(29)

しかし、デイビッド・ウィレッツが大学改革にとって不可欠だと考えているプレッシャーに由来するストレスは、我々が生産するものの量を増やすかもしれないが、その品質に対してはネガティブな影響を与える可能性がある。ストレスと創造性の関係について調べた76本の実験的研究に関するメタ分析の結果は示唆に富むものである。その分析が見出したのは、「評価にともなうストレスと創造性のあいだには逆U字の関係があり、評価ストレスが低く抑えられた実験群の創造的なパフォーマンスはコントロール群の場合にくらべて向上し、逆に評価にともなうストレスが高いレベルに設定された場合には実験群の創造的パフォーマンスは低下した」という事実である[30]。要するに、評価システムによるストレスが強ければ強いほど創造性に対してはネガティブな影響を及ぼすのである。

この点こそが、ここで示した学術研究上のストレスに関するデータが、個人の健康と安心に対して与える影響という問題——それ自体はもちろん重要な問題である——の範囲をはるかに超えて重要な意味を持ってくることの理由である。英国のREFやオーストラリアのERAなどの研究評価事業の場合、結果的には、業績達成への期待と評価プロセスが極端な程度にまで強化されてしまっている。そのために、本来それらの制度によって実現することが想定されていた、高いクオリティの研究を持続的に生み出す上で必要となる研究者の能力がむしろ損なわれているのである。事実、あまりにも多くの評価規準が存在している以上、自分自身や他人が探そうと思えばいつだって少なくとも1つは、自分が「失敗者」だと判断できるような規準を見つけることができる。結果として、多くの研究者は常に恥、落胆、罪悪感にさいなまれるようになってしまっている[31]。

これら全てからは1つの疑問が生じてくる。我々は、終わりのない敗退のプロセスから逃れられない運命にあるのだろうか、それとも、我々は、特定の利害関心から自由な学術研究の重要な価値を取り戻すために、個人的にまた研究者コミュニティの全体として何かできることはあるのだろうか？

学術研究におけるインテグリティを取り戻すために

我々が現在たどりつつあるように見える気の滅入るような道筋に関して、研究者のあいだでは明らかに宿命論的な考え方が広まっている。インパクト・ファクターの専制的支配に加えて、大学やジャーナルに関するランキングは学術界全体を毀損し続けており、全ての抵抗勢力を打ち伏せてしまったように見える。アレクサンドラ・ブリストウは、当時彼女が在籍していた大学で、副総長〔英国の大学では通常、vice-chancellor（副総長）が運営の実務における最高権限を持つ〕と教員との定期的な会合の席上で体験した次のような出来事について報告している。

私は、その場で手を挙げて、サイテーション・インデックス〔論文の被引用度の指標〕は誤解を招きがちなものであり、またジャーナルリストとランキングが悪影響を及ぼしていることを指摘するのが私の義務だと思った……「これらの影響について考えると」と、私は質問した「ゲームを巧みにプレイすることに専念するよりも、我々は全体としてジャーナル・ランキングとサイテーション・インデックスに対して抵抗すべきではないでしょうか？」。……その会合の終わりに全員が退席していった際に、私は（特に知り合いではない2人の教員が）私の質問について話し合っているのを耳にした。「ああいう問題で大騒ぎする意味ってあるのかね？」と一人が言った「あれは、重力に対して異議を唱えるような議論だよなあ」。「そうだね」ともう一人が答えて、次のように続けた――「ああいうのは、重力が嫌いだから逆らおうぜ、って言っているようなもんだよね[32]」。

このエピソードに出てくる2人の会話は、我々自身が本来持っているはずの主体的な行為能力を根本的に過小評価するような考え方を示しているように思われる。関係者のあいだにどれだけ深いレベルで浸透し自明視されているとしても、実際には学術ランキングはごく最近になって登場してきたものに過ぎない。未だにかなりの影響力を持っている、上海交通大学が上海ランキング・コンサルタントサービスと共同で作成した世界大学ランキングは、2003年になって登場したものである。*Times Higher Education*（THE）の大学ランキングが初めて公開されたのは2004年のことである。（QS世界大学ランキングは2009年まではTHEと提携していたが、現在は独立した別個の事業になっている）。また、豪州ビジネススクール研究科長協会によって作成されたジャーナル・ランキングが初めて公開されたのはつい最近の2007年であり、悪名高いABSガイドが我々に対して最初にその有り難いお知恵を強要してきたのは2009年のことだったという件についても思い出して欲しい。

重力とは違って、これらの全ては人間が作り出したものである。また、人間が作ったものであったら人間が壊してしまうことだってできるはずである。抑圧的な体制というのは、ともすればその体制が永続的なものだという印象を与えようとするものである。しかし、これは単なる幻想に過ぎない。それについては、人類史の中で何人もの独裁者が失墜していった経緯を見れば容易に理解できることであろう。他の人々と同じように、私は一連のジャーナル・ランキングに対してはモラトリアム（一時停止命令）を発令することを強く求めたい[33]。背景にあった当初の意図がどのようなものであれ、その種のランキングは今や百害あって一利なしとも言えるほど明白な負の影響を及ぼす段階に到達してしまっている。

また、我々は、ジャーナル・ランキングとインパクト・ファクターについては、それらが及ぼしてきた影響からすれば、まさにそれに相応しい軽蔑の念で扱うことによって滅亡の道へと向かうように仕向けることができるはずである。これは、決して成功の見込みが無い企てというわけではない。この点に関しては、2014年におこなわれたREFの際に評価委員会が、ABSガイドの情報を無視していたという点を明らかに示すエビデンスについて思い出して欲しい。つまり、評価委員会のメンバーは、自分たちの責務である評価作業をガイドの作成者たちに対して丸投げするのではなく、彼ら独自の判断を下していたのである（第2章を参照）。豪州研究評議会も、国内の研究評価事業と助成金申請の評価の際にジャーナル・ランキングリストを使用することを禁止した。研究評価に関するサンフランシスコ宣言は大きな影響力があるものだが、大学に対しては、学術研究の評価の際にジャーナル・インパクト・ファクターを指標として使用することを避けるように求めている。この宣言には、英国の7つの研究評議会の全てが2018年初めに署名している。カヌート王が「自分に対してへつらう臣下を前にして、人間には逆らえない自然の力が存在することを示すために」指し示した海の波とは異なり、この「評価規準の潮流」はその方向を変更させられるかも知れないのである。

また、我々が持っている主体的な行為能力は、研究をおこなう際に採用する方法の選択にも及ぶはずである。たとえ「トップジャーナルで推奨されているような」研究方法で済ませてしまいたいという誘惑があったとしても、我々は決意すればもっと興味深いやり方で研究できるはずなのである。マッツ・アルベッソンとヨルゲン・サンドバーグは、我々が独自の道を進んでいく上で役に立つ多くのアイデアを提供している(34)。その中には、たとえば次のようなものが含まれている――研究者ムラの狭く限られた範囲を越えてそれ以外の理論的仮定や各種の理論に対して好奇心を抱くこと、自分たちとは違う世界観を持っている人々と頻繁につき合うようにすること、（どれだけトレンディなように見えても）特定の下位分野の動向とは意図的に一線を画すること、そしてまた、たしかにそれ以前には誰にも気づかれなかったのかも知れないが、誰も重要なものだとは思わないようなリサーチ・ギャップを埋めようとするのではなく、大胆な学術的貢献を目指すこと。

それに加えて、我々は自分たち自身の生活の仕方についてより賢い選択をすることができるはずである。デイビッド・ジョーンズは、その魅力的な論文の中で、十数名の研究者によって結成された「スロー・スイミング・クラブ」について解説している。そのクラブの会員は、1週間に1回、ゆっくり泳ぐために、つまり連絡を取り合いただ単に落ち着いた時間を過ごすためだけに集まる。ジョーンズはこれを「カウンター・スペーシング」と表現した。これは、「ノーマルな（通常の）」騒がしくてせわしい学術生活に対して一定の距離を置いて、その外側で自己反省的で相互支援的かつ安全な環境を意識的に作り出すことを意味する。ある会員は、そのクラブによってもたらされる主な効果について次のようにコメントしている。

このクラブは、日々の単純作業からの避難所になり、研究者であるということの真の意味について改めて考えて感じるための自由な時間を提供してくれたので、私は正気を保つことができた。自分の職業的アイデンティティを取り戻すことができたと感じている。当初は、自分自身に対して正面から向き合うなんて道を踏み外した行為のようにも見えたのだけど……実際、これは衝撃的な体験だった。[35]

変化のためのマニフェストとして2016年に『スロー・プロフェッサー』を発表したマギー・バーグとバーバラ・シーバーは、きっと右のコメントに対して同意を表明するに違いない。[36]

政府や政策立案者たちも、従来よりも賢明な選択ができるはずだ。説明責任の原則に関しては、よく、〈研究者はそもそも研究を開始する前の段階でその成功を確約しておかなければならない〉ということを意味しているように思われることがある。たとえば、研究助成金がどのように支給されるかという点について考えてみて欲しい。監査の原理原則に従った場合には、申請書では、明確な理論的枠組みを提示した上で、確実な成果（「成果物（deliverables）」と呼ばれることが多い）を約束し、最先端のアプローチを採用することによって失敗してしまうリスクを最小限に抑えるようにしなければならない。そうしなければ、助成金を獲得できない可能性が高いのである。しかし、今や少なからぬ数のノーベル賞受賞者たちが、現在だったら、彼らの名声の元になった研究の資金を確保できないだろうと苦情を申し立てるようになっている。シドニー・ブレナーは、臓器の成長とプログラム化された細胞死に関する重要な発見に結びついていった研究で2002年にノーベル賞を受賞した。彼は、2014年にエリザベス・ゼンにインタビューされた際に、タンパク質とDNAシーケンシング法に関する研究で二度ノーベル賞を受賞したフレッド・サンガーの経歴に関するコメントを求められた。そのとき、ブレナーは次のように語った。

フレッド・サンガーは、今日の科学の世界では研究者として生き残れないでしょう。現在のように継続的な成果報告と評価が要求されているような時代であれば、評価委員会の中には、彼が1952年に発表したインスリン関連の論文と1967年のRNAシーケンシングに関する最初の論文とのあいだに、重要な成果をほとんど発表していなかったし、さらにそこから1977年のDNAシーケンシング法の開発までにはさらに長期のギャップがあると指摘する者がいることでしょう。そして、サンガーに対しては非生産的だというレッテルが貼られることによって、独自の研究に対する少額の経済的支援さえ否定されるに違いありません[37]。

逆説的であるが、現在のような評価制度――測定可能な成果を生み出し、VFM（Value for Money=支払いに見合う価値）を保証するように設計されている――のアプローチでは、大学に基盤を置いた研究の伝統的な目標であった大胆なブレークスルーの可能性は減少していくことになってしまう。この点についてティム・ハーフォードは、米国の医学研究に対する助成金制度を例にとって説明している。政府系の主な資金源である国立衛生研究所（ＮＩＨ）の場合には、注意深く設定された手順に従って審査がおこなわれ、それまでの研究の延長線上にあるアイデアや監査可能な成果を生み出す可能性がある比較的リスクの低い研究が奨励されている。それとは対照的に、民間財団のハワード・ヒューズ医療研究所は、むしろ研究者がリスクを取ることを奨励し、高度に挑戦的な研究計画を歓迎し、中間報告に関しては最小限の要求しかせずに相当額の資金を提供する。このようなタイプの研究はＮＩＨから助成を受けた研究よりも失敗の可能性は高いかも知れない。しかし実際には、ヒューズ研究所からの資金提供を受けた研究を元にして発表された論文は、ＮＩＨ系の研究に比べて引用される可能性が2倍になっているのである。ハーフォードは、これについて次のように報告している――「それらの研究は、よりオリジナリティに富んでおり、該当する研究分野で使われる語彙の中に新しい『キーワード』を導入し、研究課題の方向性に変化をもたらし、さらに、専門領域の狭い枠を越えてより多くの引用がなされている[38]」。このようなヒューズ研究所のアプローチは、少なくとも幾つかの研究評議会が今後助成の申請要件を変えていこうとする際には大いに参考になるのではないだろうか？

さらにドラスティックな選択肢も検討に値する。助成金獲得の成功率が低下するにつれて無駄な労力の負担が急増し、それにつれて意気消沈のレベルが全体的に上昇している。ＥＵの「ホライズン２０２０プログラム」については、最終的に助成金が獲得できなかった申請をおこなうために必要とされた費用は全体の助成金額の4分の1にまでのぼるという推定がある。Science Europe（ヨーロッパの主要助成団体の協会）の会長であるマーク・シルツは、基本的な基準を満たしている申請を対象にした抽選による選考システムを試してみるべきだと主張する多くの有力者のうちの一人である[39]。また、全ての研究者がユニバーサル・ベーシック・インカムと同等の額を受け取った上で、もし彼らが望むなら、他の人々の配分額を合算してより野心的なプロジェクトを追求できるようにしたらどうか、という提言もなされてきた[40]。これらのアイデアも十分に検討に値する。実際、そのような助成金システムだったら、今やきわめてありふれたものであり最終的にはジャーナルに掲載されることも多い、無難で紋切り型の研究をおこなわずに済むようになるかも知れない。

最後に、政府は、彼らが実施している評価事業が、果たして実際に質の高い研究を推進しているのか、それともむしろ妨げているのかという点について検討する必要がある。この「質」という問題は、量よりもはるかに重要である。一部の人々とは違って、私は必ずしも、英国のREFや他の国でおこなわれている同様の評価事業を廃止すべきだと主張しているわけではない。研究活動については何らかの形で説明責任を果たす必要があるし、大学に対して研究資金を配分するためには何らかのメカニズムが必要である。しかし一方では、バランス感覚も重要である。複数の評価制度が何層にもわたって追加され、またそのプロセスが官僚主義的なものになればなるほど、結果としてゲーム・プレイング［制度の抜け穴を突いたずる賢いやり方］的な行為が増えていくものである。

私は、次回のREFでは各研究者が提出するのに必要な研究業績の平均数を4点ではなく2点に減らし、しかもそれを最大数にしておけば、ゲーム・プレイングはかなり減らせるのではないかと思っている。現在、各研究者は少なくとも1点、最大で5点までの出版物を提出する必要があり、学部毎の一人当たりの平均は2.5点とされている。それに対して、最大が2点ということになれば、該当する評価委員会の負担は軽減されるし、提出する研究業績を決定するために大学内部で事前におこなわれる慌ただしくて時間がかかる評価作業も最小限に抑えられるだろう。またそのような変化は、大学人が抱いている、抑圧的な監視システムと際限のない評価のプレッシャーによって苦しめられているという感情を和らげ、結果として創造性の向上と研究の質の改善につながっていくと思われる。

この提案には他にも利点がある。REFに関する本格的な政策評価は、2016年にスターン卿の主導によっておこなわれた。その報告書では、REFが抱える問題に関して次のような見解が表明されている――「REFは、研究者がどの問題を取り上げて研究に取り組むかという点について決定する上でかなり強い影響を与えている可能性がある。これによって、評価事業がカバーする期間内に確実に信頼性のある高いクオリティの出版物を確保しようとして、無難な研究課題や短期間で成果が得られやすい研究課題を選んだり、リスクがあったり学際的な性格を持っているプロジェクトに参加することを躊躇する傾向が生じかねない。またその結果として、革新的な思考やリスクテイキングが阻まれる可能性がある」[41]。提出しなければならない出版物の点数を減らすことは、少なくとも幾つかの研究プロジェクトについては、REFを前提にしてではなく、研究者自身の内発的な関心にもとづいて追求するだけの余裕ができるだろう。REFをモデルにして作られた他の国の評価制度の場合は、これらの点について十分に注意した上で、もっと控えめなものにする必要がある。測定できるものが全てというわけではないのだし、そんなことを前提にして制度設計をおこなったら、まさに「百害あって一利なし」になってしまうだろう。それにしても、経営学系で発表される論文の数が少なくなるということは、この世界にとってあまり好ましくないことなのだろうか？　私には、そうは思われない。

我々には、業績達成に向けたプレッシャーに対してどのように対応するかという点に関して選択の余地があるはずだ。この章では、ヨーロッパを先導するビジネススクールになるというウォーリック・ビジネススクールの野心についてはかなり皮肉まじりに取り上げた。たしかに、同校のやり方は安直である。しかし、同じような批判は、研究者たち、特に在籍する学部やスクールの名称がＡＡＣＳＢ（Association to Advance Collegiate Schools of Business）、ＥＱＵＩＳ（European Quality Improvement System）、ＡＭＢＡ（Association of MBA）による認証マークで飾られており、また何らかの大学ランキングでトップの位置を占めていなければ、自己評価が下がるという風に考えるような研究者についても容易に適用できるものである[42]。そのような機関に所属することにともなう代償が、単に紋切り型で空疎な内容の研究をそれ自体を目的にして生産しようとすることだったとしたら、そんな代償を支払う必要などはないかもしれないのである。我々全員にはまだこれらの点に関する選択の余地があるはずだ。また、その選択は、今までよりもずっと慎重に考え抜いた上でおこなうべきであろう。

結語

本章を開始した時点、つまりステファン・グリムの自殺に関する話題に戻ってみよう。この出来事の余波で、インペリアルカレッジでは「業績管理」のプロセスについて見直しをおこなうことになった。その見直し作業では、グリムについてその評価対象とされた助成金収入やその他の業績目標に関する再検討はおこなわれなかった。むしろ、グリムの場合は「非公式」の業績評価を受けていた時間が長過ぎたのが問題だったのだと結論づけた上で、もし「公式」の評価段階にまで迅速に進んでいた場合には、「グリム教授には、文書形式の記録や、会議への参加、あるいは人事部の関与などを通して、大学が提供する一連のプロセスやサポートに関してより明確に認識してもらえたと思われる」としている。ここで示唆されているのは、より多くのプレッシャーと監査可能な「プロセス」さえあればグリム教授を納得させられたはずだ、ということであるように思われる。調査報告書は、さらに次のようにも述べている――「全ての公式および非公式の業績管理に関わるやり取りは、直属上司から発せられる以前に人事部の職員によるチェックを受けることが推奨される」[43]。かくして、インペリアルカレッジの監査文化は依然として健在であり、むしろ官僚主義的な監視の層が付け加えられることによってさらに強化されてしまったのである。これでは、私には「納得」などできない。

多くの場合、真に価値のある研究にとっては、十分なだけの時間、自律性、そして失敗する自由が不可欠である。そこで私が提案したいのは、研究助成金は、それ以前に関わった研究プロジェクトの多くが失敗に終わったという事実を証明できる者にのみ支給されるべきだとするルールを設けることである。というのも、そのような事実は、少なくとも彼らが過去に不確かな答えしか得られないかも知れない大胆な問いをあえて設定した経験があるということを示しているからである。

我々の多くが研究生活に関わるようになった最初の経緯について思い起こしてみることの価値はたしかにあるだろう。その時点では、研究評価事業の条件を満たすためだけに研究助成金を獲得しようとしたり、そのための書類を書いていたわけではないはずだ。また、研究に取り組む際には、どのような犠牲を払ってでも大学を各種のランキングで上位に押し上げることが唯一の目的となっているような評価基準を満たそうとしていたわけでもない。詩人のジョン・メイスフィールドは、シェフィールド大学における１９４６年の講演で、大学について次のように述べている。

無知のままで留まることを厭《いと》う人々が知識を得たいと思う場所、真実を目にした人々が他の人にもそれを伝えようと努力する場所、知識を求める者とそれを学ぶ者の両方が知識の探求のために結束し、あらゆる方法で洗練された思想を尊重し、経済的困窮に苦しんでいたり亡命中であったりする思想家を迎え入れ、思想と学習の尊厳を支持し、またこれらのことを実践する上できちんとした規準を適用するような場所である[44]。

以上の言葉は、結果として、現在の学術生活において特徴的に見られる業績達成志向的な慣行に対する痛烈な批判になっている。トップジャーナルに掲載された論文に含まれていたわけではないが、これらの言葉は、本来我々の一人ひとりの出版実践やキャリアに関する見通しにとって指針となるべき永続的な価値観を表現している。

［訳注　原題の「堤防が決壊する時（When the Levee Breaks）」は、１９２９年に発表されたジョセフ・マッコイ（カンザス・ジョー・マッコイ）とメンフィス・ミニー（リズィー・ダグラス）によるブルースの名曲。１９２７年に米国ミシシッピ川が大きな氾濫を起こして南部地域の農業が壊滅的被害を被り、また多くの黒人が職を求めて北部のデトロイトやシカゴに移住していったことが曲の背景になっている。１９７０年代には英国のロック・バンド、レッド・ツェッペリンのナンバーの元歌にもなった。英語版 Wikipedia から：https://en.wikipedia.org/wiki/When_the_Levee_Breaks］

第4章

学術研究におけるインテグリティの崩壊

本章で扱う問題に関しては、経営研究が特に例外的だというわけではない。実際、残念ながら「疑わしい研究行為」（Questionable Research Practices＝ＱＲＰｓ）あるいは明白な詐欺的行為については、自然科学や社会科学のさまざまな分野だけでなく人文科学の世界でもますます多くの関心が寄せられるようになってきているのである[1]。これに関連してベン・マーチンは、次のように結論づけている。

明白な盗用であるにせよ、グレーな違反行為に属する「冗長」な論文［本数を稼ぐために重複する内容で発表される論文］あるいは自己盗用の形をとるものにせよ、研究不正はかなりの頻度で世界中で発生しており、その数は年々増加しつつある。また研究不正に関する対応は、査読者や特に編集委員にとっては多くの時間を割かなければならない骨の折れる仕事になっている[2]。

米国のＯＲＩ（Office of Research Integrity＝学術研究に関わるインテグリティ局）の局長だったデイビッド・ライトは、あるインタビューで、助成対象になった全ての研究の中で科学上の不正行為を含むものが約３パーセントを占めていると推計している。[3] 英国政府がおこなった調査に関係する文書では、科学論文の20本のうち1本には誤りや改竄が含まれている一方で、科学者やジャーナルの編集委員は、その種の問題を含む論文を撤回することに対しては消極的であるという点が指摘されている。[4] この点に関連して、アリソン・アブリティスは、ORIが「ハードサイエンス」における不正行為に関して実施した調査について分析を加えた。その結果によれば、不正行為で処分を受けた者のうち43パーセントは過去に論文を撤回したことが少なくとも1回はあるのだという。[5] つまり、彼らは累犯者（再犯を重ねる犯罪者）なのであった。

研究上のインテグリティをめぐる問題は、優れた研究実践の促進を目的として開催された少なくとも4つの主要な国際会議においてその中心的な議題になっていた。学術的インテグリティに関するシンガポール宣言は、その種の会議の2回目で採択された。その宣言では、研究記録の保存、インテグリティ、無責任な研究活動についての報告義務、著者資格の定義などの問題に関する手引きが1ページの文書としてまとめられている。[6] 研究評価に関するサンフランシスコ宣言（Declaration on Research Assessment＝DORA）は、2012年に開催された米国細胞生物学会の際に設定されたある会合における議論をもとにして発表されたものである。DORAはシンガポール宣言と同じような範囲をカバーしているが、さらに包括的なものになっている。6000人を超える研究者たちが、自分の研究活動においてその原則を守ることを約束している。[7] さらに、もともとは英国の医学雑誌の編集委員たちによって1997年に設立された刊行倫理委員会には、現在、世界中の全ての学問分野から約1万人のメンバーが参加している。[8] 多くのジャーナルの編集委員たちが、その行動規範や、論文撤回に関する対応方法などを含む他のガイドラインの遵守に関しても責任を負うことを表明している。

最近明るみに出た幾つかのスキャンダルや広い範囲で注目を集めた論文撤回の事案は、これらの問題に関する懸念をさらに高めている。論文撤回ウォッチ（Retraction Watch）というウェブサイトには、各種の学問分野における研究上の不正行為に関する不祥事の報告が日常的に掲載されているが、その報告が暴露記事のトーンを帯びていることも多い[9]。その中には、［後で本章でも取り上げる］58本の論文が撤回されたオランダの元心理学者ディーデリク・スターペルに関する記載も含まれている。第5章では経営学系の論文の事例について解説を加える。しかし、その前に検討しておかなければならないことが幾つかある。たとえば、不正行為と言う場合、それはどういうことを意味するのだろうか？　また、それはどの程度広い範囲でおこなわれているのだろうか？

「QRPs（疑わしい研究行為）」と研究不正の違いは何か？

研究不正には、捏造、改竄、盗用というものがある。捏造は、存在しないはずのデータをでっち上げるというケースである。改竄とは研究に関する不正確な報告であり、その中には手続きに関する虚偽の報告、データの省略、または論文全体の「ストーリー」とは矛盾する都合の悪い研究結果の削除などが含まれる。盗用とは、典拠を明示することなく他人の研究内容を借用した上で、それを自分の研究成果として発表する行為である。つまり、窃盗行為ということになる。これらの明らかに忌むべき行為の例以外にも、さまざまなタイプの手口が研究の記録を歪め、また研究結果に対する信頼を損ってしまうことになるために、一般に「疑わしい」行為だと見なされてきた。研究のインテグリティに関する欧州科学協会ワーキンググループ（The Science Europe Working Group on Research Integrity）[10]は、この点に関して次のような例をリストアップしている。

・**研究活動上の不正行為**――設定されたリサーチ・クエスチョンに対して適切に答えることができないはずの貧弱な研究デザイン、潜在的に有害な要素を含む研究方法の採用、分析段階における基本的な誤り。

・**データ関連の不正行為**――データの保存に関する怠慢、他の研究者がデータを精査できない状態やその種の精査に対する消極的な態度（特にその信憑性に異議が唱えられている場合など）。

・**論文関連の不正行為**――何ら貢献をしていない論文の共著者であると主張する、他者に帰せられるべき著者としての資格を否定する、業績表を分厚いものにするために研究結果を「サラミスライス（細切れ）」にして論文数を最大限に増やし、それによって既に発表済みの知見をリサイクルする。

・**個人的な不正行為**――性的またはその他の種類の個人的なハラスメント、重要な文化的規範に対する無頓着な態度。

・**研究資金に関わる不正およびその他の不正行為**――研究に関わる金銭上の利害関係の不開示、研究資金の悪用、査読プロセスの悪用。

経営学系のジャーナル（*Organization Studies* など）では、著者の側から査読者候補を提案することができる場合がある（ただし、必ずしもそれらの候補が査読者になるわけではない）。キャット・ファーガソン、アダム・マーカス、イワン・オランスキーは、ハードサイエンスの場合、著者による査読者推薦システムを悪用したことによって撤回された論文が約110本あったと報告している。[11] 私自身が検索してみた限りでは、同じ種類の違反行為のために経済学系のジャーナルから撤回された論文が12本あった。中には、著者自身を偽の査読者として推薦したり、「相互査読者」のカルテルを形成した友人を査読者候補として指名した例もあった。その他にも、実在の学者を推薦したのだが、その連絡先として偽の電子メールアドレスを報告したり、著者が自分自身の論文を査読できるように画策した例もあった。

近年特に批判されることが多くなってきたのは、「自己盗用」ないし「テキスト・リサイクリング」である。つまり、原稿の中で明記せずに自分が以前に発表した論文の一部をリサイクルするのである。サージ・ホーバックとウィレン・ハルフマンは、オランダの経済学者ピーター・ニーカムの例を挙げている。ニーカムは、何年にもわたって1週間当たり平均約1・5本もの論文を発表していた[12]。この驚くほどに高い生産性は、ほとんどの場合、以前の論文の内容をリサイクルすることによって維持されていたのである。それによって、新しいところなど何もない論文が実際よりも新奇なものとして提示されることになる。これは、研究記録を不正確なものにしていき、また不必要な論文の増加でジャーナルの刊行プロセスに目詰まりが生じてしまうことになる。ただし、一部のジャーナルは「方法」のセクションの記述内容に関しては再利用を推奨している。その理由としては、研究方法を変更すると再現研究が困難になる可能性がある、というものが挙げられている。それよりもはるかに擁護できない再利用法は、自分自身のアイデア、データ、結論などをほとんど丸ごとコピーしてしまうというやり方である。たとえば、本の章からジャーナル論文へ、またはあるジャーナル論文から別のジャーナル論文へという具合にして「コピー元」の文献を明示しないで丸写しにするような手口である。

P値ハッキング

以下では、一般には「疑わしい」と説明されている、右に挙げたものとは別種の2つの行為に焦点をあてていく。これらについては、従来議論されてきた以上にここで詳しく検討していく必要がある。1つ目は、「p値ハッキング」ないし「データの浚渫《しゅんせつ》」などと呼ばれているものである。ここでいったん、そもそもp値とはどのような数値であるか、またそれに関してかなり誇張気味に語られてきた内容について解説しておいた方がいいだろう。デイビッド・カーフーンは、p値によって分かることについて以下のように説明している。

実際には効果が存在していない場合（複数の平均値のあいだの真の差がゼロの場合）に、現実に観察された値、あるいはそれ以上の分量の差が観察される確率がp値と呼ばれている。言い換えると、p値は、実際には効果がなかった場合に、少なくとも観察されたのと同じくらいの差が見られる確率である。(13)

本質的には、低いp値は、帰無仮説――「2つないしそれ以上の条件のあいだに実際の違いはない」という仮説――が真では無さそうだということ（全く不可能ではないという点にも注意が必要である）を示している。しかしその一方で、低いp値が示されたからといって、必ずしも想定された効果を説明するために提示された仮説が真であるということを意味しているわけでもない。

たとえば、私が、従業員をいじめる（＝高圧的に脅す）ような管理者が生産性を向上させるかどうかについて検討するための実験を設計したとする。人間関係論のアイデアを援用して、「いじめのない状態の労働者は、いじめられている労働者よりも生産性が高い」と仮定する。私は、いじめと非いじめという2つの労働条件を仮想的に再現した実験状況を設定し、被験者には何らかの製品を作成するための競争をしてもらう。いじめ条件の場合には、時々、管理者役として無作為に選ばれたように見える被験者（実際にはあらかじめ入念に訓練しておいたサクラ）が、「あまりうまくやれてないなあ。頼むから、もっと真剣にやってよねえ！」と怒鳴る。一方、非いじめ条件では、サクラは「おお、すごく上手ですよ。順調にいっていますねえ」などと言う。2つのグループ間で何らかの違いが出ていることを示せるような素晴らしいデータセットが出来上がるまで、実験を何度か繰り返してみる。驚いたことには、いじめ条件下にあった作業者の生産性の方が、非いじめ条件下の場合よりも良好だったのである。平均的な差は、いじめグループが作成した製品数が103個であるのに対して、非いじめグループの方は100個であった。実験結果について統計解析をしてみたところ、$p<.05$ であることが分かった。

この結果は［5パーセント水準で］統計的に有意である。つまり、帰無仮説（「2つの条件間でパフォーマンスに差がない」という仮説）を棄却できるのである。どうやら偶然の結果ではなかったようだ。実験者である私としては、実にワクワクしてくる。人間関係論学派の負けであり、一方、現実の会社で管理者として働いている社会病質者などは大喜びだろう。

さっそく私はさらに多くの論文を作成するために、この実験のバリエーションについて考えてみる。管理者の性別はパフォーマンスに対してどのような影響を与えるだろうか？　被験者の人種面での多様性を高めた場合、実験の効果は増えるか減るか？　管理者が男性である場合、その年齢、性的指向、身長、さらには薄毛の程度の違いによる影響はどのようなものであるか？　さらに、私は仮説を書き直して、これらの多様なバリエーションを設定しておこなった実験の結果が当初から予測していたとおりであったことを指摘した上で、それに応じて文献レビューの部分を書き直しておく。

さて、少し掘り下げて考えてみることにしよう。このようにして得られた素晴らしい実験結果について私がこんなにも有頂天になっていることには、少なくとも4つの問題がある。

最も重要な点について最初に指摘しておくと、右のような実験結果は「効果の大きさ」という点については何も教えてくれないのである。ここでの「［統計的に］有意（significant）」という言葉は、我々が日常生活でそれを重要性の程度と関連付けて考えるような内容［つまり「意義がある」という意味］を指しているわけではない。これについては、2つの条件間の生産高という点での違いは、製品3個分であったということを思い出して欲しい。サンプルサイズが大きいため、それだけの違いであっても統計的に有意な結果が得られているのである。しかし、実際には効果の大きさは比較的小さなものに過ぎない。ドロシー・ビショップが指摘しているように、「サンプルサイズの小ささは、効果が非常に大きな場合にしか確実に結果を検出できないという点で、一般的には好ましくない。しかし、非常に大きなサンプルサイズにはそれとは正反対の問題がある。その場合、あまりにも小さくて瑣末なものに過ぎない効果を『有意（重要な）』効果として検出できてしまうのである[14]」。結局のところ、2つの実験条件のあいだの違いはわずか3パーセントに過ぎなかった。スティーブン・ジリアックとディードル・マクロスキーが述べているように、

「統計的」有意差が示された研究結果やそれとは逆の「有意差が無い」ということは、それ自体ではほとんど価値がなく、いわば無意味なゲームのようなものに過ぎないのである。統計的有意性は、実際の関係性の大きさや重要性に関して検討しようとする際には、ごく限られた情報でしかないと考えるべ

きである。不幸なことに、統計的有意性は多くの科学領域において重要かつありふれた誤りを引き起こす元凶になってしまっている。[15]

先に挙げた実験とその結果の解釈に含まれる2つ目の問題は、「本当に何かを発見できたのか」という点に関する、頭の痛い懸念事項である。デイビッド・カルーンは、有意水準が0.05の場合、少なくとも30パーセントの確率で間違っているはずだとしている。[16] つまり、今後さらに研究を重ねていった場合には有意でないことが示される可能性があるにもかかわらず、私は自分の研究結果が有意であると主張していることになるのである。こうなってくると、段々心配になってきた。

3番目の問題は、自分の仮説が立証されたという風に間違って推測している可能性があるということである。しかし実際に起こったのは、帰無仮説が棄却できるということだけなのである。これは断じて、2つの条件間における生産性の違いを説明しようとする私の仮説が正しいということを証明するものではない。私が考えついたものよりもはるかに強力な説明の仕方があるかも知れないのだ。米国統計学会は2016年に、統計的確率による仮説検証法の誤用に関してかなり強い調子で批判を加えた声明を公表している。その声明は「p値は、調べている仮説が正しい確率やデータが偶然のみでえられた確率を測るものではない」と指摘している。また、「p値はそれだけでは、統計モデルや仮説に関するエビデンスの、よい指標とはならない」という点も強調した[17]〔以上の2つの部分の訳は佐藤俊哉（2017）による〕。しかし、学術文献ではごく普通に、さまざまな命題や仮説が有意性検定によって検証されたというような主張が見られている。

4番目、つまり最後の問題は次のようなものである。2つの条件間に違いが見いだせなかった場合を想像してみて欲しい。これは潜在的には非常に興味深い結果である。というのも、この結果は、仕事の際に良好な扱いを受けるか、その逆にひどい扱いを受けるかで生産性には特に違いがないことを示唆しているからである。最初に提示した仮説などよりもはるかに興味深いし、たしかに驚くべき結果であるかも知れない。ただし、私がおこなった統計的検定では、帰無仮説の方が証明されてしまっている。つまり、結果は統計的に有意ではないのである。ジャーナルには肯定的な結果のみを掲載したがる傾向があるので、査読者や編集委員が私の研究結果を好意的に見るなどというのはありそうにないことである。したがって、この論文がいわゆるトップジャーナルに掲載される可能性は低い。何しろ、私が設定した条件のあいだに違いは認められなかったのだから。それに加えて、私は、そのような結果を説明するに足るだけの完璧な形で構成された理論ではなく、むしろ暫定的な説明しか持ち合わせていない。こうしてみると、私の実験結果はあまり面白くないものだと言える。何も新しい事実は示していないし、理論に対して強力でオリジナルな貢献をしているわけでもない。繰り返しになるが、これらの点はいわゆるトップジャーナルが求めているものである。つまり、明快でありかつ統計的に有意な結果に関連づけられている新規の理論が求められているのである。これでは、私はもう破滅だ。データを浚渫した上で、何とか仮説の裏づけになるような統計的に有意な結果が得られるようにして、その論文を別のトップジャーナルに投稿できるようにしなければならない。あるいはまた、私はその論文を格下のジャーナルに投稿するという不面目な状態に陥ることになって、同僚や上司から職務怠慢者として見なされるリスクを負うことになる。

P値ハッキングには、これら一連の問題をさらに厄介なものにするやり方がある。これには、さまざまな行為が含まれる。研究で得られた従属変数に関する測定値の一部しか出さない、都合の良いp値が得られる研究結果だけを選んで報告する、望ましいp値レベルに達した時点で研究を打ち止めにする、質問表から「望ましい」p値レベルにとって邪魔になるような項目を削除する。それ以外にも、たとえば実際には

0・054というp値であったのに、小数点以下第3位を四捨五入して0・05とした上で、さらに不等号まで誤魔化して$p<.05$（5パーセント水準で有意）という風に報告してしまうようなやり方もある。現在では、この種のデータ・マイニング（データの掘り起こし）を支援するように設計されたソフトウェア・パッケージは大量に存在している。実際に研究をおこなう際にはかなりの労力の投入が必要になるということを考えれば、我々にはまさにこれらのやり方を採用するようなインセンティブが与えられていることは明らかである。

リーフ・ネルソン、ジョセフ・シモンズ、ユリ・シモンソンが主張するように、統計的検定を一度試してみてうまくいかなかったからと言って、研究者が追加的な分析をあきらめる可能性はほとんどない。代わりに、研究者は「データをさらに探って、たとえば、外れ値があるので効果の判定が阻害されているかどうか、実験参加者や実験を試行してみた際のサブグループに限って見れば効果が有意であるかどうか、あるいはまた、従属変数を違うやり方でコーディングしてみれば有意な結果が得られるかどうかなどについて」検討していく[18]。ここで注意しておきたいのは、最初の解析結果で統計的有意性が示されていた場合には、誰もそのように苦労してデータ分析を何度も繰り返すことなどしない、という点である！

ネルソンらは、ここで、〈研究者のファイルボックスは失敗した研究結果で一杯である〔＝試行錯誤を通して最終的に意味のある研究結果を報告する〕〉という通念に挑戦している。彼らは、むしろ多くの研究者たちは失敗した研究をファイリングして整理しておくのではなく、p値ハッキングに失敗した場合、それをファイリングして〔＝表に出さないで〕おくのだと主張しているのである。これは、夫婦間のもめ事について何人かの友人にアドバイスを求めた際に、もともと自分がやろうとしていたことに賛成してくれる友人の助言だけに真剣に耳を傾けるのと同じことである。

ここで、私が職場でのいじめに関して発案した実験の話に戻ってみることにしたい。統計的に有意な結果が出せるということには論文掲載の見込みと将来の私のキャリアがかかっているのだが、それを首尾良く成し遂げるためには何通りかのやり方がある。一度分析してみて思うような結果にならなかった幾つかの実験の結果を削除することもできるだろう。あるいは、統計解析の途中――事前に計画していた手続きが全部完了する前の段階であることに注意しよう――で、望んでいた結果が得られたら、その時点でそれ以降のデータ収集をやめてしまうことだってできる。当初の計画通りに我慢強く作業を進めていった場合には、途中段階までに発見できた効果が消えてしまう可能性があるのだが、「研究者以外の」誰もそんなことなど知るはずもないだろう。クリス・チェンバースはこれを「隠された柔軟性の罪」と呼んでいる。つまり、研究者が実際におこなったことは編集委員、査読者、そして最終的には読者の目から意図的に隠されて秘密にされていることが多いのである。[19] この行為は「データに対する拷問」の一形態でもある。データは、当初の仮説を支持していると告白するまで情け容赦のない尋問を受けることになるのである。

ハーマン・アギン、ラビ・ラマニ、ナワフ・アラディジャデールは、これについて明《あ》け透《す》けな調子で述べている。

我々が見ているものは我々が得ているものと同じ［what we see is what we get: WYSIWYG（What You See Is What You Get＝モニターの画像と印刷結果を同じようにするユーザー・インターフェースの技術）のもじり］であるかどうかなど知る術《すべ》はない。ほとんどの作業は正しい手続きでおこなわれているように思われる。測定値は妥当で計量心理学的に良質なものであり、導入部で解説されている仮説のほとんどが結果によって裏づけられているし、統計的な仮定にも間違いはない（または、最初から言及されていない）。「［論文の］ストーリーライン」もたいていの場合はスッキリとして明快なものである。そして、全てが整理整頓されているように見える。しかし、読者には知る由《よし》も無いのだが、多くの研究者は、完全には開示されない形で、さまざまな試行錯誤（測定項目の修正、削除、追加など）、不透明きわまりない選択（さまざまな制御変数の採用や除外など）、そしてまたその他の点に関わる操作（外れ値の削除、データ分析後の遡及的な仮説構築など）を裏でおこなっているのである。[20]

問題は、確固たる意志と創意工夫の才能を持っており、しかも良心の呵責などあまり感じないようなタイプの研究者であれば、ありとあらゆる現象のあいだに統計的に有意な結果を見つけられるということである。たとえば、デイビッド・ヘンドリイは、降雨量とインフレーション・レベルのあいだに統計的に有意な関係を示すことができた。[21] ジョセフ・シモンズ、リーフ・ネルソン、ユリ・シモンソンも同じようなやり方で、今度は、音楽が我々の年齢意識に対して与える影響について調べた。彼らは、ビートルズがカリンバ（ミスタースクラフのインストルメンタルソング）ではなく「ホエン・アイム・シックスティ・フォー」を歌っているのを聞いたとき、人々が p 値レベル0・04で18カ月程度若返ったように感じたことを示すことができた。彼らは、続いて、そのような、とてもあり得ないような結果を生み出す上で彼らが使った統計上のゲームについて解説を加えている。[22] このような手口をさらに活用した「疑似相関」と呼ばれる愉快なウェブサイトも登場している。[23]［2015年には同名の書籍が刊行されている］それによると、プールに落ちて亡くなった人の数と、ニコラス・ケイジが主演する映画の年間の公開本数には強い相関関係がある。また、イマド・ムーサによれば、NASAの年間経費と首つり自殺、絞殺、窒息死とのあいだには、かなり高くて明白な疑似相関があり、メイン州の離婚率はマーガリンの一人当たり年間消費量と高い相関がある。[24] もし何度か統計的検定を繰り返してみたら、これらの現象のあいだの関係が統計的に有意であることも判明するに違いない。

この種の疑似相関をめぐる問題は経営学分野に蔓延している。実際、我々は、実際の効果の程度について調べるのではなく、なんとか*p*値を捻り出すことに執着しているのである。これによって、第1種の過誤（実際には真である帰無仮説の棄却）として知られる誤った肯定的結論が文献にあふれてしまうというリスクが生じている。それは一方では「死に損ないの理論」を延命させることにもなる。つまり、狂信的に信奉されているものの、実際には信用に値しない理論が生き残っていくのである[25]。

とうてい信じられないことかも知れないが、実は、学術ジャーナルに掲載された論文の場合、検定された仮説の90パーセント以上についてそれが支持されたと主張しているのである[26]。クワック・ルンは、*Academy of Management Journal*に掲載された54本の論文の場合、それらのうちの73パーセントの論文では仮説が支持され、20パーセントの論文では支持されていなかったとしている[27]。ラッセル・クレイグと私が、*Administrative Science Quarterly*から無作為に選んだ50本の論文について調べてみたところ、そのうちの90パーセントの論文では仮説が部分的あるいは完全に支持されていた。同じような方法で約250本の心理学系の論文を分析した研究では、10パーセント以上が不正確な*p*値を報告していることが明らかにされている[28]。それらの論文のうち90パーセント以上では、研究者が想定していた当初の予測を支持する結果になっており、本来は有意ではないはずの結果を有意なものとして報告していた。この分析をおこなったレイモンド・ハバードは、その結果として「実証系の文献のほとんど全てが検証されていない脆弱な結果から構成されており、したがって、知識の蓄積という点では実に疑わしい役割しか果たしていない」と結論づけている[29]。2018年に刊行された詳細な文献レビューの結果の要約によれば、「経営学系の論文のうち25パーセントから50パーセントには何らかの矛盾ないし明らかな誤りがある……全体として、学術研究の真実性および（当然であるが）その結論と含意について疑うだけの十分な理由があることを示すエビデンスが増加しつつある」[30]。メタ分析の手法を用いた研究もこれらの問題から免れているわけではない。出版バイアス［肯定的な結果が出た研究のみが論文として刊行されるバイアス］を考慮すべきであるという警告があるにもかかわらず、メタ分析研究のうちの60～90パーセントはその点についての配慮が欠けており、4分の1から半数前後の研究は未発表の研究の結果については一切考慮していない[31]。このように、肯定的な結果のみについて発表しようとするバイアスは、あらゆるレベルで経営研究の世界に蔓延し、結果としてその価値を低めている。

社会科学の世界における統計的有意性に対する強迫観念は、研究に関連する他のあらゆるタイプの問題を引き起こしている可能性がある。バラシュ・アゼル、ベンス・パルフィ、バーナバス・サジは、ベイズ因子の計算値を使った分析によって、293誌の心理学系のジャーナルに掲載された3万5000本以上の論文について検討を加えた。彼らは、分析対象になった全ての研究結果のうち55パーセントがむしろ対立仮説の方を支持するエビデンスを提供しており、また、半数以上がベイズ因子の数値から見れば逸話的なエビデンスの証拠能力にも達していないということを見いだしている[32]。

たとえ統計的検定法が適切に適用されたとしても、社会科学の領域では「統計的有意性」が重視されているために、仮説を立証する上でのハードルがあまりにも低くなりすぎている。これもまた、不正な研究結果の発表を誘発し、また再現性の実現という点で大きな障害になっている。これらの問題に関する今後の展開を占う動きとしては、少なくとも1つのジャーナル、つまり *Basic and Applied Psychology* が、帰無仮説の有意性を検定するようなアプローチを禁止したという事実が挙げられる。もちろん、あくまでも1つの可能性としてだったら、経営研究の場合には、統計的手法の実践において心理学研究よりも堅実な方針を採用しており、その種の改善策を講じる必要はそれほど無い、ということがあるのかも知れない。でもまあ、それはどうもあり得ない可能性であるように思われるのだが。

HARKing《ハーキング》（仮説の後出し）

P値ハッキングと並んで近年ますます批判的な意味での注目を集めているQRPの筆頭は、HARKingである。つまりHypothesizing After the Results are Knownというやり方であり、実際には結果がわかってしまった後の時点で仮説を出しているのだが、論文の上では、事後的にではなく事前に仮説を提示しているように偽装するのである。

先に挙げた、職場におけるいじめに関する架空の実験例をもう一度振り返ってみよう。最初に考えていた理論は実験の途中で空中分解してしまったので、私は〈実験計画によって当初意図していたような結果が出た〉という点、また〈(現実にはそうではなかったのだが）使用した理論によって特定の結果を予測することができた〉ということを示せるような新しい仮説を思いついたのだった。このようなアプローチは、信頼できる科学的根拠による支持と理論的な正当化が保証されたと勘違いしてしまうような風潮を助長してしまうことにもなりかねない。

ノーバート・カーは、そのようなやり口は「科学の基本的な倫理原則である、自分の研究について正直にかつ細大漏らさず伝えていくという義務に反している」と主張している。[33] 私に言わせれば、それは、論文の「方法」のセクションを、実際に採用された手続きや理論構築のプロセスに関する正確な解説ではなく、巧妙に改竄した架空の物語のようなものに変えてしまうやり方である。そもそも、「方法」セクションの記述を含む研究の全ての側面における正直さというのは、研究のインテグリティに関するどのような定義であっても、その中核となる大切な要件の1つであるはずだ[34]。方法に関する透明性が欠如している限りは、次世代の研究者を教育していく上で本質的な失敗を犯すことにもなるだろう。恐らくさらに重要なのは、それによって、学術ジャーナルにはつきものの、肯定的な発見事実を報告している論文だけを掲載するという強固なバイアス［＝出版バイアス］がさらに強化されて、理論の反証（間違っていることの証明）の妨げになるということである。これに関連して注意して欲しいのは、私は、実証研究がおこなわれた後の時点で新しい仮説を構築するという行為それ自体を批判しているわけではない、という点である。ここで批判の対象にしているのは、その仮説が事前に設定されていたものだという風に見せかけてしまう手口なのである。

出版バイアスに関連するもの以外で作用しているプレッシャーについては、［本章で先に挙げた元心理学者のディーデリク・］スターペルによる不正行為に関するレベルト委員会の報告の中で浮き彫りにされている。同委員会はスターペルの共著者にインタビューしたのだが、その多くは次のように証言していたのである。

査読者が（ジャーナル掲載に関わる）違反行為を奨励していた。たとえば、ある共著者の証言によれば、編集委員と査読者が特定の変数を除外するよう要請することがあったと言う。そうすることで、推論と論文の全体的な流れはより一貫したものになり、また望ましくない結果を除外することもできたからである。査読者たちはまた、実際におこなった分析については、その全てではなく一部だけを報告するようにと指示していた。たとえば、当初は何らかの効果が期待されていたものの、実際にはその効果が見出されなかった条件については、論文中では単に触れないようにしておく、というようなやり方が指示された。さらに査読者の中には、実験が終わってしまってから遡及的な形でパイロット・スタディをおこない、それが事前に実施されたものだと報告すべきだ、という指示を出していた例もあった。こうした後知恵のお陰で、実験内容と記述項目に関する選択的な取り上げ方が正当化されていたのである。[35]

再現研究と再現性の危機？

疑わしい研究行為が蔓延している程度は、「再現研究が直面している危機」という点からも推測することができる。再現研究が実施される頻度があまりにも低いために、データによってまともに支持されていないはずの研究結果や明らかに不正な結果の多くが発覚しないままになっているのである。この問題は、肯定的な結果だけを発表したがるというバイアス、説明責任の欠如、およびデータの共有がほとんどなされていないという事実によって、さらに深刻なものになっている。[36] ドナルド・バーグと共著者たちは、*Strategic Management Journal* に掲載された88本の論文の研究結果について、それらの論文で使用されたのと同じデータを使って再現してみようとした分析の結果について報告している。それによれば、「約70パーセントの論文では、調査結果の再現性に関する独立した検証を可能にするのに十分なだけのデータが開示されていなかった。再検証できたもののうち、ほぼ3分の1が、再検証の結果では仮説が統計的に有意ではなかったものを有意だと報告しており、また、再現研究では有意でないと判定された分析結果の数は実際に有意であったものの数よりもはるかに多かった」[37]。バーグらは結論として、次のように控えめに述べている――「経営戦略論関係の文献は、信憑性という問題に対してはきわめて脆弱な立場にあるように思われる……もし元のデータを使って研究結果を再現できないのだとすれば、我々はその発見事実を信頼することができるものだろうか？」。私には、このバーグらの結論は「抑制的な表現を使っているという点で」修辞的な技巧をこらした問いかけになっていると思えてならない。

当然ながら、以上の問題は経営研究に固有のものではない。5年分のインパクト・ファクターという点で非常に高い数値を示している100誌の心理学系のジャーナルを対象にしておこなわれた研究の結論によれば、再現研究の比率は全体のわずか1.07パーセントに過ぎなかった[38]。この問題に対処するために、1979年には*Replications in Social Psychology*が創刊された。同誌は廃刊になるまでにわずか3号分が刊行されただけであった。したがって、心理学における再現研究の可能性は未だに低いままに留まっている。例外は、研究者の主張が「あまりにも話が出来過ぎている」ように見えるために、再現研究がおこなわれる場合である。物理学者のジャン・ヘンドリック・ショーンは、8人の共同研究者と協力して、平均して8日ごとに1本の研究論文を書いていた。ショーンの研究成果の量があまりにも多く、また彼の発見事実は潜在的には非常に重要なものだったので、他の科学者たちによって再現研究がおこなわれた。その結果、彼らは、物理学史上で最も大胆な詐欺的行為の1つを白日の下にさらすことになった[39]。もっとも、研究者たちが既存の理論における小さな「ギャップ」を埋めることを目的にした上で発見事実を控えめな感じで報告したり、あるいはまた、以前の研究と論理的に一致しているような知見を提示しているような場合には、そのような研究が再現研究の対象にされる可能性は低くなってしまうものである。

それでも、過去に発表されている研究を対象とする再現研究には、累積的な知識の支えとなる実証的基盤のインテグリティを維持するのに役立つという点で、本来重要な価値があるはずである。実際、再現研究が滅多に実施されていないという事実は、研究の手続きに関して十分に詳細な記述が提供されていないことと並んで、ジョン・イオアニディスが「公表された研究結果のほとんどは虚偽のものである」という有名な主張をするにあたって提示された根拠の1つだった[40]。一方で、1970年から1991年に刊行されたビジネス系の主要ジャーナル18誌を対象にしておこなわれたある研究によれば、それらのジャーナルに掲載されたもののうち、再現研究の成果を報告している論文は、「会計、経済学、財務の分野で公開された実証研究の10パーセント未満、経営学とマーケティング分野では5パーセント以下であった……［これは］……これらの分野における実証研究の成果がビジネスに関する理論と実践の発展を導いていく上で持つ価値がごく限られたものでしかない、という見通しを提示するものである」[41]。

問題をさらに深刻なものにしているのは、我々の分野には、理論の検証よりも理論の構築を優先し、またそれに関連して漸進的な貢献よりも「新規性」を優先する傾向がある、という点である。非常に深刻なこの問題については、第6章で詳しく説明する。ここでは、主要な経営学系のジャーナルではほとんど場合、論文掲載の条件として理論の構築を主張しているのだが、一方で定期的に再現研究を掲載しているジャーナルは1誌も見当たらないという点を指摘しておくだけに留めたい。経営学の隣接分野の動向を見ても、先行研究に関する批判的検証や再現研究をおこなえば、実証研究の結果に含まれる問題はより容易に特定できるし、科学的知識の集積記録に対して修正を加える上でも有効だということは明らかなはずである。オープン・サイエンス・コラボレーションは、2015年に、心理学系の100本の研究論文についてその成果が再現できるかどうかを検証してみた結果について発表した。分析対象になった論文の97パーセントが統計的に有意な結果を報告していたが、再現研究ではこれらのうちの36パーセントしかそれと同じ結果が得られなかった。効果量もはるかに小さいものであった[42]。

現時点では、社会心理学系のある分野が特に深刻な問題を抱えているように思われる。ディーデリク・スターペルの研究の多くは「社会的プライミング効果」というカテゴリーに分類されるものであった。これは、「単に社会的な関連性がある刺激にさらされることによって、多くの印象、判断、目標、および行動は促進または活性化（「プライム」）されるものであり、それはその種の刺激が人々の意図や意識の外側にある場合もそうである」という考え方に関係している。[43] ある研究では、十戒（道徳的な物事を想起させる課題）または高校時代に読んだ10冊の本（中立的な課題）のどちらかについて思い出すように求められた。道徳的な物事を想起させるような課題を選んだ人々は、実験の際に問題解決の課題を与えられたときに不正行為をする可能性が低かった。[44] しかし、この実験について25回分の直接的な再現研究をおこなった、ある主要な研究では、わずかな効果しか見られず、しかもそれは元の研究で見出されたのとは逆方向の効果であった。[45] 社会的プライミング効果に関する他の再現研究でも元の研究で得られた効果は見られなかったか、あるいは最初の研究の場合に主張されていたよりもはるかに小さな効果しか無かった。

当然ではあるが、スターペル事件があったせいで、社会心理学の分野については特に厳しい目が注がれることになったということはあり得るだろう。ノーベル賞を受賞した心理学者のダニエル・カーネマンは、2012年に公表されてその後広く読まれるようになった書簡の中で、次のような事を予測している――「大惨事が迫っている。最初の犠牲者は、就職市場にある若者たちだと思う。物議を醸してきた疑わしい分野における研究に携わっているということで、彼らは研究職をめぐる競争において深刻な不利益を被ることになるだろう。この問題が広く注目を浴びているために、既に来年の卒業生が大きな問題に直面することを予想している人々がいるかも知れない」。[46] 心理学者の中にはこのような問題の波及効果について明白に否定する人々もいるが、[47] 他の心理学者たちはもっと用心深い対応を取っている。彼らは Society for the Improvement of Psychological Science（心理科学改善のための学会）を立ち上げた[48]（経学系の研究分野もこの先例にならうべきであろう）。2018年には新しいジャーナルである *Advances in Methods and Practices in Psychological Science* の刊行が開始された。このジャーナルでは、再現研究の成果を掲載するとともに、研究一般がどのように改善できるかという点に関する議論を公開するという、実に尊敬すべき活動をしている。

現時点での私自身の見解は、社会科学のどのような分野であっても、心理学が現在受けているのと同じような注目を集めることになれば、同様の問題がこの先明らかになる可能性は非常に高いだろうということである。この私の予想を裏書きするように、再現研究をめぐる問題は現在、他の多くの分野でも明らかにされてきている。たとえば、癌を扱った67本の前臨床試験［ヒトを対象とする治験以前に動物などを使っておこなわれる薬効などに関する試験］の研究結果に関する再現研究によれば、それらのうちで結果が再現できたのは20〜25パーセントでしかなかったのだという[49]。また、米国細胞生物学会の会員869人に対する調査ではその約72パーセントが、他の研究室でおこなわれた研究の再現研究をしようとした際に問題があったということを報告している[50]。ジョン・イオアニディスと彼の多数の共著者は、18本の［DNAチップを利用した］マイクロアレイによる遺伝子発現研究について調べてみたところ、そのうちわずか2本しかその結果を再現することができなかった[51]。もちろん、たとえもし他の学問領域がこのような現状にあるとしても、これは、経営学系、ついでに言えば心理学系の研究が抱える問題の深刻さについて考えていく必要が無いなどということを意味するものではない。

オープン・サイエンス・コラボレーションは、以上のように研究結果がうまく再現できなかったことの背景には、肯定的な結果を誤って主張しがちであるという傾向以外にも他にも多く理由が想定できるという点について注意深く指摘している。それにしても私は、右であげたような再現研究の結果は憂慮すべき事態以外の何物でもないと思っている。実際、これらの再現研究の結果に対してなされてきた反論にはあまり説得力が無いものが多い。たとえば、ウォルフギャング・ストローグとマイルズ・ヒューストンは、元の研究の多くで統計的検出力が低かった可能性について強調し、これが、結果が再現されなかった主な理由であると主張した[52]。しかし、もし統計的有意性の主張を再現できないほどに検出力が低かったのであれば、そもそも有意性の証明が再優先事項として設定されていた研究自体がさらに疑わしいものになるはずである。[53] また私は、p値ハッキングなどの行為によって引き起こされる問題に関する認識が高まっているということで、心理学が現在その「ルネッサンス期」に入っているのだと主張するような、リーフ・ネルソン、ジョセフ・シモンズ、ユリ・シモンソンの見解などは説得力に欠けるものだと思っている。[54] たしかに一定の進歩は見られる。しかし、それが「ルネッサンス」と呼ぶに値するかどうかは、今後の進展を見てみなければ本来分からないはずであろう。

QRPsおよび明らかな不正行為はどの程度一般的なのか？

この時点での重要な問題は、「これらの行為はどの程度一般的なのか？」というものである。この点について調べてみるために、表4・1には、これらの問題に関して商学・経営学分野の研究を対象にして実施された調査のデータをまとめてみた。[55]

表4・1に要約されている調査を見る限り、論文撤回の頻度は実際の不正行為の程度を反映しているというよりは、むしろ、その種の行為がどれだけ発覚したり報告されたりしているかという、その程度を反映しているように思われる。また、QRPが広い範囲でなされているはずだという強い確信が持てるようにも思える。表4・1に挙げられた自己報告データの多くは、p値ハッキングとHARKingについては、かなり広い範囲で許容されている（あるいは少なくとも寛容な態度が示されている）らしいということも示している。たとえば、米国の経営学部に在籍する回答者の約90パーセントがHARKing行為を認めており、24パーセントが自己盗用をおこなったことがあると報告している。これらの研究の1つでは、回答者の25パーセントが

表4.1　商学・経営学系の研究分野における研究不正および疑わしい行為の頻度

QPR（疑わしい研究行為）	出所	方法（特記しない限り質問表調査）、サンプル、国	結果
一般	Bedeian et al. 2010	経営学系教員 438 名、104 大学：米国	73%が前年におこなわれた QRP について知っていると回答
データ不正	Hoover & Hopp 2017	経営学系教員 1215 名：各国	9.18%の編集委員（回答者中 18 名）が時々、頻繁に、またはかなり頻繁に改竄されたデータに遭遇。査読者の 3.8%（回答者中 29 名）が同様の回答
	Bailey et al. 2001	業績数の多い会計学者 2107 名：各国	3.7%がデータ不正に関与したと回答
	Banks et al. 2016	経営学系の研究者 344 名、博士課程院生 126 名：米国	研究者の 1%が不正を自己申告。博士課程院生の 7%が不正を目撃と回答
盗用	Honig & Bedi 2012	279 本の米国経営学会大会論文の閲覧：各国	35%の論文に盗用有り
自己盗用	Bedeian et al. 2010	経営学系教員 438 名、104 大学：米国	85%が同僚の自己盗用を知っていると回答
*p*値ハッキング	Hoover & Hopp 2017	経営学系教員 1215 名	19.9%の編集委員（回答者中 39 名）が時々あるいはしばしばデータの不正な削除に遭遇。査読者の 9.1%（回答者中 69 名）が同様の回答。25%が、分析終了後に少なくとも 1 回、データを選択的に削除したと回答。60%が、データポイントを省略した同僚を知っていた
	Bedeian et al. 2010	経営学系教員 438 名、104 大学：米国	13%の経営学系教員が有意水準の「四捨五入」が適切であるという見解に同意。50%が統計的有意性の出方を見た上で仮説を選択と回答
	Banks et al. 2016	経営学系の研究者 344 名、126 名の博士課程院生：米国	21%が有意性検定に対する影響を確認した後に特定のデータを除外する行為について肯定的
HARKing	Banks et al. 2016	344 経営学系の研究者、126 名の博士課程院生：米国	25%の研究者は HARKing が適切であると表明。58%の博士課程院生が HARKing を目撃
	Bedeian et al. 2010	経営学系教員 438 名、104 大学：米国	約 90%が自身の HARKing 経験について回答

「HARKingは不適切な行為である」という見解には同意しなかった。23パーセントが、「統計的有意性の出方を見た上で特定の仮説についてだけ報告することは不適切である」という見解には同意しなかった。また、13パーセントが、p値レベルを四捨五入することは不適切であるという見解に同意しなかった。

合理的な推論として言えるのは、これらの回答者は、比較的問題がないと思っている行為を自分でもおこなう可能性があるだろうということである。しかしながら、かなり多くの回答者が容認できるものだと考えている行為こそが、実は論文撤回の理由となっている例があるのだ。全体として、我々の科学的知識の集積記録はひどく損なわれており、学術的な評価の多くは疑いもなく非常に危うい基盤の上に築かれているのである。

表4・1に引用されているデータの大部分は欧米諸国からのものであるが、他の国（ブラジル、ロシア、インド、中国など）では、研究のインテグリティについてさらに検討を重ねていく必要があるようだ。というのも、それらの国は、世界全体におけるジャーナル論文の増加分の多くを占めているからである。一方で、それらの国の研究者が研究倫理についてどのように見ているかという点に関してはほとんど情報がない。しかし、中国の学者たちが書いた論文が、架空の査読者を使ったという理由で撤回されるという事案が続発している。不正行為のために論文を撤回した31人の中国人研究者のうち29人は「ブローカー」を使ったことを認め、場合によっては5500米ドルに達する料金を支払っていた。今や、研究不正は1つの産業にすらなっているのである。[56]

表4・2は、商学・経営学以外の分野における不正とQRPに関する調査で報告されていたデータをまとめたものである。[57] 一般に、他人が犯した研究不正行為に関する報告（医療統計学者たちによる調査では51パーセントにのぼる）の頻度は、自己報告の場合よりも高くなる傾向がある。その一方で、研究詐欺や不正行為

に関する自己報告の率はかなり低い。それにもかかわらず、幾つかの分野の２１５人の英国人研究者を対象にした調査では、そのうちの17・9パーセントが完全な捏造によるデータの使用経験について認めていることが判明した。p値ハッキングに関する自己報告のデータもかなりの懸念材料である。心理学者に関する研究では、回答者の63・4パーセントが、従属変数の測定値の一部しか報告しなかったことを認め、22パーセントが「四捨五入」を認めた。これは、肯定的な結果のみを報告するというプレッシャーを反映していると思われる。癌研究をおこなっている大学院生とポスドク研究員に関する研究では、39・2パーセントが共同研究者ないし主任研究者から「肯定的」なデータを作成するようにプレッシャーをかけられており、62・8パーセントが論文刊行をめぐるプレッシャーがデータを報告する際の方法に対して影響を与えていることを認めている。

驚くべきことに、そのようなことは実際には実現不可能であるにもかかわらず、56パーセントが、研究職にありつくためには*Cell*、*Nature*、*Science*などの超一流誌に自分が筆頭著者である論文を掲載する必要があると思っていた。このような考え方がいかに安易な近道や、それよりもさらに悪質な行為に結びついていくかは容易に想像できる。その際には、「任期無しの職を確保するという目標が達成されさえすれば、その後でもう少し倫理問題についても考える余裕ができるはずだ」という自己正当化が背景にあるのだろう。こうしてみると、一部の研究者は、ある時次のように告白したとされる聖アウグスティヌスの精神を引き継いでいるようである――「若かりし時に私は次のように神に祈ったものである――我に純潔と禁欲を与え給え、でもまだ当分のあいだは……」[58]。

ある調査では、７８９本の自然科学系および医学系の論文について検討が加えられた。その結果、それらの論文には総計で１１０５人の共著者が関わっていたのだが、そのうち34パーセントの論文の場合は、少な

表4. 2 さまざまな学術領域で報告された不正行為と疑わしい行為

QPR (疑わしい行為)	出所	方法（特記しない限り質問表調査）、サンプル、国	結果
一般	Necker 2014	経済学者 631 名：ヨーロッパ	94%が少なくとも1回はQRPに関与と回答
	Cossette 2004	大学事務職員 134 名：カナダ	56%が不正行為を目撃したと回答
	Kalichman & Friedman 1992	生物医学研修生 549 名：米国	36%が何らかの形の不正行為を目撃したと回答
データ不正・捏造	Boulbes et al. 2018	大学院生と癌ベンチ研究のポスドク 467 名：米国	27.1%がデータの改竄／捏造を目撃
	Fraser et al. 2018	生態学者 494 名、進化生物学者 313 名：各国	4.5%の生態学者と2%の進化生物学者は、シミュレートされたデータを明記せずに欠落したデータポイントを埋めたことがあると回答
	Williams & Roberts 2016	研究者 215 名：英国	17.9%が完全にデータを捏造したと回答
	Titus 2014	メディカルスクールの研究者 5100 名：米国	5.6%が不正を描いた9つのシナリオのうち7つ以上を区別できた
	Swazey et al. 1993	博士課程の院生 2000 名、教員 2000 名：米国	10%が不正を犯している人々を知っていると回答
	Ranstam et al.2000	生物統計学者 166 名：米国	51%が過去10年間に他者が犯した不正に気づいていたと回答
	Kalichman & Friedman 1992	生物医学研修生 549 名：米国	15%は、論文を発表したり助成金を確保したりするためであればデータを選択、省略、または作成するつもりと回答
	Titus et al. 2008	National Institute of Health の研究者 212 名：米国	8.7%が捏造、改竄、または盗用を観察した（またはそれに関する直接的な証拠を持っていた）
	Fanelli 2009	21本の調査のレビュー、18本はメタ分析に含まれている：各国	1～2%が捏造した。少なくとも1回はデータまたは結果を改竄または変更
	Martinson et al. 2005	科学者 1768 名：米国	0.3%がデータを改竄または「調理」したと回答
盗用	Williams & Roberts 2016	研究者 215 名：英国	13.6%が盗用に関与したと自己申告
	Pupovac & Fanelli 2015	サーベイのメタ分析：各国	30%が同僚による盗用を報告
自己盗用	Williams & Roberts 2016	研究者 215 名：英国	36%が自己盗用を回答
	Necker 2014	経済学者 631 名：ヨーロッパ	24%が自己盗用を回答
	Martinson et al. 2005	科学者 768 名：米国	4.7%が自己盗用を回答

表4. 2　さまざまな学術領域で報告された不正行為と疑わしい行為（続き）

p 値ハッキング	Boulbes et al. 2018	大学院生とポスドク研究員 467 名：米国	24.2%が作業仮説を支持しない研究結果を除外したと回答
	Fraser et al. 2018	生態学者 494 名、進化生物学者 313 名：各国	生態学者の 27.3%と進化生物学者の 17.5%が「四捨五入」を認めた
	Agnoli et al. 2017	心理学者 277 名：イタリア	47.9%が、研究の全ての測定値を回答するわけではないことを認めた。 22.2%が「四捨五入」を認めた
	Tijdink et al. 2016	生物医学科学者 535 名：ヨーロッパ	25%が、分析後に少なくとも 1 回、データを選択的に削除または報告と回答。 60%が特定のデータポイントを除外した同僚を知っていると回答
	Eastwood et al. 1996	ポスドク 331 名：不明	27%が、結果を「改善」するために特定のデータを選択するつもりがあると回答
	John et al. 2012	心理学者 2155 名：米国	63.4%が従属変数の測定値の全ては報告しなかった。55.9%は、結果が有意であるかどうかを確認した後で、さらに多くのデータを収集した。27.7%が一部の結果だけを報告した。 22%が p 値を四捨五入した。45.8%が、「うまくいった」研究だけを選択したと回答。特定のデータの除外による影響を調べた後で 38.2%が実際に除外
	Martinson et al. 2005	科学者 1768 名、博士課程の院生 126 名：米国	15.3%が、観測値またはデータポイントを削除したと回答
HARKing	Fraseret al. 2018	生態学者 494 名、進化生物学者 313 名：各国	48.5%の生態学者と 54.2%の進化生物学者は、予期しない発見についてそれを最初から予想されていたと報告したことを認めた
	Agnoli et al. 2017	心理学者 277 名：イタリア	37.4%が、予期していなかった発見を最初から予測されたものとして報告したことを認めた
	Necker 2014	経済学者 631 名：ヨーロッパ	79%が HARKing を回答
	John et al. 2012	心理学者 2155 名：米国	27%が予期していなかった発見を最初から予測されたものとして発表したことがあると回答
	Kerr 1998	行動科学者 156 名：不明	30%が HARKing に関与した同僚を知っていると回答
	Tijdink et al. 2016	生物医学科学者 535 名：ヨーロッパ	63%が HARKing を 1 回、39%が 2 回以上したと回答

くとも著者の一人が、報告されている研究結果に対して自分が経済的な利害相反関係を持っているという事実を開示していなかったことが明らかになった[59]。この調査結果は、さまざまな分野における研究不正の発生頻度の高さを示唆するような、きわめて憂慮すべき指標になっている。もし商学・経営学系の研究が他の分野と比較した際にQRPに関してより清廉潔白なものではないと仮定すると、これは、これまで見てきた不適切な行為が、論文撤回の頻度から推測されるよりもはるかに一般的であることを示唆している[58]。

ゴースト・オーサーシップ［著者の資格が本来あるはずの人物を論文の著者として挙げないこと］をめぐる問題は、医学系の論文では特に深刻なものになる。製薬会社は、臨床試験の結果を公表するために、専門家に金銭を支払って彼らの名義で書かせて利益相反の可能性を隠蔽することがある[60]。私は、商学・経営学系の分野でどの程度その種の手口が蔓延しているかという点に関するデータを持ちあわせてはいない。また、友人や影響力のある学者に著者の名義を進呈する［「ギフト・オーサーシップ」と呼ばれる］行為をめぐる慣習もある。さらに、逸話的な証拠ではあるが、一部の学者が「システムを出し抜く」ために論文刊行に関するカルテルを形成したことが示唆されている。つまり、友人同士で実際にはほとんどあるいは全く貢献していない論文に対して互いに共著者としての名義を融通しあって、論文の「スコア」を意図的に増やすことができるのである。これは詐欺的な行為ほど深刻な問題ではないが、それでも私はザビエル・ボッシュとジョセフ・ロスが表明した次のような見解に同意する――「［これらも］互いに秘密を共有し、本来の資格を偽造し、他人に対して著者としての名義を偽装して融通してやるという意味では研究上の不正行為である[61]」。

表4・2にも挙げられている経済学者を対象にした調査では、回答者の1・88パーセントが、共著者の名義と引き換えだったら性的な関係を受け入れるか提供する用意があると回答した。この事実は、著者としての名義を得ることの誘惑から引き起こされてきた不正行為の及ぶ範囲の広さを示しているようである。また、

そのような行為に従事する学者であれば、それ以外の種類の研究不正行為にも加担していく傾向があると思われる。[62]

学術研究の腐敗

私は、詐欺的な研究慣行と不正行為を一種の堕落であると見なしている。もちろん、この「堕落（corruption）」というのはかなり強い調子の言葉だとは思う。しかし、これらの行為の性格の本質を的確に言い表すためには、これ以上に適切な他の言葉が思いつかない。結局のところ、本書では学術上のインテグリティが徐々に侵食を受けており、真実を求めることよりも論文の刊行が優先事項になっているという点について議論しているのである。このような状況下では、論文の刊行は一般に、キャリア形成を目指してプレイする必要がある単なる「ゲーム」として見なされている。

多くの場合、そのような論文から得られる報酬はきわめて直接的で具体的なものである。中国の大学は、*Science* ないし *Nature* で筆頭著者として論文を発表した場合には、平均して4万3000ドル以上の報酬を提供している。カタール大学では、*Nature* または *Science* で論文を発表した際に著者たちは最大で1万3700ドルをシェアする。インディアナ州マンシーにあるミラー・ビジネスカレッジでは、同校が作成したリストにあがっているビジネスジャーナルに論文が掲載された者は2000ドルを手に入れることができる。[63] 彼らはそれを現金として受け取ることもできれば、個人的な研究資金として使うこともできる。オーストラリアのニュー・サウスウェールズ大学は、高ランクのジャーナルに論文が掲載された学者に現金を提供するが、それは個人の研究用口座に振り込まれる。同大学はまた、そのようなジャーナルに「参入する」ための方法を教授するトレーニング・プログラムも提供している。[64] 経営学者であれば、これらのインセンティブが手抜きをしたり、研究結果を捏造したり、自分がおこなっている研究の重要性について誇張したりする上でのさらに強い動機づけになる可能性があると言われても特に驚くことなどはないだろう。[65]

さらに、世界中の大学は今や「卓越性（エクセレンス）」に対するコミットメントを宣言することが多くなってきた。その宣言の一環として、大学は、その総数が指数関数的に増殖しているようにさえ見えるさまざまなランキングリストにおける順位を上げていきたいという強い希望を公にしている。そのような短兵急な形での「卓越性」の追求は、ある種のパラドキシカルな状況を引き起こすことになる。つまり、それによって、各種の不正行為が個人レベルを超えて広い範囲のグループないし場合によっては大学組織全体によって当然のものとして認められ、またそれらの行為につながるようなインセンティブが提供されるのである。[66]

その場合、研究者たちは、私が「ランス・アームストロング式自己弁護」と呼んでいる理屈を引き合いに出して自分の行為を正当化することになるだろう。［ツールドフランスなどで輝かしい戦績をあげた自転車ロードレース選手の］アームストロングは、最終的には、サイクリング選手としての経歴のあいだ中ずっとパフォーマンス向上を目的として日常的に禁止薬物を使用していたことを認めたのだが、それについて、「他の誰もがそれをやっていた」ので、当時は自分が不正行為をしているとは思わなかったと釈明した。だから、自分は単に［ドーピングによって他の選手と］同じ土俵の上で闘おうとしていただけだった、というのである。[67]

いかなるタイプのＱＲＰｓに手を染めている研究者の場合にせよ、そのＱＲＰｓが広く普及しているものだと考えている場合（この章でレビューした各種の調査のエビデンスは実際にそうであることを示唆している）であれば、その行為をどのように正当化するかは容易に想像がつく。腐敗、詐欺的行為、ＱＲＰｓは今や半ばルーチン化している。それらの行為は継続的で習慣的なプロセスになっており、もはや個人やグループによる批判的思考を引き付けることは無くなってきている。根本的なところで、腐敗は「正常化」されているのである。ハーバート・ケルマンは、そのような状態がもたらす結果について「思慮の欠如（mindlessness）」と形容している。それは、目の前の出来事によって引き起こされる葛藤を和らげてくれるので、研究上の不正行為に手を染める際には明らかに効果的な状況ではある。[68]

ある種の「制約された倫理性」が出現することになるのかも知れない。その場合、最初はどれだけ良心的であったとしても、人々は道を踏み外していくものである。[69] 人々が手段優先的な目標（トップジャーナルでの「ヒット率」の確保など）に対してひたすら焦点を合わせるほど、これが起こりやすくなってくる。「腐ったリンゴ」（個人レベルで不正行為をしている者）たちは、組織の多くのメンバーが彼らの例をマネしていくことによって「[全体が]腐った樽《たる》」に結びついていく可能性がある。最終的に、これは「腐った果樹園」を生み出す可能性があるのだが、そこでは、非倫理的な行為が業界またはセクター全体で正常化されていくことになる。

このような一連のプロセスは、マーク・エドワーズとシッダールタ・ロイが「自然淘汰の倒錯」と呼んでいるものによって、学術界内でも生じることがあるかも知れない。[70] 実際、若手の研究者は、これまで現在とは異なるタイプの学問環境を経験したことがない。若手のうちでも倒錯したインセンティブに対して前向きに対応する者たちは成功を遂げるだろう。そして、彼ら自身が次第に権力と影響力を獲得していくにつれて、現状は彼らにとって完全に自然なものに見えてくる――彼らに、それを変える必要などあるのだろうか？我々の社会的世界は不動のものではないし、このディストピア（暗黒世界）的なシナリオは、少なくとも1つの可能性ではある。

このような状況下では、我々はリチャード・スミスに倣《なら》うべきなのかも知れない。彼は、「なぜ研究不正行為が生じるのか?」という問いを取り上げた際に、彼にとってのお好みの問いはむしろ「なぜ生じないのか?」というものだとしたのである[71]。本章で解説した状況変化のプロセスが学術研究のインテグリティをどの程度損なうものであるかについては、まだ十分に検討してこなかった。これから第5章で詳しく見ていくように、実は、このプロセスは経営研究の世界では既にかなり進行しているものなのである。

つまり、「ヒューストン、問題が発生している」のである［月面着陸を目指していたアポロ13号で酸素タンクの爆発事故が発生した際にジェームズ・ラヴェル船長がヒューストンにあるNASAの管制室に向けておこなった報告「Houston, we've had a problem」のもじり］。

第5章

失われし楽園の幻想
――経営学における論文撤回の事例から

第4章では、学術界全体における疑わしい研究行為（QRPs）や明らかな研究不正について、それらに見られる一般的な傾向を中心にして解説した。本章では、経営学に焦点を絞って検討していくことにしたい。特に、経営学分野における論文撤回の事例を取り上げて具体的な取り下げの理由について分析し、またそれらがこの分野における研究の全体的な現状に関してどのようなことを意味するのか、という点について検討していく。

それに加えて本章では、論文撤回の手続きを担当したことがある4人の編集委員と、共著者が犯した不正行為のために論文が撤回された経験を持つ2人の著者に対しておこなったインタビューのデータを引用する。率直な証言が得られるようにするため、これらの編集委員と共著者については匿名にしておいた。この匿名性の確保というのは重要な前提条件であった。というのも、編集委員たちの身元が分かってしまうと、彼らが語っているのが具体的にどの論文のケースなのかが明らかになり、また著者の正体も露見してしまうからである。(1) さらに、顕名にすると訴訟のリスクに結びつく可能性があり、インタビュー対象者は多くを語ってくれなくなるだろう。同様の点は共著者についても指摘できる。また、私は研究不正で処分を受けた、ある元研究者にもインタビューを実施した。その元研究者というのは、前章でも簡単に触れたディーデリク・スターペルである。[2]最終的に撤回された彼による58本の論文の中には、経営学系のジャーナルに掲載されたものも3本含まれていた。彼の行為については既に徹底的な調査がなされており、またスターペルは自身の行為について詳述した無料のオンラインブックを公表している。したがって、彼の場合は実名を挙げて解説することには特に問題は無いと思われる。[3]

また私は、ラッセル・クレイグとの共同作業によって、商学・経営学系で撤回された論文のデータベースを構築した。これは、査読付きジャーナルがリストアップされているBusiness Source Complete（EBSCO社）の全文情報データベースを利用して、「撤回（retraction）」と「撤回された（retracted）」の2語をキーワードにして検索することで作成したものである。この作業の結果として全部で129件の論文が検討対象として浮かびあがってきた。もっとも、論文撤回の手続きには一定の時間がかかるものであり、特に一部の多作な違反者については複数の案件が同時進行している例もある。それもあって、我々のデータベースには、当初の検索作業が終了した後の時点で撤回された2本の論文も含めることにしたので、最終的な分析対象は131件ということになった。

これらの撤回論文については、次のような項目を中心にしてプロファイリングした——撤回された年、著者名と掲載年、Google Scholarでの引用数、掲載誌の名称、掲載誌のジャーナル・インパクト・ファクター（JIF）とSCImagoジャーナル・ランキング［Scopusのデータを元にして計算される順位。有力ジャーナルに掲載された論文における引用に対して加重される］での四分位分類（Q1、Q2、Q3、Q4）、撤回の主な理由。

検討対象になった論文のうち58本は掲載から2年以内に撤回されている。しかし、18本の場合は撤回までに10年以上かかり、そのあいだ正式の論文として公開されたままであった。引用数が最も多かった（593

回）のは、ウルリッヒ・リヒテンターラーによる単著論文である。これは*Academy of Management Journal*に掲載された論文であるが、同誌のＪＩＦ（7・417）は、我々の構築したデータベースの中では2番目に高い数値である。85本の論文は、SCImagoでＱ1［上位4分の1のグループ］に分類されているジャーナルに掲載された後に撤回されている。順位の高いジャーナルの場合でこのように高い頻度で論文撤回がなされているという点については、少なくとも2つの説明の仕方が考えられる。1つ目は、トップジャーナルでは、通常、より厳格な投稿と査読の手続きがなされるだけでなく、より多くの読者によって注意深く吟味されるので、何らかの問題があればそれが効率的に検出され得るというものである。2番目の説明として考えられるのは、有名なジャーナルであればあるほど、著者たちは何とかうまく自分も論文を掲載してもらいたいと思って安易な近道をとる誘惑に駆られてしまう、というものである。

中には、7人の研究者が、36誌のジャーナルに掲載され最終的には撤回された合計で77本（共著者はのべ人数で96人）もの論文の共著者になっていたというケースもあった。これらのデータから示唆されるのは、何名かの研究者が継続的に不正行為に関わっているか、データ分析で重大なミスを犯しているか、あるいはまたは他の非倫理的な行為にも加担していることによって、長年にわたって学術界に損害を与え続けてきた、という可能性である。重大な欠陥を抱えている論文の撤回が遅れてしまった場合には、それらの論文が他の研究者によって引用される期間がそれだけ長くなってしまう。したがって、問題はさらに深刻なものになる。また、撤回論文の共著者になってしまった研究者に対するプレッシャーも相当なものである。彼らは予期していなかった撤回の影響に対処するためにかなりの時間を費やさなければならない。論文撤回に至るまでの一連の手続きを担当しなければならない編集委員にとっての負担もかなりのものであり、そのストレスは、当該のジャーナルだけでなく、それに関連しているより広い学術コミュニティに波及していくこともある。

たとえば、*Leadership Quarterly* が5本の論文に関する撤回の決定を下した際には、編集委員会のメンバーのあいだで苦渋に満ちた議論が電子メールを介して延々と続くことになった。抗議の末に辞任した委員も数人いたが、一方で編集委員会に対して全面的な支持を表明した委員もいた。これは、欠陥のある論文を読んでその内容に影響を受けたりその論文を引用すること、あるいはまた、論文の撤回手続きに関する議論を続けなければならないことなどによって、より広い学術コミュニティが深刻な時間の浪費を甘受しなければならないことを意味する。

ここで、［我々のデータベースから］2名の著者のケースについて少し詳しく検討しておくことには十分な価値があると思われる。ジェームズ・ハントンの案件は疑いもなく最も衝撃的な事例である。彼の37回にわたる撤回は他の誰よりも多く、彼の論文は明らかに相当程度の影響を及ぼすことになった。1986年から2010年のあいだに、ハントンは *Journal of Information Systems* で最も引用回数が多い著者だった[4]。彼は、論文撤回という恥辱にまみれるまでは紛れもなく素晴らしいキャリアを持っていた。ハントンは、ＩＳ会計学会の会長および副会長を務め、一流の大学で働き、彼の論文は定期的にトップクラスの会計学系のジャーナルに掲載されていた。さらにかなり皮肉なことではあるが、彼の専門分野には会計業務における倫理問題というものも含まれていたのであった。彼の共著者の一人であるダン・ストーンは、自分自身のハントンとの交際、彼が会計業務に対して与えた影響、そして彼の不正行為から得られる教訓などについて詳細な考察を加えている。ストーンはハントンの人柄について「人好きがして魅力的であり、好感が持て、友好的で、説得力があり、知的で、勤勉で、自分の仕事に打ち込んでいた」と説明している[5]。ハントンには、誰に対しても、彼が優れた学者以外の何者であるかなどと疑わせるようなことはなかった。私は、ハントンの元同僚や彼と一緒に論文を発表した人々と話をしてみたのだが、彼らも彼の性格について語る際には同じような言葉を使っていた。もっとも、たしかに詐欺師というのは「悪魔のように」鎖をガチャガチャいわせて歩き回ったり硫黄の匂いを身の回りに漂わせたりはしていない。むしろ、彼らは成功しているように見え、一緒に仕事をしたいと周りの人々に思わせるような、人当たりの良い人物を装っているものである。

ハントンが最後に在籍していたベントリー大学では、倫理担当委員のジュディス・マローンが執筆した、ハントンが犯した不正行為に関する5ページに及ぶレポートが公開されている[6]。そのレポートは、ハントンがデータを捏造し、またサンプルサイズを誇張することでかなり広い範囲にわたって不正行為に手を染めていた事実を明らかにしている。ベントリー大学の調査では、生《なま》データは一切見つからなかった。つまり、広範な領域にわたるハントンの研究で展開されている主張の全てが不正になされたものである可能性は十分にあると言えるのである。ハントンの手口は、彼の研究に協力したとされる組織と「機密保持契約」を締結していたために共同研究者とは生データを共有することができなかった、という架空の話を捏造するというものであった。ハントンは、最終的に彼の不正行為について調査することになった人々に対しても、それと同じ理由で生データを提示しないことを正当化していた。

当然であるが、このような策略を弄しているのはハントンだけではない。これは、データの隠蔽を正当化する上で常套的に使われる見え透いた言い逃れであり、我々が共著者を対象にして実施したインタビューの際にも、対象者の1人が同じようなケースについて証言していた。さらに、ハントンは、ベントリー大学が彼に関する調査を開始したとき、自分が重篤な健康状態にあることを理由に挙げて調査への協力を拒否した。また、ベントリー大学がハントンに関する調査をおこなった際に採用した公開性のモデルは他の大学では採用されていなかった。先に挙げたストーン（ハントンの共著者の一人）が報告しているところによれば、ハントンが以前在籍していたサウス・フロリダ大学も彼に対する告発にもとづいて調査を実施したのだが、その嫌疑に関わる十分な証拠を見つけられなかったのだと言う。ただし、ストーンが指摘しているように、サウス・フロリダ大学は、調査対象になった嫌疑の具体的な内容や調査の実施方法については非公開情報のままにしている。この種の機密情報扱いが一体どこの誰にとっての利益になるかは全く明らかではないのだが。

ハントンの動機も明確ではない。彼は優秀な研究者として広く認められており、特に不正行為などに関わらなくても相当程度の学問的な影響力を持っていたはずである。しかし、もしかしたら、その程度では十分ではなかったのかも知れない。ハントンは、自分の分野でトップの研究者としての評価を得ることによってはじめて満たすことができる、ひりひりするような激しい野心を持っていたのかも知れない。それは、暖炉のマントルピースを飾る「アカデミー賞受賞者に対して与えられる」オスカー像がなければ自分のキャリアが失敗だったと感じる映画俳優のようなものである。そのような野心を実現させるためには、どんなことだって犠牲にできるのである。

ハントンに続くのはウルリッヒ・リヒテンターラーであり、彼の場合の論文撤回数は16回である。リヒテンターラーは、彼の専門分野では次世代のスーパースターとして大いに祝福されていた。ドイツの大手ビジネス紙『ハンデルスブラット』は、リヒテンターラーを、40歳未満のドイツの商学・経済学関連の研究者の中で最高位としてランク付けした。このお墨付きが彼のキャリアに対して及ぼした押し上げ効果は容易に想像することができる。しかし一方で、このロケット推進軌道のようなキャリア展開を維持するためにリヒテンターラーが感じたに違いないプレッシャーの強さは想像に余りあるところがある。実際、リヒテンターラーは実に多作であった。Open Innovation Blog へのジョエル・ウェストによる投稿によると、リヒテンターラーは45本の論文を発表しており、その多くは *IEEE Transactions on Engineering Management*、*California Management Review*、*MIT Sloan Management Review* などのトップジャーナルに掲載されている。[7]

そのうちの42本は、2007年から2012年のあいだに発表されたものである。ウェストは、このような状況によって引き起こされる一般的な問題について指摘している――「リヒテンターラーの研究の中には頻繁に引用されているものがあり、それが多くの研究者を困惑させている。もし自分の研究に密接に関連する論文があったとして、その論文が将来撤回されるかも知れないという可能性についてどのようにすれば知ることができるのだろうか？」。ウェストの分析によれば、まだ撤回されていない論文の中には撤回された論文の一部と重複するデータを利用したものも含まれているのだという。リヒテンターラーが在籍していたマンハイム大学は、2015年3月に彼の「辞任」願いを受理したと実に素っ気ない調子で発表している。これは、2012年6月に彼の論文が最初に撤回されてからほぼ3年が経過してからのことであった。まだ撤回されていないリヒテンターラーの論文は未だに引用され続けており、他の研究者の論文に対して影響を与えている。不正な研究行為をおこなった者が過去に発表した全ての研究業績を強制的に見直すような制度でも存在していなければ、研究者は、公開されている研究をどのように扱うかについては本質的には自分自身で決めなければならないのである。

しかし、驚くべきことに、リヒテンターラーの話はそれだけで終わりではなかった。ドイツのビジネススクールであるインターナショナル・スクール・オブ・マネジメントは、2018年5月に彼を経営学の教授に任命したことを発表し、また、その後、論文の撤回の事実について承知した上でリヒテンターラーを任命したことを認めたのである[8]。恐らく、リヒテンターラーはまもなく学術ジャーナルへ論文の投稿を再開することになるだろう。結局のところ、どうやら学界にはセカンドライフ（第二の人生）というものがあるようなのだ。これが他の研究者に対して不正行為を思い留まらせる上で十分なだけの強力なメッセージになるかどうかについては議論の余地がかなりあるに違いない。

撤回の理由

表5・1には、我々が検討を加えた事例である131件について、ジャーナルの側から撤回の理由として示されていたものを整理しておいた。この分類はなかなか容易な作業ではなかった。パトリシア・ウルフが指摘しているように、「[ジャーナル側の解説における] 撤回の理由は巧妙な形で判読困難にされているために、幾つかの例についてはその文言の真意を読み取ることは至難のわざなのである[9]」。撤回に関してジャーナルに掲載された解説文の中で明確な理由が判別できなかったものについては「未分類」のカテゴリーに入れておいた。また、一部の論文は複数の理由によって撤回されている。したがって、表にあげた撤回の理由の総数（n＝154）は、解説文の合計数よりも多くなっている。

撤回の理由として最も頻繁に挙げられていたのは、データ関連の不正行為であった（n＝51）。この場合、以下の例が示すように、通常、この種の不正行為に関する撤回の理由に関する解説文はきわめて簡潔なものである。

・「調査概要において示された不正なパターンにもとづき……また共著者たちが原データの存在を裏づけるデータあるいはその他の情報を提示できないこと、ないし調査の実施方法について説明できないことから……AAAはこの論文を撤回する」*Journal of Information Systems*, 2015[10]

・「この論文には不正行為の証拠が含まれている」*Organizational Behavior & Human Decision Processes*, 2015[11]

・「筆頭著者の所属する大学が……実施した調査によって、ハントン博士は共著者には感知されない形で他の2つの研究でデータを捏造したという点に関する説得力のある証拠が示されている。……データの妥当性は確認できなかった」*Journal of Management Studies*, 2015[12]

これらのうち最後に挙げた引用に関連して注目に値するのは、ジャーナル側は論文撤回の理由として不正行為について明言することを避けたがる傾向がある、という点である。ジャーナルは、所属組織が実施した調査で不正行為がなされたという結論が出されたときになって初めて撤回の理由に言及するのである。

盗用は、撤回の理由としては16回挙げられていた。今では剽窃検出ソフトウェアの利用が可能であることを考えると、論文が掲載される以前の時点で盗用が検出されなかったというのは一見意外なことのようにも思える。しかし、商学、経営学、経済学の分野のジャーナルで論文撤回を担当していた編集委員を対象にした質問表調査では、54パーセントが剽窃検知ソフトウェアを使用していなかったことが明らかになっている[13]。現在では盗用の蔓延に関する認識が広まってきており、したがってこのような状況に何らかの変化が生じている可能性がある。もっとも、ソフトウェアには、複数の文字テキスト間の類似性が最小限の閾値を超えた場合にのみ警告を発するという傾向があるということもあって、その効果は限定的である。さらに、ソフトウェアでは、データやアイデア、解釈などの盗用は必ずしも検知できない。このような事情もあって、編集委員や査読者は、注意深い読者に指摘されるまで盗用の事案を見逃してしまうことがよくある。その時点では、既に論文が公開されてしまっているのだが。

自己盗用（n＝23）は、盗用と比べればより頻繁に撤回の理由になっている。

データ分析上の問題

データ分析上の問題が理由になって撤回された論文の中には、実際には、撤回理由に関する表向きの解説文で述べられているよりも深刻な問題を抱えていると思われるものがある。したがって、この問題についてはは詳しく検討する必要がある。なお、これについては、一貫した方針を立てておいた方がいいだろう。表5・1に示されているように、16本の論文がこの理由によって撤回されている。ここでは、このカテゴリーに含まれる撤回理由に関する解説文を幾つか検討した上で、有名なジャーナルである *Leadership Quarterly* における論文撤回の事例に対して焦点を当てていく。というのも、このジャーナルでは、通常のケースに比べてはるかに詳しく撤回の理由について述べているからである。

データ分析上の問題が理由となった撤回に関する解説の典型的なフォーマットには次のようなものがある。

・「実証分析の結果の提示法をめぐる議論にもとづいて、印刷版の発行前［＝電子版には掲載済み］に撤回が合意された」*Entrepreneurship Theory & Practice*, 2014(14)

表5.1　撤回の理由

理由	総数
データ関連の不正行為	51
自己盗用	23
盗用	16
データ分析上の誤り	16
著者名義をめぐる問題	11
引用の不適切な操作	11
利害相反関係者による査読	9
データの報告／提示に関する違反行為	1
データの収集法に関わる倫理的問題	2
事務処理的なミス	1
結論の誤り	1
未分類	12
合計	154

・「本論文は著者の申し出に従って技術的エラー……（本論文における幾つかのモデルについては、回帰係数と標準誤差が幾つかの統制変数および幾つかの独立変数の有意水準と適合しない）により、論文における結論の多くが不正確なものになっているために撤回される」*Strategic Management Journal*、2012.[15]

・「最終的に導き出された結論の根拠となる実証分析の結果についての報告に見られるデータ上のエラーのために論文は撤回される」*Journal of Management Studies*、2012[16]

以上の3つの解説文は曖昧であり、いずれも問題とされた「エラー」の具体的な内容に関してはほとんど説明してない。データ分析に関する問題を検出するためには、本来、十分な時間を費やして査読者と編集委員が入念な検討をすることが必要になるはずである。これは、現在のように、論文の編集と査読のために充てられる時間が少なくなっている時代にあっては非常に困難な作業になっている。また、そうやって費やされる時間にはかなりの機会費用がともなう。ジョン・ボハノンは、データ処理上の問題に関する検討が十分になされていないという問題の重要性に関して注意を喚起するために、本来は許容できないはずの誤りを含む原稿を捏造した上でそれを不十分な査読プロセスが疑われるジャーナル304誌に対して送りつけた。[17]その内の157誌は、査読者が問題を指摘していた場合であっても原稿を受理した。その中の幾つかはハゲタカ的なオープンアクセス・ジャーナルだったが、他はセイジやエルゼビアなど高く評価されている出版社が発行元になっていた。ここで注意しておきたいのは、どれだけ威信のあるジャーナルの場合であっても、データ分析上で基本的な問題がある原稿を受理するという誤りを免れるわけではないという事実である。*Journal of Organizational Behavior*、*Strategic Management Journal*、*Journal of Management Studies* などを含む幾つかのトップクラスのジャーナルが実際にそうしているのである。したがって、事後的に検討してみた場合に明らかに問題であると思われるものについては今後詳しく吟味していく必要があるだろう。

しかし、ここでは特に例外的な事例に目を向けることにしたい。*Leadership Quarterly*（LQ）では、2014年に5本の論文が撤回されている。これらの論文は全て、フロリダ州立大学のフレッド・ワルンブアが共著者の一人になっていた。彼は、倫理的リーダーシップとオーセンティック・リーダーシップの分野ではよく知られた研究者である。（第7章では、オーセンティック・リーダーシップに関して、彼やその他の研究者がおこなってきた研究について改めて検討を加えていく）。データ分析上の誤りが、LQに掲載されて後に撤回されたワルンブアによる全ての論文について、その撤回の理由として挙げられていた。その後、同様の理由によってワルンブアが執筆に関わった論文の撤回の数はさらに増えていくことになり、それには、「懸念の表明」と大規模な修正がともなっていた。つまり、データ分析上の問題を認めてそれを修正するための殊更に長い解説文が掲げられていたのである。それらの撤回に関する解説文はそれぞれ例外的とも言えるほどに詳細なものであり、さらにそれについて扱った論説文も1点添えられていた[18]。

それらの解説文は最も短いもので194語、最も長い場合は747語に及び、平均して589語であった。使用された言い回しはほとんど同じである。それぞれ何らかの「懸念が提起された」こと、また、データ分析に関連して指摘された問題が撤回の可否に関する調査の実施に値いするかどうかについて判断するために最初の段階で方法論の専門家が1名関与したことについて指摘している。その後、2人目の方法論の専門家がさらなる検討をおこなうために関与することになった。この時点で、著者には「申し立て（告発）」がなされたことが通知され、それに対して回答をおこなうように求められた。その度に生じていたのは「著者は元のデータを提出しなかったが、新しい分析結果とともに、方法論に関する調査報告書に対する回答文書を送ってきた」という事態である。それにもかかわらず、それぞれのケースの最終的な結論は、調査結果が誤った方法で提示されているために「科学的な査読プロセスが損なわれた」ないし「公刊された論文に記載されたモデルは検証されておらず、科学的な査読プロセスが損なわれた」というものであった。それぞれの撤回に関する解説文は、結論として次のように述べている――「上記のプロセスの結果として、この論文の科学的な信頼性を確立することはできない。ただし、意図的な不正行為を推測するべきではない」。Google Scholar によると、本書の執筆時点では、それぞれの論文の引用数は46回から513回の範囲で、平均は201回であった。つまり、これらの欠陥のある研究は、撤回される以前の段階で明らかにリーダーシップ研究の分野において相当程度の影響を及ぼしていたのである。

またこれらの論文の中には、撤回後も引用され続けているものもある。これは特に例外的な事態ではないのだが、それには多くの理由がある。[19] 1つは、ジャーナル側は、撤回された論文に対して必ずしもその事実が明らかに分かるようにした上で読者に対して注意をうながすとは限らない、ということである。たとえば、2016年1月22日の時点では、ウルリッヒ・リヒテンターラーが2011年に発表して後に撤回された論文は、*Journal of Product Innovation Management* のウェブサイトから引き続きアクセスできるようになっていた。これが撤回された論文であることを示す断り書きは特に付されてはいない。もう1つの理由は、著者以外の研究者が Scopus などのデータベースを検索し、特定された論文の全文データをダウンロードした場合になって初めて、撤回されたというラベルが付けられているという事実に気がつく場合が多いからである。[20] 繰り返しになるが、したがって研究者は、撤回されたことに気づかずに論文を引用するリスクを抱えることになるのである。さらに別の要因は、多くの著者は、実際には原本を読まずに他の論文で言及されている文章の一部を「カット&ペースト」しているために、彼らが引用した中に撤回された論文が紛れ込んでいることに気づかない可能性がある、ということである。

撤回に関するLQの論説文は、ワルンブアの論文の問題点について詳しく解説しているわけではない。しかし一方で、その論説文の中には撤回という処分の意味に関する実に説得力がある議論と、その問題に対してジャーナルがどのように取り組むべきかという点に関する詳しい説明が提供されている。その論説文で挙げられている論点の中でも、著者が第三者による再分析用に元のデータを提供できない、もしくはそれを望まないという事態が頻繁に生じてきたという点は特に注目に値する。これは、ワルンブアの論文については繰り返し指摘されてきた問題でもある。彼が以前に在籍していたアリゾナ州立大学では、LQやその他のジャーナルに掲載された論文が最初に問題として取り上げられた際に大学独自の調査が実施されている。この調査の報告書では、データ記録の保管に関する問題点に対して注意を向け、ワルンブアが大学側から要求された生《なま》データ（統計解析がおこなわれる以前のデータ）を提供できなかったことについて指摘し、これを「不十分な調査慣行」の例として挙げている。

LQの論文撤回の場合と同様に、このアリゾナ州立大学の報告書のトーンも批判的なものである。ただしこの報告書は、一方で意図的な不正行為への言及は慎重に避けながら次のように指摘している――「調査対象となった7本の論文の生データのファイルと統計解析の出力ファイルがほとんど入手できなかったことで、調査の手続きは大幅に妨げられた」。その上で報告書は以下のように結論づけている――「証拠の優越の原則［証明の程度に関して米国の民事訴訟で適用される原則］からして、今回の調査の焦点となった7本の論文については、ワルンブア博士による研究不正行為に関して提起された告発内容を支持するものではない[21]」。

この事例は、データを正確な記録として保管することによって再分析の際にデータを共有できるようにしておき、かつそれを積極的におこなうことがいかに重要であるかを示している。実際、それを怠ることは今日のデジタル化された世界では許されない行為であり、またジャーナル側が不正に関する調査を実施しようとする際にその作業を妨げることにもなる。

定量的論文と定性的論文における撤回の頻度

撤回が定量的研究と定性的研究をどの程度損なっているかについて検討してみるために、我々が作成したデータベースの中でまだ公開されていて容易に入手可能であった101本の撤回論文の全文をダウンロードした。これらのうち87本については、採用された方法論という点から見て定性的ではなく定量的な論文として大まかに分類しておいた。こうしてみると、検討対象になった論文の中では定量的な性格のものの割合が多いことになる。しかし私は、たとえ定性的研究者だからといって、定量的方法を志向する研究者よりも、データを捏造したり、サンプルサイズについて誇張したり、あるいはデータの「チェリーピッキング」をする［＝都合の良いデータだけをつまみ食いする］傾向が少ないと考える理由は特に無いだろうと考えている。むしろ、研究不正の程度は定性的研究についてはこれまで過小評価されているようにも思える。たとえば、研究に協力してくれた2つの組織は6つにふくらまされるかも知れないし、12回のインタビューが24回にされてしまう可能性もある。また、1人のインタビュー対象者だけから得られたインタビュー記録を複数のインタビュー対象者から得られたものとして報告することだって容易にできるだろう。撤回された中に定性的論文が少ないという事実の背景には、恐らく、商学・経営学系のジャーナルでは実証主義的および定量的方法が依然として優勢だということがあるだろう。それに加えて、定量的論文の場合には、通常は厳密な手順に従って分析がおこなわれるということもあって、より簡単に問題が発見できるからだとも思われる。

それはさておき、「帰無仮説の有意性検定」というやり方が、あらゆる種類の歪《ひず》みの元凶であることは間違いない。一方で、このアプローチは、我々の分野における定量的研究では未だに支配的なのである。前章では、p値ハッキングや明白な不正行為などを含めて、有意性検定に関連する不適切な慣行の幾つかについて説明した。アンディ・ロケット、アバゲイル・マックウィリアムズ、デイビッド・ヴァン・フリートは、帰無仮説の有意性検定というアプローチは、便利で（つまり簡便で）あり、大規模なデータ収集の試みを高く評価し、再現研究ではなく新奇な発見の方を偏重し、科学的厳密性の幻想を提供していることによって研究活動において支配的になっているのだ、と指摘している[22]。それはまた、実際にはそれほど明確でないはずの調査結果をまるで疑いの余地が無いものであるかのように見せかけて提示することを可能にしてきた[23]。しかし、これらの理由はいずれも、できる限り最も効果的な方法で調査課題について調査を進めていこうとする努力とはあまり関係がないという点には注意して欲しい。実際、もっと創造的で多元的なリサーチ・デザインに関するアプローチを採用していけば、この本で議論されているような誤用を未然に防止できるような、健全な懐疑心に裏打ちされた文化を生み出していくことが可能になるだろう。

編集委員の視点から

私のインタビュー調査に協力してくれた編集委員たちは、不正行為に関わる案件の処理に関連して生じがちな問題として、告発に対処するための時間や「被告発者側から提起される」訴訟のリスクあるいは一連の作業にともなうストレスなど幾つかの事柄を挙げていた。彼らはまた、論文の撤回について解説した文章で撤回理由をどのように説明すればよいかという点に関わる問題についても語っていた。たとえば、編集委員Aは「データ分析上の誤り」を理由に挙げて論文撤回の手続きをおこなったことがあるが、これを研究不正行為として説明することは避けた。この点について質問した際に、彼／彼女は次のように答えている。

実際にデータを捏造したってことなんて、……証明することはほとんど不可能なんです……しかし、データの性格とか分析上の問題が単なるミスとか手抜きなんかじゃなくて意図的なものだってことを……証明することなんかできないでしょう……私の仕事はジャーナルのインテグリティを守るということだし。……普通の場合は、［その著者たちの大学の］インテグリティ関連の担当者がこの問題について調査をおこなった上で、その大学の教員が……研究不正かどうかを決めるんです。でも、そういうのは私の仕事じゃない。私の編集委員としての仕事は、この論文がジャーナルに掲載する価値があったかどうかについて説明することなんです。

論文の主張がいかにももっともらしいと思われる場合、不正行為の証明は特に困難なものになる。スターペルの場合について言えば、「［彼は、］これらのデータは何校かの学校に勤めている知り合いが収集したものだと主張さえしていなければ……うまく言い逃れができたはずだった。学長がそれらの学校に連絡してみると言ったときに、スターペルはその知り合いなど現実には存在していないことを認めたのだった」[24]。編集委員Bは、不正や違反行為を明らかにしようとする際に直面しがちな重大な組織上の障害について話してくれた。つまり、大学側は不正に関する嫌疑を追及することには消極的なのである。

何人かの著者が犯したさまざまな種類の不正行為はあまりにもひどいものだったので、その著者たちの上司（学科長、学部長、ないしそれ以上の役職者）に通報したんです。でも、ひどいことに多くの場合は、何の反応もありませんでした。どうやら、彼らは大学にとって恥になると思って、それ以上の追及はしなかったらしいのです。

このように大学側が消極的な対応しかしないことが一因となってさまざまな問題が生じることになる。ジョアナ・ティーレンが指摘するように、「（その種の）調査による証拠が提供されなければ、（ジャーナルの）編集委員は撤回という決定の裏付けとなる確定的な証拠が得られないかも知れない」[25]。ティーレンはまた、次のようにも述べている――「大学側がその論文は専門職としての倫理規定に違反していると判断したとしても、ジャーナルの発行元ないし編集委員は、［著者の側からの］法的手段ないしそれ以外の形での報復を恐れて撤回措置をとらないかも知れない」。当然ではあるが、大学側が研究不正に関して消極的な態度を取りがちなのは経営学の場合に限らない。世界的に有名なスウェーデンのカロリンスカ研究所の場合、いわゆる「スーパースター外科医」であったパオロ・マッキャリーニによる不正行為がテレビのドキュメンタリー番組で暴露されるまでは、彼についての告発への対応は恥ずべきほどに遅かった。その番組では、彼の研究に関しては倫理審査委員会からの承認は得られておらず、また多くの患者が死亡したにもかかわらず、マッキャリーニは何本かの主要な論文で彼の治療は成功だったと主張していたことが明らかにされている[26]。この件に関して内部通報をおこなった関係者たちは［研究所側から］告発を取り下げるようにという強力なプレッシャーを受け、また解雇をちらつかされて脅かされていた[27]。このように、大学側の消極的な態度の根は実に深いのである。

しかし、編集委員にとってのストレスは、それ以外のさまざまな種類のプレッシャーからも生じてくる。編集委員Aは、次のようにコメントしている。

この人たちは単なる、どこにでもいるような普通の人たちではなかった……彼らは私にとって友だちだったんです。……関係者のうちの3、4、5人が個人的な友人だと知っていても、引き受けざるを得ないと思ったんです。後から考えると、私は忌避申し立てをして「[撤回に関わる決定には関与]できない」って言っていたらよかったのにとも思う。でも、そうだとしたら、本来は名誉と思うべきこの仕事、つまりこれらの論文について調査するという仕事を誰に押しつけたら良かったんだろう？　というのも……彼らはかなり有名で、力のある人たちだったんです。そして、私が協力を求めた統計学の専門家を含めて誰一人として、彼らにとって不利になるような調査をしているという事実を知られたくはなかったはずなんです……

個人的な犠牲は明らかに相当なものであった。

著者たちは……友人としての情に訴えようとしていた……「だからさ、これはジャーナルにとっても良くないし……君にも良くない……他の著者にとっても良くないんじゃないかい。取り下げじゃあなくて、他のやり方を一緒に考えてみないかい？」［などと言ってきた］……その後で、そのようなプライベートな交渉がうまくいかないと分かると、彼らはあらゆる手段を繰り出してきたんです。弁護士からの手紙を送ってきて、私を個人的に攻撃してきたんです……最悪だったのは……実際に論文が……撤回されることが明白になってきたときでした。著者の一人が私の大学の学部長と学長に対して電子メールを送って、私について調査する必要があると言ってきたんです。……私は朝起きるのが怖かった……1年以上毎日そうだったんですよ。

訴訟をちらつかせて脅かされたときのことについて、編集委員Bは次のように語っていた。

彼／彼女は、手続きの最後の段階でそれをしました。我々は、彼／彼女が実際にそういう手段を取るだろうということは知っていました。彼／彼女は……とても賢いし……とても計画的なんです。そして、本当に彼／彼女は訴訟を匂わせて私を脅すようなことを始めたんです。もっと後の時点で、同じように問題が発覚した別のジャーナルの件についてなんですけど。そして、私はそういう他のジャーナルの編集委員とも話してみてから分かったんですけど、訴訟の脅威はかなり深刻なものだったんです。それでですね、彼／彼女は自分の案件のためにかなり有能な弁護士を雇っていたんですよ……その編集委員は、別の論文も撤回するかどうか決めるまで、しばらく躊躇していたんです……。ええそうなんです、問題に目をつぶってやり過ごす方を選ぶような編集委員もいるし、そういうジャーナルもあります。そんな風に済ませてしまうのは、そうでもないとどれだけ面倒な手続きとか時間が必要になるか知っているからかも知れません。それに、ほとんどの研究者は、多分99・9パーセントは、どんな時だって、いつだってオーバーワーク気味だし、疲れ果ててるんですよ。だから、余分な仕事なんて絶対やりたくないと思ってる。中には、その編集委員たちがそういう調査の結果として自分たちのジャーナルが何らかの違反行為の犠牲になってるってことを証明したとしたら、そのジャーナルにとって良くないんじゃないか、って思う研究者だっていると思うんです。だから、他の人たちは多分、これ［不正行為］を私とかが思ってるほど深刻なことだとは思っていないんでしょう。

相手が法的措置を持ち出してくるという可能性も編集委員の時間的な負担をさらに重いものにしていく。これについて編集委員Cは次のように語っている。

（これには）全体で多分半年くらいかかりました。Xに対して直接コンタクトを取らなければならなかったし、Xからの回答を待ってからこちらの返答の文面を検討してXに返事を出さなければならなかったからです。その段階で彼／彼女の弁護士が介入してきて、私は、最初はある言い回しで論文撤回についての解説文を書いたんだけど、彼／彼女が変えて欲しい、言い回しを変えて欲しいと言ってきたんです。……ですから、彼／彼女が撤回を受け入れたかどうかという問題じゃなくて、要するに、法律上の理由があったので慎重に対応しなければならなかったということなんです。

編集委員Bは、もう1つ別種の問題に関する洞察を提供してくれた。それは、それぞれの不正行為のケースが1回限りのものであり、したがって違反者に対しては相対的に軽い処分で済ませられるだろうと考えてしまうことの危険性である。編集委員Bは、これについて次のように語っている。

それに気がついたのは、我々のジャーナルに掲載されたXの論文が実は、8割方、別の分野の論文から盗用した内容を元にしていることが判明したときでした。それで調査してみたところ、この男はキャリア全体を通して何度となく露骨な盗作に関わっていたということが分かったんです……6回近くそんなことをやってたんですね。

毎回、盗用に気づいた人たちは「彼は魔が差して一回だけ仕出かしたのだ」と思い込んで軽い処分で済ませて、それで彼はもうそんなことは止めるだろうと思ってたんでしょうね。だけど、彼はそんなことを気にしないで同じことを繰り返してたんですね。それと、彼が何をしているのか気づいていても、わざわざ彼をいわば「裁判にかける」つもりになれなかった人たちがいたことも分かってきたんです。また、大学が彼を穏便に辞めさせたんだけど、その際に、彼が重大な違反行為を犯したことが世間一般に知られないような形で辞職させたケースも1つか2つあったんです。だからこそ、彼はこれだけ長いあいだ処分らしい処分も受けてこなかったんでしょう。

本章の前半で、論文が掲載された後になって読者が何らかの問題について指摘するまでは、多くの論文はまともなチェックを受けていなかった、という点について解説した。編集委員Dとのインタビューでは、この問題に触れることになった。その編集委員は、彼／彼女が撤回の手続きを担当した論文に関する調査を通して明らかにされた問題は、実はかなり「明白」なものであったと指摘した。それでは、その論文はどのようにして編集委員と査読者によるチェックプロセスの網をすり抜けていたのだろうか？　編集委員Dは、本書で議論の対象にしている多くの撤回事例に関する説明になるかもしれない、次のような観察を提供してくれた。それは、同じような問題を抱えているはずの他の論文が、そのまま掲載され続けているという事態の説明にもなるものである。

査読者の多くは統計分析の結果を額面通りに受け取っているんだと思う。係数が統計的に有意である場合……数字の後ろに2つか3つアスタリスクが付いていたら、それ以上は特に問題にしないんだ。相関係数があまりにも高い数値になっていたりしたら、それはもう、すぐにこれはちょっと変だ、何か問題がありそうだと思う。（でも）相関表のようなものがあって係数が統計的に有意であるようだったら受理してしまうと思う。そういうことになる理由の一部は、論文というのは基本的に信頼をベースにしているからだと思う。たしかに不正行為は相当数あるとは思うけど、論文の査読というのはそれでもまだ、信頼というものが大前提になっている手続きだと思うんだ。

このような証言を踏まえてみると、現在の撤回のレベルから判断するだけでは、研究不正や違反行為の実際の頻度を過小評価してしまうだろう、とする見方の信憑性が増してくる。信頼という前提と時間的なプレッシャーがあることによって、査読者も編集委員も投稿論文の原稿に書かれていることを額面通りに受け取って、詳しい詮索などあえてしようとしないのである。これはたしかに理解できる事情ではある。しかしながら、それによって、捏造されたデータを含む論文や、偽装されたりずさんな統計分析にもとづいている論文が刊行されてしまうという事態が生じてきたのである。私が第3章で議論した研究生活をめぐる多大なプレッシャーについて考えてみると、このような事態が近い将来に改善されていくとは考えにくい面がある。

共著者の視点から

個別の撤回案件に関連してジャーナルに掲載される解説文では共著者が免責の扱いを受けていることもよくある。しかし、この「免罪」という扱いに関しては、多大な心労をともなうトラウマ的なプロセスである案件処理が終了するまでは最終的な判定がなされない場合も多い。共著者は、他の著者によって裏切られたという個人的な感情と、自分の関与の有無をめぐる調査への対応にともなって被る世評上のダメージとがあいまって、相当程度のストレスを経験することになる。当該の共著論文には直接的に関与していない研究者であっても全体的に評価が低くなってしまう場合がある。たとえば、研究上の不正行為による撤回の影響をテーマにしておこなわれたある研究によれば、それ以前の共同研究者は、問題の論文には全く関与していない場合でも、その後で引用レベルが８～９パーセント低下していた。カーティン・ハッシンジャーとマイケル・ペクルレンスが述べているように、それは「単純な連想にもとづくスティグマ（汚名）付与」の事例なのである[28]。当然ながら、実際に共著者になっていた研究者に対するプレッシャーはさらに強いものになってくる。これについて、共著者Ａは次のように証言している。

> それで、最初の告発は、その論文でＸが調査で使ったとして挙げたデータのサンプルサイズが利用可能な母集団のサイズよりも大きいものであるというものだったが、それは結局のところ本当のことだということが判明したのでした。そして、その告発は（Ｙの）ウェブサイトに匿名で投稿されたものでした。……私の最初のリアクションは、「そんな事なんてあるはずはない」というものでした。だって、

この人は私が何年も付き合っていた相手だったからです。私たちは友人同士なんです。私たちは、それまで何度も互いのキャリアについて話しあってきました。だから、これが本当のはずなんてないと思ったんです。それで、私は公にそういった趣旨の投稿をしました……でも、それは恐ろしいことでした。そう、それは本当に恐ろしいことだったんです。つまり、私のキャリアで最低の状況でした。多分、それこそ最低（インタビュー対象者自身による強調）の状況だったんです……その時点で、私は学部長に相談に行きました。学部長は、大学の弁護士に相談した方がいいと言ってくれました。それで、私は弁護士事務所に出かけていって、Xと共同でおこなったその研究プロジェクト関連の書類と電子メールを整理しました。そういう文書やメールを見さえすれば、プロジェクトにおける私自身の役割とか自分がデータソースについて理解している内容とか、そんなことが分かるはずなんです。

共著者Bにも共著者Aと同じような経験があった。彼／彼女の証言は、不正行為がなされつつある際に気づくべき警告サインについて明らかにしている。

要するに、彼／彼女は、私をこの素晴らしいデータを使った論文の共著者にならないかいって誘ってくれたんです。そのときは、ワーオ、これはスゴイ、誰が断わるもんかってと思いました。……でもそのとき、彼／彼女は私にこういう風にも言ったんです、「もちろん、このデータはかなり機密性が高いものだということを理解してもらわなければね。たとえ君に対してでも［協力してくれた］会社の名前は明かせないほど注意しなければならないんだよ。私はここにある機密保持契約書に全部署名しているんだ」。そのとき、私はこう思いました、オッケイ、私の方はそれで構わない……この素晴らしいデータを使えるんだし。

しかし問題は、共著者Bが実際に生データを目にすることはなかったということである。

私がやったのは、要するに、イントロダクション、理論的前提、研究の流れ、方法論のセクションを書いて送るということだった。すると、彼／彼女の方はそれに対する返信として基本的に結果のセクションの原稿を丸ごと添付して送ってくれたんです。だから、私のところにもデータはあったんだけど、それは生データじゃなくて、彼／彼女が分析の際に使ったデータの Excel シートだったんだ。……それと、私は1人の女子学生にこの研究内容について同じ条件で実験をさせてみて……彼女の統計分析の結果を彼／彼女の分析結果と比較してもらった。……それで、彼／彼女が提供してくれたデータは、最終的に我々が共著で書いた論文と全く矛盾がなかった。でも、生データを見たことは一度だって無かった。……それと、実験が実際におこなわれたという証拠を見たことも無かったんです。

当然ではあるが、（ほとんど信じられないほどに）良質なデータセットに対して普通では考えられないほど簡単にアクセスできるという前提で共著者になるように誘われた場合は、若干の懐疑心をもって対応べきであろう。特にデータへのアクセスが「機密性」の覆いに包まれている場合はそうである。どうも話がうますぎるのではないかと思われるような場合には、その話は実際にあまりにもうますぎる可能性があるはずなのだ。この問題は、論文で使われているデータについてあまり詳しい検討がなされないジャーナルの場合には、より深刻なものになる。共著者Bは、嫌疑をかけられたことや不正行為に関する調査対象者になったことにともなう強いストレスと、最終的に免責という判定が下るまでに時間がかかったことによってキャリアの上で被ったダメージについて話してくれた。

私はパニックになりました。私は……これはすごく不快なことだったし、私に対して彼／彼女が事実の全部を話してくれていなかったことに段々気がついてきたんです。それで……かなり早い段階で、私は親しい同僚にもこの件に関わってもらうことにしました。学部長と同じスクールに所属する教授の何人かです。……彼らはずっと私を支えてくれました。その助けがなかったら……多分、ノイローゼみたいになっていたことでしょう。それにしても、ものすごいストレスでした……それと、この件は私のキャリアにとってもひどいダメージになりました。なぜかって言うと、この件のほんの数カ月前に私は別の大学から、その大学に移って正教授（フル・プロフェッサー）にならないかというオファーを受けていたんです……それで、［研究不正の件が］正式の手続きに入る前に、私はこの件をスクール側に報告したんです。そしたら、スクールは、私に対して「そういうことであれば、君にはこの大学に残っていて欲しいんで、君を正教授に昇進させるための手続きを開始しよう」と言って約束してくれたんです。もちろん、この件が始まったとき、昇進のための全ての手続きはいったん延長されることになった。それ以外のやり方は無かったんだけど。でも、これはとてつもないストレスでした……最終的には良い結果に終わったんだけど、……うん。でも、そうでもなければ3～4年近く長くかかったと思います。

共著者Aはまた、不正行為の可能性を徹底的に調査することについてジャーナルが消極的であるという点にもふれていた。Aには、先に挙げた以外にも筆頭著者が不正行為を犯したために撤回された論文が複数あった。しかし、それらの論文以外は撤回されていなかった。そういう未撤回の論文の件について、Aは次のようにコメントしている。

共著者A　それらの論文について何も聞いていないけど、撤回要請があったとしたら、私としてはもちろん異論はないですね。

DT（著者）　それにしても、なぜそういう論文がまだ撤回されていないんでしょうね？

共著者A　それについては、ジャーナルの方に聞いてみてくださいよ。

さらに、Aとは、この本をほとんど書き終えた後で何本かメールを交換した。彼／彼女はあるメールでは次のように書いていた――「1年以上前に……私は（そのジャーナルに）手紙を書いて、Xと共著で発表した何本かの論文を撤回してくれるように要請しました。そしてその結果は……ゼロ回答でした」。これは、注目に値すると同時にゾッとするような話である。共著者Aが具体的な名前を挙げたそのジャーナルというのは、トップクラスであり、しかも一流の出版社が発行元になっているのである。この事例から示唆されるのは、これと同じように、不正なデータを含む多くの論文が流通し続けており、また引用され、したがって他の人々がおこなう研究の方向性に対して影響を与えているということである。どうやら、一部のジャーナルや出版社は、建前としてはどのような見解を表明している場合でも、研究活動に関わる倫理基準に対してかなり横柄な対応をしているようなのである。

「研究上の不正行為、懸念の表明、撤回」に関する国際医学ジャーナル編集委員会のポリシーは、この点に関して曖昧なところは全く無い。そのポリシーでは、以下の3つのオプションが提案されている。

不正な論文の著者が行った過去の研究は、有効なものと見なすことはできない。編集委員は、以前その著者が自誌に掲載した他の研究について、著者の所属施設に有効性の保証を要請するか、あるいは撤回することができる。これらをおこなわない場合は、告知によって過去に掲載された研究論文は有効性が不確実であるとの懸念を表明するという手段を選ぶこともできる。[29]

[HONYAKU Center ウェブサイト上の日本語訳より：
https://www.honyakucenter.jp/usefulinfo/uniform_requirements2018.html]

たとえ撤回の決定がなされた後でも、撤回が正式に告知されるまでには数年程度の時間がかかるかも知れない。既に述べたように、そのあいだは、撤回された論文の多くは、撤回されたという事実が示されることなく入手可能なままの状態になっているのである。私が分析の対象にした撤回論文について言えば、そのうちの18本は、撤回された論文であるとは明記されていなかった。論文が掲載されてから何年も経った後で撤回に関する告知を公表するというだけでは、読者に対して不用意な引用に対する注意を喚起する上ではきわめて不十分である。

これらの問題は、不正を犯した者が詐欺的な行為に手を染めたことを否定している場合には、さらに厄介なものになる。したがって、学術コミュニティが全体として負わなければならない負担はさらに重くなってくる。共著者Aの場合には、実際にこれが該当していた。

共著者A　それで、彼／彼女との最後の電話で……彼／彼女は告発について話していました。彼／彼女はこう言ったんです――「こんな告発なんて全く間違っている。あなたは私を弁護してくれているけど、それは本当に正しいことですよ。あなたのサポートには本当に感謝しています。最後には絶対、告発が全部間違いだってことが分かるに決まっているんです」。

DT　ということは、彼／彼女の最初の反応は告発された内容について完全に否定するものだったということですか？

共著者A　いや……最初のうちだけじゃありません。最初から今までずうっと完全に否定し続けてきたんです。

Aは、自分はシニア級の研究者でもあるので自分自身のキャリアに対する影響は最小限のもので済んだという点について強調していた。しかし、Aは、その論文の撤回に関連する影響について次のようにも述べていた。

私はラッキーだった……他の人たちの受けたダメージはずっと深刻なものだったんです。要するに、ここでは名前は挙げられないだけど、このせいで、この撤回が明らかな原因になって終身在職権（テニュア）が取れずに転職しなければならなかった人もいるんですよ。

Aは、この経験は研究職のキャリアに対する自分自身の見方を変えてしまうものだったと述べている。インタビューの締めくくりとして、Aは次のような懺悔の言葉を述べているが、これは傾聴に値するものである。

何年も前に、私が心理学の院生だった頃には……こういう言い方があったんです。常に自分自身のネズミ［実験動物］で研究をしろ。もともとそれは、次のような意味だったんですね。データの収集とか分析とかには確実に関与して、ちゃんとしたやり方でデータが正当に扱われていることを確認しておく必要があるという意味なんです。でも、今私がこんなことを話したら、みんな私が例の共著者のことを言っていると思うに違いないでしょう！　でも、本当に自分自身で研究しなきゃいけないし、それと同時にデータが本物かどうか確認しなければならない。データを集める段階で十分に関与していなければならないんです。……私が失敗したのは、まさにこの点なんですけど。当時私は論文の業績が欲しかったんで、Xに「これらのデータが実際に存在するという証拠を見せて欲しい」と言わなかったんです。一度も言わなかった。今ではそうすべきだったと思っています。共著者全員がそうすべきだった。実際、我々は皆そうしなければならないんですよ。

データの出所について詳しい詮索がなされないという研究環境は、編集委員、査読者、共著者にとって大きな問題である。私はこの点に関して、必ずしも全ての著者がデータ収集の作業に関与すべきだと言っているわけではない。しかし、著者、編集委員と査読者の全員が、データとその情報源には嘘偽りが無いことを保証するという点に関してもっと関心を寄せることが絶対必要だと思うのである。

違反者の視点から

数多くの違反者の中でも、スターペルは、みずからの犯した行為について進んで話す意志があるという点でユニークな存在である。彼は、自分の「手口」について次のように説明してくれた。

最初は、……自分で思いついた理論と関連がある文献を読んだところから始まったんだ。それで、特定の研究の分野とか領域とかで次にどういう展開があり得るかという点についてのアイデアを思いついた。それで実験してみてデータを収集した。でも、そうやって集めたデータの全部が理論に合うというわけでもない。大体、多くのデータはうまく合うんだけど、合わないものも幾つかある。だから、合わないものは除外する。たとえば、5回の実験のうち4回が「うまくいった（worked）」としてみよう。これは面白い言語論的な発想かも知れないね。科学的実験が「うまくいく」もしくは「うまくいかない（do not work）」という発想はね。「うまくいった」実験というのは、仮説が立証できたという意味でね。……私がそのときやったのは、うまくいかなかった実験を除外したことだった。そういう実験の場合、どうやら何か間違ったことをしたらしいので、論文ではうまくいった4回の実験についてだけ報告したんだ。それと、私は［実験の際には被験者に対して］多くの質問をした。たとえば、20の質問をするとか……それで20個の従属変数の測定値ということになるんだけど、その中でもうまくいったものだけについて論文で報告したんだ。

右の引用からも見て取れるように、明らかにスターペルは研究の世界にはびこる通弊である、不正行為の発覚を避けるための手口を活用していた（たとえば、実験データが［再検証作業で］利用できないようにするというやり方によってスターペルの実験結果に関する詳しい検証は不可能であった）。彼は p 値ハッキングについても説明しているが、その説明は、第三者が彼の行動について下した解釈と符合するものであった。ウィリアム・ストロービ、トム・ポストメス、ラッセル・スピアズは次のようにコメントしている。

スターペルのような者の場合、恐らく最初は、データを少しだけ変えて統計的に有意にするか、データが仮説とうまく合うようにすることから始めるのだろう……その初期段階でいったん成功をおさめて将来有望な研究者として知られるようになると、その期待に応えるためにはトップジャーナルに高い割合で論文を掲載し続けていかなければならない。研究がほとんどうまくいかなかった場合は、データに対してますます大きな変更を加える必要が出てきて、最終的にはデータ収集の作業を放棄してデータセット全体を捏造するところまでいってしまう。[30]

肯定的な分析結果のみを発表するようになってしまう背景には多くのバイアスがある。これは、ヌッツォが「仮説近視眼（hypothesis myopia）」と表現し[31]、ジョン・アントナキスは「有意性固着症（significosis）」という用語を使って「病気」と呼んでいるものである[32]。このような状況では、研究不正は、肯定的な結果に対する抑えきれないほどに膨れあがった欲求に対する魅力的な「解決策」になる可能性がある。

スターペルはまた、彼の不正行為を駆り立てた原因の1つには、研究者が置かれている職場環境に特有のシステムや文化あるいは研究業績に対する期待があるとしている。つまり、失敗に対してはペナルティを課す一方で成功に報いるように大学を駆り立てる制度的な要因である。

研究生活を始めた頃は、好奇心にあふれる、熱心で、賢い研究者だったんです。その研究分野に参加して最善を尽くそうとし、実際に物事がうまく回り始める。才能もあるし、規模が大きくて快適なグループの中で働いているので、仕事がスムーズにいく。しばらくして、そのグループの文化とか、幾つかの物事が省略されていて非常に選択的であることに気づいてくる。そして、肯定的な研究結果だけが発表されているんであって、研究というものが基本的にどういう風におこなわれているのかが分かってくる。昔ながらのやり方での科学研究というだけじゃない。それだけじゃなくて、人とのコミュニケーション、アイデアの売り込み方、論文の発表、助成金の獲得、それと生活していくためのお金の稼ぎ方とか。そして、「ああ……」って言うような幻滅のプロセスがある。これは要するに単なるビジネスなんだ……そういう考え方が基本的に私をとらえたんです。分かった、とにかくそういうことをやらなくちゃいけないんだ。最善を尽くさなきゃならない。この世界の一員になりたい。そのためには、より多くの論文を発表した方がいい、その方が絶対いいに決まってる。それで、科学というものを愛する自分とか好奇心旺盛な自分の気持ちというものからいわば離れていって、……ロボットとかマーケティング屋になってしまう。これが、全てをご破算にしてしまうような幻滅感に向かっていくプロセスについての説明です。たしかに一連のプロセスなんであって、何か特定の時点で起こったことじゃないんだ。

スターペルが語った内容や本章で見てきた編集委員や共著者による証言は、研究不正行為を引き起こすことになる一連の制度的、環境的、行動的要因について考えていく上での手がかりになる。これらの要因については、今後より詳しく検討していく必要があるだろう。スターペルとのインタビューの終わり近くになって、彼と「不正行為は現在どの程度一般的なものになっているか」という点について話し合っていたときに、私は厳しい現実を突きつけられたような気がした。彼は、自分の場合は、不正が発覚してキャリアが目茶苦茶になってしまったので、実に哀れな違反者であるように見えるだろうと語った。しかしそのとき彼が言ったように、「他にも、まだ発覚していない多くの人々あるいは少なくとも何人かの研究者がいるのかも知れないですね。そういう人が存在することを知られていないので、僕よりもずっと幸運な人たちがね」。事実、ある人々にとっては、スターペルの事例は、倫理的に行動するための反省材料ではなく、むしろ不正行為が発覚してしまうようなミスを避けるための手口について考える上でのヒントになってしまうかも知れないのである。

研究不正とQRPs——学術研究のインテグリティを強化していくために

以上で述べてきたさまざまな事態について何らかの対応をすべきなのだろうか？　私はここで単なる修辞的な問いを投げかけているわけではない。私は本書を通して、実際にはほとんどの経営研究はごく小さな仲間内のグループの構成員以外には誰にも読まれていないという点について指摘してきた。特に企業活動の現場を預かる管理者（マネジャー）によって読まれることなど滅多にない。

これが医学の場合であったならば、欠陥のある研究は甚大な損害を引き起こすことになる。一方で、ジェレミー・ホールとベン・マーティンが指摘しているように、「企業が自分たちが犯した失敗や業績の低迷などについて、研究不正を含む論文のアドバイスのせいだと非難するようなことは滅多にない」[33]。ホールとマーティンは、研究不正を犯した者の中には「現実には我々の研究のせいで苦しんでいる人など誰もいるわけはないのに、実害などどこにあるというのか？」と言って自己正当化する者がいるかも知れないと指摘する。しかし、実際に害はあるのだ。数え切れないほどの研究時間が、ナンセンスな原稿を書いたり、編集したり、査読したり、読み込んだり、その論文をモデルにして研究をおこなうために浪費されている。さらに、その種のナンセンスの蔓延それ自体が、経営者や他の人々が経営研究の多くに対して背を向けることになった主な理由の1つでもあるのだ。彼らが、経営研究による発見事実や理論的な主張を信用することなど滅多にない。これは「本当」に真実なのかという疑いがかけられているのである。他方で、理論が実際に採用されたり調査結果が現場の実践に適用されたりした場合、それらはしばしばインチキなものであったり重大な欠陥を抱えていたりするために、現実的な損害をもたらすケースがある（第8章参照）。我々は、真に重要な問題を扱っており、かつ有意義で倫理的な研究をおこなう場合にのみ、社会的に有用な役割を果たすことができるのである。

しかし、具体的にはどのようにすれば良いのだろうか？　研究評価に関するサンフランシスコ宣言（DORA）と公共倫理委員会（Committee on Public Ethics＝COPE）によって作成されたガイドラインは、これらの問題について考える上での手がかりとしてよく知られている。ここでは、それらのガイドラインについて改めて紹介するようなことはしない。むしろ、次のようなポイントを研究のインテグリティを強化していくための追加的な方策として提案しておくことにする。

・データ収集の手続きに関する適切な記録をつけ、またデータを共有する。国際医学ジャーナル編集委員会は、論文掲載から半年以内に、匿名化された全ての患者データを第三者が利用できるようにすることを提案している[34]。この提案にはさまざまな点で議論の余地がある。しかし、現在のように大量のデジタル情報の保管が容易になった時代には、ジャーナルの発行元である出版社が全ての掲載論文の著者に対して匿名化された生データの提出を要求し、また実際にそのデータを管理できないはずなどあり得ない。出版社は、データ管理に関わる適切なサポートを提供し、またそのコストを負担することによって、学術研究に対して付加的な価値を提供することができるだろう。たしかに、学者というのはデータに対する占有権を主張したがるものである。1200人以上の経営学系の教員を対象とした調査では、編集委員の57・69パーセント（120人の回答者）と著者の48パーセント（406人の回答者）が、ジャーナルが著者に対してデータを公開するよう要求すべきであるという提案に対して「強く反対」または「反対」の意見を表明した[35]。実証研究の成果にもとづく論文を発表した141人の心理学者を対象とした別の研究では、73パーセントが論文の掲載から半年以上が経過したデータの共有に関する要求に応じなかったことが示されている[36]。他にも、データの共有に関する要請に応じたとしたら、企業がそのデータが公開されてしまうことを懸念して研究者に対してすらデータの提供を渋るかも知れないと主張する研究者も存在する[37]。

私の見解では、研究が倫理的に実施されていることを証明する必要性が、右で述べたような懸念に対する配慮よりも優先されるべき段階に既に達していると思われる。第一に、それとは異なる意見を表明することは、まるで全ての研究者が倫理的であり、彼らの言葉は額面通りに受け取られるべきであると主張するのと同じことになってしまうだろう。これは、全ての建築業者が、自分たちは信頼できるプロフェッショナルであるという建前を前面に出して、新しい建物に対する法律上の検査を廃止しようとすることに等しい言い分に過ぎない。

我々は、検査や再分析あるいは再現研究のためにデータを公開する必要があるという事実からこれ以上目を逸《そ》らしていることなどできないはずである。公開を義務化することによって、データが破損または「失われた」などという、これまで常套手段のようになってしまっている言い訳はもはや通用しなくなる。そういう言い訳というのは結局のところ、データをありふれた日用品のように扱って、たとえ問題があったとしても、単にそれをウッカリ間違った場所に置いてしまったからだと言い抜けようとするようなものなのである。さらに、データの公開は、研究不正行為に対するこれまで以上に効果的な予防策になり、また、撤回に関する解説文の掲載が必要になったときには、それをより明確な声明として示すことができるようになるだろう。

第二に、データの匿名化について十分な保証をしておけば、よほど被害妄想的な企業でもない限り、ほとんど全ての企業の懸念は軽減できるに違いない。たとえそうでない場合であっても、数社とのアクセスを失うことなどは、経営研究によって提供されるデータセットの信憑性について多くの人を安心させられることにともなう代償としては実に軽微なものであろう。事実、何かを実施しないことについて挙げられるもっともらしい理由は、実際には単なる言い訳に過ぎない場合が多いのである。

・**投稿時にデータ収集に関する責任の所在を明確にする。** 通常は、同じ研究チームの中でも全てのメンバーが専門的な知識や技能という点で同等のレベルにあるというわけではない。データ収集を含むあらゆる作業について、研究チームの全メンバーが同じような責任を負わされるというのは、それだけでゲンナリさせられるようなことだろう。一方で、*Journal of Accounting Research* の場合には、データに関する責任者の氏名を明示した上で、データの取得方法について説明し、かつ誰がデータの信憑性を確認できるかを示す明確なステートメントを提供することが要請されるようになっている。私は、これが標準的な慣行になり、またそれをCOPEガイドラインに組み込むべきだと思っている。それによって共著者たちがデータの信憑性について今よりもずっと強い関心を持たざるを得ないようになるだろう。また、データ不正に関する調査がおこなわれる場合には、嫌疑の対象になった問題の根源に的を絞った上で、より詳細でかつ迅速な調査ができるようになるだろう。

・**p値ハッキングを欺瞞的な研究行為として再定義する。**p値ハッキングは、肯定的な結果だけを公開してしまいがちなバイアスを増幅し、著者が研究以前の段階で抱いていた解釈に固執するようになり、信頼できない知識を生み出していき、ひいては学術研究における「再現性の危機」を悪化させることになる。したがって、p値ハッキングについては、それがデータを根本的なレベルで歪曲させていくものであり、事実を根本的にねじ曲げて伝えることも多く、明らかな不正行為と大差ないという点に関する認識を高めていく必要がある。単に「疑わしい」行為などではなく「欺瞞的な研究行為」という呼び方に変えていくことは、その種の慣行について大目に見てしまうような発想を転換させていく上で効果的だろう。

・**「疑わしい研究行為」という用語を「欺瞞的な研究行為」というものに置き換える。**言語は、社会的な物事に関する認識のあり方をフレーミングしていく上で重要な役割を果たすものである。ナックマン・ベン‐ヤフダとアマルヤ・オリバー‐ルマーマンが指摘するように、「やり損ない（mismanagement）」や「失策（misconduct）」というような言葉は、「『逸脱』や『不正行為』、さらには『犯罪』などという言葉から自動的に連想される烙印や否定的な意味合いを最小限に抑えて和らげてしまう用語である(38)」。

これでは、違反者としての自覚は薄くなり、また処分が最小限のものになることによって、無責任きわまりない研究行為の再発を許してしまうことにもなりかねない。私には、それはとうてい正当化できないことだと思われる。「欺瞞的な研究行為」という用語の使用は、問題になっている行為がとうてい容認できないものであることを伝える上でより強力な方法なのである。

・**ジャーナルに対して撤回の理由についてより明確に説明するように要求する。**論文が「取り下げられた」ことを告知する一方で、その理由について明示しないようでは、学術研究の健全化にとっては何の役にも立たないだろう。それは、不正行為が蔓延しているという事実を覆い隠すだけであり、また具体的にどのような点が悪質であったのかという点について他の研究者が学ぶ機会が妨げられる。訴訟リスクの懸念については、たしかに理解できる。それでも、一般的にジャーナルは、彼らが下した決定の根拠についてはより明確にすべきである。

・**不正行為のために複数の論文が撤回された著者については、その著者による論文全体を調査対象とする。**ジェームズ・ハントンの事例についてもう一度振り返って考えてみよう。彼は約133本の論文を執筆し、そのうち少なくとも37本が不正行為のために撤回された。残りの何本が現時点で調査中であるかは不明である。これは、彼の場合に限らない。不正行為を犯した者が過去に発表した論文全体を改めて調査対象として取り上げることは、不正なデータが含まれる確率が50パーセント以上存在する、その著者が書いた他の論文に関わる記録を削除していく上で有効である。

・**有意差検定に対して認められてきた重要性について再検討する。**私は、「統計的有意性は、関係の大きさと重要性に関する検討作業のごく一部に過ぎないことについて再認識すべきだ」という見解に同意する[39]。効果量に対してもっと焦点を当てるべきなのであって、統計的有意性はあまり重視すべきではないのである。このアプローチは心理学の分野では推奨されるようになってきており、その例から経営学者が学ぶべきことは大量にある。[40] それによって、p値ハッキングの蔓延は大幅に抑制され、また肯定的な結果を報告している論文だけを掲載するというバイアスを減らしていくことにもなるだろう。

・**HARKingと事後的な理論化とを区別する。** 前者は有害だが、後者は有益である。アンドレアス・シュワブとビル・スターバックが指摘しているように、「研究者がデータを分析した後で、あるいは分析している途中で新しい仮説を見いだした場合には、その種の観察内容について推論、推測、発見などという形で報告する必要がある。同じように、研究者は、ジャーナルに投稿した後の時点で編集委員または査読者から提案された仮説やモデルについては、それがこれらの人々から示唆されたものであるという事実について明記する必要がある。このように正直に報告することによって、読者は、これらの観察が持つ探索的な性質について明確に認識し、また説明することができる」[41]。これはもちろん、編集委員と査読者がそのようなアプローチを支持することが前提になっている。残念ながら、現在までに得られた証拠によれば、編集委員と査読者の多くはむしろその反対のやり方を奨励しているようである。

・**より多くの国が研究不正行為に関する明確なポリシーを策定する。** デイビッド・レスニク、リサ・ラスムッセン、グレイス・キスリングは、２０１５年時点の報告として、研究および研究助成という点に関して上位40カ国のうち22カ国が不正行為に関するポリシーを策定済みであるという点について述べている。[42] 他の国もそれに続いていることは希望が持てる事実である。なお米国の大学には一般的に研究面でのインテグリティについて担当する職員がいるが、他の国ではそれが標準にはなっていない。これは、標準的な制度にすべきである。実際、そのような制度があれば、内部告発者が通報する際にその窓口になるし、大学側は不正行為の申し立てに関する調査に対してもはや消極的な態度は取れなくなるだろう。

国家レベルの取り組みに対して個々の大学がより多くの協力を提供していくことも必要である。英国に関しては、下院の科学技術委員会が、2018年の時点では少なくとも71の大学、つまり半数以上が、英国研究インテグリティ局（UK Research Integrity Office＝UKRIO）に未加入であることを報告している[43]。これは研究インテグリティに関する諮問機関として2006年に設立されたものであり、会員費は年間2600ポンドである。［この程度の支出を惜しむということは］どうやら我が国の大学は財政的な堅実さのレベルを新たな高みに引き上げたか、まだ研究不正行為問題の重要性について認識できていないようである。UKRIOのような団体に対してより積極的に関与していくことは、現在の状況下で要求される最小限のステップであるように思われる。

・**開示に関するより明確なルールを策定していく**。資金源のあり方は研究の方向性を歪めていく可能性がある。たとえば、飲料会社が資金を提供している研究は、そうでない研究よりも、甘い飲み物と肥満との関連を否定する可能性が5倍以上高くなっている[44]。相当数の経営学系の研究は、大学教員と企業のあいだのコンサルティング関係を元にしているのだが、多くの場合、それに関する情報は公開されていない。たしかに、このコンサルティング関係というのは調査をおこなう上で有利な条件になる場合も多い。しかし一方で私は、その種の関係は、肯定的な結果のみを公表しがちなバイアスを増幅させているのではないかと思っている。私はここで、コンサルティング活動を通して得られたデータを使うべきではないと主張しているのではない。単に、その事実を開示すべきだと言っているだけなのである。これは、2008年の金融危機以降に経済学、つまり商学・経営学研究の隣接領域である学問分野において深刻な問題になってきた。ジェシカ・キャリック-ハーゲンバースとジェラルド・エプスタインは、19人の米国の著名な経済学者が大学外で持っている利害関係について研究した[45]。金融危機の時期を含む4年間で、そのうちの15人が民間の金融機関のために働き、3人は自分で会社を所有さえしていた。米国経済学会は、現在、「投稿された論文の各著者は、コンサルタント料、顧問料、助成金などの形で、少なからぬ財政的支援を受けている場合、つまり過去3年間に総計で少なくとも1万ドルを得ている場合は、それぞれの関係先を論文に明記しなければならない」としている。[46]私は商学・経営学系のジャーナルが同様のアプローチを採用するように要請したい。

結語

研究上の不正行為は特に目新しい現象などではない。プトレマイオス、ガリレオ、ニュートンなど、科学史でその名前が挙がってくる重要人物の多くは、理論を立証するために時として「改善された（improved）」研究結果を取り上げることがあったと言われている。[47]これらの偉人たちでさえ必ずしも美徳の鑑であったわけではないという事実は、本章で取り上げた問題を完全に排除することが非常に困難であるということを示唆しているようにも思える。それにもかかわらず、不正行為がもたらす破壊的な影響について、我々がこれまで以上に認識を高め、また違反行為を思い留まらせる上でより強力な措置を導入することには重要な意味があると思われる。

この課題に取り組むにあたって、我々は、そもそも研究をおこなう際の動機は何なのかという問題について改めて考えていく必要がある。もし我々の唯一の目的がキャリアアップというものである場合、我々は研究それ自体を目的とする、利害関心を超越した探究の重要性を強調するような学術的価値についての考え方の崩壊に加担していることになる。最終的には、このエトス（本質的な精神）こそが、詐欺的な行為や研究の不正に対して我々が頼ることができる最も強力な予防手段なのである。私はナンシー・アドラーとハンス・ハンセンの戒めを支持し、我々は、意義のある研究への情熱的なコミットメントを気にかけるべきであり、またそれを肯定すべきだと考えている(48)。

我々は、そもそも好奇心、重要な問題に取り組みたいという強い欲求、そして世界をより良い場所にしたいという衝動によって研究に駆り立てられている（あるいは駆り立てられていた）という事実についてもう一度思い起こすべきである。論文掲載を「ゲーム」と言ったりすることは止めにして、我々の会話における中心的な話題が大学ランキング、ジャーナル・ランキング、論文掲載での「ヒット」などに対する強迫観念から自由になるようにしていく必要がある。それによって、研究のインテグリティに対する我々の集合的な取り組みが強化されていくことになるだろう。この問題については、この本の最終章で改めて取り上げることにしたい。私は今のところの結論として、研究不正と詐欺的な行為は、学術界のテントの中に棲み着いてしまった邪悪な双子の兄弟だということを指摘しておきたい。我々が協力してより一層の努力を傾ければ、彼らをテントの外にある夜の世界へと追い出してしまうことができるはずなのである。

第6章

経営研究におけるナンセンスの勝利

経営学系のトップジャーナルをどれか1誌選び出して、そのジャーナルが論文の投稿者向けに提供している執筆ガイドラインに目を通してみよう。そのガイドラインには、かなりの確率で、「論文の掲載にあたっては『理論構築』への貢献が求められる」という点が明記されているはずである。それとは対照的に投稿者に対する要請として特に強調されていないのは、経営実務上のガイドラインを作成することや、興味深い現象ではあるものの、それを説明できるような理論がまだ存在しなかったり、その現象に関わる重要な問題が検討されていないような場合に、その注目すべき現象について記述していくことである。むしろ重視されているのは、*Academy of Management Journal*（AMJ）の執筆ガイドラインで述べられている、次のようなポイントなのである。

AMJに掲載される全ての論文には、理論に関する重要な新しいインプリケーションや洞察が含まれていなければならない。そのような洞察はさまざまな形で展開され得るものである（たとえば、従来の見解に対する反証、帰納的な研究や定性的な研究による理論構築、理論に関する初めての実証的検証、理論的な含意を含むメタ分析、理論の適用範囲を明確にするために実施される建設的な再現研究など[1]。

私は、優れた理論が重要であるという主張に対しては特に異議を唱えるつもりなどない。実際、優れた理論がなければ、論文の読者は、一連の観察内容をただ並べ立てただけの「ベタ」な記述を押しつけられることにもなる。したがって、「それらの観察が具体的に何を意味するのか」という点に関する説明はきわめて不十分なものになりかねない。しかし、私は一方で、我々の分野では理論構築というものが病的な強迫観念になっているという点について指摘したいのである。

事実、理論構築を最優先するという方針の根拠についいて納得がいくような説明がなされることは滅多にない。多くのジャーナルは、単に、論文というものが果たし得る貢献を数え上げた長大なリストの中で「理論構築」を一番目につく場所に置くということを、疑問の余地すらない自明の前提にしているだけなのである。その結果生じてきたのが、大量の、見かけだけはたいそう御立派な戯言《たわごと》である。取るに足らない「洞察」と称される代物が理論的な言明として文章化されてきた。それはまるで、英語の文章をエスペラント語に翻訳しておいてから、次にその逆方向に翻訳し直すようなものである。しかも、どちらの場合も、翻訳変換を担当しているのは誤作動が頻発するソフトウェアなのである。

その手の論文の目的たるや、どうやら多くの場合、読み手を啓発することなどではなく、むしろ、できるだけ多くの苦痛を読者に与えて困惑させることにあるらしいのだ。経営学系の研究は、その種の文章が模倣に次ぐ模倣を通して急速に増殖していることによって甚大な損害を被ってきた。事実、今では楽しみのために経営学系のジャーナルを読む者など誰もいない。たまたま愉快な文章が注意を引くことがあったとしても、それは、ピンク色の一角獣が大学構内のクアドラングル（四方を囲まれた中庭）を一輪車で走り回っているのを目にするのと同じくらい珍しいことだと思えてくる。

本章における私の目的は、このような事態がいかなる経緯で生じてきたのかについて検討し、またその影響の概要を示した上で、それに対して今後何ができるかという点について指摘するところにある。まず「理論」とはそもそも何であるかについて検討することから始めて、我々の分野で理論に対する執着がどれだけ強固なものであるかを示し、さらにその執着が我々の文章の書き方に対して与えてきた影響について検討していくことにする。これら一連の検討を通して明らかになってくるのは、我々が、本質的に有意義なものであるはずの取り組み――つまり、理論の構築――を、効果的なコミュニケーションにとって妨げとなる、苦痛に満ちた障害物競争のようなプロセスに変え、また大学の外の世界に対しては一切関心を向けないという態度を助長してきたという事実である。まさに今こそ、そのような状況の変革を目指すべき時なのである。

そもそも理論とは何なのだろうか?

「理論とは何か?」というのは、単純明快な答えが期待できる問いだと思えるかも知れない。実際、各種のジャーナルが理論の構築をそれほどまでに重視しているのであれば、当然、〈理論がそもそもどのようなものであるか〉という点について詳しく説明した標準的な定義が示されているはずだ、と思ってしまうだろう。しかし、私が調べて見た限りでは、実際にはそうではない。それどころかむしろ、その「曖昧さ」が顕著な特徴になっている定義は掃いて捨てるほど見つけられる。これはかなり深刻な問題である。というのも、そんな定義しか提供されていないのだったら、「美しさ」というものがそうであるように、どういうものが優れた理論であるかについては、それを判断する者の見方次第でいかようにでも決められる、ということになってしまうからである。

事実、論文が理論的貢献を果たしているかどうかについての最終的な判断は、主観的な見解に帰せられる場合が少なくない。たとえば、ジョン・サザーランドは、理論について「非常に広範囲の特定の事例において成立すると想定される一般的な行動または構造に関する整序された一連の主張」という風に説明している[2]。この説明に含まれている一つひとつの用語については、当然、さまざまな解釈が可能である。たとえば、「整序された一連の主張」が具体的に何を意味するかは、どのようにすれば知ることができるのだろうか？「非常に広範囲の特定の事例」と見なされるものは実際のところ一体何なのか？　これらの問いに対する答えを示す可能性がある各種のアイデアの善し悪しについて判断するために使える便利な測定道具など存在するはずもない。

恐らく、理論について定義したり、特定の論文が理論をさらに発展させているかどうかを判断するに際して何らかの曖昧さというのは避けられないことなのだろう。サミュエル・バカラックは、理論を「適用範囲に関する一連の前提や制約条件の範囲内で成立し得る概念間の関係についての言明」と定義している。また、「理論は、複雑な経験的世界を組織化するために使用される言語的装置の1つに過ぎない……理論的言明の目的は、「現象の複雑さを」（節約的に）組織化して示すことと、（明確に）コミュニケーションをおこなうことの2つである」とも述べている[3]。しかし、彼の言う「境界」を定義づけることは非常に困難であるし（そもそもどこで線引きすればよいのだろうか？）、「言語的な用具」の意味についても当然ながら何通りもの解釈ができる。

もっとも、このかなりオープンな定義の仕方はさまざまな意味で魅力的である。なぜなら、この定義を採用すれば、理論なるものを構成する要素に関する狭く限定された考え方から解放されて、データや意味に対して前向きの姿勢で向き合うことができるからである。しかしその一方で、「理論を発展させていない」という理由で論文をリジェクトすることも容易になる。というのも、多くの場合、そのような判断を下す上での明確な基準が存在しているはずなどないからである。

なお、定義自体の中に理論のあるべき姿に関する提言が含まれている場合もある。たとえば、ボブ・サットンとバリー・スタウは、よく知られている「理論は何ではないか」と題した論文で次のように述べている。

理論は、「なぜ」という問いかけに対する答えである。理論は、複数の現象間の関係に関わるものであり、なぜ、行為、出来事、構造、思考が生じるかという点に関するストーリーである。理論は、何が最初に来るのかという点や出来事のタイミングについて明らかにすることによって、各種の因果関係の性格に対して光をあてる。我々の見解では、強力な理論は、特定の出来事が発生する、あるいは発生しないことの理由に関する体系的な理解を目指しながら、その根底にあるプロセスについて掘り下げて検討していくものである。(4)

これは、私個人としてはとても全面的に賛同できるような種類の定義ではない。たしかに、社会科学は「現象間の関係」について明らかにすることを目指すものである。しかし、必ずしも全ての社会科学的研究が右の定義で示されているようなやり方で因果関係を明らかにしようとしているわけではない。事実、多くの現象については、因果関係に関わる各種の要因をマッピングすることなどほとんど不可能である。

たとえば、リーダーシップが生じてくるプロセスについて考えてみよう。このプロセスは、組織活動に関わるさまざまな行為者のあいだで生じる複雑な相互作用によって構成されており、したがって原因と結果の関係について解明したり予測をおこなうのが困難であることはよく知られている。このような制約があるために、実際の研究は、最初からごく少数の変数間の因果関係を（最初に変数A、次に変数Bという風に決めておくなどして）モデル化することに限定されがちである。またそれによって、リーダーシップに関連する原因と結果の関係をあまりにも単純化してしまうことにもなる。たとえば、現実のリーダーが他の人々に対して影響を及ぼそうとする試みには、あらゆる関係者のあいだで形成される非常に多くのフィードバック・ループを構成する実に多種多様な変数が関わっている。したがって、当然ながら理論は、因果関係を説明するだけでなく、因果関係自体の「欠如」や「不確定性」についても説明しなければならない、ということになってくるはずである。

ジョン・キャンベルは、理論を「どの変数がいかなる理由で重要であるかを解明し、それらの変数がなぜ、どのような形で相互に関連しているのか特定し、またそれらの変数が相互に関連する条件、ないし関連が無くなる条件を解明する、言語とシンボルの両方による主張の集合」と定義した。(5) ここでのキーワードには「特定する（specifies）」と「解明しようとする（identifies）」というものが含まれる。この見方からすれば、理論は、世界に関する正確かつ明確な知識の生成を促すものであるかのようにも思える。繰り返しになるが、これはたしかに理論のあるべき姿かも知れないのだが、多くの場合は実際にそのような理論を作ることなどとうてい不可能である。この章の後半で説明するように、理論家というものが、現実世界との対応関係を見い出すのが難しいほどに気宇壮大《きうそうだい》な一般化か、その逆に、ほとんど誰も興味を示さないような瑣末な変数同士の関係に関する研究に大きな魅力を感じてしまいがちだというのは、特に驚くべきことでもないのである。

一方で、理論の定義についても、また理論が目指すべき目標についての見解という点に関しても、上で見てきた幾つかの例よりもはるかに慎重な態度を示す人々もいる。ケビン・コーリーとデニス・ジオイアは、理論については「ある現象がどのように、ないし、なぜ発生するかを示す概念および複数の概念間の相互関係に関する言明」という風に言い表している。[6] また *Academy of Management Review* に掲載されたある論説では、理論は「なぜある種の関係が複数の変数間に存在するかという点、ないし、なぜある現象が起きるのかという点に関する説明」だとされている。[7] ここでの理論は、予測的であるだけでなく記述的でもあり得る（あるいは、もっぱら記述的な場合もあるだろう）。

ただし、本書における議論の目的からすれば、最も重要な問題は、これらの定義を採用する限り、編集委員や査読担当者の主観的な意見に判断が委ねられる部分が相当あることになってしまう、という点である。自分が提案する理論は、この論文で使用している概念を明確に説明するのに十分なだけの役割を果たしているか？　理論は、それらの変数がどのように相互に関連しあっているかを十分な精度で示しているか？　この理論は、現象がどのように生じているかについて著者以外の人が理解するのに役立つか？　これら一連の問いに対する答えの当否を確認する方法を教えてくれるような、理論構築に関する便利な解説書は存在しない。したがって、著者たちとしては、本来単純なはずの概念を必要以上に込み入ったものにしたくなってくる。彼らが期待しているのは、たとえ優れた発想で理論的貢献を果たしているという点について査読者に認めてもらえないにしても、少なくとも、入り組んだ説明を持ち出して査読者を煙《けむ》に巻いて投稿論文を採択するように仕向けることができるかも知れない、ということなのである。

この点について一例を挙げてみることにしよう。アンドラス・ティルシックは、2014年に、かの権威あるジャーナル *Administrative Science Quarterly* に論文を発表した。その論文のタイトルは、「インプリントと環境の適合性と職務パフォーマンス——採用時の組織の寛容性はその後の職務上のパフォーマンスに対していかなる影響を与えるか」というものだった。「寛容性（munificence）」は通常の生活で目にするような言葉ではない。他にもそれと似たような単語は色々あるだろうが、寛容性というのは、単に気前の良さ、思いやり、寛大さなどを意味する言葉に過ぎない。なぜティルシックは読者にとってもっと馴染みがあるはずの言葉を使わなかったのであろうか？　まず、彼の論文の要約に目を通してみることにしよう。

調査結果によって支持された中心的な仮説は、最初に経験した組織の寛容性のレベルがその後の期間における寛容性のレベルに類似していればいるほど、個人の職務上のパフォーマンスは高くなる、というものである。本文で「インプリントと環境の適合性」と呼んでいるものとパフォーマンスとのあいだに見られたこのような関係は、組織に入る時点の個人のキャリア段階と、他の人のインプリントの社会的伝達から生じる間接的なインプリントによる影響に依存する。この中心的な仮説から想定されるインプリケーションは、「極端性の呪い」である。つまり、初期の寛容性のレベルが非常に高い場合と非常に低い場合の両方が、その後の在職期間中の平均的パフォーマンスの低下に関連している、というものである。これらのパターンの根底にあるメカニズムの1つは、異なる資源環境で社会化された従業員は、問題解決とクライアントとの相互作用に関してそれぞれ独特のアプローチを身につけており、それが次の職場の資源環境において異なるレベルのインプリントと環境の適合性に結びつく、ということである。(8)

以上の文章を私なりに翻訳してみると、次のようになる――「管理者（マネジャー）が新しく採用した従業員に対して良好な態度で接し、またその後も同じような対応を続けると、従業員はより一生懸命働くものだが、ひどい扱いをするとその逆のことが起こる。理由の1つは、先輩格の従業員の対応の善し悪しもそれによって決まり、その態度や行動が他の人々にとっての役割モデルになるからである」。「インプリント」というのは、どうやら他の人々と接する中で経験する事柄が我々に対して与える影響のことを意味しているらしい。しかし、そのような説明だけでは十分に「理論的」には見えない。それで、「インプリントと環境の適合性」という言い回しがその代わりに読者に対して示されているわけである。

マイケル・ビリグが指摘しているように、ビッグワード（難解な言葉、もったいぶった言葉）は、「発見事実について明らかにするためではなく、実際には何も発見していないという事実を隠蔽するために」使用されることがよくある。(9)「調査結果によって支持された」というくだりにも注意して欲しい。これは単に、常識程度のアタリマエの事実を述べただけに過ぎないような仮説が設定されたことを意味している。また「アルコール飲料はバーで購入できる」という仮説を立てた場合と同じように、それらの仮説が順当に立証された、ということでもある。この論文の著者は暗号文のようにも思える難解な文章を作り出すということに努力を傾けており、どうやらそれが首尾良く成功したように見える。というのも、辞書の助けでも借りなければ、著者が一体何を主張しようとしているのか判然としないからである。スクラブル（文字並べのパズルゲーム）をやる場合と同じように、この種の文章を書くためには一定の技術が必要となる。もっとも、それが人類にとってその知識の総和を増やしていく上で本当に有用であるかどうかは、また別の問題なのだが。

ジョン・ヴァン‐マーネンは1995年に次のように書いているが、彼の見解に同意しないわけにはいかないだろう――「組織理論のかなりの部分がテクノクラート的な想像力の貧困によって浸食されているという事実にはゾッとさせられる。この分野における理論的一般化は呆れるほどに凡庸なものが多く、また、組織現象の全てがシステマティックなものであるかのように見せかけ、かつ組織理論が掛け値無しに科学であると主張できるようにすることを目指しているようにさえ思える。その結果として、この分野には、研究というものを、まともに検証もされていない難解な一連の仮説的主張の寄せ集めに過ぎないようなものに矮小化しようとする、いわく言い難い傾向が蔓延している」[10]。我々の分野における理論の現状は、未だにこの指摘のままである。いや、今日の状況は、ヴァン‐マーネンがこの引用で述べた陰鬱な結論に達した時期よりもさらに悪化しているのかも知れない。

カール・ワイクの指摘についても考えてみて欲しい。彼は次のように述べている――「理論家は、理論構築のプロセスが、〈理論自体の有用性よりも仮説が検証されたかどうかを優先する〉という方法論上の制約によってがんじがらめに拘束されていることによって、瑣末な理論を書き上げてしまう場合が多い……これらの制約は、理論構築を弱体化させている。というのも、それによって想像力、表現方法、および特定の選択の仕方が理論構築のプロセスにとって果たし得る貢献が過小評価され、また、マッピング、概念の開発、思弁的な思考などをはじめとする別種の方法によって理論を形成していく作業の重要性が軽視されてしまうからである」[11]。ワイクはここで、ジャーナルでの掲載に向けて論文を書かなければならないという達成基準（ノルマ）があることによって、重要な内容を含む洞察が生まれてくるプロセスが妨げられているという点を強調しているのである。

ほとんどの論文は、今や非常に陳腐なものとなった定型的なパターンをなぞるような形で書かれている――イントロダクション、文献レビュー、方法、結果、および考察。また、これらの要素をかなり窮屈な字数制限の枠の中に詰め込まなければならない。そこには、インスピレーション、運、幸福な偶然、またはワイクが「規律ある想像力」と呼ぶものが入り込めるような余地などはほとんどない。それに加えて、非人称的な文体が採用されることになる。つまり、論文で頻繁に見られるのは「私は思う」という言い方ではなく「この論文は主張する」というような表現なのである。これでは、人間ではなくコンピュータが書いた文章だと思ってしまう人が出てくるかも知れない。もっとも考えてみれば、定量的論文の内のかなりのものは

SPSSなどの統計解析ソフトウェアによって自動的に生成された表やグラフで構成されている。また「批判的［経営研究系の］」な論文の多くは、お決まりの必読文献のリストを元にして、それらの文献における議論をカット&ペーストしただけのようにも見える。それからすれば、コンピュータが論文を書いているというのは、事実からそれほど遠くないようにも思えてくる。実際、そうしておけば、著者がその第一の優先事項である目標――論文掲載――を達成する上では大いに役立つに違いない。しかし一方で、その種の論文は、組織の世界にとって有用な洞察を提供できるだけの意味のある理論を生み出すという目的にとっては、全くと言ってよいほど役に立たない。ここで問題になってくるのは、なぜ、またどのような経緯でそんな状況に陥ってしまっているのか、ということである。

経営学における理論構築へのフェティシズム的な執着

ドナルド・ハンブリックは著名な経営学者であり、さまざまな要職を歴任した中でも1992年から93年にかけては米国経営学会会長を務めていた。彼は2007年にAMJに「経営学領域における理論への献身――善《よ》きことの過剰？」というタイトルの論文を発表した。この論文は広く読まれ、これまでに600回を優に越える引用がなされてきたのだが、ハンブリックがその論文で批判の対象にした問題を含む状況は、その後も本質的には何ら変わることなく現在に続いている。

ハンブリックは次のように書いている。「我々の分野における理論に対するフェティシズム的な執着がもたらす弊害の中には、たとえば、それを説明できる理論がまだ存在してはいないものの、それ自体が興味深い現象について詳しく報告するような研究をおこなう上で障害となっている、という点がある。また、そのような執着があるために、説明抜きでなされる事実の報告――どれだけ重要な事実であったり、あるいは事実に関する見事な報告であったとしても――は事実上禁止されている。しかし、そのような事実は一度報告されれば、説明を目指す研究を大いに刺激するかも知れないのである」[12]。この引用で指摘されているのと同じような、理論に対する執着が経営学の場合と同じように他の学問領域でも存在している可能性というのはちょっと想像しにくいところがある。

たとえば、ジェラルド・デイビスは、これとは正反対の傾向がある金融経済学の分野の例について述べている。彼は、投資信託による代理投票における利益相反について扱った論文を共同執筆した。この論文の出発点は、研究の対象とすべき問題を特定することであった。つまり、投資ファンドが特定企業の年金基金の運用を担当している場合には、そのファンドは［当該企業の株主総会において］他の株主の主張ではなく経営陣を支持する傾向があるという逸話的なエビデンスである。このエビデンスは単純明快な問いへと結びついていった――「［株主総会において］投資信託会社は［年金運用の］クライアント企業に対しては非クライアント企業の場合とは異なる投票行動を示しているか？」。デイビスは、この論文について次のように書いている。

いったん基本的な前提が確立されれば、特定の「理論」などは要求されなかった。実際に要求されたのは、データに関する注意深い解説とリサーチ・クエスチョンに対する答えを求めるために必要な分析、そして異なる解釈の可能性を排除するための補助的な分析だけである。それらの分析は特に理論に対する貢献を示したわけではなかったが、リサーチ・クエスチョンに対する答えを提供しており、それだけでファイナンス研究への貢献として見なされるのには十分だった[13]。

一方で、経営学はデイビスが言っているのとは全く異なる世界である。実際ここでは物事がまるで違ったやり方で処理される。ドナルド・ハンブリックは、それが引き起こす問題の実例として次のようなものを挙げている。

今が1930年代であると想像してみて欲しい。あなたは疫学者で、喫煙が人々に対して悪影響を及ぼすという直感を持っていたとする。しかし、喫煙はスタイリッシュであり、かつ健康的な習慣だとさえ見なされているために、あなたはそれとは正反対のしつこい疑惑を抱いているということで、ちょっとした変わり者扱いされることになる。しかし、あなたは辛抱強く研究を続け、一連のマッチド・サンプルデザインによる研究で、喫煙が数々の深刻な病気に関連しているという点に関するエビデンスを繰り返し明らかにしている。あなたは、生物学者というよりはむしろ疫学者であるので、喫煙の害をもたらす中心的な作用メカニズムについては特に明確な洞察は持っていない……しかし、あなたは自分の発見事実を報告することに強い必要性を感じているので、原稿を有名なジャーナルに投稿する……ここで私が言わんとしていることは分かるだろう。疫学者の論文が我々のようなジャーナルに投稿された場合、それはリジェクトされるに違いない。トピックがどれだけ重要であったり、また分析の結果に説得力があったとしても、投稿先のジャーナルから送られてくるメッセージは次のようなものになるのである——この場から出て行って、ちゃんとした理論ができない限り戻ってくるな[14]。

また、マジメな経営学者たちは理論構築の作業で余りにも忙しくて、その理論を実際に検証するための時間など持ち合わせていないようにも思える。キース・リービット、テレンス・ミッチェル、ジェフ・ピータ－ソンが述べているように、「研究者は、理論を開発し、そのアイデアを支持する証拠を示すことで名声を博することが多い。理論はそれを構築した著者に関連づけられ、それは専門家として認識されるための有望なルートである。一方で、1つの理論を中心に据えて、その理論を検証または否定するために利用できる最良の技術が存在していたとしても、その多くは実際に適用されることが稀であり、またそれにもとづく論文はジャーナルへの掲載が困難であることが多い。したがって、著者のキャリアアップにとっては役に立たない可能性がある[15]」。

50年以上のあいだに *Academy of Management Review* に掲載された論文について検討したある研究は、同誌では理論構築への注目が高まっており、それにともなって新造の構成概念が急増殖しているという点を明らかにしている。もっとも、そのような構成概念は、それ以前に存在していた概念とほとんど変わらない場合が多いのだという[16]。これは、それを説明できる理論がまだ存在していない問題や現象に関する実証データの蓄積を妨げることになる。たとえその問題の解明が現実の経営実践においてはどれだけ緊急を要するものであったとしても、そうなのである。

ある研究における結論によれば、*Academy of Management Review* の論文に掲載された理論的説明のうちで一度でも検証されたことがあるものは9パーセント以下でしかないのだという[17]。実際、理論の検証は不適応者が追求する風変わりな趣味として見なされるようになってしまっている。これは実に奇妙なことである。実際、それは、未熟な研究分野に特徴的に見られる傾向だろう。そのような分野では、関心を集めることだけに汲々としており、新規性を高く評価しすぎるあまり、事実に関する主張や理論的な定式化、あるいは因果関係の予測の妥当性などについて検討を加えるという骨の折れる作業をないがしろにしがちなのである。

数限りなく存在する理論を検証したいと思ったとしても、それを実際におこなうことなどできるのだろうか？　私も、この種の問題が、定性的調査にもとづく多くの理論、特に「分厚い記述」の形をとる理論の場合はかなり異なる形で提起されていることについては認識している。しかし少なくとも、定性的調査における検証作業を、仮説を設定した上で検証するために設計された定量的研究のフォーマットをそのまま適用しておこなうことが有効であるかどうかは疑わしい。多くの人々が実際にそのような試みをおこなってはいるものの、その種の検証の仕方はむしろ有害でさえあるかも知れないのだ[18]。しかし、定量的で実証主義的な研究それ自体も、検証可能性のレベルには達していないようである。ジェフリー・エドワーズとジェームズ・ベリーによる素晴らしい研究は、経営学理論がどれほど正確なものであるかを評価しようとした。彼らは、1985年から2009年までの25年間に *Academy of Management Review* で掲載された論文について検討を加えた。最終的には、合計で183個の仮説命題を設定している20の理論をサンプルとして取り上げて検討することになった。命題が予測した関係の強さに関して彼らは次のように報告している。

19個（10・4パーセント）の仮説命題は単に変数間に何らかの関係が存在するだろうとだけ述べており、164個（89・6パーセント）はその関係の方向性について述べていたが、点推定や区間推定の値について予測した命題は1つもなかった。関係がとる形式に関しては、177個（96・7パーセント）の命題が何も述べていなかった……ほとんどの場合、我々がサンプルとして取り上げた理論では、関係の方向性を予測する命題が作成されてはいたが、関係の形式あるいは関係に影響を与える可能性のある条件についてはほとんど何も語っていなかった。むしろ、命題の大部分は本質的に「ある変数の値が増加すると、別の変数の値が増加または減少する」と述べているだけであった。したがって、これらの命題をテストするために設計された研究の方法論的な厳密性が増大するにつれて、命題とそれに関連する理論を支持するような結果を見つけられる可能性も同じように増加し、理論が否定されるリスクは次第に低くなっていく(19)。

要するに、エドワーズとベリーは、ここで「自分たちが検討対象にした論文における理論の実質的な予測力は皆無に等しかった」という事実を明らかにしているのだが、それをかなり婉曲な表現で述べているのである。それはまた、それらの理論が反証不能だということを意味する。実際、これは組織研究一般が抱えている問題でもある。そのような理論は、それがいわゆるトップジャーナルに掲載されていたとしても、結局は空虚なものでしかない。真実は次のとおりなのである――〈我々が知っていることは、自分たちが思っているよりもはるかに少なく、我々が知っていると思うことの多くは明らかに間違っている〉。

この点については、1つの事例が参考になる。ヘールト・ホフステードは、1980年に最初の論文を発表して以来おびただしい数にのぼる論文や著書で、当初は国民文化を特徴づける主要な4つの次元、後には6次元を特定することができたと主張してきた。彼によれば、それらの次元の測定値の違いによって、さまざまな国の職場における従業員の行動や態度のバリエーションについて説明することができるのだという(20)。彼の研究で使用されたデータは、66カ国でおこなわれた従業員の態度に関する調査によるものであったが、そのうち実際の分析の際に使われたのは40カ国のデータでしかなかった。それでも、たしかに大量のデータではある。しかし、実際にはその全てがＩ・Ｂ・Ｍ・・・・・・・・・・・・・の従業員を対象者にして得られたデータなのであった。

ホフステードの解説によれば、彼の言う国民文化なるものは、実際に何らかの結果を引き起こす原因であり、それぞれの国において広く共有され、人々が自分自身を理解する際の暗黙の前提となっており、また地理的な境界で区分できるものだとされる。これはかなり気宇壮大な主張であり、実際にとてつもなく大きな影響を及ぼしてきた。ホフステードの理論に対する最も厳しい批判者であるブレンダン・マクスウィーニーは、次のように述べている――「本質的に、彼は国民文化決定論を支持している[21]」。ホフステードは、彼の研究がこの分野の研究における「パラダイムシフト」を画するものであると頻繁に主張してきた[22]。本書の執筆時点で、ホフステードの被引用数はGoogle Scholarで16万1000回を越えており、h指数［＝研究者の特定分野への貢献度を示す指標。Google Scholarにはh指数を簡単に調べられるオプションがある］は97である[23]。

ホフステードの研究の詳細は本章における議論の範囲を超えているが、ここでは、彼の理論の幾つかのポイントについて指摘しておくことにする。ホフステードの理論には、弱い予測と強い予測の両方が含まれている。弱い方の予測は、〈国民文化は特定の地域に住む人々が持つ傾向の統計的平均である〉という観点から派生するものである。これは絶対的な特性ではなく中心的な傾向であるため、個々の行動は必然的にその標準値から多様な方向に向かって相当量の変動を示すことになる。推定された標準値からのさまざまなバラツキが予想されるため、国民文化が実際に特定の個人に対してどのような影響を与えるかを正確に予測することは困難である。たとえば、私の場合、ホフステードが私の出身地の国民文化であると言っている内容に沿ったような形で私が行動していれば、彼の理論は成立することになる。一方で、そうでなければ、私は外れ値だということになり、その場合もまたホフステード理論は成立する。このような意味で、ホフステードは弱い予測を提供していると言える。つまり、ホフステードの研究は反証不能なのである。どのようなことが生じても、あるいはたとえ生じなかったとしても、彼の理論は何らかの意味で立証されるのである。

このように弱い予測をしている一方で、ホフステードは国民文化の違いという概念にもとづいて、個人の行動に関して強い因果関係の説明を導き出している。たとえば、フロイトが精神分析理論を創始したという点については、彼がオーストリア人であったという事実の結果として、次のように説明されている——「オーストリアの文化は、非常に低い権力格差と非常に高い不確実性の回避傾向との組み合わせによって特徴づけられている……低度のPDI［Power Distance Index＝権力格差］……は、特定個人の不確実性を取り去ってくれる上位者が存在していないことを意味する。つまり、人々は自分自身で不確実性を担わなければならないのである[24]」。

しかし、ブレンダン・マクスウィーニーが指摘するように、もう一人のオーストリア人であるアドルフ・ヒトラーの場合は、人々は強力な上位者に従属すべきであると主張し、また他の多くのオーストリア人に対して彼の主張の正しさを認めるように仕向けたのであった[25]。このように、ある人物の行動についてかなり詳しく説明できると主張されている理論が、別の人々が示している、それとは正反対の傾向を示す行動については説明できないという場合、国民文化の理論はどれほど役に立つというのだろうか？

理論構築に関する多くの試みの場合と同様に、これは、根拠薄弱なデータにもとづいて強い主張がなされている事例である。ホフステードがデータを収集した幾つかの国での調査における回答者は100人未満であり、その中には香港、シンガポール、パキスタン（回答者数の合計は37人）も含まれている。これは、国民全体の傾向を推定するための基盤となるデータとしては実に貧弱なものでしかない。さらに、IBMの従業員は、なぜそれぞれの出身国全体を代表するような集団として考えられるのだろうか？　たとえば、その代わりに農場労働者、鉱夫、または失業者について調査して、何らかの異なる傾向が見い出された場合、それは同じように有効な調査結果になるのだろうか？

それでは、なぜ、ホフステードの研究はこれまで並外れた影響を及ぼしてきたのだろう？　私は、経営学理論は、経験的根拠が脆弱であるにもかかわらず以下の条件を満たしている場合には一定の影響力を持つことが多いと考えている。

1. **大胆な主張をする強力な物語を提供する。**確実性は不確実性よりも魅力的である。我々は世界の出来事を見事に説明しているように見える誇大理論（グランド・セオリー）の魅力をあなどるべきではない。誇大理論は我々が持っているある種の要求に応えているのである。

2. **直感的には何かが理論どおりに起こっているように見える。**この場合、国民文化には何らかの違いがあると容易に信じがちであるが、これらの違いの程度やその違いによって個人の行動を説明できる程度を誇張することも簡単にできる。さらに、いったんある理論を受け入れてしまうと、我々の認識のあり方は、その理論のレンズによって他の人々の行動を解釈するように条件づけられるので、我々自身の経験によってその理論が「立証」されていると感じるようになる。

3. **講義をおこなう上で好都合である。**ビジネススクールでは学生に対してとりあえず何かを教える必要があるが、その中でも異文化間コミュニケーションは重要な課題である。大学の教師は、ホフステードが実際に採用した方法論について詳しく検討したり、彼の結論に含まれる矛盾について考えたりするための時間を持ちあわせているとは限らない。それでも、［異文化間コミュニケーションの］講義はとりあえず教えなければならないのである。

これによって、我々はもう1つの破滅的なパラドックスに直面することになる。一方では、研究者は常に革新的な新しい理論を開発するよう急《せ》き立てられており、少なくともそれを達成したフリを装うために多大なる労力を費やす。研究者はキャリアの早い段階でこの種の期待を内面化するように教育され、理論を発展させることは、現実の問題に真正面から取り組むことや学術界の外に対して影響を与えることよりもはるかに重要であると考えるようになってしまう(26)。一方では、このような努力は全て無益なものであるという感情も蔓延しており、実際、真の意味で洞察に満ちた「ブレークスルー」と呼ぶに値するような理論は我々の手からこぼれ落ち続けてきたのであった。権威ある *Journal of Management Studies* を編集した6年間(2003~2008年)の体験に基づいて、ティム・クラークとマイク・ライトは、退任にあたっての論説を、今や研究者たちにとって馴染み深いものになりつつある論旨で書いている。

他の多くのジャーナルの場合と同様に、本誌についても投稿される論文の数は増加しつつある。しかしだからと言って、それにともなって我々の学問分野に多くの知見を追加するような論文が増えていると結論づけることはできない。より多くの原稿が作成されているのだが、本当の意味で大きなインパクトを持つ論文は見逃されてきたように思える……理論化と実証的検証の厳密さを改善することに対してあまりにも重点が置かれてきたために……主に従来の研究の延長線上にあるリサーチ・クエスチョンを扱う傾向が増大してきたのかも知れない……［そして］監査文化と現在の大学におけるインセンティブ・システムは、若手の教員だけでなく（少し意外なことではあるのだが）非常に有能なシニアレベルの教員の場合に関しても……従来の見解に挑戦するような研究に取り組むことに対してネガティブな影響を与えているようである。「隙間充填型研究（gap filling）」を強調するような傾向は、学問領域の境界がどのように見えるかについて既に知っていることを前提としているようであり、その境界の外側にある新しい領域に踏み込んで調査をおこなうことを躊躇させてしまう傾向がある。[27]

たしかに、新奇性に対する需要の強さは、単に理論を漸進的に進歩させるだけでなく斬新なものであると強迫的に主張する論文——つまり、我々の分野における幾つかの課題に対して根本的に新しい考え方を提供していると主張する論文——がジャーナルに殺到していることを意味する。[28] ダーク・リンデバウムは、経営学系の研究における神経科学（脳科学）の流行の例を挙げて、「経営研究における新奇な理論に対する需要の加速的増大は、新しい方法論やデータがこれらの新しい理論の供給源であるとして時期尚早的に受け入れられることを意味する」と結論づけている。[29]「理論の構築」という至上命令に従わなければならないという切迫感によって、我々の周りは理論面でのバンドワゴン的な流行で溢れているが、それはよく見ると安ぴか物で出来ていることが多く、またそれをかろうじて支えているのは単なる願望と誇大広告に過ぎないのである。

「影響の不安」

ここから、幾つかの不幸な結論が導かれることになる。今を遡《さかのぼ》ること１９７３年に、文芸批評家のハロルド・ブルームは『影響の不安——詩の理論のために』という本を著した。[30] 同書の中心的な主張は、本章における議論と関連が深いように思われる。ブルームは、詩人は必然的に他の詩人の作品を読むことによって触発されるものだと述べた。彼はまた、そのような作品が詩人たちに影響を与えれば与えるほど、彼ら自身の詩は派生的なものになってしまう可能性があるという点について指摘した。我々の分野の場合も、若手の研究者はそれと同じような「影響の不安」に直面している。彼らは大量の既存理論の蓄積に向き合わざるを得ないのだが、それでもなおかつ自ら新しい理論を作り上げることが求められている。こうして、何か新機軸となるものを打ち出す必要性を痛感しつつ、しかし一方で、それが不可能であるという恐怖にさいまなれるのである。我々の分野では、多くの場合、とんでもなくナンセンスな論文を書くことによって、その恐怖心を覆い隠そうとする。そのナンセンスな論文の文体は、既に物故しており、その著作が世界の全ての問題を理解するために使える最上級のレンズとして崇《あが》め奉《たてまつ》られているような哲学者の文体とよく似ている例も少なくない。

さらに、マッツ・アルベッソンとヨルゲン・サンドバーグが「ギャップ・スポッティング（リサーチ・ギャップの検出）」という言葉を使ってその特徴を的確に描き出したアプローチに依存しがちな人々もいる[31]。このアプローチでは、膨大な文献レビューがなされた上で研究課題に関連する理論的フレームワークが特定される。そして、その理論的フレームワークそれ自体に対して挑戦する――アルベッソンとサンドバーグはこれを「問題化（problematizing）」と呼ぶ――のではなく、むしろその代わりに、研究者は、そのフレームワークにもとづいて提示されてきた知見に関して見逃されてきた幾つかの小さなギャップ（「リサーチ・ギャップ」）を探り出す。そして、まるで壁のどんな小さな亀裂にもこだわる左官職人よろしく、そのギャップを埋めるための作業に取り組むのである。多くの場合、それらのギャップはそれほど重要ではないからこそ、これまで誰にも気づかれなかったのであり、また、ギャップが埋められるかどうか気にする者は（論文の著者自身も含めて）誰もいない。結局のところ、本当の目標は知識を進歩させることなどではなく、論文が掲載されることなのである。

マーク・デ・ロンドとアラン・ミラーは、他の多くの論者と同様に、米国では、テニュア（終身在職資格）

審査の要件である論文刊行の業績に関するプレッシャーがあるために、［論文完成までに時間がかかる］困難で複雑な研究課題に取り組むことを躊躇する傾向があると指摘する。その代わりに、より迅速な論文掲載に直結する可能性が高い研究プロジェクトに走りがちなのだという。[32] この、論文の迅速な掲載という観点からすれば、ギャップ・フィリング［gap filling（隙間充填）＝リサーチ・ギャップを埋めること］は比較的容易にできることもあって、非常に魅力的なアプローチになる。多くの場合、必要となるのは、犯罪捜査にも匹敵するような些細なディテール［＝ギャップ］への執着と羞恥心の欠如だけである。ほとんどのジャーナルは、論文の著者に対して他の人が既におこなった研究内容との関連で自分自身の研究を位置づけることを要求しているので、その種のギャップ・フィリング的な論文の掲載が推奨される方向での制度的なバイアスさえ存在している。

しかしながら、またしてもそういった種類の論文における議論が「理論的貢献」であると主張されているのである。こうして、さらなるナンセンスによって我々の感覚は攪乱されてしまう。それでも、ジェイ・バーニーが指摘するように、「既存文献で扱われている主な理論上の問題にはどのようなものとどのようなものがあり、また、それらがいかに相互に関連しあっているかを知ること、また特に既存文献に欠けているものを知ることはたしかに重要ではある……しかし、もし広く認められた標準的な文献によって規定されたリサーチ・クエスチョンに対する答えを求めることだけが研究活動の全てだとしたら、それらの文献の範囲を超えることはほとんどできないだろう。標準的な文献の幾つかの部分を無視することによって、つまり、既存文献という一種の目隠しをいったん外してみてこそ、初めて理論的な面で創造的な研究をすることができるのである」[33]（強調は引用者）。

繰り返しになるが、私は、ギャップ・スポッティングという手続きにはそれなりの技量が必要であることを否定するものではない。実際、マッツ・アルベッソンとイアニス・ガブリエルが指摘しているように、ギャップ・スポッティングの作業は、研究者が特定の学問上の下位分野の「エキスパート」になって、その全ての決まり事と典型的な表現方法について理解し、さらにその分野の主要なプレーヤーである研究者たちの名前に関する知識を得ることと深い関連がある。(34)

ギャップ・スポッティングを心がける研究者たちは、最初から自分たち自身を個別の研究課題、たとえばアイデンティティ、多様性、言説（ディスコース）、リーダーシップ、組織変化などの研究者であると自己規定してしまい、その分野における専門知識という安全地帯の枠を超えて冒険することは滅多にない。これが、論文の引用文献リストが年を追うごとにより長大なものになってきている理由の1つである。査読者になるかも知れない研究者の逆鱗《げきりん》に触れないようにと必死に努力するあまり、著者はリジェクションに対する予防的先制攻撃としてありとあらゆる文献を引用する。一方で読者は、文献の著者名と刊行年の無限に続くオンパレードで頭をどやしつけられているような感じがしてくる。しかし、論文の著者には、そのようなやり方を採用することにともなうリスクもある。文献に関してますます小さなギャップが明らかにされていく中で、「特定の著者が実質的に同じ内容の論文を何度も何度も書き換えているだけに過ぎないという印象が残ってしまう」のである。(35)それでは結局のところ退屈さだけが残るだろうが、そのような手順を踏みさえすれば研究者としてのキャリアを築くことができるかも知れない。何にしろ、そういう形で論文を書くことがどこかの誰かにとって価値のある時間の使い方であるかどうか、また、社会に利益をもたらすものであるか否かは、それとはまた別の問題なのである。そして、そのようなアプローチによって確実に生み出されてくるのは、通常「理論構築」などと称されているおぞましい文章である。

理論構築の仮面をかぶったナンセンスな論文

米国における著名な社会学者であったC・ライト・ミルズは、1959年に、彼の著作の中でも最も重要な本の1冊である『社会学的想像力』を発表した。同書には、ミルズが「誇大理論（grand theory）」と呼ぶものを痛烈に批判している章が含まれていた。ミルズは誇大理論の特徴は「抽象的な概念同士の関連付けおよび関連付けの解消」であるとした上で、これについて次のように書いている。

誇大理論が作られてくる基本的な原因は、最初からあまりにも一般的で抽象的な思考レベルを採用しているために、その理論の提唱者がそれを論理的に観察可能なレベルにまで落とし込むことができなくなっている、ということにある。誇大理論家である彼らは、決して、より高い一般性のレベルから下りてきて問題を実際の歴史的および構造的文脈の中に位置づけて把握することなどしない。そして、このように現実的な問題に関する確固たる感覚が欠如していることによって、彼らの書くものには非現実性が顕著な特徴として現れることになる。結果として生じてくるのは、一見したところ恣意的なものに過ぎず、また明らかに無限に繰り返される概念上の区別の精緻化という特徴である。それは［現実の社会に関する］我々の理解の幅を拡張することもなければ、我々の経験をより理解可能なものにすることもない。また、それによって明らかになってくるのは、人間の行動と社会について分かりやすく説明するための努力を半ば意図的に放棄しようとする試みなのである。(36)

大げさな主張＋隠語＋リサーチ・ギャップ−ユーモア／とてつもない長さの引用文献リスト＝理論的貢献

ミルズは自分の主張を例証するものとして、当時米国社会学の第一人者であったタルコット・パーソンズが書いた影響力のある著作のさまざまな箇所を取り上げて、それらを平易な英語に翻訳してみせた。ミルズは、パーソンズの555ページに及ぶ著書である『社会システム』はおよそ150ページの簡明な文章に変えることができると指摘した。その指摘の効果たるや、パンパンに膨らんだ熱気球がゆっくりと収縮していくのを目の当たりにするようなものだった。ミルズの見解では、彼が注意を喚起した誇大理論の場合に特徴的に見られる欠陥は単なる個人的な過ちなどではない。むしろ、それらは権力をめぐる問題などに取り組む必要性を回避するための手段なのだという。というのも、単に理解できる者が皆無に近いというだけで本格的な知識であるという印象を与えているような不可解きわまりない抽象化の世界に引き籠もっている方が、権力に関する問題などを扱うよりもはるかに快適だからである。

今日でも学術文献の質は、多くの場合はその当時と同じくらいに悲惨なものである。主流のジャーナルに掲載される論文の多くは紋切り型であり大胆な議論など全く無くて退屈であり、とても読むに耐えるものではない。その多くは、明らかに上記の公式に沿って書かれている。

批判的経営研究（クリティカル・マネジメント・スタディーズ）系の研究者による文献はその点で少しはマシなようにも思えるが、実際にはさらに悪文であることも多い。これについて、クリス・グレイとアマンダ・シンクレアは次のように述べている。

我々の分野における論文の多くは、思想的に偏向しており、隠語だらけで、不自然な印象を与えるものである。これは1つには、我々の書く論文が学術的に正統なものであることを示そうとする試みから生じているように思われる。それは、組織における生活を記述したり説明したりする際には、それらの生活で実際に使われているのとは全く異なる言語を使用しなければならないとでも言わんが如くである。また、一方では実証主義を拒絶しながらも我々もまた真っ当な研究者であることを示すためには、実証主義者たちの場合と同じように抽象化された用語法を採用する必要があると思い込んでいるようでもある(37)。

そのような場合には、まだ誰も聞いたことがないようなフランス人の哲学者を見つけることができればボーナス・ポイントが与えられる。既に物故している哲学者であればなおさら都合が良い。そして、彼らの著作から得られる経営研究のための示唆は「不当に無視されてきた」という主張を展開するのである。それがうまくいけば、しめたものである。

ここでもまた、実際の例が参考になるだろう。私の場合、個人的なお気に入りは、ロバート・チアとロビン・ホルトによって書かれた「実践的な対処行動としての戦略――ハイデガーの視点」という論文である(38)。これは、2006年に *Organization Studies* に掲載された。この論文にはそれなりにファンがいて、現在までに500回以上引用されている。そのアブストラクト（要旨）は、以下のようなものである。

具体的には、我々は、アクター（個人または組織）を意図的に目的志向的な戦略活動に従事する個別の存在として構成する支配的な戦略化の「構築」モードは、日常の実践的な対処を通して戦略が非意図的に出現する、より基本的な「熟考」モードに由来すると主張する。一方で、構築という観点からすれば、戦略というのは、望ましい結果を実現するために策定される計画に関する事前の構想を前提にしているが、熟考という観点からは、戦略は、意図や特定の目的に焦点を合わせた目標指向を必要とせず、前提ともしない――つまり、戦略的な「意図」は、全ての適応行動に内在的であると見なされるのである。

私が理解できる範囲では、この文章は、管理者（マネジャー）は厳密な計画に執着するというよりは、即興で物事を処理することが多い、ということを言っているように思える。著者たちは、彼らが唱える「実践としての戦略」という視点にハイデガーの議論が関連していることを示すために実に果敢なる試みに取り組んでいるのであり、また、そうすることで、彼らの議論は［ピエール・］ブルデューのハビトゥス概念に結びつけられていくことになるのだと言う。

ハイデガーの、関与における構築モードと熟考モードに関する区別を、実践としての戦略を扱ってきた文献に導入することによって、我々は、志向性や意識的な精神状態の存在の想定に頼ることなく、個人および組織の実践がアイデンティティと戦略を構成するのに十分な一貫性を示す可能性がある理由をさらに検討していくことができる。それでも、熟考モードの優位性を強調するからといって、我々は正統性への盲目的な従順、または内面化された構造的な力への同調を意味しているわけではない。アクターには巧みに対応する上での十分な余地がある。なぜなら、関与の熟考モードが促進しているのは、過去の経験と一致するような形で行動するものの、その時々の状況へのスムーズで中断のない適応を保証する方法で行動する無意識の傾向性だからである。このような一種の「吸収された志向性」をどのように説明するかという問いは、フランスの社会学者ピエール・ブルデューがハイデガーの議論を社会文化的文脈における人間の行動の物質的な構造化の研究にまで拡大するように導いたものであった。したがって、ブルデューの研究は、ハイデガーの洞察の文脈に位置づけて理解されなければならない。

一体何を言わんとしているか分かるだろうか？　私は優秀なる著者たちに対して敬意を表することにやぶさかではない。しかしその一方で、以上の文章は実際には、〈管理者（マネジャー）は必ずしも決まり切った計画に固執するのではなく、しばしば即興的に行動することを余儀なくされる〉という考え方に対して何ら新しい情報を追加するものではないと思う。

どうやら、近頃の学術文献の執筆作法には4つの黄金律《ゴールデンルール》があるようだ。第一に、長くて余り馴染みのない単語が使えるような場合は、それとは対照的な、短くて馴染みのある単語は絶対に使用しないこと。これによって、書き手が何を意味しているのかが分からなくなるので、誰にも批判されなくなる。次に、4つ以上の単語に引き延ばすことができる場合は、1語だけで済ませないこと。これで読者は疲れ果ててしまい、退屈になってウンザリさせられる。第三に、隠語、ビッグワード、そして大量の著名人の名前のオンパレードで読者を煙に巻くこと。これによって読者の批判的な感覚をさらに麻痺させることができる——ブルデューなりハイデガーなりがそう言っているのならば、それは正しいに違いない、だよね？　第四に、新鮮な比喩、ユーモア、アイロニーは人々の意識を覚醒させてしまうので、書き手にとっては禁物である。そういう要素は、即刻排除しておかなければならない。

こういうやり方で文章を書く者が自分の論文をジャーナルに掲載するという以外に他の動機を持っているとは信じがたい。少なくとも彼らの主たる関心の中には、広く開かれた議論の場を形成したり重要な問題に取り組んだりすることは含まれていない。ましてや、世の中を変えていくことなどには全く関心がない。彼らは研究評価の根幹を成す業績達成志向的な基準を内面化しており、彼らの文章が他の人の感覚を麻痺させてしまうような効果を及ぼしかねないという点については実に無神経なのである。

その種の効果は、研究者が、フランスの精神分析医であった故ジャック・ラカンやその同類に由来する誇大理論を援用しようとする場合にはさらに強くなってくるようである。マイケル・ビリグは、ラカンの理解不能な文体について批判してきた多くの論者の一人である。彼は、ラカンは「難解な著作者であり、物事を把握するのを難しくすることに喜びを見いだしているようだ。実際のところ、彼は、自分がほのめかしているポイントについて説明する際に具体的な実例を挙げてそれを示すことは滅多になかった」と指摘している[39]。また、ノーム・チョムスキーは、ラカンのことを「完全なペテン師であり、多くのパリの知識人がそうするように、テレビカメラの前でポーズを取っているだけである。なぜそんなものに影響力があるのか私にはまったく理解できない[40]」。しかし、経営学者や組織研究者を含めて、ラカンからかなりの影響を受けてきた者は少なくない。*Journal of Organization Studies* には44本のラカン関連の論文が掲載されてきたし、より批判的経営研究寄りの *Organization* の場合には74本の論文がラカンの文献を好意的な形で引用している。後者のジャーナルの場合にラカンが及ぼしてきた影響の大きさたるや、組織研究に対する彼の影響に捧げられた特集号の刊行を十分に正当化するほど重要であると思われていたようである。その特集号の冒頭に置かれた論説は次のように始まっている。

無論、ラカンは現時点で存命ではない。これは、彼が1981年に逝去したということを意味するのではなく、むしろ我々が「ラカン」と口にするとき、我々は言語、より正確にはシニフィアン（記号表現）を使用しており、そのシニフィアンは他の一連のシニフィアンの連鎖に巻き込まれているということを意味する。これは今では明白なことかも知れない。しかし、常にそうであったわけではない。「明白な」？　これは、私だったらこの文脈で使用する形容語ではない。抵抗を感じながらも何とか苦労して読み進めていくと、次のような文章が登場してくる。

これは恐らく、ラカンのおかげで、あるいは我々がここでラカンという名前で凝縮しているもののおかげで初めて我々にとって明白なものになっているのであろう。このような、主語の代わりに成立する1つのシニフィアンの生成は、ラカンが何度となく繰り返し我々に対して示している重要な幻想の1つである。これはまた、20世紀を通じて、「私」と発話するための努力の結果として我々が感じ始めることになった一種の愚かさでもある(41)。

このような書き方をあえて採用する人々がいるという事実を目のあたりにすると、最初は何が何だか分からなくて面食らってしまう。この不可解な事態に関する説明の1つが、ポール・グロスとノーマン・レビットによって提供されている。ポストモダニズムをめぐる面妖な謎について解説する中で、彼らはそのような書き方を採用することによって「新入会員として受け入れられる可能性が出てくる。つまり、特定のスタイルの話法を習得することによって他では得られない洞察が得られ、また、わけ知り顔の（しばしば独善的な）態度を取ることが認められた『選ばれし人々』の仲間入りができるという可能性が提供される」という点について指摘している(42)。しかも、右に引用した論説は必ずしも最悪の例というわけではないのである。*Organization Studies* のバックナンバーからラカンをテーマとして取り上げた論文を無作為に1本選んでみたところ、最初に私の目を引いた文章は次のようなものであった。

彼［ラカン］によると、ファンタジー（想像に属する）の重要な機能の1つは全体性の幻想を維持し、現実の出現から生じる不安を回避するための（記号による）象徴化の失敗によって生じた欠如を覆い隠すことにある。ファンタジーはナラティブ構造の1つであり、その内容には多様なものがあるが、失われしものを取り戻すという想像上の約束にもとづいている。(43)

これは実に残念なことである。というのも、この論文それ自体は重要な問題、つまり従業員たちが工場の閉鎖という脅威に対してどのように対応したかという問題を扱っているからである。この論文には素晴らしい文章が多く含まれており、また興味深いデータも挙げられている。しかし、そのような素晴らしい文章が出てくるのはきまってラカンが論文の表舞台に登場していないときなのである。どうも弟子たちが偉大なる導師を招請している際には、彼らはその師匠の文体を模倣する傾向があるようだ。これは取りも直さず、我々の分野でも作用している「影響の不安」を例証するものだと言える。我々自身の正気を保つためには、ここでラカン自身の著作から一例を取り上げておく必要があるだろう。

この2の問題とはわれわれにとっては主体＝患者の問題なのです。そしてここで、2は2を作るために1を完成することはできないが、1が存在することを許容するために1をくり返さなくてはならないという限りにおいて、精神分析的経験のひとつの事実に到達するのです。この最初のくり返しだけが数の生成を説明するのに必要であり、主体＝患者の状態を構成するにはただ1回のくり返しが必要なだけです。無意識の主体＝患者は自身をくり返す傾向のある何かですが、その状態を構成するにはただ1回のそのようなくり返しが必要なだけです……単純にいえば、言説の宇宙の中で何ものもすべてを含むことはないということを意味するだけであり、ここで皆さんは再び、主体＝患者を構成する裂け目《ギャップ》を見いだすでしょう。主体＝患者は現実には喪失の導入ですが、その地位からして現実は可能な限り満たされているのですから、何ものも喪失を導入はできないのです。(44)［ソーカル＆ブリクモン（2012: 40, 42)］

私は、上の引用でラカンが「単純にいえば」と語ったという点それ自体については大いに賞賛する。もっとも、アラン・ソーカルとジャン・ブリクモンが指摘するように、その後では「全てが朦朧《もうろう》としてくる」のである(45)［ソーカル＆ブリクモン（2012：43)］。このような文体は、1946年に出版されたジョージ・オーウェルの有名なエッセイ『政治と英語』を必然的に思い起こさせる。彼は次のように指摘した。

現代の散文の全体的な傾向は具体性からの離脱である……最悪の場合、現代の文章は、意味を示すために単語を選んだり意味を明確にするためにイメージを作り上げたりはしない。そのような文章は、他の誰かによって並べ立てられた幾筋もの単語の長い切れ端をつなぎ合わせて、その結果を完璧なる戯言《たわごと》によって提示できるようにすることで出来上がってくる。このような書き方の魅力は、それが実に簡単だということである。たとえば、「私は考える」というよりも、「私の意見では、～というのは正当化されない訳でもない仮定である」とする方がさらに簡単に書けるのである。それを習慣にしておけばより素早く書き上げられるようにさえなる。(46)

どうやらジャック・ラカンは、このオーウェルのエッセイを読んだことはなさそうである。また、明晰さに対する罪を犯しているのは彼だけではない。ジュディス・バトラーは米国の哲学者でありジェンダー理論家であり、その著作は、業績達成志向に関するアイデアを含めて、組織研究に対しても一定の影響を与えている。残念ながら、彼女の文章のスタイルには、彼女が取り上げてきた本来は重要なトピックに関する研究を台無しにしてしまうようなところがある。*Philosophy and Literature* というジャーナルは、かつて悪文コンテストを毎年実施していたが、バトラーは次のような文章で1998年に一等賞を受賞した。

> 資本が比較的相同な形式で社会関係を構築すると理解されている構造主義的な説明から、権力関係が反復、収束、再編の対象になるというヘゲモニーの観点への移行によって、時間性の問題が構造に関する考え方に持ち込まれ、構造全体を理論的対象とする一種のアルチュセール理論から、偶発的なものへの洞察が偶発的な場所と権力の再編の戦略と結びついたものとしてのヘゲモニーに関する新たな概念を導くような理論への移行が示された[47]。

これは気が遠くなるような代物であるが、恐らくバトラー自身による次のコメントに比べればそれほど気が遠くなるようなものでもない――「なぜ、これがそれほど理解しにくいと言われるのか私には分からない[48]」。彼女はニューヨーク・タイムズの紙面で自分の文章のスタイルを自己弁護しているのだが、右記の文章が具体的に何を言わんとしていたかという点に関しては特に説明しなかった[49]。バトラーは、彼女の文章の難解さを、自分が扱っている難しい主題を表現するためには専門的な語彙が必要だという理由でもって正当化している。これは、使い古された自己弁護のやり方である。彼女は、その最も有名な著作の1つである *Gender*

Trouble（邦訳『ジェンダー・トラブル――フェミニズムとアイデンティティの攪乱』）の第2版の序文で同じような自己弁護を繰り返して、次のように述べている――「明快を要求する人々は、表面上は『明確な』見方の背後にあってそれを動かしている策略を忘れているのだ」［2018年に刊行された邦訳は1990年の初版を元にしているためか、この文章は見当たらない］。ついで、バトラーはどうやら、特に政治家というものは嘘をつくために平易な言葉を使うことがあるという例からも分かるように、気取ったところがない文章それ自体は、強大な権力を持つエリートが大衆を混乱させるために使用するトリックの1つである可能性が高いと指摘しているようである。彼女は我々に「明晰さの到来が宣言されたときには、何らかの批判的な疑いを展開する」ように促す[50]。これは現実をひっくり返して上下逆さま、裏側にある物を表にするような主張である。私の見るところ、そのような主張は、権力、家父長制、同性愛嫌悪《ホモフォビア》に対して抵抗してそれらを破壊しようとするどころか、むしろ、理性をそれらの前にひれ伏すようにさせるような議論である。

それにしても、悪文大賞を受賞したバトラーの文章は一体全体どのようなことを言おうとしていたのであろうか？　スティーブン・ピンカーは私よりも勇敢なところがある男であり、それについて理解してみようと試みた――「その文章に何らかの意味があるとするならば、どうやら『一部の学者が権力は時間とともに変化する可能性があることに気づいたようである』ということを言っているらしい」。彼は、次のようにもコメントしている――「この恐るべき一節を目にする読者は、現実世界でそれに対応するような指示対象が一向に見えてこない状態で、抽象的な命題について扱ったさらに抽象的な命題を巧みに操るバトラーの能力にとりあえず驚嘆することだけはできるだろう……読者ができないのはそれを理解すること、つまり、バトラーが目にしている物を自分自身の目で見ることである」[51]。要するに、バトラーの文章の場合、言語は読者を招き入れるために開かれた扉などではなく、読者を締め出すためのバリケードとして使用されている。マーサ・ヌスバウムが指摘するように、これは、見せかけに満ちた形で「重要性のオーラ」を醸《かも》し出すために採用された文体なのである[52]。

この種のナンセンスに対してはタイムアウト（一時中止）を宣告する必要がある。ここで再度スティーブン・ピンカーの議論を引用すれば、彼は「学者の書く物が悪臭を放つ理由」という的を射たタイトルの論文で次のように主張している――「知的労働の成果を広く共有する際の方法に対して我々が無関心であることは、知識の普及を促進するという我々の天職にともなう責務に対する裏切りである。悪文を書くことで、我々は互いの時間を無駄にし、混乱と誤謬の種をまき、また我々の職業を物笑いの種に変えてしまっている」[53]。私は、この主張に対して全面的に同意する。もっとも、我々が真に望むのであれば、他にも採用できる書き方はあるはずだ。ここでは、私が特に尊敬の対象にしている2本の論文からの抜粋を例として取り上げた上で説明することにしたい。どちらも非常に読みやすく、また文章自体が実に見事に組み立てられている。実際、辞書に脇においたり頭痛を和らげるために鎮痛剤を服用しなくても、誰にでも理解できる文章である。

違う書き方

カール・ワイクの著作はその全てが読むに値するものである。彼が1993年に発表した論文「組織におけるセンスメイキングの崩壊――マン・ガルチ火災」は、1949年の火災で13人の森林消防降下隊員たちがどのような経緯で死亡するに至ったかという点に関する洞察あふれる分析である[54]。ワイクは主要なリサーチ・クエスチョンとして次のようなものを設定する――役割構造、センスメイキングそして苦境からの回復力はどのように崩壊していったのか、また、どのような回復力（レジリエンス）があればより良い結果を導くことができたはずであったのか。

彼の論文は、考察の対象となった災害事故それ自体について引き締まった文体でレビューすることから始まる。ここでは、文献レビューから始まるのではなく、災害それ自体に関する説明から始まっていることに注目して欲しい。また、ワイクは彼自身が収集したデータを利用しているわけではないという点にも注意が必要である。彼はノーマン・マクリーン［米国の作家］の著書『ヤング・メン・アンド・ファイア』（邦訳『マクリーンの渓谷——若きスモークジャンパー（森林降下消防士）たちの悲劇』）から事実を導き出しているのである。(55) ワイクは、ついで、マクリーンが本を書くための資料を集めるのに苦労したことについて説明している。というのも、問題となった事故が起きて以降何年も経ってからその作業を開始しただけでなく、重要な情報源となるはずの人々は既にほとんど亡くなっており、またマクリーン自身が老齢に差し掛かっていた。

ここで我々は、間接的に、このセンスメイキングに関する研究それ自体が一種のセンスメイキングの作業であり、しかもそれが至るところに見出されるという点に気づかされる。5ページ目になってから、ようやくワイクは、死亡したスモークジャンパーと生き残ったスモークジャンパーを「1つの組織」と見なすことができると考えられる理由について説明している。またこの事件が「従来想定されていなかった、組織の脆弱性をもたらすことになる原因」を浮き彫りにしているという点に言及する。(56) この点こそが、この論文における重要なポイントである。次に、ワイクは事故の内容について詳細に再検討して、センスメイキングの崩壊の発生と致命的な意思決定につながったパニックについて調査する。その上で、〈チームメンバーの積極的な相互依存を促進することによって災害を回避できる可能性があった〉というアイデアを展開する。

この論文は「新しい理論」を提供しているだろうか？　私はそうは思わない。ワイクは論文の要約で次のように結論づけている――「そして、本論文における事例分析は組織に関する文献に関連づけられることによって、一時的なシステム、構造化、開示されていない親密さ、複数のグループ間のダイナミクス、およびチーム・ビルディングに関する考え方について再検討する必要があることを示している」[57]。論文全体は循環的な構成になっており、ワイクは、幾つかの関連する理論（たとえば、センスメイキング関連の理論）の概要について簡単に解説した後で致命的な結果をもたらした火事の話題に移り、再び本題に戻ってくる。彼は既存の理論を斬新な方法で使用することによって、危機状況にある組織というものに関する我々の考え方に対して変革をもたらしているのである。論文自体には、包括的なメタ理論［理論についての理論］的なフレームワークに関する言及はない。しかし、何世代にもわたる研究者は、このワイクの論文から多大なる恩恵を受けてきた。またこの論文は、経営実践に関わるマネジャー、学生、あるいは一般の人々ですら容易に読むことができる。そして、読者は文章の魅力を堪能するだけでなく、この論文の中に盛り込まれた人間的興味（ヒューマン・インタレスト）［生身の人々の具体的な行動や態度に関する興味・関心］とその中に含まれる独特の価値を見出すことができるはずである。

ワイクの論文の書き方はこのように非常に魅力的なものであるが、私は必ずしもワイクのような文体が、とっつきやすくかつ素晴らしい論文を書くための唯一の方法だと言っているわけではない。1992年にビル・スターバックは*Journal of Management Studies*（JMS）に「知識集約型企業における組織学習」という論文を発表した[58]。JMSは、その後数年経ってからその論文を『JMS古典論文集』という小冊子の中に再掲載した。同論文は、知識集約型企業とは何か、またそれらの企業がどのように組織され、どのように経営されているかなどの点に関する我々の理解に対して重要な貢献を果たしている。

スターバックの論文は次のようなストーリーから始まる――「ガーデン・カンパニー（仮名）の総括責任

者は、ジョン・ダットンと私に対して、彼が『ロット・サイズ問題』と呼んでいる事柄についてのアドバイスを求めてきた。彼は、ガーデン社が経済的に効率的な量で製品を製造しているかどうかという点について疑問を抱いていた、と述べていた」。次に続くのは、1文だけの新しい段落である――「そのとき、我々は、これがどれだけ不思議で思い出深い経験になろうとは予想だにしていなかったのである！」(59)。スターバックは、彼とダットンがどのようにして工場でガイド付きツアーをしてもらったかに関する「物語」を述べている。これは、製造プロセス、労働者の態度、そしてまた、そのときに観察することができた、同工場における作業の非効率性に関する豊富かつ詳細な記述になっている。ついで、多くの良くできたストーリーがそうであるように、この物語には予想外の展開がある。明らかに非効率だらけであるように見える作業内容だったにもかかわらず、実際にはこの企業は非常に高い収益性を示していることが判明したのだった。スターバックは次のように書いている――「ジョンと私は、その工場でビジネスに関する幾つかの講義を受けることになった……しかも、工場の統括責任者は我々に対してその授業料を請求することさえしなかった！」(60)。ここで、この物語における役柄は逆転している。つまり、クライアントが実は教師であり、教師「であったはずのスターバックとダットン」はクライアントだったのだ。そこから、ガーデン社の主な成功要因、つまりその労働者が持っている専門的知識が果たしていた意義が明らかにされることになる――「同社は知識集約型の企業（Knowledge-Intensive Firm＝KIF）だったのである」(61)。

ここで、右で私が要約した内容に欠けているものに注目して欲しい。たとえば、この論文には、研究の目的、方法、インタビューの手続きなどに関する詳しい解説はない。これまでのところ文献レビューもない。文献レビューと呼ぶことができるものは、「KIFとは何か？」という見出しの下で、論文の約3ページ目になってようやく始まっている。このような文献レビューは、論文の最初のパートに置いても良かったかも知れない。しかし、むしろそのような定型的な構成にしないことが持つ利点に着目して欲しい。この論文の場合、その冒頭で著者たちの実体験が解説されていることによって、文献レビューは、通常の論文の構成だったら到底不可能だと思われるほどに現実の世界と密接に対応した形の位置づけになっている。スターバックはまた、論文の中で、自分自身を物語における中心人物として描き出している――「KIFと他のタイプの企業の違いに関する議論には実に多様なものがあったので、私は、どのような定義を採用した場合でも知識集約型と呼べるような企業に焦点を合わせることにした。その出発点として、私は『エキスパート』については博士号と同等の正式な教育と経験を持つ者と定義し、一方で、KIFをそのような専門家が社員の少なくとも3分の1を占めている企業という具合に定義した(62)」。スターバックは、事情通であるかのようなポーズをとることを注意深く避けつつ、頻繁に「私にとって意外だったのは」とか「我々が驚いたことには」などと述べている。そして、この論文は、私には実に見事な筆致で書かれたものとしか思えない、次のような結論を導き出している。

このような一連の流れの美しさと精妙さについて適切に評価するためには、社会科学者は、広範で雑多なカテゴリーを一緒くたにして平均値を求めるようなやり方を放棄する必要がある……社会科学の場合、広い範囲に当てはまる一般的なパターンを割り出すというだけでは過度な単純化に陥ってしまい、実際に起きていることのごく一部しか捉えられない。そういうやり方では、科学者はランダムなものにしか見えない世界に取り残されたままになる。また、一般的なパターンには、過去の知見と一致するものだけを強調し、微妙な変化を見落としてしまう可能性がある。世界には、明るい色、焼けるように暑い日、例外的な企業、並外れたエキスパート、そして特異なKIFも存在しているのである(63)。

これは知的刺激に満ち、また心地よい美的感覚を味わうこともできる論文である。しかし一方で私は、この論文が今の時点でＪＭＳに投稿されたとした場合、デスク・リジェクト［最初の審査の段階での編集委員によるリジェクト］されるに違いないと確信している。

我々に何ができるのか？

まず最初に、本書の主題に沿って言うならば、我々は、優れたアイデアがトップジャーナルでしか見つけられないという信念から自分たち自身を解き放つ必要がある。この種の信念［固定観念］には根絶しがたい面がある。ジェームズ・ウォルシュは、２０１０年の米国経営学会の大会で会長声明を発表し、それは後に *Academy of Management Review* に掲載された。その中で彼は次のように語っている――「私はかつて、有名なビジネススクールに所属する傑出した同僚に、どうして彼の長年にわたる研究成果を１つの強力なステートメントの形にまとめた本を書いてこなかったのかと尋ねたことがある。私は、その問いに対する答えとして彼が即座に話してくれた内容を決して忘れないだろう――『トップジャーナルに論文を書かないのだとしたら、お袋に手紙を書くほうが僕にとってはまだマシだよ』」[64]。私としては、我々の神聖なるジャーナルに掲載されているような数多くの論文を書くことなどよりも、むしろ母親（既に亡くなっている場合も含めて）に手紙を書くことの方が明らかに有効な時間の使い方だと言いたくなってくる。しかしながら、ウォルシュの引用に示されている信念とは矛盾するような幾つかの証拠について検討してみて欲しい。

ジェイ・バーニーは、１９９１年に *Journal of Management*（ＪＯＭ）に「企業の資源と持続的な競争優位」というタイトルの論文を発表した[65]。現在、Google Scholarで見ると6万回を超える引用がなされていることが分かるが、これはたしかにあらゆる点で素晴らしい数値である。しかし、バーニーは、その論文について2005年に回顧的な解説を発表しているのだが、その中で、この論文は主要なジャーナルによって何度もリジェクトされた後に、彼自身が編集担当にあたっていたJOMの特集号でようやくアクセプト（採択・受理）されたのだという事実を明らかにしている[66]。同じように、ジェフリー・フェファーは、2007年に、主要な経営理論上のアイデアで「最初に発表されたのは書籍や書籍の章、論文の場合には非一流のジャーナルで公開された」という多くの例をリストアップしている[67]。その中には、取引コスト理論、エージェンシー理論とコーポレート・ガバナンス理論、ステークホルダー理論、そして資源依存理論などが含まれている。要するに、我々は、幾つかのアイデアが掲載されているジャーナルという裁きの場にひれ伏すのではなく、我々自身のアイデアの質に対してもっと注意を払う必要があるのだ。

また、理論構築や実証研究をおこなう際の基本的なアプローチの仕方について再検討してみる必要もある。ヘンリー・ミンツバーグは賢明にも次のようにコメントしている――「我々は経営学分野あるいは社会科学一般で流行している方法にあまりにも囚われ過ぎている。それらは、あまりにも多くの場合、凡庸な結果を導き出すだけに終わり、統計的な意味でのみ重要（significant）なのである……たとえば、少なくとも帰納的な推論をおこなうために単一のサンプルを使用することにどのような問題があるというのだろうか？」[68]。我々はどうやら一種の知的露出症を患っているらしい。つまり、自分たちがどれほど賢いかを誇示することを目指して、方法や理論を必要以上に複雑なものにしてきたようなのである。しかし、現実には、それによって、元々の意図とは正反対の結果を招いているだけなのかも知れない。

論文を書く方法にはもっと多様なやり方があっていいはずだ。我々のジャーナルの論文における標準的なアプローチは、たしかに我々がおこなう研究の多くにとっては相性が良い。しかし、必ずしもそれが全てに適しているわけではない。本章で挙げたカール・ワイクやビル・スターバックの論文は、そのような通常の決まり事に逆らうことによってむしろ華々しい成功を収めた例である。私は、著者、編集委員、査読者に対しては、論文を構成する上での多様な方法や、さまざまな文体の論文に対してもっとオープンな形で向き合うことを推奨したい。ミンツバーグが書いているように、「世界は非常に豊かで多様なのである。したがって、それをあるがままに見ることができれば、あなた自身がもっと創造的な人間として見えてくるはずである」。実際、世界は実に豊かで多様なのであり、「イントロダクション、文献レビュー、方法、結果、考察という」拘束衣のようになってしまった1種類の論文のフォーマットだけで済ませられるようなものではない。また文体についても、虹を構成する全ての色帯（スペクトラム）の存在を無視して灰色だけで描こうとするようなスタイルに収まることなどあり得ない。我々は、もっとうまくやれるはずなのである。

結語

1859年にチャールズ・ダーウィンは、『種の起源』をあらゆる科学文献の中でも最もよく知られた一節で締めくくった。

さまざまな種類の膨大な数の植物に覆われ、叢の上で鳥たちがさえずり、色々な昆虫が飛び交い、湿った大地をミミズが這い回る土手を思い浮かべ、また、これらの精妙な生き物たちが互いに非常に異なり、非常に複雑な方法で相互に依存しているとこに思いをいたし、これらが全て我々の周りで作用する法則によって生み出されたのだと考えてみるのはきわめて興味深いことである……自然界の闘争から、飢餓と死の中から、我々が想像することができる最も崇高な目的、すなわち高等動物の誕生がもたらされてきたのである。生命についてのこの見方には壮大さがあり、その幾つかの力は、もともと幾つかの生命の形態あるいは一つの形態に吹き込まれていた。そして、この地球という惑星が不変の重力の法則に従って回転しているあいだに、きわめて単純な初期の形態から、最も美しくかつ最も素晴らしい際限の無いほどに多様な形態の生命が進化してきた（evolved）のである[69]。

ちなみに、これはどのような語形変化の場合にせよ「進化（evolution）」という言葉がダーウィンの書いた本の中に登場した最初の例である。何と鮮やかで、刺激的で、印象的な文章であろうか。組織に関する我々の著作の中で同じように素晴らしい文章があるかと聞かれれば、私にはすぐには思いつかない。それでも、組織というのは田舎の畑や生け垣の場合と同じくらいに多くの生命で充満している。それには、特定の研究者部族やマイクロ部族、狂気の発生、生存競争、大量絶滅、そして新しい形態の組織生活の増殖や繁茂などが含まれている。また、組織は、愛と憎しみ、楽観主義と絶望、そしてこれらの両極端のあいだのどこかに位置づけられるあらゆる種類の感情に満ち溢れている。組織についての研究は時には発狂してくるほどに難しい半面、時には夢中になって打ち込めるものであり、かつ面白いことが多くて、退屈することなどは滅多に無い。我々の研究は、現実に組織の中で生活する人々について書いたり、我々が皆経験する限りないほど多くの失敗や勝利について書くという特権を我々に与えている。またどのようにしたら組織のあり方を改善できるかという点について議論するための無数の機会も与えてくれている。

しかし、我々が書くものと言えば、どうやらそういった特徴に対しては無感動であり、目の前に展開しているとてつもなく素晴らしいものであるはずの光景を、そこから全ての生命の痕跡と色彩を取り除いた上で描き出してきた。そういうやり方は、我々が提示するアイデアに対して幅広い聴衆を惹きつけられるようなアプローチではないだろうし、実際それに値するものでもない。

恐らくは、もっと理解しやすい理論を使って、より多様な形で、そしてもう少しユーモア、好奇心、情熱的な心を持って、経営や組織について書き始めるべき時が来たのであろう。

第7章 欠陥だらけの理論、怪しげな統計分析、まことしやかなオーセンティック・リーダーシップ理論

はじめに

現在のところ、何らかの形でリーダーシップを専門の研究テーマとして扱っている学術ジャーナルの数は少なくとも93誌にのぼる。Google Scholarで検索してみると本書の執筆時点で24万4000本のリーダーシップ関連の論文がヒットするし、アマゾン・コムのサイトを見れば、題名に「リーダーシップ」が含まれている本の数は10万点に及ぶ。もっともどちらの数も、この原稿を書いているあいだには既に古びた情報になっているに違いない。このように、このテーマに関しては明らかに熱狂的な関心が存在している。

その背景には、空港のブックショップに陳列されているようなビジネス書とか、『ハーバード・ビジネス・レビュー』のような発表媒体の持つ絶大なる威力がある。それらの刊行物によれば、どうやら我々が直面している全ての問題は、単にふさわしいリーダーが着任するだけで解決できるらしい。何しろ、それらの文献の中におけるリーダーは一種のスーパーマン、つまり力強く、自信に満ち、勇敢で実行力があり、かつ

情熱的に職務に取り組み、確固としたビジョンを持っている人物であるかのように描かれているのである。一方、研究者たちの側では、リーダーであれば誰もが身につけるべきである特性や技術について、ますます多くの数の資質を数え上げるようになっている。そして、それらの数々の優れた資質は限られたごく少数のリーダーが実際に兼ね備えているものだとされている。それに加えて、リーダーにとって必要とされるスキルを指南することをうたい文句にしているコンサルタントは数限りなく存在している。

以上のような話を聞くと、世のCEOやCEO志望者は大いに興味をそそられることになるだろう。結局のところ、自分が、単に表計算ソフトの数字をいじっているだけではなく、実は世の中に大胆な変革をもたらしているのだと信じることができれば、大きな満足感が得られるに違いない。

ビジネス関係のジャーナルにとっても、そのようなリーダーシップに関する考え方は、ビジネスにおける成功や失敗の理由について説明できる魅力的な物語を紡《つむ》ぎ出す上では非常に好都合である。ある企業の業績が好調である場合、その功績は、忠実で熱狂的な部下たちを優れたビジョンを通して鼓舞したCEOに帰せられることになる。逆に不調な場合は、全ての責任がCEOの肩に背負わされる。お決まりのストーリーによれば、そのようなダメCEOのビジョンは時代遅れなのであり、そのリーダーシップスタイルは、会社がうまくいっているときにこそ賞賛されていたものの、今や無気力な態度と無為を社内に蔓延させている元凶だとされる。この種の解説は、つまるところ、偉大なる勝利ないし壊滅的な失敗のエピソードに満ちた世界、惨めな結果に終わった野心と予想をはるかに越えた華々しい返り咲き、そしてまた、『ゲーム・オブ・スローンズ』［2011年から2019年にかけて米国で放映されたTVドラマシリーズ］のファンには確実に受けるであろう、王殺し、父殺し、母殺しの物語として仕立て上げられているのである。

もっとも実際のところ、その種のリーダーシップ研究で扱われている「成功」なるものの多くは見かけだけのものに過ぎない。本章では、このような私の見解を証明するものとして、近年になってかなりの隆盛をきわめているリーダーシップ研究の分野であるオーセンティック・リーダーシップ理論（Authentic Leadership Theory＝ALT）の事例を取り上げて解説していく。この理論に対する関心の高まりの背景には、社会全体における「オーセンティシティ（真正性、本物らしさ）」という発想に対する強い関心がある。この考え方は、〈我々の内的な価値観と我々が他人に対して自分というものを表現する仕方とのあいだにどれだけの一貫性があるか〉という点を中心にして定義されてきた[1]。しかしながら、これからこの章で見ていくように、ALTには、本書全体を通して扱っている多くのテーマが如実に表れている。つまり、貧弱な理論構築、粗悪な実証研究、いかがわしい研究方法、仮説を肯定しがちなバイアスと怪しげな統計分析である。実際、ALTの輝かしい見かけの裏には、腐敗と崩壊寸前の土台、そして何よりもスキャンダルの匂いが漂っているのである。

第5章では、経営学分野で撤回された131本の論文について解説した。その中の7本はフレッド・ワルンブアが共著者になっている。さらに、これらのうちの3本は、ALTの展開における重要な論文である（あるいは、「であった」[2]）。彼が共同執筆した別の論文は、権威ある*Journal of Management*（JOM）に掲載されたものだが、その論文の目的としては、Authentic Leadership Questionnaire（オーセンティック・リーダーシップ質問表＝ALQ）[3]の妥当性の検証というものが掲げられていた。研究者はこのALQを無料で利用できるが、商業目的の場合にはウェブサイト（www.mindgarden.com）を介して有料で利用することになる。しかし、JOMに右に挙げた論文が刊行された直後に、ALQによる測定の根拠について検証しようとした統計分析に欠陥があることは明らかになり、多くの研究者がそれに関する懸念をインターネット上に投稿した。それらの研究者たちは、提示されたデータの性格を考えると、論文の中で示されている研究結果のうちの幾つかは到底支持されるものではないと主張したのである。[4] しかしJOMはその論文の撤回を拒否し、その代わりに（ワルンブアを除く）オリジナルの著者たちによる新しい論文を2018年に掲載した上で、「今回は間違いなくALQを支持する結果になっている」という主張を展開した。[5] 結局のところ、それでALQは妥当で信頼性のある測定具として見えるようにはなった。もっとも、それは、いつもセンチメートルとインチの単位を混同してしまっている建設業者が、それでも何とかして寸分の狂いもないほどの精度で家を建てることができた、と言い張るようなものである。それは、もしかしたら不可能ではないのかも知れないが、現実にはとてもありそうもないことである。

それにしても、何が問題なのか、また我々は今後それについてどのようなことができるだろうか？

オーセンティック・リーダーシップとは何か？なぜそれが重要だと思われているのか？

ここで少しばかり、一連の出来事の背景について解説しておく必要があるだろう。リーダーシップ研究は1970年代に入って低迷していた。次から次へと雨後の筍《たけのこ》のように研究上の流行が生じており、その結果として、膨大な量の研究によってリーダーシップに関する知見の山が築かれた……とまあ、言えるほどのことなどは現実には無かったのだが。実際、「リーダーシップ」の定義の数は、リーダーシップについて何かを書いている者の人数と同じくらいある、ということがよく指摘されていた。そこに救いの神として登場してきたのが「変革型リーダーシップ（transformational leadership）」である。1978年になって、ジェームズ・マクレガー・バーンズは、リーダーシップを交換型（取引型）あるいは変革型のどちらかに分類できると主張した[6]。

交換型の場合は、さまざまな当事者がそれぞれ別個に目標を達成できるように、商品、サービス、あるいはその他の種類の報酬の交換がおこなわれる。バーンズは、この交換型アプローチの目的は、「フォロアーの集合的利益のために行動する共通の目的を持つ人々のためにおこなわれる協調的な行動ではなく、それぞれ別の道を歩む個人またはグループの個々の利益を支援するための取引関係である」と述べた。

彼は、その交換型の場合とは対照的に、変革型リーダーシップについては非常にポジティブなものとして描き出した。この場合のリーダーは、フォロワーの目標、動機、願望、価値観、感情を変革していく。この新しいマインドセットは、「リーダーとフォロワーの集合的な利益あるいは共同で築かれた利害関係」を示すものであるために、より高いレベルのものであると想定された。一方で、暗黙のうちにまたしばしば明示的な形で、この理論的見解では、ほとんどの権力が指導者の手に集中されるべきであると示唆されている。もっとも、そのような権力は、集団の利害を犠牲にして、リーダー自身の利益を追及するためにも同じように使用できることがすぐに明らかになった。驚いたことには、管理者（マネジャー）と従業員は、同じチームのためにプレイしているような形で振る舞うとは限らなかったのである。従業員が反乱を起こすこともあり、リーダーの方では従業員の利益よりも自分の利害関心を優先することがあった。

このジレンマは「ヒトラー問題」と呼ばれている。ひと言で言えば、ヒトラーは変革型リーダーと見なすことができるか、という問題である[7]。ヒトラーはマーティン・ルーサー・キング牧師、あるいは他のより道徳的なリーダーと同じカテゴリーに属していると考えられるだろうか？　そうでない場合は、誰が道徳性を構成するものに関する標準を設定し、またどのような基準を使って、誰がそれを検証するというのであろうか？

バーンズはこれらの問題を念頭に置いた上で、「変革型リーダーシップには本質的に倫理的な側面がある」と主張した(8)。やがてこれは「オーセンティックな変革型リーダーシップ（authentic transformational leadership）」の概念に結びついていき、そこからオーセンティック・リーダーシップ理論（ＡＬＴ）が誕生することになったのである。特にバーナード・バスは、企業組織に対して変革型リーダーシップ理論を適用するという、この動向に関与している。彼は、１９９９年にポール・スティールドルマイヤーとの共著論文で、「真正（authentic）」の変革型リーダーシップと「非真正（inauthentic）」の変革型リーダーシップを区別しようとした(9)。真正の変革型リーダーはフォロアーの欲求に真摯に応えようとするのに対して、非真正の変革型リーダーは自分自身の利益を優先するというのである。

これからすれば、ヒトラーや北朝鮮の金正恩のような「リーダー」は実際には明らかにリーダーなどとは呼べないということになる。また、〈悪い変革型リーダーなど存在しない〉ということになれば、理論には問題がないということにもなる。これはある種の理論家にとっては好都合な「［モノポリーゲームの］刑務所釈放カード（魔法の切り札）」ではあったが、私を含む他の多くの者にとっては説得力に欠ける理屈としか思えないカードでもあった(10)。しかし、どんなにひどい仕事しかできなくても大工は大工であるように、理論を構築する者はそれでもいっぱしの理論構築家と自称することができる。この点が忘れられがちであるために、ＡＬＴは今や全ての良いことを包含するような形で拡張されつつあり、現実世界のリーダーが実際に達成できることをはるかに超えるほど高いレベルの期待が設定されている。

ＡＬＴ関連の文献に見られる基本的なトーンは、ＪＯＭに掲載されたワルンブアらの論文（かなりの議論を呼んだ論文である）に挙げられている次のような定義に示されている。彼らは、ＡＬ（オーセンティック・リーダーシップ）について次のように解説しているのである。

ポジティブな心理的能力とポジティブな倫理的環境の双方を活用するとともにみずから促進し、より良い自己認識と内面化された道徳的視点、バランスの取れた情報処理、およびともに働くフォロアーとの関係における透明性を涵養してポジティブな自己開発を促すようなリーダーの行動パターン(11)（強調は原文）。

「ポジティブ」という言葉は、オーセンティック・リーダーシップ系の多くの文献に見られるが、それによって、これらの文献が「ポジティブ心理学」として知られる運動の一画を占めていることが明らかになる。フレッド・ルータンスとブルース・アヴォリオは、2003年にポジティブ心理学に関連して出版された書籍の1章の執筆を担当し、そこで彼らはALTとこの心理学派との関係を無条件に認めている。彼らは次のように書いている――「ポジティブな構成概念としてのオーセンティシティの特徴を記述する言葉には、真正の（genuine）、信頼できる（reliable）、信頼に値する（trustworthy）、本物の（real）、真実の（veritable）などが含まれる。ポジティブ心理学者は、このオーセンティシティというものを、個人的な経験（思考、感情、または信念、「内にある本当の私」）をみずからのものとして所有し、また真の自己に従って行動する（自分が本当に考えて信じているとおりに行動し表現する）ことの両方を含むものだと考えている」。彼らは、世論調査会社のギャラップを恰好の事例として取り上げて、同社の特徴について次のように述べている――「従業員の才能と強みを特定して適切な仕事と適合させることによって、職場へのポジティブ心理学の応用に重点を置いてきた。……またこれが、生産性、利益、顧客サービス、安全性、離職率の低さなどの望ましい組織成果に密接に関連していることが示されてきた(12)」。

他の主流のリーダーシップ理論と同様に、ALTの場合も、組織成員たちのほとんどが共通の利害関心を持っているという点については当然の前提としている。ここで必要になるのは、それを前面に押し出すために必要なだけのポジティブな姿勢を採用することによって良きことを実現することである。こういう考え方には、デイビッド・コリンソンが「プロザック（抗うつ剤）的リーダーシップ」と呼んでいるものを生み出してしまうリスクがある。事実そのような場合には、常にポジティブな関心を持つことによって、リーダーたちは、彼ら自身の有能さと彼らが率いる組織の健康状態に関して危険なほどに［ポジティブで］不正確な認識を持つことになってしまうだろう。[13]

さらにワルンブアは、今度はタラ・ワーンシングとの共同執筆で、権威ある『オックスフォード版リーダーシップ・ハンドブック（*Oxford Handbook of Leadership*）』において、以上のような発想を拡張するような形で、ALTには次に挙げる4つの次元があると主張している――自己認識、関係の透明性、バランスの取れた処理（つまり、意思決定の前にデータを客観的に処理する能力）、および倫理的な意思決定を促進する内面化された道徳的視点。[14] オーセンティックなリーダーたちは完璧なるお手本のような存在であり、どうやら［キリスト教の］聖人候補でもあるようだ。表7・1には、彼らが持っていると言われる特徴のほんの一部をリストアップしておいた。[15] ここで読者には、生身の人間の場合に、果たしてこれだけ広範囲に及ぶ模範的な行動を取れるものかどうか考えてみていただきたい。

本章をこの表の場合と同類の引用によって埋め尽くすことができないわけではない。しかし、これだけでも現在生じている事態の概要についてはある程度理解できると思われる。どうやら、オーセンティックなリーダーが生み出すことができる成果には限界がないようなのである。[16] 彼らはフォロアーの基本的なニーズを満たし、[17] フォロアーが彼ら自身の行動においてより真正であることを促し、またフォロアーに道徳的な勇気を発揮させるように仕向けるのである。[18] さらにオーセンティックなリーダーは、優れた経営成果を上げるの

表7.1　オーセンティック・リーダーシップの性質

「オーセンティックなリーダーは、自信があり、希望があり、楽観的で、回復力があり、道徳的・倫理的で未来志向であり、仲間をリーダーに育てることを優先する……オーセンティックなリーダーは自分自身に忠実であり、彼（女）が示す行動はポジティブな形で仲間をリーダーに変えたり成長させたりする」

Luthans and Avolio, 2003, p. 243

オーセンティックなリーダーとは、「(a)リーダーとしての役割が自己概念の中心的な要素であり、(b)高レベルの自己決定あるいは自己概念の明確さを達成しており、(c)自己と一致した目標を持っている人々のことであり、(d)彼らの行動は自己表出的である。

Shamir and Eilam, 2005, p. 399

「オーセンティックなリーダーは彼らに生得的に備わった能力を用いるが、彼らはまた自分の欠点について認識しており、それらを克服するために懸命に努力する。彼らは目的、意味、価値観をもって人々を率いる。彼らは人々と永続的な関係を築く。他の人々は、彼らがどのような立場にあるかを知っているので彼らに従う。彼らには一貫性があり自己規律がある。彼らの原則が試練にさらされるとき、彼らは妥協を拒否する。オーセンティックなリーダーは、リーダーになるには生涯にわたる個人的な成長が必要であることを知っているので自助努力に専念している。

George, 2003, p. 12

オーセンティック・リーダーシップは、「ポジティブな心理的能力とポジティブな倫理的環境の両方を利用かつ促進し、より良い自己認識と内面化された道徳的視点、バランスの取れた情報処理、およびフォロアーとともに働くリーダーの関係における透明性を涵養してポジティブな自己開発を促進するようなリーダーの行動のパターン」のことである。

Walumbwa et al., 2008, p.94

オーセンティック・リーダーシップは、次のものにもとづいている――「オーセンティシティ：中核的で重要な価値を支持する組織構造の中における重要な関係性を通してオーセンティックな自己を発見することを伴う。目的志向性：未来に向けてのビジョンを形成するために知性とハートと魂を投入する現在の組織メンバーの善良な意図からエネルギーと方向性を引き出す先見の明のあるリーダーシップを意味する。スピリチュアリティへの新たなコミットメント：関係性の構築を目的として、各人の精神の再発見と共通の意味を賞賛することが要求とされる。感性：特に生活と仕事に見られるグローバル化の傾向の高まりに照らして多くのリーダーが活動する多文化環境との関連で、他者の感情、願望、ニーズに対する配慮としての感性。

Bhindi and Duignan, 1997, p. 119

オーセンティックなリーダーとは、「(1)自己をよく知り、謙虚であり、常に改善を求め、率いている人々を認識し、他の人々の幸福に配慮している人であり、(2)倫理的な道徳的枠組みを構築することによって高度な信頼を育み、(3)社会的価値観の構築の中で組織の成功を目指して取り組んでいる」。

Whitehead, 2009, p. 850

「オーセンティックなリーダーは、ジレンマについてさまざまな角度から判断する高い倫理的能力を示し、各種の利害関係者のニーズを考慮することができる」。

May et al., 2003. p.248.

だともされている。[19] オーセンティックなリーダーは、高い道徳的基準、公正さ、誠実さの良き模範例となっており、「また彼らに対するポジティブな評判は、従業員のあいだにポジティブな期待を育み、組織の利益のためにリーダーと協力するために必要となる信頼と意欲のレベルを高める」と言われている。[20]

ブルース・アヴォリオとワルンブアを含む彼の共同研究者の多くは、それよりもさらに素晴らしいリーダー像を描き出している。彼らによれば、「オーセンティックなリーダーの影響は、ビジネス面での成功の次元をはるかに超えている。そのようなリーダーは、公共政策に関わる問題に取り組み、組織的・社会的な問題に取り組むことによって、より大きな範囲での社会において重要な役割を果たし得る」のだと言う。[21] ここで、ビジネスリーダーたちは、自分たち自身を一種の救世主として見なすことを要求されているようである。つまり、彼らの仕事は、本質的に、世界を救うことなのである。

これらの点からすれば、他の場合と同様に、ＡＬＴは変革型リーダーシップの進化形などではなく、むしろその再ブランディングだと言えそうである。実際、変革型リーダーシップの場合と同じように、オーセンティックなリーダーは他者に対して影響を与えてポジティブな変化をもたらすという点でとてつもない能力を持っているらしい。オーセンティック・リーダーシップに関する文献には、コンフリクトや権力に関する実質的な議論は一切見られない。その結果として、それらの文献は、アレッシア・コントゥが指摘しているある種のファンタジー、つまり「管理者（マネジャー）側が第一義的に正当な役割を担っており、それ以外の全員が（暗黙の前提とされた）合意にもとづく生活様式の中で、与えられた役割を全うすることが想定されている、管理主義的で家父長的かつ父性主義者的なファンタジー」と名づけられたものを生み出している。[22]

これからすれば、オーセンティック・リーダーシップが急成長を遂げつつある産業になっているのも不思議ではない。流行の波に便乗するという点において卓越した「サーファー（波乗り屋）」でもあるハーバード・ビジネススクールは、現在、オーセンティック・リーダーシップに関する経営幹部向け教育プログラムを提供している。同スクールのマーケティングで採用されている宣伝文句には、そのプログラムが「リーダーシップに関するビジョナリーであるビル・ジョージ」によって開発されたと主張している。また、同プログラムに参加することを通して、「オーセンティシティを示すことによって人々を率いることができる独特の特徴をみずから見出し、あなた自身が最も尊敬するようなタイプのリーダーになることができる」と約束している。[23] そして、もしハーバードやフレッド・ワルンブアあるいは他の提唱者が主張することの半分だけでも本当のことであれば、それにかかる費用（ハーバードの場合は、5日間で1万5500ドル）はまさにそれに十分に見合う料金だと言える。

もっとも、そのような形で祝福するのはもう少し待ってみる方が賢明なようである。というのも、その「理論」なるものはほとんど空虚なレトリックに過ぎないからである。また、理論を支持する根拠として提示されている実証研究がある種のマスタークラス（上級特別クラス）であることは認めざるを得ないが、残念ながらそれらは不完全な研究方法という意味でのマスタークラスなのである。何しろそれらの実証研究は、理論にとって有利となる肯定的な結果のみが出てくるように設計されているのである。さて、いよいよALTに対して批判的分析のメスを入れるべき時が来たようだ。

欠陥だらけの理論化、無根拠の仮定、同語反復的な論法

変革型リーダーシップに関する初期の文献の多くは、ビジネスリーダーたち、特にクライスラー自動車の

リー・アイアコッカ会長の悪戦苦闘の物語について解説することに起源がある。[24]同じような点はALTにも当てはまる。ビル・ジョージはメドトロニック社の元CEOであり、先に見たように、ハーバード・ビジネススクールがオーセンティック・リーダーシップに関して提供している教育プログラムでは、そのプログラムの立案者として名前が挙げられている。彼は2003年に*True North*（邦訳『True North リーダーたちの羅針盤』）という広く引用された共著の本を出版し、続いて2007年には『ハーバード・ビジネス・レビュー』に、これもまた頻繁に引用されてきた共著論文を発表している。[25]その後に続く文献の多くは、ジョージがその概要を示したテーマをさまざまに言い換えただけのものであるように読める。それでも、彼のオリジナルの著作を改めて読み直してみると、色々と考えさせられる点がある。その本は、作者が元CEOであるという事実のみで真剣に受け止められたという類いに過ぎないナンセンスな話のオンパレードなのである。その本における典型的な文章は次のようなものである。

トゥルー・ノースは、人生を成功に導くための内部コンパスである。それは最も深いレベルであなたが人間としてどのような人であるかを表している。それは、あなたにとっての方向付けのポイント——つまり回転し続ける世界における不動点——であり、リーダーとしての軌道から外れないようにする上で有用である。あなたのトゥルー・ノースは、あなたにとって最も重要なもの、最も大切な価値、情熱と動機、人生における満足の源に基礎を置いている。[26]

この本は幾つかの理由で人々の心に響いた。不正会計スキャンダルにまみれたエンロンが2001年に終焉を迎えたという事件は、人々にとってまだ新鮮な記憶として残っていた。さらに悪いことに、2008年には金融危機が発生した。したがって当時は、ボトムライン（収益決算）以上のことを気にかけている「本物（genuine）」で「良い（good）」リーダーへの憧れがあった。さらに、「オーセンティシティをめぐる問題は、我々の文化、我々の制度、そして個人的な自己認識など広範な分野で取り上げられる事柄の一部になった[27]」。リアリティTVはこの強迫観念につけこんで、人々を「ありのまま」に見せるという触れ込みで制作されてきた。たとえば、［米国のTV番組『サバイバー』のように］ジャングルの中でアリを食べたり、［ドナルド・トランプ版の『アプレンティス』のように］怪しげな大物実業家に弟子入りするために馬鹿げた任務を遂行したりする場面が放映されていた。その種の物語は、小手先の策略などは捨て去って本当の自分に対して忠実であり続ければ、人々はあなたを好きになるだろう、と告げていた。そして、彼らはみずから進んであなたの指示に従うようになるだろう、とも。

本当の自分が「大馬鹿者」だったとしたら？

しかし既に見てきたように、ALTの中心的な想定は、オーセンティックなリーダーはポジティブな道徳的資質のみを持っている、というものである。なぜそうなのか、その理由については全く説明されてこなかった。私には、それが、「優れたリーダーシップだけがリーダーシップとして見なされる」と主張する変革型リーダーシップの理論家が示していたのと基本的には全く同じ思考様式の一部だとしか思えない。ウィリアム・ガードナー、ブルース・アヴォリオ、フレッド・ルータンスによれば、オーセンティックなリーダーは「個人的な行動基準を反映する統合された一連の目標」を追求し、また「内発的に動機づけられている」ために、「仕事に没頭しており、彼らを動機づけているのは好奇心、学びへの渇望、そして価値ある仕事と目的を達成することから得られる満足感のみである」。その結果として、「仕事に対する完全な自己没入」がもたらされるのだと言う[28]。また、そのようなリーダーは、ありのままの自分を他の人々にさらけ出すことを通して「親密さと信頼にもとづく絆を築き」、他の組織メンバーにも自分と同じようにすることを促す。これは、まったくもって素晴らしいイメージである。

1965年に公開されたハリウッドのコメディー映画『グレートレース』で、ジャック・レモンはコミカルな悪役のフェイト教授を演じていた。彼は黒い帽子とマントを身に着けていて、毒気あふれる「シューッ」という脅しの声を出す際にはいつも口ひげをひねる。映画の主役であるグレート・レスリー・ギャラント三世の方はトニー・カーティスが演じていた。レスリーはいつも小ぎれいな白いスーツを着ていて、微笑むときに彼の歯はまばゆい光を放ち、彼に出会った女性はうっとりとして彼の足元で気絶するのであった。ALTは、このグレート・レスリーの学術研究版である。それは、リーダーシップに関する「白か黒か」［悪玉か善玉か］の見方を示しており、そこからは全ての複雑さ、そしてまた善きおこないを成し遂げたいという願望以外の動機は消し去られている。

しかし、現実の世界では、完全にポジティブまたは完全にネガティブな特性だけを持っている人間など誰もいるはずはない。哲学者のマルティン・ハイデガーは、『存在と時間』で、人々は真正（authentic）でも非真正（inauthentic）でもなく、多かれ少なかれ両方の面を持っているものだと書いている[29]。我々は、他者の前に現前し他者とやりとりをすることで構成されているのであり、したがって、我々の本性のさまざまな側面や我々が内なる自己であると考えるものは絶えず前面に出たり背景に後退したりする。つまり、オーセンティック・リーダーシップの文献で描き出されたような意味で常に本物である者などが存在するはずはないのである。私はむしろ、そのように常にオーセンティックであろうと心がける者はあまりにも聖人ぶった感じがして、とても鼻持ちならないだろうと思う。

米国の社会学者アーヴィング・ゴフマンは、この点についてかなり以前に認識していた。1959年に出版され非常に大きな影響を及ぼした著作 *The Presentation of Self in Everyday Life*（邦訳『行為と演技――日常生活における自己呈示』）で彼は、社会的相互作用を我々全員が関与するパフォーマンス（演技）として説明した。我々は、特定の役割を果たしながら自分の欲求を満たしまた他の人々との関係を構築するために、自分自身の理想的なイメージを投影する。しかし、ゴフマンはまた、この社会という舞台における演技は、我々が実際に自分自身を見る際の見方に対して影響を与えるものであることを指摘した。つまり、我々の演技は我々自身を変えていくのである。というのも多くの場合、次のようなことになるからである。

パフォーマーは自分自身の聴衆になる。つまり、パフォーマーは同じショーの演技者であると同時にその観察者になるのである……日常生活では、彼は現時点で知っていたりかなり以前からずっと承知したりしているはずなのに、自分自身に対して語ることができないことがある。この複雑な自己欺瞞の操作は絶えず起きている……恐らくここに、いわゆる「自己疎隔」、つまり人が自分自身から疎外されていると感じるようになるプロセスの源があるのだろう[30]。

換言すれば、我々はただ1つではなく数多くの「自分」というものを持っているのである。まるでシェイプシフター（さまざまな形に姿を変える妖怪）のように、その時々の状況に応じて、さまざまなバージョンの自己認識が前面に出てくる。ジェフリー・フェファーは、リーダーには、自分が実際に持っている以上の楽観主義と自信を周りの人々に対して示さなければならない場合があると指摘している[31]。実のところ私の場合だって、その日どんなに気分が落ち込んでいても、教室に入る際にはそういう気持ちを脇に置いて、学生たちに私が彼らの教育に全集中していることを納得させなければならない。突然涙を流して「僕の愛犬は死んだばかりで、家は全焼し、おまけに破産宣告を受けたんだ」などと学生たちに言うわけにはいかないだろう。どのようにすれば、以上のような厳然たる事実を、ALTが前提としている「ポジティブな属性のみで構成される統一的な内的アイデンティティ」などという発想とすり合わせることができるというのだろうか？

ジャッキー・フォードとナンシー・ハーディングは、各種の文献に見られるオーセンティシティの概念は次のようなことを前提にしていると指摘する——「存在論的に固定された実体が、外の世界に対して明確に境界を定められた内的な自己を持っている。したがって、この理論モデルは内側・外側という二分法的な区分の中に位置づけられる。オーセンティックなリーダーは道徳的であるために、その『内心』において良い人ということになる。内面の良さを外にさらけ出すことによって、その人はオーセンティックなリーダーになるのである[32]」。このリーダーシップのイメージは、ある種の慰めにはなるかもしれない。しかしそれを実現することは事実上不可能であるし、実際、我々のうちの誰一人として現実の世界で遭遇したことのない種類のリーダーシップなのである。そこで非常に重要な疑問が湧いてくる。もしあなたの主たる内なる自己が実は「大馬鹿者（jackass）」というものであった場合はどうなるのだろうか？　なぜ、ALTはオーセンティシティの本質を構成するとされるポジティブな属性だけにそれほどまでに固執するのだろうか？

ゲイル・フェアハーストが、このような問題の核心に迫っている。彼女は、当時アパレルメーカーのワーナコ社のCEOであったリンダ・ワクナーの事例を取り上げて議論している[33]。ワクナーは、1993年にフォーチュン誌によって米国における「最もタフな」7人のボス（最高責任者）の1人として紹介された[34]。彼女は人々に対して暴虐極まりない態度を示していた。たとえば、あるとき彼女は、男の同僚に対して、彼が本気で業績を改善する積もりであることを示す方法として、無作為に人々を解雇するように命じたことがある。フォーチュン誌に描かれたプロフィールによると、ワクナーは上級管理職に向かって次のような言葉で説教をしたとされる——「あなた方は宦官だわよね。あなた方の奥さんはどうやって我慢しているんでしょう？　だって、あなたたちの両脚のあいだには何もぶら下がっていないんですもの」。彼女の言い分は、このようなやり方でこそ会社は「効率的に」運営されるのであり、それが気に入らなければ会社を辞めれば良い、というものであった。フェアハーストは次のように述べている。「ワクナーには多くのことが欠けているかも知れないが、自分の性格に関する洞察的認識はそれらの中にはないようである。実際、『本当』のリンダ・ワクナーは、彼女がネガティブな特性を示しているときにこそ表に現れているのである」[35]。興味深いことに、今では悪名高い映画プロデューサー、ハーヴェイ・ワインスタインも、フォーチュン誌によってタフな7人のボスとして描かれた内の一人であった。2017年になって、多くの女性が彼を性的暴行とレイプで告発し、彼のキャリアを不名誉な終焉へと導いていった。彼の行動もまた一貫していた。彼の内なる魂がどのようなものであったとしても、それは良心の呵責とは無縁だったようである。ワインスタインは、実にオーセンティックなろくでなしだったのである。

しかし、以上のような形でのオーセンティシティの発露は、オーセンティック・リーダーシップ理論を唱える人々には真正的ではない（inauthentic）なものとして却下されるに違いない……。人間性に関するそのようなポリアンナ風［極度に楽観的な。小説のヒロインの名前から］の見方は、もしワクナーとウェインスタインが彼ら自身の内部を十分に深く見つめてさえいれば、彼らが本当の自分の性格について、世界に向けておおっぴらに披露できるような、より純粋なバージョンの答えを見つけられていたに違いない、ということを示唆している。本音で言えば、私はそのような見解には疑問をおぼえざるを得ないのだが。

結局のところ、ALTはアイデンティティと自己認識に関する実に単純素朴な見方を前提にしているのである。この理論では、アイデンティティは、時間や状況を超えて一貫性を保っている、ほとんどポジティブな属性だけからなる単純な構成概念として提示されている。したがって、我々が自分のアイデンティティに関する洞察を得ようと思った場合には、自分の内面に目を向けさえすれば、それを見つけることができるのだとされる。ヘレナ・リュー、リアン・カッチャー、デイビッド・グラントが主張しているように、「オーセンティック・リーダーシップに関するそのような理想化された概念は、リーダーシップをめぐる物語を共同で構築する際に権力が果たしている役割や、リーダーシップが実践される社会的・歴史的な文脈の中で権力が果たす役割を見落としている[36]」。しかし、「我々が暮らしている世界を超越することは不可能である。我々は、時とともに変化し、また切り離すことができない文脈の中に存在しているのである。我々は常に人や出来事などと相互にやりとりをしながら生活を送る必要があり、また我々自身が置かれている特定の文脈に対して公平無私な傍観者になることなどできないのである[37]」。ALTは一連の寓話のようなものに過ぎない。それらの寓話は、リーダーシップは実際のあり方よりも単純であり、また我々の全てが内省によって救済へと導かれるということを我々に信じ込ませるように仕組まれているのである。

コンサルタントにとって好都合なことには、一方で、オーセンティック・リーダーシップには「開発」が必要だともされている。つまり、それにとって必要な洞察を得るのは、結局のところ、それほど簡単なことではないらしいのである。ジェフリー・フェファーが辛辣に指摘しているように、「オーセンティックになれるという考え方、あるいは少なくともオーセンティックに見えるように訓練できるという考え方からは、実にうま味のあるアイロニーがにじみ出てくる[38]」。しかし、それよりもさらに悪い点がある。パック・アルジェラとマージョリン・ウィルスマは、実存主義哲学の考え方を踏まえて、緊張、葛藤、闘争は人間の存在に本質的に含まれるものだと主張している[39]。これは、オーセンティック・リーダーシップ関連の文献で前提とされている、統一された調和的な自己に関する感覚の発露という仮定とは真っ向から対立する考え方である。何かがオーセンティックであるかそうでないかは、本来、我々一人ひとりが自分で見い出さなければならない。それを、他の者が我々のために創造したり開発したりすることなどできるはずはない。また、ジャッキー・フォードとナンシー・ハーディングが次のように雄弁に述べていることにも留意すべきである。

そのようなプログラムでは、参加者は、学習すべき「オーセンティシティ」を求める中で、自分の主観を否定するための方法を学ぶ必要がある。参加者は、自分自身を振り返り、より良い形で「自分自身を知る」ための能力を身につけるように設計された活動に従事することを期待されている。しかし、彼らが実際に振り返って見ているのは集合的な組織的自己であり、その自己なるものには主体性や思想の自由が欠落している[40]。

これは、全盛期の変革型リーダーシップ理論がそうであったように、当初は理論の推進力になっていた熱い思い入れがほどなくして組織の効率性に主眼を置いたものに取って代わられたからでもある[41]。オーセンティシティは、最終的な損益勘定にとって役に立つ場合にのみ評価されるのだが、そのような発想に含まれる矛盾はALTの提唱者の眼中にはないようである。もっとも、それは企業に対してコンサルティングやトレーニングのサービスを売りつけようとする際には実に便利なツールでもあるのだ。

トートロジー（同語反復）としての理論

スベレ・スポーストラ、ニック・バトラー、ヘレン・デラニーは、多くのリーダーシップ理論はトートロジーの形で定式化されており、したがって従来の方法で検証にかけた場合には最初から立証されることが保証されている、と主張する。彼らは次のように述べている。

倫理的リーダーというものが著者たち自身が指摘しているように「定義上……利他的な動機を持っており、思いやりがあり、フォロアーや他の人々への配慮を欠かさない」とされる場合、我々は「協調性（人付き合いの良さ）は倫理的リーダーシップと正の相関がある」（ブラウン&トレヴィー（2006：603）強調は引用者）という仮説についてどう判断すべきなのだろうか？……結局のところ、利他的で思いやりがあり、人に対する配慮を欠かさないリーダーが非協調的という印象を与えている世界を想像することは難しい。これは、「全ての独身者は未婚である」という仮説を検証しようとするようなものである。そもそもの理論の建て付けからして、実証データで立証されることが最初から保証されているのである。(42)

これと同じような発想に従って、ALTはリーダーシップというものを誰にとっても良いあらゆる種類の事柄として示している。しかし、このような発想にもとづく主張をおこなうということはすなわち。その理論が原因と効果を混同しているということを意味している。事実、オーセンティック・リーダーシップが原因となって生じる効果は、基本的には、それらを引き起こしたと主張されるものと同一であることが明らか

表7.2　トートロジーとしての理論

主張の内容	翻訳
「オーセンティック・リーダーシップ行動は、リーダーの行動のインテグリティに関するフォロワーの認識と正の関係がある。」 Leroy et al. 2012, p. 257	インテグリティを持って行動するリーダーは、インテグリティを持って行動していると見なされる。
「仮説1.オーセンティック・リーダーシップとリーダーの仕事のストレスとのあいだには負の関係がある。」	H1：リーダーが自分の好むように振る舞うとリーダーのストレスは少なくなる。
「仮説2.　オーセンティック・リーダーシップは、リーダーのワーク・エンゲージメントと正の関係がある。」	H2：幸せなリーダーは自分の仕事により深く関わっている
仮説6.リーダーの精神的枯渇による仕事のストレスに対するオーセンティック・リーダーシップの間接的な影響は、フォロワーの相互作用の程度によって調整される。リーダーがオーセンティックであるほど、フォロワーとの相互作用の増加に伴って知覚される仕事のストレスは少なくなる。その逆もまた真である。　Weiss et al. 2018, pp.311-312	H6：幸せなフォロワーたちを持つ幸せなリーダーは彼らと会うのを楽しんでいる。
「仮説2：従業員が認識したオーセンティック・リーダーシップは、上司が認識したオーセンティック・リーダーシップと従業員の信頼との関係を媒介する。」 Hsieh and Wang, 2015, p. 2334	H2：信頼できるリーダーはより信頼される。
「オーセンティック・リーダーシップは、業績と信頼の両方に関係している。フォロワーが自分のリーダーが本物であると認識すると、彼らはそれらのリーダーを信頼できると信じる」　Clapp-Smith et al. 2009, p. 237	信頼できるリーダーは、信頼できないリーダーよりも信頼される可能性が高く、人々は彼らのために懸命に仕事をする
「仮説1：本物のフォロワーシップは基本的なニーズの満足度と正の関係がある。」	H1：人々が自分自身になれると感じるとき、彼らの基本的なニーズは満たされる。
「仮説3：オーセンティック・リーダーシップはオーセンティック・フォロワーシップおよび基本的なニーズの満足度との関係を強化する。」　Leroy et al. 2015. pp.1682-1684	H3：リーダーがうまく行動するときは、フォロワーも幸せである。

になっている場合が多い。表7・2には、私がＡＬＴ関連の文献で見つけた幾つかの仮説、命題、およびステートメントをリストアップしておいたが、それらは全て不細工な形式のトートロジーに過ぎない[43]。それらは、何かについて解明にするのではなく、むしろ隠蔽するために書かれたものである。なお、同じ論文から引用した複数の仮説について取りあげる場合には、それらを一緒にまとめた上で解説を加えている。表の右の欄にあげたのはそれらの仮説を私なりに翻訳してみたものである。

近年ますます顕著になっているのは、研究者が一連の客観的な真実を発見することを目指すのではなく、むしろ事前に確定済みの答えを見つけようとする傾向である。そして、〈信頼できるリーダーは信頼できないリーダーよりも信頼されている〉という筋書きに沿って、信じ難いほどのトートロジーを確立しようとしている場合（以下の解説を参照）には、期待していた答えを首尾良く見つけられるというのは特に驚くべきことでもない。驚くべきはむしろ、そういう答えが見つからない場合だろう。皮肉なことに、ＡＬＴは、その理論を唱える人々の実証的データに対する向き合い方という点において、実にオーセンティック（真摯）ではないということが明らかになってしまっている。これは学術界にとっては深刻な恥辱とも言うべき事態であるが、以下ではそれについて解説していくことにする。

卑金属を金塊に変える——錬金術としてのＡＬ研究

よく「リーダーシップのロマンス」などと言われてきたものについて考えてみて欲しい。この一連の考え方は、１９８５年に発表されその後大きな影響を与えてきたジェームズ・マインドル、サンフォード・エーリッヒ、ジャネット・デュークリッヒによる論考に基づいている。彼らは、我々には、組織成果に対する責任をリーダーに対して過度に帰属させる傾向があると主張している。一般に人は物語が大好きなものであり、「リーダーAが結果Bを引き起こした」という筋書き以上に単純［で魅力的］なストーリーというのはまず存在しない。有名な進化生物学者のスティーブン・ジェイグールドの次のような文章は、そのような点について見事に説明している。

我々はストーリーを語る生き物であり、また我々自身も歴史という物語の産物である。我々は何らかのトレンド（傾向）と呼ばれるものに魅了されるものだが、その理由の1つは、トレンドは、時間に対して一定の方向性を付与するという基本的な仕掛けによってストーリーを語っているからであり、また、トレンドは、一連の出来事に対して道徳的な意味づけを与えることが多いためでもある。たとえば、何かが廃《すた》れてしまった時にそれを嘆いたり、かすかな希望の光を取り上げてそれを強調したりする際にそのモチーフになる(44)。

これは、世間一般の考え方において、また多くの学術的な文献においてさえ、相関関係と因果関係を混同してしまう傾向が広く見られることの背景にある要因の説明にもなっている。この混同がもたらす効果は、組織において生じた2つの出来事のあいだにギャップがある場合には特に強いものになる。新しいリーダーが任命された後で経営業績が上がることもあれば下がることもある。どちらの場合にしても、人には、その結果の責任をリーダーに負わせることで説明しようとするごく自然な傾向がある。リーダーは、良いか悪いか、オーセンティックか非オーセンティックか、先見の明があるか凡庸か、天才か愚者かという風に二分法で評価されるのである。ここで問題になってくるのは、リーダーについて我々が語るストーリーにおいては、我々がリーダーに責任を負わせようとしている結果に関して我々が事前に持っている知識とは切り離して別個に検討されていることは滅多にない、ということである。したがって、全く同一のリーダーシップの行動について、最終的な結果だけを元にして、まるで正反対の説明をすることもできるのである。つまり、組織が成功した場合には、リーダーはオーセンティックであった。しかし、逆に失敗した場合、リーダーはオーセンティックではなかったとされるのである。もっとも、ここで取り上げられているリーダーの行動は、実は全く同じものだったのかも知れない。つまり、ここで我々が目にしているのは［真っ当な因果推論ではなく］、単に、複雑な組織プロセスの原因を［結果から逆算して］過去に遡って、その結果を何かに帰属させようとする習性なのである。しかし、オウェイン・スモロビック-ジョーンズとキース・グリントが指摘しているように、「実はオーセンティックなリーダーは歴史を通じて失敗していた可能性が高く、将来も多分そうであると思われる。したがって、オーセンティシティという資質と組織の業績とのあいだに見られる一見強固なものに見える関連性については、恐らくある程度は『ハロー（光背効果）』という現象によって説明できるだろう……それは歴史を選択的に読み込もうとする企てなのである」(45)。

フィル・ローゼンツワイグの研究は、このような因果推論の誤りを含むプロセスをより深いレベルで理解する上できわめて重要な示唆に富む。彼はその著書 *The Halo Effect: How Managers Let Themselves be Deceived*（邦訳『なぜビジネス書は間違うのか――ハロー効果という妄想』）で、シスコ社やＡＢＢグループ［アセア・ブラウン・ボヴェリ＝スイスに本社を置く電力・重電系の多国籍企業］などの有名企業、そしてまたシスコのジョン・チャンバーズやＡＢＢのパーシー・バーネヴィクなど両社の何人かのリーダーについて詳細な検討を加えている(46)。どちらの企業の場合も、目覚ましい成功をおさめた時期の後には幾多の問題が生じており、また経営業績が後退していった。これは容易に予想されることである。実際、常に成功している者など誰もいるはずはない。［回帰分析などについてよく言われる］「平均への回帰」という現象は、好調な業績あるいはその逆に業績不振の後には、何かしら平均値に近い業績が続く可能性が高いことを示唆している。これはまた、対戦成績が落ち込んだ後で監督が解任されたサッカーチームが通常は一時的に戦績の改善を示す傾向があり、逆に、一時期は連戦連勝で絶賛された監督はその後の戦績で振るわないという傾向があることの理由を説明する上でも有効である。[47] シスコ社とＡＢＢのケースでは、事態はまさに平均への回帰と呼ばれる傾向が文字通りの形で展開したのであった。

ローゼンツワイグがその著書で提供しているきわめて重要な洞察は、リーダーたちの行動には何ら変化がなかったということである。しかし、彼らの行動は組織の成果に関する情報次第でまったく違った形で説明された。特にビジネス誌の場合は、そうであった。ローゼンツワイグは、バーネヴィクの会社［ＡＢＢ］の業績が好調だった時点で彼に寄せられた幾つもの賛辞の例を挙げている。『ハーバード・ビジネス・レビュー』は、バーネヴィクを「競争力のある企業の新しいモデル」を構築する「企業のパイオニア」と表現した。フォーチュン誌は、「野心満々（lean and mean）な企業を擬人化できれば、パーシー・バーネヴィクがその典型となるであろう」という見解を示した。『ビジネスウィーク』は、「ＡＢＢの猛攻撃型の経営幹部は未来を見据えており、その未来における可能性は天井知らずである……マニアックな意欲を持ち猛スピードで出世街道を駆け上がったにもかかわらず、バーネヴィクは……驚くほど謙虚で人当たりが良い」と述べた。フォーブス誌は、「バーネヴィクは企業の肥大化に対して大なたを振るうことに喜びを見出している」と主張した。[48] しかし、企業の経営業績が低下すると、そのリーダーをめぐる物語のトーンも急降下していった。彼は「自分の周りに壁を作」り、「取締役会への対応では高圧的」であったし「情報の流れを独占」していた等々、というのである。[49]

結局のところ、既に組織の成果について知っている場合に成功ないし失敗の責任を事後的にリーダーに負わせようとする、遡及的な原因帰属というやり方は、とうてい信用に値するものではないのである。実際我々は、単に成功または失敗に関するリーダーの責任を誇張しているだけなのであり、その原因帰属の方向性と一致するような形で、ポジティブまたはネガティブなリーダーシップ行動（オーセンティシティや非オーセンティシティなど）のイメージを作り上げるのである。

さて、これで、ALTを支持するものとして引用されてきた幾つかの「発見事実」を説明することなどはできるのであろうか？

ALTにおける質問表調査（アンケート）と確証バイアス

一般にリーダーシップ研究は、サーベイと質問表調査という方法に魅了されている。マッツ・アルベッソンとダン・カーリマンは、いたずらっぽく次のように示唆している――「時には、研究者の関心の中で、調査対象者が質問表を埋める行動の方がリーダーシップそれ自体――実践、相互作用、関係性など――よりも重要視されているようにさえ思えてくることがある」[50]。当然ながら、その場合の前提は、〈質問表調査を通して得られたデータによって、複雑な問題について人々が感じていることを正確に捉えることができる〉というものである。これは、かなり疑わしい前提である。アルベッソンとカーリマンは、右の文章に続けて次のように述べている。

質問表に挙げられている抽象的な形で定型化された設問文への回答は、通常、日常生活で実際に観察される行動、出来事、感情、関係、意見などからは遠く離れたものになっている。ある人が、質問表に示されている5つ程度の選択肢の中から特定のものにX（チェックマーク）を入れるように求められた場合、その人は、自分が実際に何をどのように感じ、考え、行動するかに関してほとんど語ってはいないのかも知れないのである。

事実、質問表調査では、現実生活における経験はたった1個の数値ないしチェックマークに還元されてしまう。しかしその一方で、このやり方は、私が先に議論したような「全ての功績ないし失敗をリーダーのせいにするという」間違った原因帰属にとってはきわめて好都合である。

ここで論文を1本取り上げて、この点について少し詳しく検討してみることにしよう。これは、もともと2010年にフレッド・ワルンブアを筆頭著者として発表されたものであるが、後に撤回されることになった論文である(51)。ここで注意しておきたいのは、撤回の理由となったのは統計分析上の問題であり、オーセンティック・リーダーシップの研究それ自体が本質的に抱えている、全体的なリサーチ・デザインに関わる問題ではない、という点である。この論文については、本書を書いている時点でGoogle Scholarでは500回を超える引用がある。また、これはリーダーシップ研究の分野で最も権威のあるジャーナルである*Leadership Quarterly*（LQ）に掲載された論文でもある。したがって、ここで、どのようにしてそんな事態が生じたのかという点について検討してみるのは十分に価値のあることだと思う。

そもそも、LQでの掲載に値すると判断されたこの論文における重要な主張はどのようなものだったのだろうか？　同論文の要旨では次のように述べられている――「オーセンティック・リーダーシップ的な行動と、上司によって評価された組織市民行動［自発的・積極的におこなわれる正式の職務範囲外の行動］とワーク・エンゲージメント［仕事に対するポジティブな心理状態］とのあいだには正の関係があった……これらの関係は、上司に対するフォロワーたちの同一視［一体感］のレベルと彼らのエンパワーメントの感情［権限委譲によって自信を与えられているという感情］によって媒介されていた」[52]。この文章を私なりに翻訳してみると次のようになる――「オーセンティックなリーダー（つまり良いリーダー）である上司の下についている管理者（マネジャー）は自分の仕事に対して深く関わっていると感じており、その分だけより多くの組織市民的行動をとる。また、自分自身の上司によってエンパワーされていると感じている管理者の下で働くフォロワーたちほどその効果は顕著であった」。この文章は、信じられないほどにアタリマエのことを述べているようにしか見えない。これは、〈雨が降ると地面が濡れるし、太陽が出て暖かくなれば地面は乾いてくるものだ〉と主張するのとほとんど同じだろう。実際、通常は、誰かが次のように主張することなど想像できないに違いない――「悪いリーダーはフォロワーたちに対して、より多くの組織市民的行動を実践するように促すし、悪いリーダーシップは人々が自分の仕事に対してより深く関与していると感じさせ、リーダーとの一体感を感じていないフォロワーであるほどエンパワーされていると感じる」。

次に、この論文の元になった調査研究で用いられた方法について詳しく見ていくことにしよう。論文によればデータは、「中国の2カ所の主要都市にある2社の通信系の企業につとめる従業員から取得されたものである。1社は中国北部にあり、もう1社は中国南部にあった。一方は国営企業であり、他方は政府と海外の民間企業との合弁であった」とされている[53]。それぞれの企業の歴史や事業収益あるいは一般的な人事管理の方針に関する情報は一切提供されていない。どうやらその種の文脈情報は、リーダーシップのあり方を評価する上では特に重要ではないと見なされていたようである。先に挙げたＡＬＱ（Authentic Leadership

Questionnaire）という質問表とそれ以外の調査ツールが、上司との一体感、エンパワーメント、ワークエンゲージメント、および組織市民行動について評価する上で使用された。著者たちが報告するところによれば、共通の調査対象と技法を用いることによって生じるバイアスを最小限に抑えることを念頭に置いて、これらの調査は何段階かのステップに分けて実施されており、また、それぞれのステップのあいだには2週間という間隔が設定されていたのだと言う。

従業員は、基本的に、上司のリーダーシップスタイルについて評価するように求められた。しかし彼らは、単にALQの形式で操作化された内容の範囲内で、上司がどれだけオーセンティックであるかを評価するように求められただけであった。もし他のリーダーシップに関する測定用具が採用されていたとしたら、回答者は、その用具に示された観点にもとづいて上司のリーダーシップについて報告していたことだろう。ここで、私が何人かの人々に対して〈通常食べている食物にどれほど満足しているか〉という点について質問している場合について想像してみて欲しい。もっとも、実際に私がその人々に聞いているのは肉製品に関する満足度なのである。この調査を通して、肉製品［の摂取量］は食品全体に関する高いレベルの満足度と相関していることが分かったとする。しかし、だからと言って、それで〈肉を食べることで人々の食品に対する満足度が高まる〉という結論を出すことができるだろうか？　しかし、これと基本的には全く同じ因果推論上の論理的な飛躍が、まさに右にあげたワルンブアらによる論文には見られる。彼らは、次のように結論づけているのである――「我々の調査結果は、オーセンティック・リーダーシップとフォロワーのワークエンゲージメント、およびフォロワーのOCB［Organizational Citizenship Behavior＝組織市民行動］とのあいだの正の関係に関する命題を支持している。したがって、上司のオーセンティシティは、従業員のワークエンゲージメントと上司によって評価されたOCBの両方との関係という点において、重要な役割を果たしているようである[54]」。

また、複数のステップの調査のあいだに設定されたタイムラグ［2週間程度］がかなり短いという点は、たとえ、横断的研究デザインによって得られたデータを因果モデル作成のために使用したという批判を免れるのには十分であったとしても、因果関係を確実に証明する上で十分だとは思えない。この点は特に、ここで提案されている因果関係に関する主張については、他の要因による説明——特にハロー効果や「リーダーシップのロマンス」——が可能であることを考えてみれば、さらに強調して指摘できることである。この点については、組織が達成した成果への貢献や責任をリーダー個人に帰属させがちだという事実について再認識しておく必要がある。たとえば、これらのデータが収集された組織の経営業績がかなり良好なものだと仮定すると、従業員たちは少なくとも一部の上司たちに対しては好意的な態度を示している可能性は十分にあると思われる。したがってまた、彼らは、自分たちの好意的な感情をオーセンティック・リーダーシップの観点から説明するように求められた場合は、実際にそうするに違いないだろう。つまり我々が結論として言えるのは、せいぜいのところ、人々が何らかの理由でリーダーについて好意的に考える時には、そのポジティブな態度は他の良いこと、たとえばポジティブな組織市民行動やエンパワーメントの感覚などと相関している、ということぐらいなのである。しかし、だからと言って、他にも色々なものがあり得る幾つかの要因の中でも特にオーセンティック・リーダーシップがこれらの結果を引き起こした原因であるという理屈にはならないはずである。むしろある種の相関バイアス（複数の要因から生じる可能性があるものだが）によって、人々はリーダーをオーセンティック、あるいは、少なくとも「全く効果的ではない」というよりは「ある程度は効果的である」と認識したという可能性が出てくることになる。

また、この論文で提案された6つの仮説の全てが立証されたという事実にも注意を向ける必要がある。現在では、このようなレベルでの立証が経営学やリーダーシップに関する研究では広く見られており、それ自体が懸念材料になっている。実際、あまりにも明白でトートロジー的（つまり無用）な仮説でもない限り、真の意味でオープンエンドな研究では、立証可能な仮説のみを設定することなどできないはずである。もう1つあり得るのは、もともとは、論文で報告されている仮説よりも多くの仮説を設定していたのだが、結果が統計的に有意ではなかったので、最終的な論文からはそれらを削除したという可能性である。その点についても率直に報告することは本来望ましいやり方ではあるが、それでは、提案されている理論の予測力は著者が主張したいと思っている程度よりも弱いということを意味することになってしまうだろう。

よく知られているように、人には、自分にとって好みではない結論については、自分の好みに合う結論に比べてはるかに厳しい検討を加えていくという傾向がある。ブレンダン・マクスウィーニーは、この種のバイアスの多くは特定の動機によるものではないが、中には明確な動機がその背後に存在している場合もあることを指摘している。つまり、研究者にとって既得権益がある特定の理論を擁護したいという動機によってそのような傾向が生じている可能性があるのだと言う[55]。この傾向はさらに、研究資金の入手可能性、同調圧力が強い研究者グループへの所属、ジャーナルが特定のアイデアに対してどのように反応するかという点に関する信念、あるいはまた単にファッショナブルな研究動向からの影響などによって助長されるだろう。

ALTの場合には、ここにあげた全ての要因に加えて他の要因もその背景にあることは明白なようである。もっとも、ワルンブアたちは、どうやらさらに別の要因が作用しているらしいことを示唆するような結論を書いている――「上司のオーセンティック・リーダーシップを促進することを目的とする介入は、フォロアーのポジティブな職場行動を促進するという点において有効であるように思われる[56]」。これはビジネス・コンサルタントが差し出す名刺のような結論であり、サービスによって得られる主なメリットを保証しつつ、成功のための単純な処方箋を提供し、ある種の「介入」が役立つかもしれないという提案が添えられている。ただし、それは、特定の利害関心を度外視した上で純粋に知識を追求していこうとする際には全くといってよいほど無用な動機である。

実験的研究と確証バイアス

質問表調査にはこれだけのバイアスがあることが、ALTに関する実験的研究の例が比較的少ないということを説明していると思われる。ここでは、そのような意味で例外的な研究の事例に光をあてて検討してみることにする。ニック・ステフェンズとその共著者による論文で、2016年にこれもまた*Leadership Quarterly*に掲載された。その中心的な主張は次のようなものである――「研究1では、実験を通して、個人的な利益を追求するリーダーと比較した場合、集団全体の利益を促進するリーダーは、(a)よりオーセンティック・リーダーシップを発揮していると認識され、(b)フォロワーシップを鼓舞する可能性が高いことが示された[57]」。ここで私は、この結論がいかにも薄っぺらな感じがすると指摘せざるを得ない。しかし、それにしても著者たちは、つまるところ〈皆にとっての利益を促進するリーダーは私的な利益を追求するリーダーよりも価値がある〉と我々に言うだけのために、どれほど長い回り道をしているのであろうか。

著者たちは、論文の中で74人の学生からデータを収集したと述べている。しかし、彼らが学部生なのか大学院生であったかなど、それ以上の詳しい情報は提供されていない。欠損データを除外した後の最終的なサンプルサイズは73であった。学生サンプルを使って職場における人間関係に関する推論を引き出すというやり方は、それ自体が疑わしいものである。実際、学部生の中には、ビジネスの世界でそれなりの経験を積んでいる者などほとんどいない。現在、学術ジャーナルの中には、主として学生から得られたデータを使用した論文の掲載を拒否しているものもある。それはともあれ、今回の研究の参加者に対しては、ある高齢のオーストラリアの政治家がその支持対象を当時の首相からその首相に対する挑戦者に切り替えた件に関する1ページの解説記事が提示された。記事の1つのバージョンでは、見出し文が次のように変更されていた――「ビル・ショーテンは、個人的な利益を図るために自分の考えを変えた」。他の記事の見出しは次のようなものだった――「ビル・ショーテンは、公共の利益を促進するために自分の考えを変えた」。次に、オーセンティック・リーダーシップの度合いが次のような幾つかの項目について、5ポイントのリッカート尺度で評価された――「ビル・ショーテンは、自分の長所と短所を理解している」、「ビル・ショーテンは本音で語っている」、「ビル・ショーテンの信念と行動のあいだには一貫性がある」、「ビル・ショーテンは結論に達する前にその結論とは異なる別の考え方に対して注意深く耳を傾ける」。

ここで、最初の見出し文は利己主義に関する描写であり、実験参加者の回答を歪めてしまう可能性があるという点について考えてみて欲しい。もちろん、2番目の見出し文の場合も同じように回答を歪める可能性がある。私は、どのようなリーダーシップ理論に関連するどのような質問項目を使ったとしても、この2つの見出しを使って実験をおこなった場合には、「公益優先条件」の場合のスコアがより高いものになると思う。これらのことから分かるのは、リーダーに関する否定的な情報を与えられた場合には、リーダーシップを測るモノサシとしてどのような尺度を使ったとしても、研究対象者はそのリーダーを無能なリーダーとして評価するだろうということである。一方、リーダーに関するポジティブな情報を与えられた際には、それとは正反対のことが起こるだろう。

リーダーシップ研究における因果推論をめぐる問題

以上で検討してきたような諸々の要因によって、リーダーシップ研究における因果関係の解明をめぐる問題は実に厄介なものになってしまっている。ためしに、オーセンティック・リーダーシップを構成しているとされる次元のどれか1つ、たとえば「自己認識」という項目を取り上げてみて、その次元に関連する因果関係について明らかにしていく際の問題について検討してみることにしよう。研究者たちは、オーセンティックなリーダーは自分自身についてよく認識しており、そのような自己認識は、よりオーセンティックであり献身的かつ意欲的で生産的なフォロワーを生み出すことにつながると主張する。しかしながら、そのリーダー自身の自己認識とされるものは、実際には、主にフォロワーから得られた回答によって評価されるのである。ところが、一般にフォロアーは読心術の才能などは持っていないはずである。また実際にはリーダーがフォロワーと情報を共有している場合にはリーダーの自己認識は高まるように思われるし、当のフォロワーが献身的で意欲的で生産的である場合にはリーダーは自己開示をおこなう可能性が高くなるだろう。このように、リーダーの明確な自己認識が原因となってAL理論で主張されているさまざまな効果が引き起こされるというよりは、むしろ「効果」とされるものそれ自体が、リーダーの自己認識を原因として見なすような原因帰属に結びついていく可能性が存在するのである。

また、これまでオーセンティック・リーダーシップに関連して使用されてきた調査用具がどれだけ回答者の反応を肯定的な方向に偏らせてきたか、という点についても考えてみて欲しい。表7・3は、ワルンブアらが2008年にJOMに掲載した論文の中でALQから引用して取り上げているものである。(58)

表7.3　オーセンティック・リーダーシップ質問表（ALQ）のサンプル項目

自己認識
1. 他者との相互作用を改善するためにフィードバックを求める。
2. 他の人がどのように自分の能力を見ているかを正確に説明する。

関係の透明性
3. 自分が何を意図しているのかを正確に話す。
4. 間違いを犯してしまった場合、それを認めることをいとわない。

内面化された道徳的視点
5. 行動と一致した信念を示す。
6. 自分の基本的な信念にもとづいて決定を下す。

バランスの取れた対応
7. 自分が深いところで抱いている見解に対して異議を唱える意見を求める。
8. 結論を出す前にさまざまな見方に対して注意深く耳を傾ける。

私に言わせれば、部下に好かれ、基本的な能力という点で高く評価され、また最終的にポジティブな結果を生み出した作業を取り仕切ることができたという幸運に恵まれてきたリーダーは、当然、これらの項目や同じような項目で高いスコアを獲得するはずだと思う。ハロー効果による誤りについて思い出してみて欲しい。成功の功績と責任をリーダーに帰属させておいた場合、本質的にポジティブな文章として書かれた質問文を評価尺度として提示されたときには、当然ながら、リーダーを高く評価するに違いない。研究者たちは、単に肯定的な結果に傾きがちなバイアスを持っているというだけではない。確証バイアスの見事な例示となるような形で、彼らは今や実証研究を肯定的な結果だけが出てくるように設計することになるのである。この点に関しては、子供たちに、サンタクロースというのは、そりに乗って天空を横切ってクリスマスイブにプレゼントを届けてくれる白ひげの太った老人だと思うか［＝肯定的な結果］、それともそうは思わないか［＝否定的な結果］聞いてみるといいだろう。

怪しげな測定法と本来あり得ないほど高い精度という問題もまた、ALの母体となる研究分野であるポジティブ心理学につきまとってきた。特に、2005年に発表された後で頻繁に引用されてきたある論文は、臨界的ポジティビティ比（critical positivity ratio）が2・9であることを証明したと主張している。[59] つまり、ポジティブな感情とネガティブ感情の比率が2・9：1を越える値を示している場合、精神面でも他のあらゆる面においても成功するというのである。残念なことには、この比率の計算の仕方には致命的な欠陥があることが後に判明している。[60] しかし、［ワルンブアらによって］ALQが開発された時の場合と同様に、その論文の著者は、臨界的ポジティビティ比なるものが現実に存在すると主張し続けてきたのである。もっとも、その「ポジティビティ比」というものが実際に何であるかはよく分からないのであるが。

このようなエビデンスの欠如にも何ら臆することなく、著者の一人であったバーバラ・フレドリクソンは、この論文に盛り込まれていた主張を元にして一般向けの本［*Positivity: Top-Notch Research Reveals the 3-to-1 Ratio that will Change Your Life*（邦訳『ポジティブな人だけがうまくいく3：1の法則』）］を出版し、同書はベストセラーになった。[61] ポジティブ心理学運動の創始者であるマーチン・セリグマンは、フレデリクソンの本の表紙で彼女のことを「ポジティブ心理学運動における天才」と呼んでいる。もっとも私に言わせれば、ポジティビティ比には大言壮語比（empty bombast ratio）というものを追加すべきだと思う。つまり、ポジティブ心理学者とALT研究者がこれまで主張してきた内容のうち、有効なものと大言壮語とのあいだの比率はおよそ1：2・9なのである。

メタ分析と「根源的な構成概念」

以上に述べてきたような点を踏まえて、私はこれまで、オーセンティック・リーダーシップに関して主張されてきたポジティブなメリットの幾つかは、どのリーダーシップ理論にも共通して見られるだろうと主張してきた。実際、別種のスタイルのリーダーシップが測定されたとしても、恐らく同じような結果になるだろう。この見解に対する支持は、最近発表されてきた幾つかのメタ分析の手法を使った研究によって示されてきた。そのようなレビューの1つによれば、「(1)オーセンティック・リーダーシップと変革型リーダーシップのあいだにはかなり大きな関連性があり、この事実からは構成概念の冗長性が示唆される（ρ=.72）、(2)ALも変革型リーダーシップも、他の構成概念と比べた場合に特に目立った増分妥当性［追加による予測力の向上］を示していない[62]」。同様の点がジュリア・ホッチと何人かの共同研究者によるメタ分析で指摘されている。彼女たちは、典型的な学術文献にはよく見られるかなり控えめな表現で次のように結論づけている――「比較的多数の学位論文（サンプルの44％）、高い異質性、および主張されている関係を証明したとされるサンプル数の少なさという点を勘案してみると、オーセンティック・リーダーシップに関する研究の結果については注意深く解釈しなければならない[63]」。

ブルース・アヴォリオ、ウィリアム・ガードナー、フレッド・ワルンブアが次のように述べた際には、以上のような調査結果をあらかじめ予期していたのかも知れない――「オーセンティック・リーダーシップは……他の理論を超越する根源的な構成概念であり、何が『真に』優れたリーダーシップであるか否かという観点にもとづいて、それらの理論に対して貴重な情報を提供する[64]」。これは、構成概念の冗長性にとってはきわめて好都合な保険である。というのも、どのような重複があったとしても、それは、オーセンティック・リーダーシップが変革的または倫理的なリーダーシップを統合しているからだと主張できるからである。もちろん、こういう主張からは、「それではなぜそもそもそんな概念を新しく作り上げる必要があるのか」という疑問が生じてくるのだが。

もしかしたら、オーセンティック・リーダーシップ理論の提唱者たちは、これら全ての問題について自分たち自身が積極的に取り組んできたはずだと思うかも知れない。しかし、事実はそうではない。ブルース・アヴォリオは、ALの主な提唱者の一人であり、撤回された2本の論文ではフレッド・ワルンブアとの共著者でもある。彼は次のように述べている——「これまで何度か要請を受けてきたのだが……私はこれまで他人の研究に対する批判的な見解を表明してきたことは一度も無かったし、他人からの批判に対して回答したこともない。というのも、私は、リーダーシップに関わる理論、研究、実践を前進させる上で私がなし得る最も重要な貢献として、もっぱら創造的な行為に注力してきたからである」(65)。たしかに、こう言っておけば批判的な内容を含む文献などは都合よく無視できるようになる。それは科学というものに関する実に興味深い見方である。しかし、進化論や相対性理論のような科学理論の場合に、ダーウィンやアインシュタインあるいはその後継者たちが彼らの研究に関する批判に対して真摯に答えるのではなく、もっぱら「創造」に注力してきたと言っていたとしたら、我々は今日それらの理論に対してどのような印象を持っていただろうか。『スタートレック』［米国のTVシリーズ］のマッコイ博士は、ALTについて語ったことなどあるはずもないが、彼の有名な台詞をもじって言えば、「ジム、これは科学だ。我々が知っているような科学ではないが」ということにでもなるに違いない。

結語——リーダーシップ理論というのはいかにして構築されるものなのか

さてここまで検討してきた以上、今や、リーダーシップの「理論」なるものが通常どのようにして構築されるものであるかが分かると思う。まず、「リーダーシップ」という言葉の前に置くことができる何らかのポジティブっぽい形容詞を見つけておく。我々は既に「変革型」、「サーバント」、「スピリチュアル」、「複雑性」、「オーセンティック」なリーダーシップを持っている。これは、随分とまあ飽和気味の市場ではある。そこで、私がたとえば「アスレチック」という言葉を手に入れて、「アスレチック・リーダーシップ」理論の構想を練り始めたとしよう。私は、成功したアスリートというのは、物事に打ち込み、自分たちが勝利を収めるというビジョンに狙いを定め、信じられないほどに意欲的で勤勉であり、自分自身とチームメンバーに対して最高のものを要求していると推測する。彼らは挫折を経験した場合には即座にその失敗から得られる教訓を探し求め、成功した場合にはどのように小さなものであってもさらなる成功につながりそうな改善策を模索する。私はスポーツ関係の文献を検索して、これら一連の思いつきの裏づけになりそうなアスリートの発言を探してみる。しかしその一方では、無数のドーピング・スキャンダルに関する発言は全て削除するように配慮する。次に、企業のCEOに対しておこなわれたインタビュー記録を読み込んで、同じような態度に関する発言がどれだけの頻度で見出されるかについて確認する。追加で何回かインタビューをおこなって、さらに裏づけとなるようなデータを収集する。あるいは、「機密保持の理由で実名を挙げることができない」CEOからの引用も幾つか捏造しておく。事態は順調に進行している。今や、私はアスレチック・リーダーシップ質問表（Athletic Leadership Questionnaire＝ALQ）の構想に取りかかっているのである。たとえば、次のような項目が考えられるだろう。

1. 私の上司・リーダー・マネジャーは、ポジティブな結果に非常に重点を置いている。

2. 私の上司・リーダー・マネジャーは、挫折に直面しても回復力がある。

3. 私の上司・リーダー・マネジャーは意欲的で勤勉である。

もう1つ手順が残っている。私は、実際にALQを使っておこなう調査に協力してしてくれる企業を見つけなければならない。私は、その企業に対してその調査が彼らにとっても役に立つものであるということを約束する。何しろ、高いアスレチック・リーダーシップ度はビジネス上の成功と相関しているのだし。私の主張をサポートするために、その企業のリーダーたちに対しては、私の議論の裏づけになるように見えるCEOやアスリートたちの証言からの引用を示しておく。もし彼らの企業がアスレチック・リーダーシップという点で不足気味であるならば、私がその開発作業の手助けをしてあげようではないか。そうして、いよいよ調査結果が出てくる。ハロー効果があるために、私の仮説が予測したように、アスレチックなリーダーは同じようにアスレチックなところが多いフォロアーを生み出し、さらに、彼らはより良い経営成果も生み出すことが判明した。調査結果がそれほど明白なものではない場合は、少しばかりp値ハッキングをおこなう。しかし、そこで誰かが、私がアスレチック・リーダーの属性だとしたようなマインドセットや技術は、変革型リーダーシップやオーセンティック・リーダーシップなどの既存の理論によって既に明確にされている、と指摘してきた。そんなことは、全く問題ではない。私の理論は、そこから他の理論が派生して生じてくる「根源的な構成概念」である。それはあらゆる種類の効果的なリーダーシップとビジネスの成功の根底に存在するものなのである。それに加えて、私は「創造的な活動」に注力しているのであり、批判などには決して応えないことを信条としているのである。

表面的に見れば、私の理論は大成功である。私の銀行の残高は確実に右肩上がりに増えていっている。もっとも、私が実際にしてきたのは、ハロー効果的な結果に過ぎないものを幾つも並べ立てて、役に立たない研究で私の業績表を長大なものにすることだけである。ALT――「とても真正とは言い難いという点で」最も皮肉な名前が与えられたリーダーシップ理論ではある――が今や到達しているのはまさにこのような残念な状態である。もちろん、これはALTだけの問題ではない。ジョン・アントナキスと共同研究者たちは、過去10年間にトップジャーナルに掲載されたもので、「リーダーシップ」に関連して明示的あるいは暗黙的に因果関係を主張した110本の論文について検討を加えた。彼らは、それらの論文の著者たちが「リサーチ・デザインとデータの推定条件について必要となるはずの条件を満たしていないことによって因果関係の主張が無効になっている比率は、最少でも66パーセント、最も多く見積もった場合には90パーセントにのぼっていた」と結論づけた。[66] どうやらリーダーシップ研究は一般的に第一種の過誤で満ち溢れているようである［第1種の過誤＝「タイプ1のエラー」とも。現実には差がないのに差があると推定してしまうエラー。「帰無仮説が実際には真であるのにそれを否定してしまう誤り」でもある。本書140ページの解説も参照］。

ノーベル賞受賞者でもある物理学者のリチャード・ファインマンはかつて次のように書いている――「少なくとも私にとって馴染みがある分野に関して言えば、本当の意味で科学研究において成功する唯一の道は、あるエビデンスについて自分としてどのように感じていたとしても、そのエビデンスに対して注意深い検討を加えていくことである。もし自分なりの理論がある場合は、それについて何が良くて何が悪いのかという2つの事柄について両方とも同じような比重で説明するように努力しなければならない」。[67] 実際、このような心がけが欠けている場合には、一種の疑似科学になってしまう。ところが、オーセンティック・リーダーシップの研究者たちは、自ら進んでそのような罠にはまっている。また、彼らは今のところ、その罠から逃れようとはしていないのである。

第8章

「エビデンスベーストの経営」の約束と問題とパラドックスと

はじめに

既に本書では、経営研究の多くがどれほど貧弱なものであり、また誰からも（研究論文を書いた者自身にさえ）さほどの関心を持たれていないという点について指摘しておいた。[1]「エビデンスにもとづく経営」（Evidence-Based-Management＝ＥＢＭ）を提唱する人々はこの問題に対して真正面から取り組んでいる。これらの人々は、研究者は経営学における研究結果の中でも特に経営者の意思決定に対する支援という点で有効なものを明らかにして示すべきだと主張している。つまり彼らは、今まさに、企業経営をめぐる伝承、フィクション、ファンタジーなどを排除し、経営者の行動を確固たる実証的エビデンスに基礎づけるべき時が来たのだ、というのである。

ある意味では、これらの点に関連する問題は何年も前から存在していたものである。たとえば、第1章で扱った「科学的厳密性」と「現実関連性」に関する議論を参照してみて欲しい。ただし、ＥＢＭの提唱者はこれらの議論をより高いレベルに引き上げることを目指している。また、そのような見解に支持を表明した人々が学界で占めていた高い地位はＥＢＭの普及にとってきわめて有利な面があった。たとえば、ＥＢＭの発想が広範な注目を集める上で画期的だったのは、紛れもなく、当時米国経営学会（ＡＯＭ）の会長であったデニース・ルソーが２００５年のＡＯＭの年次大会でおこなった基調講演である。彼女の講演の内容はその翌年に *Academy of Management Review* に掲載された[2]。多くの人がそれを魅力的な提案だと考えたのだが、その理由についてはは容易に理解できる。たしかに、ＥＢＭは、真剣に受け止められるに値する考え方ではある。しかし、だからと言って、それを無批判に受け入れるべきだと考える理由はない。実際、せっかく１つの罠から逃がれられたのに、そのすぐ後で別の罠に陥ってしまったとしたら、それはナンセンス極まりない話に違いない。

この章では、ＥＢＭと呼ばれているものが約束するところについて明らかにし、またＥＢＭに対して向けられてきた批判について検討していくことを目指す。私が見るところ、この考え方についての擁護論とそれに向けられた批判には、両方ともかなり誇張気味な面がある。それにしても、現在のＥＢＭにつきものの管理主義的な発想に固執することなく、一方で、ＥＢＭの考え方に含まれる、現実世界の問題に対して真正面から取り組むという、それ自体は評価すべき問題関心を維持できるような第３の道はあるのだろうか？

ＥＢＭに関する文献は、これまで何度となく「エビデンスにもとづく医療」（Evidence-Based Medicine）という先行例をモデルとして取りあげてきた。実際、ＥＢＭはこの医療分野におけるアプローチの企業経営版とも言えるものだが、それに対する関心は爆発的とも言える勢いで高まってきている。このテーマを扱った文献は、ジャーナル論文だけではない。企業の関係者と学界関係者の両方を読者として想定した書籍もＥＢＭの主要な提唱者によって何冊か出版されてきたのである。それらの文献に共通して見られる全体的な目的は、経営実践の変革に対して実質的な影響を及ぼすことである。「現実の世界」にインパクトを与えることの重要性が強調されており、一方で、そのように経営者に対して情報を提供することが重視されているのに比べれば、（原則的には）理論構築に関する関心はより従属的な位置づけにあると考えられている。たしかに、これらの点は、エリック・バレンズ、デニース・ルソー、ロブ・ブライナーが提供した、EBMに関する次のような定義における最も重要なポイントでもある。

エビデンスにもとづく実践とは、多様な情報源から得られる最良のエビデンスを誠実かつ明確にそしてまた賢明な形で活用して意思決定をおこなうことであり、それには以下の手続きが含まれる。

1. **問いかける**――実践的な関心事項や問題を、それに対する答えが提示できる問いの形に翻訳する
2. **取得する**――エビデンスを体系的に検索して取得する
3. **精査する**――エビデンスの信憑性や現実の問題との関連性について批判的に判断する
4. **集約する**――エビデンスを比較検討して整理する
5. **適用する**――意思決定プロセスの中にエビデンスを組み込む
6. **評価する**――意思決定の結果を好ましい結果が得られる可能性を大きくするような方向で評価する(3)

（強調は原文）。

もっとも、現実のEBMはこれほど単純明快なものではない。EBMに対する批判者たちは、経営陣の見解を組織における他の関係者の見解よりも優先するという発想に対して批判を加えてきた。また、EBMの

信奉者が持っている、〈「ベストプラクティス（最良の実践例）」とされるものを特定できるだけの十分なエビデンスが既に確保されている〉という信念に対しても疑問を投げかけてきた。このような見方からすれば、EBMを明らかにしようとすることは良くても見当違いの試みであり、あるいは、組織の他の利害関係者を犠牲にしてもっぱら経営側の権力を強化しようとする目論みの一部であるとさえ言えるかも知れない。それに加えてEBMに対しては、経営研究において実証主義と機能主義のパラダイムを強化しようとしているという嫌疑もかけられてきた。(4) これらの点をめぐる論争は、次のような対立図式でとらえられることがある――研究における多元性 対 抑圧的な均質性（または、厳密な研究 対 主観的な意見同士が醸し出す混沌とした不協和音）。また、〈経営側の権力の擁護 対 経営側の権力を問題化しようとする試み（または、我々が望むようにではなく、あるがままの世界に関わること）〉という二分法も適用されてきた。私はこれらの二分法的な図式がほとんど役に立たないものであると考えている。本章では、それらの単純な発想を超えた観点からの検討をおこなうことを目指している。

EBMが約束するものと問題点

EBM支持派たちの文献には、いたるところにある種の切迫感が見られる。その背景には、組織への実践的介入［経営改革手法の導入］の多くが、実際には何らプラスの利益がないどころか時には有害ですらあることを示す重要なエビデンスがあるにもかかわらず実施されてきた、という認識がある。多くの実務家は彼らが「ベストプラクティス」と見なすものの実践に取り組んでいるが、エドワード・ローラーはこれについて次のように述べている――「ベストプラクティスと考えられるものを支持するようなエビデンスがそもそも存在していない場合がある。一方には、ベストプラクティスと考えられているものが実際にはむしろそれ以前のものよりも効果に乏しいプラクティスであることを示唆するエビデンスがある事例さえ存在する」(5)。この点で悪名高いのはダウンサイジング［人員やコストの削減による経営の合理化］である。これは有り余るほど大量の実証的エビデンスから、信頼と志気を低下させ、むしろ生産性と収益性の両方を損なうものであるという点が明らかにされている。しかし、それにもかかわらず、ダウンサイジングは依然として人気のある経営手法なのである(6)。多くの組織はまた、全体として百害あって一利なしであることを示す豊富なエビデンスがあるにもかかわらず、年次考課面接の実施に対して多大な時間と経費を費やしている(7)。

デニース・ルソーが構想するところによれば、そのような問題に対する効果的な解決策は、研究者が「経営実践に関わる原理の中でも最良のエビデンスによって支持されるものをユーザーフレンドリーで平易な言葉で要約した形で提供して維持し、またオンラインでそれをアップデートすること、また、それらの原理の効果的な活用法だけでなくその限界についても情報を発信していくこと」なのだという(8)。たしかに、経営者たちは、経営研究は自分たちのニーズに対して無関心であるだけでなく現実的でもないと感じている(9)。彼らは、経営学系の論文はとても読めたものではないし、また実際に読んでみたとしても、その隠語たるや到底理解などできない代物であると思っている。事実、我々の書き方がこれだけ世間一般のものとかけ離れているということは、もしかしたらこれは新しい言語を構成しているのかも知れない――たとえば、「デスペラント語」［エスペラント語のもじりで desperate（絶望的）との掛詞《かけことば》］とか？ EBMの提唱者たちの構想によれば、この問題は、調査から導き出されたベストプラクティスを要約していくことによって緩和できるはずなのだという。というのも、その種の要約によって、経営者たちに対して、彼らがより思慮深く合理的かつ効果的な行動をとろうとする際に不可欠となる、とっつきやすくてデータに裏づけられた根拠を提供できるようになるからである。またロブ・ブライナーとニール・ウォルシュは、経営学専攻の学生に対してエビデンスに関して体系的に検討していくために必要となる技術と原理を教えて、エビデンスについてより徹底的に評価できるようにすることを提案している[10]。

しかし、ここでEBMの提唱者たちはある問題——多くの問題の中でも最も重大なもの——が存在することを認めざるを得なくなってくる。デニース・ルソー、ジョシュア・マニング、デイビッド・デニヤーが指摘したように、多くの経営問題に関するエビデンスの情報源は、「自信を持って利用できるような形で体系的に収集ないし解釈されていることは滅多にない[11]」。事実、ビジネススクールでの正式な教育においてもまたはその後の時期に関しても、経営者たちに対して伝えられるような、一貫性があり体系的で、かつ見解の一致が見られる知識は存在していない。我々のジャーナルの誌面を埋め尽くしている難解な研究テーマと不可解な専門用語を見る限り、たしかにこれは特に驚くべきことでもない。その結果として、研究の成果が誤って利用されたり誤解されたりすることになる。また、本来は限定的な発見事実や不確定な知見でしかないものが過度に一般化されてしまうことも多い。

ルソーとその共著者たちはまた、彼らが必要だと考える文献レビューを通してこれらの問題に取り組むことに対して消極的な態度しか示さない研究者たちの姿勢を、学術界に蔓延する奇妙な性癖だと考えている。その上で、企業組織に関する理論家は研究上の一致点を見出そうとするよりは新規性を重視するようになってしまっていると指摘する。これによって、組織理論家たちは、ますます混雑と混迷をきわめる知の市場の中で自分の理論の差別化を図るために、かつてないほど小難しいものになっている理論をめぐる論争に明け暮れることを余儀なくされている。EBMの提唱者によるこのような指摘には当たっている面が大いにある

（第6章参照）。そのような傾向がその結果として経営実践の軽視という風潮をもたらしてきたことは事実であり、たしかにこれは皆が力をあわせて解決すべき問題ではある。このようなラディカルな方向転換というものが、EBM運動における重要な目標の1つになっている。

しかし、現時点までの段階でEBMが提唱しているような、統合された研究活動を生み出すことを可能にする上で十分なだけの広い範囲における合意のとれた知識が実際に蓄積されてきた、と見るのはあまりにも非現実的な仮定であるようだ。たとえば、ジェフリー・フェファーは、能率給は個人レベルの職務遂行能力を向上させる動機づけにはならないと指摘している[12]。一方で、サラ・ラインズ、バリー・ゲルハート、ローラ・パークスの総説論文ではそれとは正反対の結論が述べられており、彼女たちは幾つかのメカニズムを職務業績の向上にとって効果的なものとして提案している[13]。

EBMの熱狂的支持者たちは、より多くの研究を重ねた上でその知見を要約すれば「［知識の］収斂」が生じると信じているようである。しかし、それらの研究が互いに矛盾した結論に達している例もかなりある。したがって、問題の根は現在想定されているよりも深いものだという可能性がある。実際、各種の研究デザインや理論パラダイムのあいだには多くの点で基本的な対立や矛盾がある。その結果として、非常に重要な問題に関して、既に事実上の研究における収斂は存在しており、後は単にそれを明らかにした上で実務家にとって分かりやすい要約の形で報告するだけでよい、などという例はほとんど無い。むしろ、見解の相違をめぐる不和や根深い既得権益というものがあることによって、これまでのところは収斂や和解はむしろ頑なに拒絶されてきたのである。

人的資源管理論の分野での研究には、この問題がきわめて明白に示されている。何十年にもわたる研究を通して何百本もの文献が蓄積されてきたにもかかわらず、「我々は、優れた人的資源管理の方法は組織の業績に対して実際に影響を与えていると確信を持って主張できる段階には至っていない」とされているのである。[14] これは、エビデンスにもとづく経営実践のためのガイドラインを提供しようとする試みの多くが実は驚くほど曖昧であるということの説明になっているかも知れない。たとえば、デニース・ルソーは、ノーベル賞を受賞したダニエル・カーネマンの研究などを含めて、意思決定に関する膨大な数の文献を組織経営に応用しようとしている。[15] 彼女は、経営者に対して、大半は短期的な財務的な成果を中心とする唯一の基準に代えて、複数の意思決定基準を利用することを推奨している。というのも、その種の財務関連の基準だけではあまりにも多くの事柄が所与の条件として設定されているからである。彼女のアドバイスはたしか妥当なものである。しかし、我々は複数の基準を実際にどのようにして選んでいけば良いのだろうか？　「より多くの基準」と言っても、どれくらいであれば十分だと言えるのだろう？　また、それぞれの基準についてどの程度の重み付けをしたらいいのだろうか？　これに関する知識は我々にはないのだし、知っているフリをするのは決して良いことではない。

実務に関する他のEBM的な提案の中には、まるで読者を小馬鹿にしているのではないかと思えるほど単純化されたものがある。たとえば、米国経営学会のウェブサイトであるAOM Insightsに新しく設定された特集欄のコンテンツを見て欲しい。これは、同学会から刊行されているジャーナルに掲載された論文を、実務上の示唆という点を重視して要約したものである。そのサイトに記載された記事の1つに、「従業員をさらに奮起させるためのシンプルでしかも経費ゼロの方法」という見出しのものがあった。これは、*Academy of Management Journal* の論文にもとづいており、リーダーがジョークを言うと「部下」との関係にプラスの効果があり、部下は仕事の上でさらに努力する可能性が高いと主張している。[16] 残念ながら、その要約には、子供じみた考え方、人種差別、性差別、同性愛嫌悪などを排除した上で、適切なジョークを列挙した便利なリストは添えられていない。また、その論文の著者たちは、どうやら、製紙会社の不運な支社長であるデヴィッド・ブレントがけげんそうな目で彼を見ている部下たちに対して「[君たちにとって僕は]１つ目に友だち、２つ目にボス、そして３つ目にエンターテイナーな～んちゃってね！」などと言い放ったりするシチュエーション・コメディの名作 *The Office* について耳にしたことはないようである。[17]［*The Office* ＝２００１年から２００３年にかけてＢＢＣで放映されたコメディ番組。ブレントは、自分が部下に愛されていると思い込んでおり、また周囲の顰蹙を買うようなジョークを連発する粗野で尊大なキャラクターとして描かれている。英語版 Wikipedia より。https://en.wikipedia.org/wiki/The_Office_(British_TV_series)］。

さらに、研究が収斂していくことを熱望する人々は、なぜ幾つかの特定のテーマが研究課題として取り上げられたり容易に研究資金を獲得できたりするのか、という重大な問題を無視しがちである。また、研究の優先順位をどのように決めるべきかという点についても明確な見解を示してこなかった。たとえば経営者たちは、ダウンサイジングのやり方をどのように「改善」すれば、株主価値を毀損せずに向上させられるかという点に関する研究であれば大いに関心があるだろう。しかし彼らが、ダウンサイジングに対する従業員側の抵抗をより効果的なものにするための方法を解明しようとする研究について同じ程度の興味を持つ可能性はかなり低いに違いない。同じように、狐と猟犬は同じ狐狩りという場にいるが、両者はその狩りの結果について根本的に異なる関心を持っているはずである。したがって、ダウンサイジングを「改善」するための方法の探求を目的とする研究は、抵抗の仕方を模索するために提案された研究にくらべれば、はるかに業界からの支持が得られるだろうし、事例研究のために企業組織にアクセスすることも容易であろう。

以上の点からしても、ＥＢＭそれ自体の基礎（ベース）になるようなエビデンスを生み出すとされる研究のプロセスは、価値自由であったり客観的であったりするはずはないのである。また、前章で「オーセンティック・リーダーシップ」を例にとって示したように、必ずしも質の高い研究だけだとは限らない。ロイス・ウィーナーが指摘しているように、研究者には、収集したデータの中から特定のもののみを選択的に報告したり、インタビュー調査をおこなう際には、特定の見方に対して同情的であり、またさまざまな介入［新しい経営改革の提案］の支持者になってくれそうな人々をその対象者として選んだりする傾向がある。そのようなスタンスは、その種の介入の影響について公平無私に観察する研究者のあり方とはほど遠いものがある。このような事情が背景にあることによって、複数の研究の知見は互いに矛盾している例が少なくない。しかし、EBMの提唱者は未だに、〈どのようにすれば、それらの対立する知見を統合した上で、激しい論争の的になっている現実問題に対して決定的な結論を提供できるのか〉という点に関する見解を示していない。

その代わりに彼らは、EBMの発想を支持する論拠を、明らかに実証主義的な性格を持つパラダイム（稀には多元的な理論上の方向性について触れることはあるのだが）の中に求めることによって問題を回避してきた。たとえば、次のような主張がなされてきたのである。

エビデンスは人間の知識の本質である。それは我々の感覚や測定用具によって検出できる規則性を扱うものである。科学的エビデンスは、条件が統制された［実験的］検証と観察を通して得られる知識である……エビデンスにもとづく経営は、科学的エビデンスと特定の企業で得られたビジネス上のエビデンスを補完的に（原文ママ。［complementary（補完的）とすべきところが complimentary（無料の、賞賛する等の意）となっている］）利用することによってなされる。[18]

ここでは知識は、客観的で価値自由であり、また本質的に定量的研究としての性格を持つ実験などを重視した方法で得られるものとして描かれている。つまり、特定の形式の知識および特定の研究方法が他のものよりも好ましいものだとされているのである。この章の冒頭では、EBM運動は「根拠にもとづく医療」の先例をモデルにしているという点について明言してきたという点を指摘した。しかし、ケビン・モレルとマーク・リアマンスが指摘しているように、医学的知識と社会現象に関する知識とのあいだは本質的な違いがある[19]。さらに実は、医療の世界の場合ですら非常に多くの点に関して見解の相違や論争が存在しているのである。その論争の中には、たとえば次のようなものがある――どのような種類のエビデンスを他の種類のものよりも重視すべきか、エビデンスの見地に照らしてどのような形で従来の医療行為に変更を加えるべきか、違う職務についている人々は異なる種類のエビデンスに対してどのように対応するか、あるいは対応すべきか[20]。EBMの場合についても同じような論争や問題が発生するはずなのだが、EBMの提唱者たちはそれらの問題の大半に関する議論を避けてきた。ここで暗黙のうちに採用されているのは、経営実務の世界というものは単に「[客観的事実として]そこに」存在しており、公平無私な観点からの発見を待っている、という物語なのである。真実のあり方をめぐる相互に異なる主張に対してどのように判定を下すべきかという問題は純粋にテクニカルなものだとされる。つまり、問題に関する最終的な決着に至るまでさらに重ねて調査をおこなう必要があるのだというのである。私の場合は、それと同じような確信など持てないのだが。

現実世界の問題に取り組もうとする際にビジネススクールが直面する問題に関する、きわめて洗練された議論の中で、ジョン・ミンガーズは、経営研究がその性格上本質的に抱えている重要な問題について指摘している――「経験主義［実証主義］は現実世界の問題に対して真正面から取り組むことに失敗してきた。というのも、その種のアプローチは、複雑で多元的であり、かつ多くの原因が関与しているはずの問題を科学的に測定可能な対象だけに限定してしまいがちだからである」[21]。第7章で私は、リーダーシップ研究の例を、ミンガーズが指摘しているこの点を示す恰好の事例として挙げておいた。ミンガーズは一方で、［社会的］構築主義にもとづく研究が抱えている根本的な問題についても指摘して、次のように述べている――「［実証主義とは］正反対の方向から出発することで失敗しており、言語と社会的言説の複雑さと多元性については認めてはいるものの、言説以外の構造の因果関係に関する解明を避けている」。実証主義的アプローチの場合は、我々がどれだけ多くのことを知っているかという点を誇張してしまうが、構築主義者はしばしば我々がどれだけ知らないか、または知ることができないかという点を誇張しがちなのである。［実証主義者のようにエビデンスの］確実性について不当な主張をするようなスタンス、そしてまた［構築主義者のような］みずからの無知を見境もなく告白するような態度は、両方とも、経営上の実践にとって指針になるようなエビデンスに関する有効で、信頼に値し、かつ読者フレンドリーで読みやすいような形で研究内容の要約を作成した上で一般に提供できるという見通しをかなり暗いものにしてしまうだろう。

どのエビデンスを使用すべきかを決定し、またそのエビデンスの客観性について評価するという観点から見た場合に生じる重大な問題は、〈まさに何を研究しそれをどのように研究すべきかという点それ自体が特定の利害関係を色濃く反映している場合が多い〉という事実である。経営者は、経営方針に対するささいな変更を促すために必要となる調査の知見を単に受け身の姿勢で待ち受けているわけではない。むしろ、彼らは経営実務の多くに対して深く関わっており、その実務は彼らがこの世界のあり方について抱いている確信的な見解を反映しており、またそれは彼ら自身の利益に関わるものだと認識されているのである。デニース・ルソーとシャロン・マッカーシーはEBMの論客であるが、彼ら自身も、調査の結果として得られた知見に対して経営者が抵抗を示す可能性があることを想定している。その種の知見の中には、たとえば、経営者は意思決定権限を分散化すべきであり、また強力かつカリスマ的でビジョナリーなリーダーシップのモデルなどは重視すべきではない、というようなことを示唆するようなものが含まれる(22)。しかし、そのような種類の、経営者が従来理想として追求してきたような事柄を否定してしまうようなエビデンスもまた、ビジネススクールに組み込まれている教育モデル、あるいはまた多くの経営者がそれまで教え込まれてきた管理者(マネジャー)としてのあり方に関する考え方とは矛盾をきたしてしまう可能性がある。

スマントラ・ゴシャールが指摘しているように、実に多くの、根拠薄弱で疑わしく、そして紛れもなく有害な経営理論が経営実務の世界に深く根を下ろしてきた(23)。ゴシャールの議論は、特にエージェンシー理論に焦点をあてている。彼の見解では、エージェンシー理論は経営者たちのあいだに自己利益を追求することへの強い関心を引き起こし、それがひいては彼らが組織の長期的な利益にとって有害な行動をとることにもつながってきたのだという。このゴシャールの見解は、発表された直後に著名な経営理論家であるジェフリー・フェファーから支持され、フェファーは悪い理論には自己実現的な性格があると主張した(24)。つまり、ビジネススクールで学生は、その種の理論を支える実証的根拠が実際よりもはるかに確実なものであると信じ込まされ、結果として学生はその理論に関連するボキャブラリーを身につけるのだが、その一方で社会的責任に関する感覚は麻痺していくことになる。また、経営実践に関する劣悪な発想は制度化されてごく自然なものとして受け取られるようになるので、たとえそれが当初想定されていたような成果をあげていない場合でも、それについて厳しく問われることはなくなる、というのである(25)。そのような劣悪な発想の多くは新自由主義の時代精神の一部を成しており、それを変えていくのは至難の業である。

これは、EBMにとって二重の問題を引き起こす。第一に、現実におこなわれる研究の種類に対して制限が課されることになる。研究資金は、仮説的に想定される将来のビジネスニーズに対応するものではなく、実践的で応用的であり現時点でのビジネスニーズに「適合的である」と見なされる調査に対して支給されるようになる。第二に、研究結果を上手に要約した上で示すことが経営者たちに歓迎されるという想定、あるいはまた研究の結果得られた洞察を示すだけで彼らの実務の方向を変えるのに十分であるなどという仮定は誤りである可能性が高い。もっとも、この点に関して経営研究が例外的というわけではない。我々は気候変動についても多くのことを知っているが、それでも我々の多くは、「資源やエネルギーを大量に消費する」ライフスタイルを変えることにともなう痛みを甘受するよりも、これまでの行動様式を変えないという選択をしがちなのである。

EBM自体のエビデンスベース

EBMをめぐる議論に含まれている重要なパラドックスは、EBMがもとづいているエビデンスベース自体が実に薄っぺらなものだということである。2009年にトリッシュ・レイ、ホイットニー・ベトラ、メラニー・コーンが発表した総説論文では、EBMに関する論文の53・6パーセントが、EMPの妥当性を否定ないし肯定のどちらかの方向性を示す実証的エビデンスを提供することもなく、単に著者の見解だけにもとづいてEBMに対する賛否を表明していることが指摘されている。

その種の個人的な意見という以外に関して言えば、この問題についてはそれほど明白ではない程度のものでしかないエビデンスがしばしば提起されてきた。たとえば、ジェフリー・フェファーとボブ・サットンによって書かれた *Hard Facts, Dangerous Half-Truths and Total Nonsense: Profiting from Evidence-Based*

Management［邦訳『事実に基づいた経営――なぜ「当たり前」ができないのか』］は、2007年には*Academy of Management Learning and Education* に同書に関する特集号が組まれているという事実からも見てとれるように、EBM運動における中心的なテキストになっている。[26] その特集号への寄稿者のうちの何人かは以下のような点を挙げて同書について批判している――著者たち自身のコンサルティング経験にもとづく知見があまりにも頻繁に引用されている、情報源が米国由来のものに偏っている、さまざまなCEOのファーストネームが繰り返し使用されている（それによってCEOによる影響が過度に強調されており、またCEOに対する著者たちの追従的態度が連想される）、互いに矛盾する内容を含む複数のデータセットや理論的解釈に直面した際に研究者も経営者もなかなか決着がつけられない可能性があるはずだ。同じようにマーク・ラーンマンスも、あるところで同書の特徴について次のようにコメントしている――「他に類例を見ないほどにトップマネジメント寄りの論調が際立っている――そこでは、通常の場合に経営目標とされているもの（収益性や統制など）の正当性について真剣かつ粘り強く問い直すような『エビデンス』はいかなるものであっても排除されている」。[27] フェファーとサットンの本は、とりわけ、ピーター・ブルームとカール・ローズが「CEOの偶像化」と表現しているものの典型だと言える。[28] つまり、CEOの役割に本来含まれているはずの複雑な側面を軽視し、その役割のDNAの一部である各種のパラドックスに関する検討からは目を背けてしまうような傾向である。

さらに、組織研究では再現研究が不足しがちであるが、これは、不正な調査結果や貧弱な調査デザインによる研究が批判的な検証をまともに受けることもなく通用していき、それ自体が常識のようなものになってしまう可能性を示唆している。[29] これについては、第4章と第5章で解説した、多くの経営研究が抱えている問題についてもう一度考えてみて欲しい。それらの章で見てきたのは、多くの経営上のアイデアの根拠として取り上げられてきたエビデンス（そんなものが存在するとしたらの話だが）は貧弱かつ要領を得ないものである場合が多く、また基本的な欠陥を抱えているということである。

これらは全て、確固たるエビデンスにもとづいて実用的な知識を生み出すことを目的として実施される文献レビューにとって深刻な問題となる。実際、この目的を果たす上で十分なだけの知識など存在していないし、将来それが登場する見込みはそれほど無いのかも知れない。ビル・スターバックは、「統計的有意性」への過度の依存を疑問視する分析において、社会科学者には次のような傾向があると主張している――「自分たちの観察の一般性を誇張しがちである。特に、研究者たちは平均値に焦点を当てて発見事実の曖昧さを隠蔽しようとすることがよくある。また平均値に関する仮説検証をおこなうことによって、本当は曖昧なものでしかない知見を見かけ上は明確な結論に変えてしまいがちである」[30]。トライアンギュレーション［複数のデータや調査技法による相互検証］や再現研究だけではこの問題には対処できそうもない。というのも、たとえば欠陥を抱えた20件の研究が蓄積されていたとしても、それらは互いの過ちを繰り返すだけであろうし、さらに20件の研究を追加したとしても、有用な知見やアイデアを生み出すことなどできるはずはないからである。また、特定の市場経済のモデルで動いている唯一の国である米国で収集されたデータの意義をあまりにも強調してきたという事実は、特にこれらの指摘にさらされた場合には脆弱である。というのも、データにそのような偏りがある以上、エスノセントリズム（自民族中心主義）的な研究アプローチの限界は明らかであるし、調査で得られた知見の一般性に関する推定が誤っているという疑念はどうしても拭《ぬぐ》えないからである[31]。事実、そのような研究で採用された統計的な解析手法がどれほど強力なものであったとしても、過度の一般化というリスクはどうしても残ってしまうはずなのである。

エビデンスを解釈し実務上有用な情報を提供する

本来エビデンスというのは我々が以前から持っていた既存の態度や偏見に挑戦すべきものであるが、しばしば勝利を収めるのはむしろ後者の方なのである。たとえば、ドナルド・トランプの行動に対する米国の有権者の各種の反応や、それが、人々が以前から持っていた政党への忠誠心をそれぞれどのように反映しているかという点について考えてみて欲しい。確証バイアスがあることによって、我々は、自分が以前から抱いていた見解を確認してくれるようなエビデンスを探し求め、そうでないものは無視しようとする。

ある研究では、死刑制度に関して実施されたとされる架空の研究に関する報告が被験者に対して提示された。その研究によれば、死刑制度の支持者と批判者は両方とも、彼らが以前から抱いていた信念と一致する研究の方がより説得力があるエビデンスを提示していると評価し、もう一方のタイプの研究については多くの問題があると指摘したのであった[32]。それと同じように、ＥＢＭの提唱者たちには、学術研究のエキスパートであれば、特定の実践の裏づけとなるエビデンスの信憑性や、実務家たちにとってどの実践が最も重要なものであるかという点について実際に合意するものだと想定したり、あるいは何らかの合意が形成できるはずだと仮定してしまう傾向がある[33]。時には彼らも、人は多くの理由によって（とりわけ何らかの問題に特別の思い入れがあるために）調査の結果得られた知見を受け付けない場合があるという事実を認めることがある。しかし、それでも、ＥＢＭの提唱者たちは、研究の手続きを改良し、またコミュニケーションの仕方を工夫すれば、その人々だって調査の知見を受け入れてくれるだろうと想定しているのである[34]。

多くの問題の中でも、この種の議論におけるきわめて重要な問題の１つは、〈どのようなものをエビデンスとして見なすべきか〉という点に関してはそれほど合意が存在していない、という点である。たとえば、エドウィン・ロックとゲイリー・レイタンは、「目標管理制度（ＭＢＯ）などにおける」目標設定が持つ利点を無条件で賞賛しているが[35]、リサ・オードネズとその共著者たちはさまざまな情報源を利用した上で「目標設定がもたらす有益な効果が誇張されている一方で、目標設定によってシステマティックに引き起こされる害はほとんど無視されてきた」と主張している[36]。それに対してロックとレイタンは、目標設定によって何らかの害が生じる可能性はあるものの、そのような害の具体的な内容や範囲については実証されていないと反論する。このような論争の過程において、両方の著者たちは、この問題について判定を下す際のエビデンスとして何を考慮すべきかという重大な問題について激しく衝突している。さらなる反論で、オルドネスとその共著者は、「ジャーナリスティックな記事、事例研究、逸話などの全ては、リサーチ・クエスチョンを提起し、特定の問題に焦点をあて、また厳密な因果分析の対象とすべきアイデアを練り上げていくために活用されるべきである」と述べている[37]。それとは対照的にエドウィン・ロックとゲイリー・レイタンの場合は、オルドネスらに劣らないほどの激しい筆致で、リサーチ・クエスチョンについて分析する際には、純粋に実証主義的なアプローチを通して得られたデータのみを使用すべきだと主張する[38]。

これに関連して、リチャード・アダムズ、ペイリー・スマート、アン・ハフは別の次元の問題について指摘している[39]。私は第2章で、論文の質の代理指標としてジャーナル・ランキングを使用してしまうことを批判した。しかし、ＥＢＭにおける体系的な文献レビューでは、個々の研究論文の質を直接的に評価するのではなく、ジャーナルレベルでの代理指標だけを使用するのが通例のようである。このバイアスによって、一方で質の高い研究の多くが見逃されてしまう可能性があるだけでなく、他方では本来は無視してしかるべき比較的貧弱な研究が文献レビューに含まれることにもなってしまう。これが、追加的な情報が加わったとしても、経営上の施策をめぐる疑問が生じるだけであり、今後の実務の方向性に関する明確な指針など得られないだろうと思われる主な理由の１つである[40]。その結果として生じてくるのは経営実践における停滞、つまりＥＢＭ運動が意図していたのとは逆の結果である。

経営側による「現実」と「エビデンス」の定義を最優先にしてしまう傾向

この分野におけるもう１つの重要な問題は、ＥＢＭの支持者が経営研究の成果を報告する文献の読者として想定している人々はほとんど完全に経営者たちだけだということである。当然ながら、これはビジネススクールが全体として果たすべき役割とその目的に関する疑問を提起することになる。ビジネススクールは経営者たちのニーズに応えるためだけに存在するのか？　それとも、そこでおこなわれる研究は、他の利害関係者、たとえば政府、労働組合、従業員、そしてより広い社会一般などにアピールすることを目的とすべきなのだろうか？　ＥＢＭ関連の文献には、従業員と経営者の利益を特に区別せずに一緒くたにしてしまう傾向があるが、そのようなやり方は２００８年の金融危機にともなう大不況とそれが引き起こした数々の問題によって従来以上に説得力に欠けるものになっている。実際にはそれと矛盾するようなエビデンスが大量に存在しているにもかかわらず、ＥＢＭ系の文献では、経営者の見解は普遍的な利害関心を明確に示すものであり、経営者が関心を寄せる対象については、組織の他の関係者からも同じ程度にまた同じ視点から関心を寄せられていることが想定されている。したがって、研究者が検討した上で貢献すべきは、この経営者にとっての利害関心だということになる。それでは仮に、医学部の目的は製薬業界のニーズを満たすことにあり、政治学者の研究は政治家とりわけ与党系の政治家の関心にとって有効なものである必要があり、物理学者は彼らの研究が原子力産業のニーズに合致するものでなければならず、またコンピュータ科学・IT関連の学部が今後主に相手にすべきはシリコンバレーだ、などと言われたらどうであろうか？　EBM関連の文献の多くを駆り立てているのは、この種の歪《いびつ》なロジックなのである。

かくして、EBMに関する文献は「不合理な」経営行動、つまり、組織全体の利益を損なう行動については、それを、［経営者たちの］私欲、悪意、あるいは意図的な無知などではなく、単に経営者たちが適切な知識を持ち合わせていないことから生じるものとして描き出すことになる。[41]　しかし、集合的な組織の利益として想定されているものを損なってしまうその種の行動は、むしろ、より多くの人々にとっての利益が損なわれかねないという点を十分に承知した上で意図的に採用される場合が少なくない。たとえば、アイリーン・アップルバウムとローズマリー・バットは、未公開株式投資会社（プライベート・エクイティ・ファーム）は、長期的な株主価値の増大よりも自分たち自身のファンドを短期的に強化する方に関心を持っている場合が多く、その略奪的なレントシーキング（超過利潤の追求）行動は破滅的な結果をもたらすことがある、という点について明らかにしている。[42]　また、2001年に起きたエンロン社の破綻に関する研究によって明らかにされたのは、組織の主たるリーダーたちは、彼らのビジネスモデルが持続不可能であることを十分に認識していたとしても、自分たち自身の短期的な個人的利益のためにその不都合な真実には目をつぶって見えないフリをしている場合が多い、という事実である。[43]

また、たとえエビデンスが十分なだけ蓄積されていたとしても、その時点でそれが何らかの明確な方向性を示唆するものであるかどうかも明白ではない。強盗事件の発生率を減らすための取り組みで収集されたエビデンスに関する研究では、それらのエビデンスが実際に意思決定をおこなう人々が好む選択肢や特定の視点と矛盾しているような場合には、その政策的なインプリケーションは無視されがちであることが明らかにされている。公的報告書に示されているデータに関する分析の場合でさえ、実際にそのデータの収集作業にあたった人々自身が分析した内容とは著しく異なっていた[44]。

興味深いことに、EBM関連の文献には一般に経営幹部が果たす役割を強調する傾向があるのだが、一方で、あるデンマークの都市計画に関する調査によれば、個人や集団が持っている権限が大きければ大きいほど、意思決定をおこなう上でエビデンスを集めたり手段と目的の関係の正当性について検討したりする必要性を感じていないのだという[45]。これと一致するのが、1990年代にニュージーランドでおこなわれた公衆衛生政策に関する研究である。この研究によれば、さまざまな政府機関が、「政策はより良質のエビデンスにもとづいて決定されるべきだ」という信念にもとづいてこの問題に関するエビデンスを熱心に集めていたのだが、実際に決定された政策の内容はそれらのエビデンスとは遠くかけ離れたものだったのだと言う[46]。

もっとも、意思決定におけるこのようなダイナミクスは特に珍しいことではなく、以前からよく知られていた事柄である。実際、「意思決定の屑籠モデル」の主張によれば、多くの意思決定には偶発的な側面がつきものであるが、これは問題とその解決策がランダムに結びつけられがちであるという事実を反映しているとされる[47]。このモデルでは、意思決定の際には〈特定の問題が認識されてからそれに対応する実行可能な解決策が明らかにされる〉というようなリニア（直線的）なプロセスをたどるのではなく、むしろ「問題の特定や解決策の模索、あるいは意思決定の場への関係者の参加状況などがそれぞれ」組織内において比較的独立したプロセスとして存在しており、それらのプロセスがたまたま一致した際に最終的な意思決定がなされる場合が多いとされている。また、組織のリーダーたちには、明らかに破綻しつつある経営方針に対してかなりの熱心さで固執し続ける傾向があるという点に関しても大量のエビデンスが存在している[48]。

ケビン・モレルとマーク・リアマンスはこのような点に関する認識をふまえて、次のように主張している――「職場におけるジレンマに対する明確な解決策あるいは全員が賛成できるような解決策などあり得ない場合が多い。実際にはむしろ、一方に公平性と人々に対する配慮、他方に利益や効率性を置いてみた場合、両者のあいだにはしばしば両立し難い緊張関係が存在しているものである」[49]。EBM関連の文献を読んでみたとしても、その種のディレンマに関してはそれほど参考になる示唆は得られないだろう。

その種の文献では、むしろ、経営者の見解を優先するという姿勢が明白かつ露骨に示されている場合が多い。ロブ・ブライナー、デイビッド・デニヤー、デニース・ルソーは、EBM系の文献を踏まえて意思決定をおこなう場合には、「その決定によって影響を受ける可能性のある人々の視点」も考慮に入れる必要があると示唆している。しかし彼らはまた、「改革プロセスの出発点は、実務家や経営者にとっての問題、疑問、あるいは懸案事項にある」と断言している[50]。ここで前提とされているのは、経営者はほとんどの職場が直面している多様な問題に関する「エキスパート」であり、当然のことながら重要な問題についての最終的な裁定者だということである。恐らく、「その他大勢」である我々は、呆気《あっけ》にとられながら彼らの大胆な行為を賞賛する一方で、重要な意思決定の現場からはほど遠い場所に留まっていることが期待されているのだろう。もっとも、エキスパート的な知識というのは、そのような階層的なモデルで想定されているよりもはるかに広い範囲で組織内に分布しているという可能性も十分にあるに違いない。

私にとってあまりにもナイーブな考え方だと思われるのは、経営実務への関与に関する「コンサルティング」モデルと呼べるものが、〈全てのリサーチ・クエスチョンに対して同列の価値を置いており、また経営者がその中から論理的説得力がある特定のオプションだけを選択することができる、知識の入れ物のようなものを生み出す〉と仮定するような発想である。ジェフリー・フェファーは、2007年に、研究資金を得る上で企業や裕福な卒業生に依存する度合が高まるにつれて、経済的な効率だけではなく研究が社会全体に対して与える影響の評価にも注意を向けた研究の数が減少してきたと指摘した[51]。それにもかかわらず、一方には、ビジネススクールの将来は、経営者が直面している実践的な問題に関する研究に対して研究者がより重点を置くならばこれまで以上に安泰なものになるだろう、と主張する人々もいるのである[52]。このようなロジックを受け入れるということは、取りも直さず、研究資金を得ようとする際には、研究者は企業由来の資金を敬遠するのではなく、むしろもっと積極的に企業の方に対して顔を向けるべきだということを意味する。経営者と従業員が常に同じ利害関心を分かち合っている場合には、これは特に問題にはならないのかも知れない。しかし、そうではなくて、実際には特定の利害関係者の利益が他の人々の利益よりも優先される場合、それは次のような点に対して直接的な影響を与えることになるだろう——リサーチ・クエスチョンのタイプ、実際におこなわれる研究の内容、蓄積される知識の種類と実務家にとって読みやすい形で研究内容を要約するための方法、最終的に実務に対して及ぼす影響のあり方。したがって、EBMが想定する統合的な文献レビューは、本質的には、権力を握っている利害関係者のグループが設定している優先順位を反映するデータや、労使間の利害の一致を前提とした上ではなくごく一部の利害を反映する知見が中心になってくるだろう。

パトリシア・バーガーとアリシア・グランディが発表した、サービス場面で従業員が笑顔で顧客に対応する行動に関する研究は、EBM系の著者によってしばしば引用されてきた。それは私がここで議論している問題を端的に示している事例である。その論文で著者たちは結論として次のようなことを述べている——「我々の調査では、現場の従業員たちが笑顔でサービスを提供する対応を奨励することには持続的な効果があるというエビデンスが得られた。ごく短時間の出会いであっても、従業員が最大限の笑顔で対応すれば顧客も同じように反応し、顧客は従業員が良質のサービスを提供していると感じ、また全体的にその場における出会いに満足感をおぼえていた」[53]。

ＥＢＭの観点からの実践的な示唆としては、経営者は従業員に対して一定の頻度でお客様に向けた笑顔を維持することを「奨励」し、そのために業績管理システムを活用すべきだということになる。これによって顧客満足度と売上が向上するのであれば、誰がそれに反対意見など唱えるであろうか？ さらに、ミステリー・ショッパー（覆面調査員）を使って「笑顔行動の監査」を実施した上で、従業員がその監査結果に関するフィードバックを受け取り、最終的には、販売プロセスの中でも特に重要な瞬間においてより頻繁に笑顔を示すための方法についてトレーニングを受ける、というようなことも想定できるだろう。この場合、離婚、家族の病気、死別などの個人的な事情は一切考慮されない。結局のところ、経営者によって決定された組織のニーズが最優先事項なのである。陽気な気質が不足気味であると見なされた従業員は、最終的には――残念ではあるが――解雇されてしまうに違いない。

この種のアイデアは他の場面でも応用できるだろう。大学では学生満足度調査がますます一般的な経営手法として採用されるようになっている。先にあげたバーガーとグランディの研究を敷衍《ふえん》して言えば、大学教員は、講義の前、最中、そして後の時点にも一定レベルの笑顔行動を維持し、またこれらの行動は注意深くモニターされて（恐らくは監視カメラで？）評価システムにリンクされ、テニュア（終身在職資格）審査や昇進の決定の際に考慮されるべきなのであろう。もっとも、バーガーとグランディのどちらも、自分の職場にそんなシステムが導入されるような事態を熱烈に望んでいるとは到底思えないのだが。

社会的構築主義の立場からの批判に対する批判

社会的構築主義の観点からは、EBMの推進を目論むような論法は、全体として、現時点では多元的である組織論の分野に対して均一性を押しつけようとする試みであると見られている。これについて、マーク・リアマンスは次のように述べている――「それは、単に正当な（ものとして認められる）研究方法論を自然科学分野で認められているような方法に限定するだけではない。より直接的に政治的な面では、どうすればうまくいくかという点を強調する際には、効果性に関するエリートによる定義を前提にする傾向がある。つまり、『どうすればうまくいくか（what works）』という点に関する社会的な現実の構築は、多くの場合、特定の利害関心に奉仕するものなのである」[54]。しかし、企業は現在、国民国家よりも大きな影響力を持っている場合が多いことを考えれば、経営者は、彼らのおこなう意思決定が持っている倫理的および道徳的なインプリケーションについて考慮しておく必要がある。一方で、「どうすればうまくいくか」という点を重視することは、このような重大な問題を回避し、その代わりに、最終的な収益（ボトムライン）こそが全てであるという、業績達成志向の議論に陥ってしまうことになる。たとえば、私が調査を実施し、その結果として、従業員のうちから毎朝何人かを無作為にピックアップして鞭で打ってみた場合に、生産性と利益が向上する可能性があることが判明したとする。EBMの観点からすれば、私は自分の調査結果を経営者に示して、そのようなやり方を実践するように勧めるべきであろう。

それ［このような想定の不条理さ］は、EBM関連の文献内には倫理的な問題に関する検討が欠如しがちであるという厄介な問題と完全に付合するだろう。デニース・ルソーは、彼女自身が編集したハンドブックである『オックスフォード版エビデンスベーストの経営ハンドブック（*Oxford Handbook of Evidence-Based Management*）』で「エビデンスにもとづく経営の構想」というタイトルの章を書いている[55]。この章では、倫理について2ページ分を使って解説している。これは、全部で419ページもある同ハンドブックの中で倫理に関する問題が考察の対象になっている唯一の箇所なのである。しかも、その解説における議論は、その大半がアフガニスタンにおける米軍による空爆に関するものであり、EBMとの明白な関係はほとんどない[56]。

EBM系の研究に見られる、因果推論に際して実証主義的な発想のみを偏重する傾向については、社会的構築主義の立場からも疑問が提示されている。ジェラルド・デイビスのような主流の研究者でさえ何度か次のように認めていた――「［研究の新奇性に対する］一時的な熱狂のようなものは存在しているが、組織研究に関して言えば確立された科学的研究と呼べるような分野はそれほど多くはない[57]」。カール・ワイクは組織研究には相当程度の不確実性があるという点を強調しており、また、「確立された科学的研究」――ワイクは本来これは語義矛盾だとしている――という目標自体がそもそも意味のあるものかどうかと問いかけている[58]。これらの批判者は、EBMについて、組織における権力をめぐる問題に関する議論が欠けている点に異議を唱え、また、経営者の利害関心が一般に通用する基準であるとするような仮定を疑問視し、また多くのEBMの主張（たとえば、目標設定と職場における個人の職務業績との関係）のエビデンスベース（実証的根拠）がどれほど確実なものであるかという点に疑問を投げかけている。

しかしここで問題になってくるのは、「何が代替案か？」という問いを避けてしまうのはあまりにも安易な批判の仕方だということである。我々の中には、災害現場で動画を撮るためだけに集まってくる野次馬ないし墓荒らしのような感じで組織をめぐる問題について何かを書いている者もいるが、彼らがその場で苦しんでいる人々に対して助けの手を差し伸べることは決してない。それは、あまり褒められるアプローチではない。その好例は、組織内で権力がどのように表出されるかという問題に関するスチュワート・クレッグによる分析である。[59] この研究では、経営というものを、他者や自分自身の行動に対して影響を与えることを目的とした権力と支配の実践として描き出している。他者に対する権力は、強制、意味のフレーミング、特定の文化の押しつけ、モラルパニックの利用、そし最後に社会関係資本と知識の管理など、さまざまな方法で行使されるのだと言う。しかしクレッグは、これらの問題について見事な整理をおこなっている一方で、強制的な押しつけに抵抗するための方法を提案したり、現代の職場内で権力関係について改めて考え直すことによって、その最も有害な影響の一部でも緩和したりするための方策を提案すべきだとは一切考えていないようである。私は決して、このような形で権力を問題として取り上げることそれ自体の価値を否定しているわけではない。しかし、批判することだけが分析をおこなう上での唯一の目的である限りは、分析対象になった現象には何らの変化が生じるはずもなく、したがって現状が維持されていくということを私は指摘したいのである。

ここで、この場合に限って見れば適切な喩えである医療行為のアナロジーで言えば、それは、患者が抱えている症状について診断することだけを自分の職務として考えて、治療法を処方することはきまって拒絶する医師のようなものかも知れない。一方で、ＥＢＭ運動はと言えば、「空約束」のような形で、実際には単なる見せかけのような研究上の知見の確実性について誇張しがちなのであり、また研究を進めていく中で、経営者たちの見解を組織における最優先事項として制度化してしまう傾向がある。さて、我々は果たして、この幾多の矛盾を含む混迷を乗り越えて、エビデンスにもとづく経営を探求していく上で有効な視点を提供できるのであろうか？

批判的実在論（critical realism）という代替案

ジョン・ミンガーズは、経営研究で批判的（critical）と言う場合に、その言葉に含まれる4つの側面を挙げている[60]。それらの4点はそれぞれ、批判的実在論の認識論との整合性があり、またこれまでEBMに対して突きつけられてきた批判を乗り越えて理論面での前進を図る必要がある、という私の主張における中心的なポイントでもある。それらは次のようなものである。

1. 批判的な思考法――レトリックに関する批判的検討。これは、研究の結論がどれだけ研究の際に前提とされたものから導き出されているか、その前提が正当であるかどうか、言葉がどのように感情的でありかつ誤解を招くような方法で使用されているという点などについて評価することを意味する。この点に関連して言えば、これはEBM系のほとんどの文献における基本的な前提が疑問視されてしまう可能性があることを意味する。というのも、研究結果を発表した文献の読者として想定されているのは、ほとんど場合は経営者だけだからである。しかしながら、本来は社会全体がビジネスに関わる問題について利害関心を持っているはずである。実際、経済問題が生じた際には、我々全てが影響を受けないわけにはいかない。したがって、組織活動の有効性などに関わる問題は、企業の経営幹部などの範囲を超えて多くの利害関係者にとって極めて重要な意味を持っており、また学術研究にとっても差し迫った質問であるという事実について認識しておく必要がある。

2. 通念に対して懐疑的であること――伝統への批判。EBMの提唱者は、既存の経営慣行について、それを特に問題として取り上げる必要もない自明の活動として見なす傾向がある。実際、株主価値を高める必要性などをはじめとして、経営上の優先事項に対する批判はほとんどなされない。批判的なアプローチはこれらの通念に疑問を投げかけ、社会的結束、公平性、長期的有効性などの他の優先事項に対して光をあてていく。

3. 単一の支配的な見方に対して懐疑的であること——権威への批判。繰り返しになるが、前述のようにEBMの提唱者は、経営者が組織内で権力を持つということを自明視しており、経営者が優先事項として考える事柄が経営学者の研究課題の大半を占めるべきだと主張している。それによってなおさら経営学者は、自分たちには経営者によって「現実適合的である」と見なされているような研究プログラムに従事する義務があると思うようになる。このような支配的な見方に対して懐疑的になるというのは、必ずしも権力のダイナミクスの解体それ自体を目的にし、また際限なくそれを繰り返すということを意味しない。むしろ、抑圧的な兆候を示す権力を排除できるような、より解放的な組織形態のあり方を模索していくことを目指すのである。第10章では、「批判的パフォーマティビティ」の概念について取り上げて、それがこの課題にとってどのように有効であるかについて解説する。

4. 情報と知識に対して懐疑的であること——客観性への批判。これは、現時点で提供されている知識の有効性を問い直さなければならない、ということを意味する。また、それらの知識は決して価値自由で客観的ではないという点について認識するということでもある。したがって、見かけの上では「客観的」な知識の多くは実は社会的なプロセスを通して構築されたものであり、普遍的な利益ではなく党派的な利害関心を反映しているという点を認識することが重要である。

私は、これらのポイントは本来EBMをめぐる議論の中に組み込まれているべきものであり、それは特に、経営幹部が特定の時点で重要であると見なすものを研究者が無批判に受け入れてしまうことを回避する上で必要であると考えている。研究の目的は不確実性を減少させていくこと、つまり、知られていることを増やし、知られていないことを減らしていくことである。これは必然的に、実証主義の前提となっている「事実と価値の分離」という考え方が根本的な誤謬を含むものであるという認識に結びついてくる。というのも、全ての社会理論は、社会現象について、その記述を目指すとともにその評価をおこなうプロセスを含んでいるからである。実際、経営という行為は、まさに客観的な領域と主観的な領域の交差する場に位置しており、世界に関してより確実な知識を達成することを目指していながらも、どうしても不確実性と主観性の要素が残るものであるということを認識しなければならない。研究テクニックが改善されていけば、何らかの意味で「より良い」研究成果が最終的に生み出され、したがってこの問題が克服できるなどと考えるのは明らかに見当違いである。むしろ、常に単なる知識の生産だけではなく、それに加えて価値、倫理、意味、解釈、意義、重要性などをめぐる論争の余地が存在するのである。

したがって、知識は常に暫定的なものである。もっとも、この世界に関する全ての説明や解釈の仕方が同じ程度に良いもの、あるいは妥当なものだというわけではない。むしろ、「一部の説明は他の説明に比べて世界のあり方に関してより良い知識を提供している」のである[61]。たとえば、独特の世界観を世の中に広めるために何度となく会議を開催してきた一部の熱狂的支持者の献身的な努力があるにしても、世界は平坦ではなく、また月面着陸も現実におこなわれたのである[62]。当然のことながら、我々が提示してきた現実世界に関する説明は、それぞれ固有の制約を抱えており、不十分で、また頼りないところもある。しかし、エビデンスに対して十分な敬意を払っていけば、そのような説明を通して、我々は世界のあるがままの姿に関する、もっと信頼できる説明の仕方に近づいていくことができるはずなのである。これは、研究活動を通して不確実性を少しずつ減らしていくことができるということを意味する。また、以上のような批判的実在論の観点を援用すれば、これまでEBMの提唱者が愛用してきたような旧来の実証主義的アプローチの場合に比べて、研究プロセスの中で倫理的な問題や他の種類問題について検討していく余地が十分にできてくると思われる。

ここで私は、批判的実在論が、6つの重要かつ積極的な意味でEBMの議論に対して変革的なインパクトを与える可能性があることを主張したい。

1. EBMの支持者たちは、統合的な文献レビューによって経営者に対して「どうすればうまくいくか」という点に関する決定的な洞察を提供すべきであるという点を提案してきた。それによって、経営者は、予測可能な実務上の効果がたしかにあるはずだという強い確信を持って、特定の方針を採用することができるというのである。それに対して、批判者の側は、経営「科学」の背後にあるエビデンスベースは、情報を処理する上で人間が必然的に使用することになる比喩表現によってあまりにも大きな影響を受けているので、たとえどの程度のものであったとしても確実な説明や解釈などは不可能であると主張している。

一方で批判的実在論の認識論の観点からは、文献レビューでは、「EBMに比べて」より控えめな「不確実性の漸進的な縮減」というような目標を目指すべきであることが指摘される。エビデンスは決定的かつ閉じられたものではなく、むしろ創発的で開かれたものなのである。「批判的実在論の創始者である」ロイ・バスカーは、これについて次のように述べている――「現実は潜在的には無限の全体性であり、それについて我々は何かを知っているものの、それほど多くを知っているわけではない」[63]。しかしながら、物理科学にせよ社会科学にせよ完全なる確実性を実現するというのは不可能ではあるが、批判的実在論は、真実に関する全ての主張が同じ程度に有効または等しく無効だというような見解を否定する。たとえば、因果関係に関するある種の説明は、他の説明よりも現実のあり方に近いものである。

したがって、文献レビューは、既に知られていることとまだ知られていないことの両方について確認した上で、社会科学の世界において一般的に合意されているものと、まだ論争が続いているものとを区別した上でそれを明確に示していくことを目的とすべきである。たとえば、そのような文献レビューでは、研究コミュニティ内で議論の対象になっている因果推論に対して特定のエビデンスがどのような角度から光を当てているのかという点について明確に説明していく必要がある。また、それらの因果推論が誤りを含むものであるという点について、どのような意味である程度の確信を持つことができるのかという点に関しても明らかにしておかなければならない。

2.

文献レビューでは、さまざまな種類のエビデンスを批判的に吟味した上で利用していく必要がある。その中には、たとえば定性的研究と定量的研究、事例研究、報道記事、逸話などが含まれる。そのような複数の種類のエビデンスを採用することによって、実証研究の持続的な改善に結びついていく理論の発展に役立つような情報が提供されるだろう。つまり、研究をおこなう際には、データの収集と分析に関する特定の方法を他の方法よりも優先してしまうことは避けなければならない。研究方法は、研究対象に適したものを選択しなければならないのである。

したがって、純粋に実証主義的で機能主義的な理論パラダイムの想定とは逆に、社会科学の目標は、因果関係に関する唯一決定的（definitive）な仮説ではなく、むしろ見込みがありそうな（plausible）仮説を生成することであると見なされる。そして、そこからは新しい研究の流れが生じていくことにもなるだろう。定量的方法と定性的方法には両方とも長所と限界があり、その中には、本質的な点で制約のあるデータセットを元にして一般化をおこなうことの難しさが含まれている。しかし、それらが統合的な文献レビューにおいて適切に評価された場合には、不確実性を減少させていき、また洞察を深めるという目的にとって役に立つと思われる。

3. 批判的実在論者の視点は、社会的世界に対する我々の認識は所属している利害関係集団によって異なるものであること、また、その利害関係集団には相互に異なる複数のものが存在することを認識している。したがって、それら複数の利害関係集団が持っている社会的世界のあり方をめぐる解釈は、統一的な経済上の利害ではなくむしろ互いに競合する利害関心を反映していることが多いということになる。したがってまた、経営実務においてエビデンスが果たし得る役割に関する議論を通して実践的な知識を生み出そうとする際には、組織内の特定の集団だけに限定された利害や洞察を優先するべきではない。

EBMあるいは経営研究の「現実関連性」に関する議論では、あまりにも多くの場合において、〈社会的に有用で学術的に厳密な知識は、何よりもまず経営者が有用であると見なすものでなければならない〉と考えてしまう傾向がある。しかしクリス・グレイが指摘したように、「誰がどのような権限で、経営研究の成果のユーザーは企業と経営者だけだと決めてしまったのだろうか？」[64]。したがって、統合的な文献レビューを作成する際には、経営者という狭い読者の範囲を超えることを目指すべきである。

つまり、各種のエビデンスを統合した上で、むしろ従業員、顧客、労働組合、政府など、ビジネス上の実践に利害関心を持つさまざまな対象者に向けて提供すべきなのである。したがって、より包摂性が高いプロジェクトにおいては、経営学を「エビデンスにもとづく経営」ではなく「エビデンスにもとづく組織化（evidence-based organizing）」に関連する分野として再構想する方が望ましいだろう。

4. 倫理と価値に関わる問題は、経営研究において中心的な位置を占めるべきである。これらの問題は、「どうすればうまくいくか」などという発想や経営者が直接的で実用的な重要性があると判断しているものに還元することはできない。つまり、倫理的な原則は、研究テーマを選択し実証研究を実施する際にその指針になるべきであり、また現時点でのビジネス上の成功というものよりも幅広い関心によって支持されるべきなのである。

実際、「どうすればうまくいくか」という問いかけを露骨に前面に出すようなアプローチは、社会的な権力のあり方をめぐるより深いレベルの問題を覆い隠していることが多い。また、その種のアプローチが、さまざまな議論の場で周辺的な位置に追いやられていると考えられる行為者の見解を吸い上げていくような形で設計されていることは滅多にない。したがってEBMに関連して言えば、「どうすればうまくいくか」という問いは、「どうすれば誰にとってうまくいくのか？　どのような理由で？　どれだけの時間？　誰の利益になるか？」というリサーチ・クエスチョンとして再構成できるはずなのである。統合的な文献レビューをおこなう際には、そのような問いを明確な課題として取りあげるべきである。またそれを通して、生成される知識につきものの限界については率直に認めるべきなのである。

5. 批判的実在論は、物事には曖昧さと不確定性がつきものであるという点を認識している。しかしその一方では、どのような行為、方針、解決策などが、組織における実務や社会全体の福祉に対してより望ましい影響を与える可能性が高いかという点を解明していこうともしている。したがって、それは単なる批判のための批判という範囲を超えて、我々が住むこの世界が直面しているさまざまな問題の解決に対して積極的に取り組むことを目指しているのである。第10章では、批判的経営研究の貢献について評価していく中で、この問題について改めて解説する。これは、組織理論がその知見を介して何らかの影響を及ぼそうと思っている、権力関係がいたるところに見られる組織のあり方について認識し、またそれについて説明しようとすることを意味する。しかし、その一方では、組織をめぐる現実には、権力や支配―被支配をめぐる関係などに関する問題以外にも取り組まなければならない課題があるということも十分に認識している。

6. 人間の行動は、合理的な思考だけでなくそれに加えて（時にはその代わりに）非常に多くの要因によって動機づけられているという点について認識する必要がある。したがって、確実なエビデンスを利用できるようにするだけでは、経営者や他の組織関係者の行動を変えていくのには十分でない可能性がある。たしかに、より合理的な行動は依然として重要な目標の1つであるべきではある。しかしそれと同時に、社会的な行為というものは、組織の各所にある複数の利害関係のすり合わせの末に社会的に構築された現実の認識にもとづいている、という点について理解しておく必要がある。不確実性を徐々に減らしていくという発想の場合と同じように、これは、非合理性を徐々に減らしながら合理的な思考と行動のための余地を増やしていくという目標を受け入れることを意味する。もちろん、このようなプロセスが完全に終了するということはないのだが。

結語

ＥＢＭが多くの人にとって魅力的な提案だったということの背景については容易に理解できる。我々の研究と外の世界とのあいだの断絶については懸念が広がっているし、実際、経営研究は現実の世界に対してほとんど影響を及ぼしてこなかった。私は、〈現実的な問題に取り組み、また意思決定にとって指針となるようなエビデンスを活用した優れた研究をおこなう必要がある〉という意見に対して異を唱えるつもりはない。しかし私はその一方で、「エビデンス」なるものに関してEBMの提唱者が採用しているような非常に狭い定義の仕方がはらんでいる問題点については厳しく指摘しておきたいのである。私は「理論のための理論」というのはあまり好きではないのだが、EBMが経営学における理論構築に対してほとんど貢献していないという事実は驚くべきことだと思っている。ケビン・モレル、マーク・ラーマンス、ロイゾス・ヘラクルースが指摘しているように、EBM関連の文献は、［エビデンス・ベーストという考え方について］経営学と医学を同一視してしまうような単純なストーリーを盾に取りながら、これら2つの分野のあいだに存在する顕著な違いを無視しているだけでなく、医療の分野で確実なエビデンスを収集する際に研究者や実務家たちが直面している問題についても過小評価しがちである。その結果として、「EBMの提唱者は既にあまり面白くなくなってしまったことを相も変わらず繰り返しているに過ぎないのである」[65]。たしかに、これは私自身の印象でもある。EBMが経営者の意識にのぼることは稀であり、もはや一次的な流行の時期を通り越して既に時代遅れの代物になってしまっている感さえある。

私はまた、経営研究に関心があるのは実務に携わっている経営者だけであるとするような考えにも批判的である。経営学は、それよりもはるかに幅広い関係者に対して奉仕することを目指すべきなのである。同時に、多くのポストモダニストが非常に魅力的だと思っているらしい脱構築主義やテキストをめぐるゲーム（お遊び）に取り組むことだけでは明らかに不十分である。その種のアプローチは、研究を、学術生活の秘伝を授けられたごく少数の人々向けの室内ゲームに変えてしまうのだが、それは部外者にとってはほとんど意味がないものである。我々は、もっと真っ当なことがやれるはずである。我々が現在直面しているさまざまな問題について考えてみると、その必要性には切実なところがある。第9章では、大きな社会的関心を集めている問題をめぐる議論に関して経営研究が少なくとも今よりも説得力をもって貢献できると思われる幾つかの点に対して注意を喚起したいと思う。

第9章 有意義な経営研究の復権を目指して

本書で何度となく指摘してきたように、近年の経営研究には、真に重要な問題から目を背《そむ》けてしまうという傾向がある。それによって、我々は、実質的な意味のない変数間に存在する、特に重要でもない関係を探ろうとする瑣末な問題のエキスパートと化してきたのであった。また研究者たちは、目がくらむほどに明白であるか逆に必要以上に小難しくされたテーマに対して焦点を合わせている。第7章では、リーダーシップ研究の分野でこの問題がどれほど広い範囲に及んでいるかという点について説明した。そこでは、誰も気づかず、また誰も気にかけてなどいない「［リサーチ・］ギャップ」がひたすら「埋められ（充填され）」てきたのである。私が第6章で論じたように、これらの論文の多くは不可解な専門用語で書かれており、哲学者（理想的には難解で曖昧模糊たる文章を書くのが得意な哲学者）が書いた文献への言及で満ち溢れているが、これらは全て内容の瑣末さを隠蔽するための小細工のようなものに過ぎない。そのような論文の著者は、まともな英語で自分自身を表現できないということにどうやら喜びすら感じているようである。その著者にとって、明晰さ、単純さ、そして意味などというのは、あらゆる文章から抹殺されるべき不倶戴天《ふぐたいてん》の敵でしかないのである。

しかし、改めてキャリアアップという以外の何らかの目的を見出そうという場合には、意味と意義のある課題、とりわけ我々の分野における研究で得られた知見や洞察が付加的な価値をもたらす可能性がある問題に取り組んでいかなければならない。また、もったいぶった書き方などは自制する必要もある。この点について本章では、我々の研究分野でもっと注意を向けていくべき幾つもの問題の中からほんの一例を取り上げて検討を加えていく。それは、テクノロジーの変化が仕事、組織、そして企業経営に対して与えてきた影響という問題である。

テクノロジーと仕事の未来

当然ではあるが、機械化に恐怖の念を抱くか、それともそれを「進歩」として歓迎するかは古くからの問題である。最も有名なのは、19世紀の英国で織物職人たちが自分たちの仕事を奪っていると感じた自動織機を破壊していった運動である。その打ち壊し運動に参加した職人たちは「ラッダイト」として知られていた。この名称は今でも、オンラインデート、スーパーマーケットのセルフレジ、オンラインバンキングなど、現代の便利な道具やサービスに抵抗する人を皮肉るために使用されている。しかし、機械化に抵抗を示したのはラッダイトが最初ではなかった。1589年にウィリアム・リーは靴下編み機を発明し、クィーン・エリザベス1世を訪ねて特許の保護を求めた。彼の望みは、それによって面倒で経費がかさむ労働集約的な手編み作業を省いてしまうこと、そして、それに加えて当然ながら、彼自身が金持ちになることであった。しかしエリザベス女王は、「汝の発明が私の貧しい臣下たちにとってどのような仕打ちとなるか考えてもみよ」

と諭して彼の要求を拒絶した[1]。

そのような悲観論に対する反論として繰り返し唱えられてきた楽観論は、技術革新によって退屈な重労働は不必要になり、余暇時間が増えて、より多くの人々が創造的な才能を活用できるようになる無限の機会が開かれるというものである。たとえばマット・リドレーは、ハーバード大学の心理学者スティーブン・ピンカーとオックスフォード大学の経済学者マックス・ロセルなどと並ぶ「新楽観主義者」として知られる一群の著作家の一人である。彼らは、今ではより多くの人々が満足のいく食生活を享受し、より長寿で健康的な生活を送るようになり、また戦争で死んだり殺されたりするリスクが人類の歴史のどの時期よりも少なくなっていると述べている。このような恩恵の多くは、テクノロジー、イノベーション、そしてリバタリアン系の経済学者ディアドラ・マクロスキーが「貿易［とイノベーション］による社会の改善（trade-tested betterment）[2]」と表現しているもののおかげだとされる。この言葉からは、絹や香辛料をはじめとする東方由来の嗜好品を詰め込んでヴェネツィアの大運河に向かって航海し、リアルト橋で荷降ろしをしている船のイメージが浮かんでくる。

マクロスキーは、次のように述べている。

> 1800年以来、世界全体の人口が7倍という驚くべき規模に増大しているにもかかわらず、人間が食物を得たり、衣服を着たり、教育を受ける能力の方は、一人当たりでさらに驚異的な10倍以上に増加してきた。我々人間は1800年時点と比較して、今や世界中で70倍——7×10倍である——の商品とサービスを生産し消費している……フランス、日本、フィンランドなど最もうまくいっている国の場合は……通常の方法で計算してみた場合でも、一人当たりの実質所得は現在、1日当たり約100ドルに

増加した。この場合、収入は実に30倍にまで増加しているのである（強調は原文）。

マクロスキーは、これを「偉大なる富裕化」と呼んでいる。リドレーは、2015年の著書 *The Evolution of Everything*（あらゆるものの進化）で、産業革命以降に我々が成し遂げた技術の進歩を、ほとんど宗教的な熱狂を思わせるような筆致で絶賛している。(3) マクロスキーと同じように、リドレーの場合も、そのような継続的な進歩は、近い将来において事実上無限の繁栄につながると主張している。

……かも知れない、しかし、そうではないのかも知れない。その種の分析が共通して抱えている問題は、現時点からユートピアの到来にいたるまでの期間に発生する可能性がある幾つもの問題を認めることについては消極的だという点である。たとえば、2008年の金融危機にともなう大不況で露《あら》わになったのは、「効率的市場」仮説――価格には入手可能な全ての情報を反映する傾向があり、したがって合理的であり、より多くの情報に応じてのみ変化するという仮定――と、人間の貪欲、自信過剰、投機行為と資産インフレによって引き起こされる歪《ひず》みとのあいだに存在するギャップである。(4) また、我々の経済に顕著に見られる過剰な金融化、つまりますます多くの人々が商品や実際のサービスの取引ではなく、お金それ自体からお金を稼ごうとしている風潮は、マクロスキーが絶賛している、倹約家でありかつ大胆なブルジョアの交易者たちが活躍する世界のイメージからは遠くかけ離れている。

実際、この過剰な金融化が2008年以降の大不況につながっていったのであり、我々はまだそのダメージから立ち直ってはいない。2017年のILO（国際労働機関）の Global Wage Report（世界賃金報告）によると、実質賃金の伸びは2010年の大不況以降は世界的に回復し始めた。(5) しかし、2015年には逆に1・7パーセント低下して4年間で最低レベルになった。影響を受けたのは収入だけではない。ILOは、

2015年版に公表したWorld Employment and Social Outlook（世界の雇用及び社会の見通し）で、世界の労働力の4分の3が一時的または短期的な契約で働いていると述べている[6]。これは、歴史的前進の壮大なストーリーからすれば、些細な一時的変動のようなものなのだろうか？　それとも、マクロスキーが歴史絵巻として描き出した上昇軌道は、近いうちに再開されるのだろうか？　さらにもう1つ考えられるのは、その上昇軌道こそが実は一時的な変動なのであり、それが今や最近の過去などではなく、むしろ遠い昔の状況の方によく似ているニューノーマル（新常態）に取って代わられつつあるという可能性である。

機械化にまつわる諸問題

ここでジョージ・オーウェルの本を参考にしてみるのも悪くないだろう。彼は、いったん自分が思い浮かべたアイデアの可能性を徹底的に試してみるのを好んでいた。オーウェルは、1937年に*The Road to Wigan Pier*（邦訳『ウィガン波止場への道』）というルポルタージュを発表した。この本は、2001年にペンギン・ブックス社から現代古典シリーズの1冊として復刊されている[7]。同書は、オーウェルが北イングランドにある労働者階級の町で人々が貧困に苦しむ様を見事な筆致で描き出している冒頭部分の記述によって広く知られている。この本の第2部で彼は問題の解決策として社会主義を提唱しているのだが、一方では、その種のイデオロギーに含まれている矛盾や社会主義運動の限界についても考察を加えている。特に、彼は社会主義の考え方がどのような形でテクノロジーの無限の進歩というユートピア的な発想と結びつくようになっていったのかという点を論じている。H・G・ウェルズなどをはじめとする、今では忘れ去られている作家たちは、その著作の中で盛んに社会主義とテクノロジーの進歩の関係について肯定的に論じていた。しかし、オーウェルは彼らの考え方には納得していなかった。この点に関するオーウェルの発想の妥当性は、社会主義的イデオロギーの問題に限定されるものではなく、実際には、現在もなおテクノロジーの進歩によって引き起こされている各種の課題に対しても同じように指摘できるものである。

オーウェルは、技術革新は生活をより安楽で容易にするということについて指摘した。機械装置はますます多くの人間の活動を機械化し、しかも人間よりもうまくやってのけている。オーウェルは、体力や勇気などは次第に不必要なものになってきていると主張した。飛行機は1937年時点ではまだ比較的目新しいものだった。しかし、将来的には、「飛行機は、自動車と同じように、誰にでも操縦できるようになるだろう。100万人ものエンジニアが、ほとんど無意識のうちにその方向を目指して技術改良に取り組んでいる。最終的には……パイロットになるためには、赤ちゃんが乳母車の中で必要としているのと同じ程度の技術や勇気以上のものは必要でないような飛行機が登場してくるだろう」。オーウェルは、そのような技術進化のプロセスによって影響を受けずに済むような人間の活動はほとんど無いはずだと主張した。では、人間には何が残されているのだろうか？　結局のところ、仕事はお金を稼ぐためだけのものではない。ある人にとっての仕事は、他の人にとってはむしろ遊びのようなものなのかも知れない。

1876年に出版されたマーク・トウェインの古典的な小説『トム・ソーヤーの冒険』には、この点に関する最も的確で最高に愉快な説明が小説という形で示されている。(8) あるときトムは、塀のペンキ塗りを言いつけられたのだった。しかし、その仕事にとりかかる時が来ると「全ての喜びが彼を去り、深い憂鬱が彼の心に垂れ込めてきた……人生は空虚なものに見え、生きていくことは重荷にしか思えなかった。」やがて、ベン・ロジャースという名前の友だちがやって来てトムとおしゃべりをしようとする。しかし、トムは仕事に没頭しているためにベンの声が聞こえないというフリをする。やがて彼は少しペンキ塗りのペースを落として、ベンに自分は今やっている仕事が好きなのだと徐々に思い込ませるように仕向ける。トムが言う――「まあ、これが好きじゃないっていう理由が分からないんだよね。だって、男の子が毎日白ペンキで塀を塗れるようなチャンスって他にあるかなあ?」。これを聞いたベンはすぐに自分もペンキ塗りをしたいという気持ちをかきたてられる。トムがそれを断れば断るほど、ベンはその気になってくる。最後にトムは、リンゴと引き換えにベンが塀の一部を塗ることに同意する。そのうち、他にもたくさんの男の子たちがその場にやってきて、最終的には凧やひもをつけたネズミの死骸などのオモチャと交換で塀のペンキ塗りの仕事を譲ってもらえることになった。トウェインは、次のように書いている。

トムは心の中で、人生って結局のところ、そんなに虚しいもんじゃなかったなあと思った。彼はそれと知らずに人間の行動に関する偉大な法則を発見したのである。つまり、大人とか男の子とかに何かを欲しがるようにさせるためには、単にそれが手に入りにくいものだと思わせるだけでよいということである。もし彼が偉大で賢明な哲学者だったとしたら……彼は今や、「仕事」というのは、それがいかなるものであっても、肉体が義務としてしなければならないことであり、一方で「遊び」は、それがいかなるものであっても、義務的にやらなくてもいいことだという風に理解したことだろう。

先に挙げたオーウェルの本の最初の部分は、北部の鉱山町におけるコミュニティの感情と人々のあいだの連帯に関する優れた考察にもなっている。これらの人々は鉱山労働者だった。しかし、これは彼らにとって単に暮らしていくための給与を得ること以上の意味があった。その仕事にともなう労力と危険は、コミュニティ全体のアイデンティティにとって不可欠な友情と家族的な絆を築き上げていたのである。これらが全て奪い取られてしまった場合、その人々はどうすればいいのだろうか？　作業組織の変更でさえ、彼らを互いに結びつけていた伝統的な絆を脅かす可能性があった。1951年に、エリック・トリストとケン・バンフォースは、1945年に国有化されて以降の英国の鉱業における「長壁式切羽《きりは》」［幅広い採鉱区域を設定して一様に採掘していく方法］と呼ばれる鉱業技術の導入が地域社会にもたらした影響について検討した。その技術は、採掘面を小集団組織の構成で掘り進む「手掘り採炭」方式を置き換えてしまう採炭法であった。

前者のシステムの場合、

長年にわたる安定した関係が生まれる傾向があった。鉱夫の誰かが怪我をしたり死亡したりした場合には、仲間がその家族の世話をすることは珍しくなかった。これらの仕事上の関係は、鉱夫同士の家族的な絆と契約システム、そして家族と職業のあいだに形成されていた密接で自発的なつながりを維持することを可能にする小集団の自律性によって強化されている場合が少なくなかった。(9)

新しいシステムが導入されたことによって、効率的に技術が利用されるようになったし生産性も向上した。しかし、トリストとバンフォースは、次の点についても指摘せずにはいられなかったのである。

職業生活の中で長壁切羽への切り替えを経験した年配の鉱山労働者たちの話を聞いたことがある者は誰でも、彼らの中には失われた過去を惜しむ感情が未だにくすぶっており、それと同時に彼らが現在の状況に絶望し憤慨しながら動揺していることに心を動かされるに違いない……また、リハビリテーションを受けた経験のある人であれば、それが、もはや取り返しのつかない障害を持つことになったという事実について語る際に人が示す感情に似ていると思うだろう。

余談であるが、私は第6章で、昨今の論文に見られる理論化過多の傾向と大量の参考文献を詰め込む風潮について解説した。それとは対照的に、トリストとバンフォースの論文は、エレガントな文章の模範例だと言える。彼らの論文は取り扱っている問題について説明するために大袈裟な理論的フレームワークを持ち出したりはしないし、参考文献は4点しかあげてない。そう、4点だけなのである――これは誤植などではない。今日では、そのような論文はどの経営学系のジャーナルに投稿された場合であっても、デスク・リジェクト［最初の審査の段階における編集委員によるリジェクト］されてしまうだろう。

さて本題に戻ると、仕事というのは決して単なる仕事というだけに留まるものではない。それは、当面の作業という範囲をはるかに越えて我々の生活に意味を与えてくれるものである。それが変化しテクノロジーが前面に出たとき、我々は失われた過去を惜しみ、また絶望に陥る場合が少なくない。オーウェルは、「論理的に考えてみれば、機械的進歩の行き着く先は、人間を瓶の中の脳のようなものに還元してしまうことである」と結論づけている。[(10)] 彼はもちろん、当時そのような帰結が当時達成されつつあったとか、差し迫った事態であると言っていたわけではない。しかし、オーウェルはそれが、人類がそこに向かって否応なしに歩まされているように見える道筋を示しており、また、人間であることが何を意味するのかについて根本的な疑問を投げかける問題だと指摘していたのである。

これらの問題は、1984年から1985年にかけて英国で全国炭鉱組合によるストライキが行われた後で、とりわけ大きな問題として浮上した。このストライキは、2万人の鉱山労働者が余剰人員として見なされ、また20カ所の炭鉱の閉鎖が計画されたときに決行された。その後の1年にわたるストライキは、英国史上最も激しくそしてまた苦渋に満ちた労働争議になった。その影響を受けた地域社会は衰退の一途を辿ることになり、その多くは未だにその余波から立ち直っていない。もちろん、これは産業と労働の機械化がもたらす帰結のごく一部に過ぎない。それはまた、全国炭鉱労働組合という強力な組織を壊滅させるという政府の決意によるところが大きい。当時の首相のマーガレット・サッチャーは、鉱山労働者のリーダーだったアーサー・スカーギルを「内なる敵」と呼んだことでよく知られている。ともあれ、伝統的な仕事が突然消えてしまうような世界にあって、どのようにすれば生活の意味とアイデンティティを見出すことができるのかという基本的な問題は未だに解決されないままで残っている。

今日、我々が、オーウェルが描き出したディストピア（暗黒世界）の目標に向けてさらに進みつつあることは理解できるだろう。我々は、時間とエネルギーを節約するために、洗濯機や掃除機など省力化に適した道具に依存している。また、節約したばかりのエネルギーを体内で燃焼させるためにということで、ルームランナーとローイングマシンを自分の家に据え付けている。もちろんこれらの傾向に抵抗して、洗濯機と掃除機を地元のリサイクルセンターで処分してしまって衣服を手洗いすることだってできるだろう。しかし、私は未だに実際にそうしている人にお目にかかったことはない。ルームランナーによる解決を拒否するのであれば、ソファに寝そべってチャンネルを切り替えながらＴＶを見て体内脂肪を増やすことにでもなるだろう。なにしろリモコンさえあれば、立ち上がってＴＶセットまで数メートル歩いていく必要さえない。その場合のエネルギー消費は事実上ゼロなのである。世界中いたるところで広がる肥満がテクノロジーの進歩とほぼ完全に同期していることは特に驚くような事実などではない。２０１４年に *The Lancet*［主要な国際的医学系ジャーナルの1つ］に発表されたある研究によれば、今や世界の人口の3分の1近くがやや太りすぎ、あるいは明らかな肥満状態になっているのだという[11]。

そのようなプロセスは、仕事の世界に多大な影響を及ぼしてきた。ビリー・ワイルダー監督の1960年の映画『アパートの鍵貸します』は古典的な例である。ジャック・レモンが演じる主人公のCC・バクスター（「バド」）は、保険会社で出世階段を登っていくことに必至になっている末端の従業員である。この目的を追求するために、彼は時々自分のアパートを会社の部長たちが浮気の相手と密会するために使わせている。そのあいだ自分自身は街をぶらついて時間をつぶしている。バクスターが仕事をしているシーンでは、彼は、机にかがみ込んで旧式の計算機に手動で数字を入力する無数の働き蜂のような労働者の一人として描かれている。バクスターの顔は退屈に覆われており、彼の頭は、計算機がデータを処理するときに発するカタカタという音に同期して上下する。

そのような仕事は、その後はあらかた機械化されてしまって久しいと考えて間違いないだろう。したがって、今日のCC・バクスターたちは何か他の種類の仕事をしているのだろうし、部長たちがこの映画でバクスターに提供してもらっているサービスをまだ必要としている可能性も低い。それに、いったい誰が当時バクスターたちが従事していた退屈きわまりない仕事をもう一度やりたいと思うだろうか？　保険会社の社員の場合と同じように、それはいつだって単調な繰り返しが多くて創造的なところなど全くない業務であった。同じように、馬車を製造する人、街の通りでガス灯を1つずつ点灯するランプライター（点灯人）、ボウリングをする人々がピンを倒した後にピンをセットし直す仕事をするボウリング場のピンセッターとして働く小さな子供、国際電話の回線をつなぐ電話交換手はもういないし、夏に食べ物を保存できるようにするために、危険にさらされながら冬に池から氷のブロックを切り出す仕事をするアイスカッターもいない。同じように、車内で切符を売ったり確認したりするバスの車掌もいないし、無人列車や無人バスだってそのうち特に珍しいものではなくなるだろう。

一方で、インターネットはとてつもなく破壊的（ディスラプティブ）なテクノロジーである。それは、今を去ること１９４２年に経済学者ヨーゼフ・シュンペーターが資本主義の「創造的破壊」と呼んだものを体現している。[12] テレビで見たい番組をダウンロードすることが増えているため、ＤＶＤのレンタルショップも歴史的に珍しいものになりつつある。今日のティーンエイジャーたちはそれらがどんな店であったかさえ知らないのかも知れない。さらに言えば、最新の映画を見たい時に、映画館にまで出かける必要はますます少なくなっている。我々は家からインターネット通販を利用して買い物をするので、目抜き通りの商店街は壊滅状態になりつつある。我々の多くは、今どういう本が出ているかを知るためだけに書店を訪れて、同じ本をオンラインでもっと安い値段で手に入れる。これは「ショールーミング」として知られる購買行動である。２０１２年におこなわれた調査によれば、米国の消費者の35パーセントが、本だけでなく他の商品についても定期的にショールーミングをしているとされる。[13] それでいて我々は、お気に入りの店が閉店して町の中心部が退屈で活気に乏しいことを嘆いてみせたりしているのである。インターネットは全ての仲介業者の仕事を絶滅の危機にさらしているが、今後は、不動産業者と旅行代理店が書店と同じ運命をたどっていくことになるのかも知れない。以上のような事態が次々に進行していく中で、我々が生身の人間と実際にやりとりする機会はますます無くなってきている。さて、「オーウェルが指摘した」「瓶の中の脳」というシナリオは論外であるにしても、理論的に見て、人間の声帯が使用不足のために劣化して盲腸と同じように余分な器官になってしまうということはあるのだろうか？★

★経営学系のジャーナルを埋め尽くすユーモアのかけらもない論文を読み過ぎた人のために、ここでこれがジョークだということについて説明しておく必要があるだろう。

我々は、もしかしたら、過去に経験したものをはるかに超えるスケールの、仕事、組織、経営などの世界における大転換の淵に立っているのかも知れない。クラウス・シュワブは、近い将来に到来すると予期される転換を「第4次産業革命」と呼んでいる[14]。研究や組織の世界にとって、それはどのようなことを意味しているのであろうか？　１９３３年に、ジョン・メイナード・ケインズは、将来さらに大がかりな失業が生じることは避けられないだろうという恐怖の念を表明した。というのも、「労働を節約する手段が見出されていくペースが労働の新しい用途を見つけることができるペースを上回っている」からである[15]。これまでのところ、この恐怖は根拠に乏しいものであった。しかし、今後はどうなるのだろうか？　２０１３年にカール・フレイとマイケル・オズボーンは、ヘルスケア、運輸、経営、教育などの産業にまたがる７０２種類の職業について詳細な分析をおこなった。彼らは、米国の総雇用の47パーセントが今や危機にさらされていると結論づけた[16]。スペインの食品加工会社エル・ダルズは現在、ベルトコンベアの上を流れるレタスの中からロボットを使って同社の基準に合わないものを取り除いている。こうして、またしても低スキルの仕事が消えていっているのである。低賃金の仕事が機械化される可能性は高賃金の仕事の5倍に及ぶという指摘もなされてきた[17]。

２０１８年1月にシアトルにオープンしたAmazon Go《アマゾン・ゴー》という食料品店を見てみよう。顧客は、入店してからAmazon Goのスマートフォン・アプリをスキャンし、商品をバスケットに入れたり棚に戻したりするあいだ、カメラとセンサー機器によってモニターされる。その後、退店時には購入した商品の代金がクレジットカードの口座に自動的に請求される。料金の精算の必要がないため、出口には行列もなければレジもない。長い列に並んで手の親指をイライラと動かすのを楽しむというような習慣でも持ち合わせていない限り、そういう便利な店舗が嫌だというようなことなどあるだろうか？　もっとも、機械の監視にさらされていること、あなた自身の仕事が無くなってしまいかねないこと、そして買い物をするときに生身の人とやりとりするチャンスがほとんど無くなってしまうことは別問題としてなのだが。しかしその一方で、人と一切関わらないで済ませられる顧客としての体験は今では日常的な風景になっている。W・ブライアンアーサーは、2017年に『マッキンゼー・クォータリー』［マッキンゼー・アンド・カンパニーの季刊誌］の記事で次のように書いている。

1年前に、オスロ空港でスカンジナビア航空のフライトの搭乗手続きをした。1台の自動発券機が搭乗券を発行し、別の機械が荷物タグを印刷して打ち出した後にコンピュータの画面がそのタグの取り付け方を教えてくれて、別の画面が荷物をベルトコンベアのどこに置くべきかを示してくれた。そのあいだ、私は一人の人間にも出会わなかった。この出来事は特に重要なものではなかったが、私は人間の世話を受けていないことや、我々の世界の何かが変わったことを奇妙に感じた。(18)

リスクにさらされているのは、レジ係などをはじめとする低賃金の職業だけではない。フレイとオズボーンの計算によれば、2033年までにテレマーケティング会社と保険会社が過去の遺物になる確率は99パーセントであり、スポーツの審判も同じような運命をたどり、ツアーガイドが余剰人員になる確率は91パーセントなのだと言う。2017年に［コンサルティング業務などをおこなう］プライスウォーターハウスクーパーズ（PwC）のためにリチャード・ベリマンとジョン・ホークワースが書いた報告書では、「2030年代初頭までには、英国の仕事の最大30パーセントが自動化のリスクにさらされる可能性がある」と推定している。(19)また彼らは、一部の産業セクターは他のセクターよりもそのリスクが高いことも指摘している——輸送と保管で56パーセント、製造業で46パーセント、卸売りと小売りの場合44パーセント。以前の技術革命では、失われた職業はいつだって別の職業によって置き換えられていた。しかし、歴史というのは将来も同じようなことが起きるという保証などはしてくれないものである。

リチャード・サスキンドとダニエル・サスキンドは、以上のような事態の進展がヘルスケア、教育、法律、建築などの専門職に対して及ぼす影響の見込みについて検討を加えている[20]。その結果、全ての場合について、人間が機械によって置き換えられる見通しが実際にあることが明らかになった。たとえば、ニューヨークのある胸部外科クリニックでは、AＩのアルゴリズムを使った場合には、乳癌の誤検出率が39パーセント減少した。実際のところ、人間による診断よりもはるかに信頼性が高いことが証明されたのである。このケースでは、ワトソンと呼ばれるAＩシステムが、癌の診断をサポートし、医師が治療計画を立てるのを支援するために使用されている。別のシステムであるKnowledge Interpretation Toolkitの場合は、新しい文献をスキャンし、今後の研究のために仮説を立てることを支援してくれる。それにしても、医師の未来はどうなってしまうのだろうか？　少なくとも、必要な医師の数は今よりはるかに少なく、その役割は根本的に変わるだろうと想定できる。サスキンドが想定しているように――「今後数十年も『仕事』の概念自体が今と同じようなものであり続けるというようなことは考えられない。確実に言えるのは、ラディカルで継続的な変化の時代にあっては、『1つの仕事を生涯にわたって』という考え方は見当違いとは言わないまでも、奇妙なものとして見なされるようになるだろうということである」。

また、我々は、金融におけるブロックチェーン・テクノロジーが与える影響に関してはまだ検討を始めたばかりである。これは多くの点で、金融の世界におけるインターネットの拡張である。ブロックチェーンは、「分散型元帳」と呼ばれるものを使って情報を保存し、収入と支払いを含む全ての取引データを記録する。

このテクノロジーは登場したばかりでまだその揺籃期《ようらんき》にあるのかも知れないが、２０１４年と２０１５年には10億ドルを超えるベンチャーキャピタルが商業運用に向けた開発に参入した(21)。今や、このテクノロジーに対する支出は毎年前年の倍増というペースで増加している。規制当局や政府それに銀行は、その影響について大きな不安を抱えながら調査を進めている。私が以前話をしたブロックチェーンの熱狂的支持者たちの中には、ブロックチェーンでは我々がおこなう全ての経済的な取引が透明になってしまうので脱税や租税回避はほとんど不可能になる、と主張する人々もいる。政府はより多くの税金を徴収することができるようになり、事務処理やスタッフの人件費にあてる経費の削減が図れる。貿易コストが削減できることも経済成長に結びつくのだという。彼らによれば、これら両者の変革によって、世界的なスケールで貧困問題の解決に向けて新たな挑戦ができるかもしれないのだという。一方それによって、多くの人々が仕事による収入を得る上で依存している銀行や金融セクターの存在そのものが脅かされる可能性もある。伝統主義者にとっては残念なことではあるが、より多くの人々がオンラインで銀行を利用するようになるにつれて、銀行は既に以前は目抜き通りにあった支店の多くを閉鎖している★。しかし、事態はまだ序の口なのかも知れないのである。

もちろん、このプロセスは部分的なものに過ぎず、仕事のうちの特定の側面は自動化できるとしても他の部分は以前の形のままで残っていくのかも知れない。マシュー・ローレンスとその共著者たちは、「推定で職業のうちの60パーセントは、その業務の少なくとも30パーセントは既に確認されている技術で自動化でき

★スコットランド王立銀行は、２０１７年12月1日にスコットランドの62の支店を閉鎖すると発表した。これは、国内全体の3分の1以上であり、１５８人が職を失った（www.bbc.co.uk/news/uk-scotland-business-42179432）。今やこの手のニュースはありふれているので、ほとんど関心を引かなくなっている。それで仕事を失った人々を除いてではあるが。

る可能性がある」と指摘している。[22] 2018年に発表されたOECDの報告書も、同じような結論を出している。[23] この報告書には、OECD参加国35カ国のうち32カ国について注意深く調べた結果が盛り込まれている。その重要な発見の1つは、業務のうちの約14パーセントだけが「高度に自動化可能」だったことである。つまり、(その報告書によれば) 自動化の確率は70パーセント以上だったと言うのである。また、国によっても大きなばらつきがあった。一般的に言って、ヨーロッパなど、世界の中でもより高度の教育を受け、また熟練した職業が多い地域では、自動化の割合は低くなった。したがって、仕事が完全に消滅するというよりは、むしろ可能性が高いのは、仕事の性格が変化し、現在は人間によって担われている多くの作業が機械によって代替されるということなのである。たとえば、自動運転の貨物トラックの可能性について考えてみて欲しい。現時点では、人間が全く関わることなしで荷物を積み込んだり下ろしたりするような方法は誰も思いついていない。

OECDの報告書は一方では、これまでが実際そうであったように、自動化によって多くの新しい雇用が生み出される可能性もあるという点について注意深く指摘している。しかし、ここで重要になってくるのは次のような問題である――その新しい仕事の具体的な業務内容、あるいは昔ながらの仕事の中に残っている業務はどのようなものであり、またそれは、従業員にはどのように受け取られるようになるのか? ピーター・フレミングは、必要な技術の水準が非常に低いので機械に置き換えるよりも人を雇った方が安上がりであるような低賃金の仕事が急増するだろうと主張する論者の一人である。[24] それは、全く魅力的な話などではない。

たとえ仕事が完全に失われていないとしても、現時点では、既に労働力のかなりの割合が、持っている能力以下の仕事についているということを示すデータが増えている。ローランド・ポールセンは、平均的な従業員が1日当たり1・5～3時間は「無内容な労働」と呼ぶものに従事していることを示す多くの調査結果の例を挙げている。[25] つまり、彼らは実際にはインターネット・サーフィンしたりポルノを見たり、また、仕事をしているふりをしながら実際には怠けたり友人と噂話にふけったりしているのである。「燃え尽き症候群（burnout）」とは対照的に、これはフィリップ・ロスリンとピーター・ヴェルダーが「退屈尽き（bore-out）」と呼んでいる状態、つまり成長の機会になるような挑戦を含む仕事を与えられず、やる気もわかず、何よりも退屈しきっている状態に結びついていく可能性がある。[26] もしテクノロジーの進歩によって、働く者の知的能力が今以上に必要ではなくなっていった場合には、「退屈尽き」は我々の全てが甘受すべき運命なのかも知れない。もっとも、それも、我々がリストラ対象の余剰人員になってしまう時点までなのだが。

以上で述べたことはあまりにも突飛な想像だろうか？　ユヴァル・ノア・ハラリは、その著書*Homo Deus : A Brief History of Tomorrow*（邦訳『ホモ・デウス――テクノロジーとサピエンスの未来』）の中で、テクノロジーとデータがどのように我々の生活を植民地化した上で支配しているのかを探っている。[27] 彼は、「人間の資質と能力の99パーセントは、現在のほとんどの仕事をおこなう上では単に余計なだけである」と述べている。彼は、ウーバーが、少数のマネジャーだけで数百万人のドライバーを管理していることを指摘する。このような現象に関しては明確な制限はほとんどない。ある音楽学の教授は、交響曲、協奏曲、オペラの作曲ができるコンピュータ・プログラムを開発した。これらのうちの幾つかを録音したものがリリースされ、実際によく売れた。バッハの楽曲を演奏したものとコンピュータ・プログラムによってバッハのスタイルをまねて作曲された演奏の両方を聞いたコンサート客は、その2つを区別することができなかった。恐らく、小説、脚本、絵画、演劇、詩がそれに続くだろう。多くのハリウッド映画では同じような要素（爆発、射撃、カーチェイス、ラブシーン、もう1回おまけに爆発、ちょっとしたひねりを加えて、ジ・エンド）が何度もリサイクルされていることを考えれば、それらの多くはコンピュータ・アルゴリズムによって生成されたものだと言われても特に驚くようなことではないだろう。

我々は、これまでは、伝統的に人間だけが持っているように見える直感的な能力に価値を見出してきた。また、実際にそれは組織における意思決定においても非常に重要な役割を果たしてきた。もっとも、近年では、我々を不合理な考え方に誘導するようなありとあらゆる誤解や偏見がますます目につくようになっていることもあって、人間だけが持つと言われてきたこの利点はその輝きを失いつつある。(28) 実際のところ、機械には、データ処理、エラーの防止、システムの全体的な調整という点では我々よりも数段優れているところがある。たとえば、感情、偏見、直感は持っていないが、その代わりに利用可能な全てのデータを分析できるような機械があったとしたら、その機械は英国のＥＵ離脱などという決定をしただろうか？　また、それだけ高性能の機械がスコットランド王立銀行の経営上の意思決定を担当していたとしたら、同銀行が犯した歴史上最も高くつき、また悲惨な結果を招くことになったＡＢＮアムロ銀行の買収に乗り出すほどの傲慢さに駆り立てられていただろうか？　そして、そのような機械は、「ドナルド・トランプ元米国大統領のように」果たして「とうもろこしヘア」のかつらを被りオレンジ色の肌のメイクをして、メキシコと米国のあいだの国境に壁を作ることを選挙公約に掲げることなどをしていたであろうか？

自動殺戮兵器

しかし、意思決定における感情と想像力の欠如は人類にとって致命的な結果をもたらす可能性もある。ドローン技術は、今のところはまだ特定の動作を指令する上で人間の操縦者を必要としている。現在、自律殺戮兵器（Lethal Autonomous Weapons＝LAWs）の倫理性をめぐって激しい議論が展開されている。これは『ターミネーター』の映画を連想させるような不気味な仕組みであり、その種の兵器は人間の指示なしに軍事施設や人を選び出して攻撃を加える。テスラ社のイーロン・マスクやアルファベット社のムスタファ・スレイマンなど、これらの兵器にも利用されている人工知能の開発に携わっている人々の中には、そのような技術が戦争技術における第3の革命に該当すると指摘する者もいる。また彼らは、その種の兵器は、火薬と核兵器に続くものであり禁止されるべきだと主張している[29]。

現在では、自動化された「ハードキル」方式〔敵の兵士・設備等を物理的に破壊する方式〕の積極的防護システムとして知られているものもある。その中には、迫ってくるミサイル、ロケット、砲撃、航空機、水上艦艇を特定して攻撃するために船上に装備されたレーダー誘導銃などが含まれる。自律型ドローンも完成間近なようである。また多くのミサイル防衛システムには、自律型の標的設定機能が装備されている。もっとも、それらはまだ人間が設定した制限やガイドラインの範囲内で作動するようになっている。しかし、今後どれだけのあいだ現状のままなのだろうか？ 果たして、将来の戦争は機械が命令して機械が戦い、そして機械によって勝敗が決まるようになるのだろうか？ 彼らは兵士と民間人を区別するのだろうか、それとも全ての人間を使い捨てで生分解性がある巻き添え被害の単位に過ぎないものとして扱うのだろうか？

歴史が示しているのは、大量破壊兵器を禁止する試みは、一方の側がそれを自分の利益のために使用できると想像している限り、結局は破綻してしまうものであるという事実である。また、それらの発明を今さら無かったものにすることもできない。この見解（realpolitik＝現実政策）によれば、条約は、それらを破るのに都合が良い時点までは署名された状態に留まるとされる。スティーブン・ピンカーはこれについて次のように述べている――「たとえある国がもう戦争のやり方を学ばないと決めたとしても隣国が学び続けていた場合、枝打ち用に使う鎌は隣国が使っている槍にはとうてい太刀打ちできるものではなく、結果として侵略軍が目の前にいることに突然気づくことになるかも知れない」[30]。我々は既に、Uターン禁止の標識が掲げられている一方通行路をひたすら直進しているのかも知れないのだ。

新楽観主義者たちは、過去2世紀のあいだに事態は着実に良くなってきているという想定を根拠にして、未来が悪いものになり得るという考えを一蹴する。彼らが考慮に入れていないのは、人間の認知能力は技術革新に追いついていないという事実である。アイザック・アシモフは1988年の段階で次のように述べていた――「現在の私たちの生活で最も悲しむべきは、社会が叡智を結集するよりも速いスピードで科学が知識を集めてしまっている、ということである」[31]。それ以来、何も変わっていない。なぜなのだろうか？　ラッシュ・ドジエは憎悪の感情を「精神の核兵器」と呼んだ[32]。彼は、憎悪の蔓延を人類の過去の歴史に求める。その歴史の中で、脅威に直面した際に示された「戦うか逃げるか」という反射的対応は我々に生き残りという点での利点を与えたが、一方では、それが他者に対して疑いの目を向け、他者との相違を誇張する傾向を持つように仕向けた、というのである。我々は生存本能以外にもポジティブな本能を幾つか獲得したが、本質的には、弓と矢を核兵器と化学兵器と生物兵器そして自動殺戮兵器に置き換えてきた「毛のない猿」のままに留まっているのである。

新楽観主義者の代表格であるスティーブン・ピンカーは、2011年の著書 *The Better Angels of Our Nature*（邦訳『暴力の人類史』）で、戦争による死者を含む暴力行為が着実に減少していることについて説得力のある文章で示している[33]。それは本当のことではある。1000年前の戦争は、今日の戦争もそうであるように、血まみれで残忍かつ野蛮きわまりないものだった。しかし、それでも当時の人類は自分たち自身の種それ自体の生存を脅かすようなことはしていなかった。そのような状況は、もう根本的な変化を遂げてしまった。狂気に駆られた1人のリーダー――たとえばヒトラー、金正恩、トランプ――が下す気違いじみた決定1つだけで、世界に壊滅的な事態がもたらされる可能性があるのである。

ピンカーは、その最新刊 *Enlightenment Now: The Case for Reason, Science, Humanism and Progress*（邦訳『21世紀の啓蒙――理性、科学、ヒューマニズム、進歩』）で右のような可能性について検討はしているのだが、結局、そのようなことはあり得ないと結論づけている。[34]『ワイアード』誌の創刊編集者であるケビン・ケリーの言葉を直接引用しながら、ピンカーは「テクノロジーが強力になればなるほど、社会の中に深く埋め込まれるようになる」と強調している。さらにピンカーはそれに続けて次のようにも述べている――「最先端のテクノロジーにはそれに対する協力者のネットワークが必要になるが、それはさらに幅広い社会的ネットワークと結びついている。そして、そのネットワークに関わる人々の多くは、テクノロジーがもたらしかねない危害から人々を安全に守ることに献身しているのである」。[35]これは本当のことである――ある程度までなのだが。もっとも、我々が兵器システムに対して次第に自律性を与えていけばいくほど、それは真実ではなくなっていく。もしかしたら社会的ネットワークには、その最も弱いリンクと同じくらいの強さしかないのかも知れないのである。

2017年に亡くなったスタニスラフ・ペトロフが果たしていた、きわめて重要なものであったが、今ではほとんど忘れられてしまっている役割について考えてみて欲しい。ペトロフはソビエト連邦の核早期警戒センターで働いていた。1983年の9月26日、彼は米国のミサイルが発射されたことを示すコンピュータの計測値を目にした。通信手続規則によれば、彼はすぐに上司に警告メッセージを送付する必要があった。しかし彼はその代わりに、コンピュータの故障について報告し、その後の23分間を彼自身とソ連が焦土と化してしまうかどうか気をもみながら過ごしていたのであった[36]。恐らく彼の上司もペトロフと同じように核攻撃についての報告を目にしており、適切に行動していたのだと思われる。「恐らく」そうだと思うのだが。

文脈が全てである。所得の伸びや安全な雇用そして有意義な仕事が危機に瀕している場合には、現実世界のリーダーたち、あるいはスタニスラフ・ペトロフのように慎重な判断ができる現場の職員によっておこなわれるべき合理的な意思決定にとって必要となる安定した社会条件とネットワークは脅威にさらされる可能性がある。事実、スティーブン・ピンカーの場合は、個人と社会システムの両方について、それらが現実に持っているよりもはるかに多くの知恵とより多くの自制心があると考えてしまっている可能性がある。本当にそうなのかどうかは、今後さらに時間が経てば分かるのだろうが。

企業経営へのインプリケーション

先に自動化は多くの場合で部分的なものにすぎない可能性があると述べたが、ここでそのテーマに戻ってみることには意義があると思われる。ボルボ自動車は、英国で2002年から2018年のあいだにXC90レンジを5万台以上販売した。その15年以上のあいだにはXC90のドライバーと乗客の誰一人として死亡事故にあうことはなかった。これだけでも賞賛に値する実績である。その理由の1つは、XC90が、ドライバーに対して前方の危険を警告するカメラおよびレーダーシステムを初めて採用したクルマだったということである。そして、今ではシステムがさらに進化しており、ドライバーが運転しているクルマが他の車両に近づきすぎているとアルゴリズムが判断した場合には、自動的にそのクルマを停止するようになっている。

XC90が道路上で最も安全な車と見なされることが多いのも不思議ではない[37]。しかしここで、我々人類が歩んできた道筋についてもう一度考えてみて欲しい。車を運転するために必要となる技術はさらに一段と低下し、重要な決定を下す際にドライバーが果たす役割はこれまで以上に減っていく。これが安全性を向上させるのならば、誰が反対などできるだろうか？

さて、この段階を越えてもう一歩先に踏み出してみよう。我々はもうすぐ、人間が運転するクルマよりも自動運転車の方が安全だという地点に到達するかも知れない。もし政府が、公共の安全のためには、人々が自分で運転することを禁止すべきだと決めた場合、人間が現在持っているもう1つの機能が失われてしまうことになる。そして、自動運転に関する政府の方針に逆らったとした場合、それはかつて、個人の自由を尊重すべきだと言ってシートベルト着用の義務化に反対していた人々と同じだと言われるようになるのかも知れない。［自動運転が一般化すれば］孤立した「個人」（この言葉はいかにも適切なものに思える）は、車の中に座って、森羅万象の意味について深遠な洞察をめぐらせているかも知れない。ただしもしかしたら、目的地Aから目的地Bまで心静かに1人で旅行し、どうしようもない退屈さと無意味さの感情を薬物で紛らしながら、前日の夜中に放映されたメロドラマをｉＰｈｏｎｅないしｉＰａｄで見ているのかも知れないのだが。

以上のような変化が企業経営や組織のあり方にとって何を意味するのかに関する議論の兆《きざ》しもあることはある。しかし、それは、これまでのところまさに「兆し」という程度に留まっている。ゼビア・フェラス・ハーナンデスは、「電子脳の世界における経営の未来」というタイトルの論文において興味深い問いを幾つか提起している[38]。ハーナンデスはその論文の中で、人工知能の研究者たちは、この世界は、彼らが「シンギュラリティ（特異点）」と呼ぶものに2040年頃までに到達すると予測している、と述べている。つまり、人工知能が人間の知能と同等になる時代が来るというのである。一部の理論家は、これが人工超知能（Artificial Super Intelligence＝ASI）の開発にとっての前段階になると予測している。これが人類の破滅を意味するのか、あるいは、病気、貧困、さらには我々が知っているような意味での「死」の消滅を可能にするのかというような問題については議論が沸騰している[39]。

とりあえずここでは、「瓶の中の脳」というオーウェルのシナリオは当面考慮の外に置くことにしよう。それでも、我々の心の内容をコンピュータ上にダウンロードできるという可能性は、我々が「マイクロチップ上の脳」という見通しに直面する可能性があることを意味する。もっとも私自身の見解では、これらの多くは非現実的な推測に過ぎず、人間の知性の幾つかの側面（データ入力、保存、検索、分析など）は精神の計算モデルにマッピングできるが、意識というのはそれとは全く違う部分が多い高度に複雑な過程だと思う[40]。タイムスケールという点から言っても、ロビン・ハンソンは、過去の進捗度合いにもとづいて将来の可能性について予測してみた場合、「広い範囲の能力を持つ、人間と同等レベルのAI」が開発されるまでには2～4世紀ほど待たなければならないと結論づけている[41]。シンギュラリティという発想の熱狂的な支持者たちの予測が楽観的すぎるか悲観的すぎるか（好みに応じてどちらかを選択してみて欲しい）、あるいはまたそのために必要な時間が短いか長いか、そのどちらの印象を持つ場合にせよ、我々は間違いなくその方向に進んでいるようではある。

企業経営に対する影響についても考えてみて欲しい。人間の知性と意識が持つ多面性には太刀打ちできないまでも、機械はますます市場の動向について予測したり、戦略的意思決定について評価を下したり、適切な対応の概要を示したりすることができるようになるだろう。また、組織内における作業の多くは機械がおこなうようにもなるだろう。ロボットが各種の作業を担当している工場は今やそれほど珍しいものではなくなっている。データ処理はオンラインでなされている。人ではなくコンピュータ・プログラムが複雑な統計解析をおこなっている。企業組織の中で経営者によって影響を受け、説得され、動機づけられるような人間の数はますます少なくなり、年次評価を実施する必要性も少なくなり、給与交渉をめぐるスケジュール闘争も減り、それが決裂したときに突入が決議されるストライキの数も少なくなる。ということは、経営というのも時代遅れになってしまうのだろうか？　もしそうなら、ビジネススクールで人間の教員が授業を担当したり、経営研究の質の低さを訴える［本書のような］本を書いたりする必要はなくなっていくのかも知れない。

企業の終焉？

我々の周りにある組織の性格も変化しつつある。ジェラルド・デイビスは2016年に、米国の公営企業の数が1997年時点に比べて半減したと指摘している。デイビスは、この変化の多くが情報技術の進展によるものだと考え、また情報技術は、組織を運営する上でのコストに関して彼が「レジーム・チェンジ」と呼ぶものを生み出しているとする。彼はこれについて次のように具体的な形で指摘している。

情報通信テクノロジーの進歩によって、商業的な活動に関しては、企業をはじめとする長期的な存続が前提とされる組織で運営するよりも、小規模で暫定的な単位の組織でおこなう方がはるかに安上がりになってきた……さらに、コンピュータ制御による生産技術はより強力になり、またより安価で小規模なものになりつつある。このようにして、20世紀時点では「規模の経済」が企業という組織形態を非常

に支配的なものにしていたのだが、今やそれが反転してむしろ「規模の不経済」が目立つようになっているのである。(42)

3Dプリンティングないし積層造形技術は、コンピュータを使用して物体を形成する素材の層を作成する。まだ初期段階の技術ではあるが、今後製品の生産過程をさらに安価で小規模なものにし、また人間の労働への依存度を下げていくことができると考えられている。アリーシャ・ガームルウィッツと共著者たちは、それが「破壊的（disruptive）」テクノロジー——使い古された言葉ではあるが、今回に関してはまさしく適切な形容だろう——であると見ている。(43) これはまた、協同組合、相互会社、あるいはデイビスが「コモンズベースの仲間による生産（commons-based peer production）」（世界中の人々がさまざまな程度の形式で協力して商品やサービスを生産すること）と呼ぶものなどを含めて、さまざまな組織形態がこれまで以上に成立しやすくなるという可能性を示唆している。ウィキペディアはその一例だと言える。ウィキペディアでは、寄稿者とのあいだに法律上の契約を交わすこともなく、またそのコンテンツを消費するユーザーに使用料金を請求する部門を備えることもなく運営されている。ウィキペディアを使ってウィキペディアについて（無料《ただ》で）調べてみると、2017年半ばの時点で言えば、同サイトを運営するために有給で雇用されている従業員は280人しかいないことが分かった。

そのような環境にある場合、近代企業の特徴についての洞察に端を発し、階層、機能の専門化、事業部制組織、およびピラミッド型の意思決定モデルなどを当然の前提にしてきた経営理論は何かの役に立つのだろうか？　もしかしたら、それらは21世紀には何の役にも立たないのかも知れない。その無用さたるや、悪くなった黒胆汁、黄胆汁、血液、粘液という4体液を洗い流すためにヒルを使って瀉血《しゃけつ》していた中世時代の慣習と甲乙つけ難い程度であるのかも知れない。

これは、機械が支配する世界の中で人間であることの意味についてもう一度考え直してみる必要があることを意味する。機械たちがほとんどの点で我々と同じくらい優れていて、また多くの点では我々よりも優秀である場合、我々人間にどのような権利があって、この世界とそこに生息するさまざまな種を自分たちが支配していると言い張ることができるのであろうか？　たとえばゼビア・フェラス‐ハーナンデスは、その論文の中で、機械が将来の時点で会社の合法的な所有者になることがあるだろうか、と問いかけている。私の場合は、「なぜそうなり得ないと言えるのか、特に会社の『従業員』自身が全員あるいはそのほとんどが機械である場合はどうだろうか」と言いたくなってくる。この場合の倫理的な問題は、明らかに相当深刻なものである。機械が下す意思決定に対してはどのような制約を課す必要があるだろうか？　特に、その意思決定が人間に対して甚大な影響――余剰人員化され、雇用不適格と見なされ、貧困の淵に追いやられ、さらには薬品や熱によって気化させられてしまうなど――を与える可能性がある場合はどうだろうか？

これらの問題についての検討はまだほとんど始まってさえいない。*Academy of Management Perspectives* の編集委員たちは、「人工知能」、「ロボット（ないしロボティクス）」、「自動化」などのキイワードで、多くの主要なジャーナルで検索をおこなった際に得られた結果について報告している。そのジャーナルには、ほとんどのジャーナルの場合、ヒットした論文点数はゼロであった。一方で、*Academy of Management Journal*、*Organization Science*、*Journal of Applied Psychology* などが含まれていた。*Journal of Management Studies*、*Journal* と *Strategic Management Journal* の場合について言えば、「創刊以来、これらの概念に間接的な形で関連している論文は総計で6本であった」と言う(44)。ここで「間接的」と言っている点に注意しておきたい。これは、何と恥ずべきことであろうか。［序章でも指摘した］我々の学問領域における金融危機の扱い方が何らかの手がかりになるのだとしたら、この状況が今後すぐに変わるということはとてもありそうにない。

ユヴァル・ノア・ハラリも、これらの点に関連して非常に明白な問題を提起している――「21世紀には新しい無労働階級が大量に出現することになるかも知れない。つまり、いかなる経済的、政治的、また芸術的な価値さえも持たず、社会の繁栄、力、栄光に対して何ら寄与しない人々である。この『無用の階級（useless class）』は単に失業しているだけではない。彼らは、本質的に雇用不能なのである」[45]。このような見方は彼だけのものではない。マシュー・ローレンスとその共著者は、テクノロジーが英国の労働市場に対して与えてきた影響を概観した上で、次のように述べている――「政策による介入がない限り、自動化がもたらす結果の中で最も可能性が高いのは、富、収入、権力における不平等の拡大である」[46]。

もしそのようなことが実際に起きたとしたら、歴史からは明らかな教訓が得られるように思える。人類の歴史の中で、所有せざる人々が彼らの運命を素直に甘受していた時代や場所というものはあっただろうか？　また、もしそうだとしたら、彼らがそうしていた理由はどのようなものであろうか？　より可能性が高いのは、ルサンチマンと抵抗と革命の勃発であろう。既に政治的「エリート」と多くの有権者のあいだには危うい断絶がある。米国では、失業への懸念と単純明快な解決策を渇望する感情が、ドナルド・トランプがホワイトハウスに乗り込んでいく上で大きな力になった。英国では、それが有権者をEU離脱へと向かわせた。産業空洞化、熟練の解体、生活不安、不平等が拡大し続けると、これまでよりもさらに極端で過激な対策が魅力的に見えてくるようになるかも知れない。

私は何も、経営学者が未来学に取り組むべきだと言っているわけではない。未来学はハッタリに満ちており、悲観的なものであれポジティブなものであれ、失敗した予言で一杯の時間つぶしのようなものでしかない。また、私自身、必ずしも将来について悲観的だというわけではない。しかし私は、現時点でも、そう遠くない将来の時点で仕事、組織、経営の本質的な性格に対して大きな影響を与えると考えられる幾つかの主要な傾向と挑戦課題を特定することができるはずだ、と言いたいのである。それらが実際に今後どのような形で展開していくかを正確に予測することはできない。しかし、我々はそれらの変化が意味するところについて検討していくことはできるはずだ。また、我々人類が生物種として直面しているさまざまな選択肢を明確にしていくためにもそのような検討は必要だろう。たしかに、進歩は避けられないものである。しかしそれは、我々が個々人として、また皆が一緒になって下す決定によるところが大きいものでもある。

ハラリが想定した陰鬱な未来の可能性は、社会が多かれ少なかれ現状のまま、つまり富、権力、意思決定の権限が株主価値の最大化を基本理念とする特権的エリートの手に集中していることが前提になっている。我々の分野では、そのような企業の見方に関してこれまで侃々諤々《かんかんがくがく》の議論が展開され、その代替案について検討するために大量の文献が発表されてきた。これらの議論は、仕事の世界の変貌という問題に関連して新たな勢いを獲得しつつある。ここで提起されてくる問いには、必然的に次のようなものが含まれる――これらの変化は誰の利益のために導入されているのか？　誰が利益を享受し、一方で誰が苦痛を被るのだろうか？　物質的な進歩が少数の者ではなく多くの人々の利益のために使用されることを確実にするために、政府、そしてまた従来以上に活動的になっており怒りの炎を燃やしつつある市民たちはどのような行動をとることができるのだろうか？　これらの変化は企業組織のあり方、そしてまたその存在意義それ自体にとって、どのような意味を持っているのだろうか？

全ての人に対してユニバーサル・ベーシック・インカムを提供することが、少なくともそれらの問題に対する解決策の1つになると主張する人々が増えているが、ラトガー・ブレグマンはそのような論者の一人である。フィンランドとカナダは既にこのアイデアの実験に着手している。[47]　他の国々も両国に追随しているか、同じような施策についての検討をはじめている。[48] マシュー・ローレンスは、Institute for Public Policy Research（公共政策研究所）のウェブサイト上でブログを書き、自動化によって確実に発生するはずの生産性の拡大のメリットがより広く共有されるようにするためには、新しい所有権のモデルが必要であると主張している。これはどのような仕組みなのだろうか？　ブレグマンの考えを踏まえて、ローレンスは「市民の富基金」の創設を提案する。その基金は資産のポートフォリオを持ち、「人口の全てまたは特定のグループに対してユニバーサルな配当を支給し、またユニバーサルな基本的サービスの提供に対して投資することによって富を広めるように作用する」とされている。[49] ルク・ソエトは、1990年代に「情報社会」が雇用を破壊する可能性について現在と同じような懸念が取り上げられたときに多大なる貢献をした経済学者であるが、彼も同じような解決策に注意を促している。[50] スティーブン・ピンカーはある種のベーシック・インカムに対して支持を表明し、次のように指摘している――「それには、現在スローモーション動画のような形で事態が進行している、ロボットによる労働者の置き換えにともなって生じるダメージを、むしろ逆に打ち出の小槌のようなものに変えていく可能性がある。ロボットが引き継ぐ仕事の多くは人々が特に楽しんでなどいない種類のものであり、生産性、安全性、余暇時間を配当していくことは、それが広く共有されている限り（引用者による強調）、人類に恩恵をもたらす可能性がある[51]」。ここで傍点を施して強調しておいた箇所は、かなり重要な意味を持つ注意事項である。

　その種のアイデアがどのような結末をもたらすかについては、誰にも見当がつかない。しかし、1つだけ確実に言えることがある。ほんの少数の人々にだけ利益をもたらし、残りの人々を貧しくするような産業革命は、我々が歴史上これまでに見たものをはるかに超えるスケールの社会的な爆発を生み出すに違いない。現時点では、我々は、答えを提供するよりも問うべき問題を明らかにしていくことの方が得意である。そのためには、多くの分野における研究者から見解を寄せてもらう必要がある。その中には、我々のような経営と組織の研究者が含まれて然るべきだろう。本書では、我々自身の研究は、金融危機をはじめとする近年の重大な出来事に対しては恥ずべきほどに緩慢な対応しか示してこなかった、という点について指摘してきた。さらにそれに加えて我々が今日直面している問題に関する検討をおこなわず、ましてや将来のことも考えてこなかったことは、ますますもって怠慢のきわみだと言える。つまり、我々は自分たちの研究が現実関連性に欠けているということに対して共犯関係にあったのである。

本章で検討を加えた生産の機械化や自動化以外にも、我々の分野から得られる洞察が有効であると思われる多くの問題が存在している。テロリズムというのは、とりわけ、組織単位でなされる活動の1つである。全体主義もそうである。我々の学問分野は、テロリズムや全体主義がどのように組織化されて運営されているかについてどのようなことを言えるだろうか？　経営学はそのような問題の解明や解決に対してどのような貢献をすべきだろうか？　現在のところ、答えは「何もできない」というものである。気候変動、貧困、そして飢餓などの問題に関しても、我々は、他の人々によってなされてきた議論の周りにフワフワと漂っている亡霊のような存在に過ぎない。結局のところ、世界が今まさに直面している最も重要な課題に関して何も言えないのであれば、経営学者など消え失せてしまえと言われても仕方ないだろう。我々は、自分自身のキャリアアップを目指すという問題よりもはるかに重要な問題を扱うことができるような、本当に意味のある研究に対して関与していかなければならないのである。

それができない場合は、ターミネーターからは次のように言われてしまうに違いない――「アスタ・ラ・ビスタ、ベイビー」［「さっさと消え失せろ、ベイビー」。映画『ターミネーター2』より］。

第10章 経営研究に確固たる目的意識と情熱を取り戻すために

この本全体を通して私は、学術生活の質的な劣化、研究職の変質、そして論文の内容よりもジャーナルの格付けを優先する妄念にとらわれた経営研究に見られる理論化過剰の傾向など、近年ますます深刻なものになりつつある多くの問題について報告してきた。また、それらの問題への対処法に関する提案をおこなってきた。しかし、断固とした決意を持って何らかの正式な対応を取るという以外にもなすべきことがある。我々自身の基本的なマインドセットを変えていかなければならないのである。

我々の職業生活や研究業績の出版をめぐる慣行は、これまである種の宿命論に支配されてきた。それによれば、我々は評価の圧力にさらされており、また嫌がらせにあって疲労困憊《こんぱい》し、さらにかつてないほどの虐待すら受けているなどと言われる。大学や政府関連機関などの規制当局が関心を持ってチェックしているのは、我々が意味のある研究成果を発表しているか否かではなく、どこで（どのジャーナルで）研究成果を発表しているかということなのである。巧みに「ゲームをプレイする」ことができればキャリアアップできるが、逆の場合は相当みじめなことになる（「ちなみに君の場合、今日のh指数はどの程度で、Google Scholar での引用数はどれくらいかね？」などと聞かれるのである）。我々は、それに関して自分たちができることなど何もないと弁解してしまいがちだ。実際、本書で先に述べたように、「論文刊行ゲーム」は、我々のあいだでますます日常的な話題になっている。

そう言えば、ある学会のセッションで、若手の研究者が、興味深いデータについて発表した上で、「このデータを今後どういう風に扱うべきか思案中なのですが」と言ったときのことを思い出す。その場にいあわせたある年輩の学者が手を挙げて、即座にそのデータを元にして「君が語ることができるストーリー」を4通りばかり示してみせた。その4つのストーリーは、互いに全く性格が異なるものだった。このエピソードに含まれている問題に注意を向けて欲しい。肝心の〈そのデータをどうすれば正確かつ的確に解釈できるか〉という点に関するアドバイスは一切なかったのである。むしろ、その年輩の学者が提示したアドバイスの焦点は、どうすれば最終的に「トップクラスのジャーナル」に掲載できるような説得力のある「ストーリー」に仕上げられるか、ということであった。

論文の刊行は、本来の目的に対する手段、つまり良いアイデアを広く世に問うための手段というよりは、刊行することそれ自体が目的になってしまっているのである。もしそれがキャリアアップという欲得ずくの目的を達成するためだけというのであれば、いっそのこと、時代の風潮に身を任せて、ゲームをできるだけ「上手に」プレイしようではないか？　そのゲームに本質的な意味などほとんどなく、またそれで貴重なご褒美《ほうび》が手に入れられるのだとしたら、ルールを「ほんの少しだけ」いじってズルしてみようじゃないか？話題が論文刊行ゲームに及ぶたびに、我々はこの種のマインドセットを正当化し、学究生活の本質であるはずの「特定の利害に左右されない真実の探求」という理念をみずから毀損するような発言をしてしまいがちである。しかし我々が目指すべきは、疑いもなく、学問の世界を本質的な点で変えていくことによって、研究活動を単なる「ゲーム」などという以上の価値を持つ営みにしていくことであるはずなのだ。

さもなければ、そもそも我々が学問の世界を志した当時の最初の動機が見失われてしまうだろう。人はリッチになりたくて投資銀行に就職するかも知れないが、そんな目的で研究者を志す者など誰もいない。我々は知的生活に憧れ、書くことが大好きで、斬新で革新的なアイデアを自分でも提案してみたいと思ったからこそ研究者を目指したのである。この初心を忘れてしまった場合、経済的にはもっと有利な選択肢が幾つもあったはずなのにあえて研究者としてのキャリアを選んだ意味などほとんど無くなってしまうだろう。そうなってくると、我々がゲームを［主体的に］プレイするのではなく、むしろゲームの側が我々を駆り立てるようになって、我々を当初は夢にも思っていなかった方向へと進ませ、またゲーム以外のことは何も考えられないように仕向けるのである。

エライザ・バイトンとウィル・フェルプスは、このような一連のダイナミクスの中には「研究者個人に利益をもたらす行動が学問分野全体に対しては悪影響を与えるという形で、公共財をめぐって繰り返される社会的ジレンマ」がその顕著な特徴の1つとして含まれていると指摘している[1]。具体的に言えば、我々が論文を提出する際には、倫理的で信用できる研究実践に取り組むことによって公共財に貢献することを選べるはずである。しかしその一方で、もう1つの選択肢としてQRPs（疑わしい研究行為）を採用し、場合によっては明らかな詐欺的行為すら犯して論文掲載の見通しを高めることで、闇の側（ダークサイド）に「亡命する［堕ちる］」こともできる。バイトンとフェルプスが指摘しているように、亡命する者が多ければ多いほど、その分だけ学問領域が全体として被るダメージは大きなものになる。そして最終的には、亡命者たち自身が悪影響を受ける可能性も高くなってくる。実際、誰が世間の嘲笑や侮蔑の的になるような場所で働きたいと思うだろうか？　もっとも、「研究者が他の人々と同じように利己的で機会主義《オポチュニスト》的だということを認めるならば、信憑性に問題がある研究は、それで何らかの褒賞（見返り）が得られる限り、ごくありふれたものになるに違いない。褒賞のあり方がそのままである限り、そうでない行動を期待するのは、無いものねだりに過ぎない」。

あるレベルで考えれば、これは、我々の分野における基本的なインセンティブ構造を変えていく必要があるということを意味する。恐らく研究者については、文献の数あるいは論文が掲載される媒体の格付けなどではなく、知的アイデアの質を基準にして報酬が与えられるべきなのである。また、恐らくは、ジャーナルの格付け、そしてまたビジネススクールや大学のランクに対して重点を置き過ぎることはもう止めにすべきだろう。それに加えて、研究助成金の獲得状況に過度に重点を置く傾向も改める必要がある。スコット・リリエンフェルドが指摘するように、今やこれらが研究者のキャリアアップのための主な要件になってしまっている。(2) 実のところ、我々がおこなっているような研究の多くは、それほど多くの助成金を必要としない。助成金の獲得をめぐる競争を重視する風潮は、優れた研究をおこなうための資金の必要性というよりは、我々が働いている職場の環境が日に日に営利企業に似たものになっているという事実を雄弁に物語っているのである。しかし助成金を取得するためには、「肯定的な研究結果を示す数多くの論文を発表してきたという有力な実績が事実上必要になる可能性がある」。これらの全ては不健康なインセンティブを生み出し、ひいては研究生活それ自体に歪《ひず》みを生じさせることになる。

以上のような学問分野というマクロなレベルという以外にも、個人レベルでも選択の余地があるはずだ。ノーム・チョムスキーは、1967年に、ベトナム戦争との関連で、「知識人の責任」という問題に対して真正面から取り組んだことでよく知られている。彼は、多くの知識人がベトナム戦争に反対を表明することを躊躇し、他の知識人はむしろ戦争を支持したことを非難した。そのチョムスキーが語ったように、「真実を明らかにし、嘘を白日のもとにさらすことは知識人の責務である」(3)。他方で、真実を語りまた嘘を暴くことは、それと同時に研究活動を通して本当に重要な問題に取り組むことをも意味する。この基準からすれば、経営学のように、瑣末なテーマや蒙昧主義が蔓延している学問分野の場合は、まだその第一歩さえ踏み出せていないと言える。

第一歩を踏み出すということは、つまり、我々の一人ひとりが自分のキャリアを築くことにどれだけ重点を置きたいと思っているか、またそもそも研究者のキャリアとは何なのか、というような点について改めて考え直してみることを意味する。マッツ・アルベッソン、イアニス・ガブリエル、ローランド・ポールセンは、その点について次のように主張している――「最優先すべきは、社会調査というものを、『ハイ・クオリティ』なジャーナルに継続的に論文を掲載するという、今や至るところで強調されている要請などから切り離して、むしろ社会にとって大きな意味を持つオリジナルな知識を創造していくことを全体的な目標、そして究極の目的とするものに変えていくことである」[4]。これは崇高な目標であるし、我々の多くがそもそも研究者としての人生を志した際に持っていた元々の動機に他ならない。

たしかに我々は、クルクルと回し車を際限なく回転させているハムスターのようになりたかったわけではなかった。また、退屈かつ無意味な論文を書いて人々を飽き飽きさせることが目標だったわけでもない。それでも、今では同調的な対応の方が抵抗よりも一般的になってきている。研究者たちは、妥協してある程度同調しておけば、自分の好きなことができる余裕が少しでも持てるのではないか、という絶望的な希望をまだ捨て切れてはいないからである[5]。もっとも、そのような対応は、管理主義的な発想による大学運営が従来以上に干渉的な形でおこなわれることに結びついていくという結果を招いてきたのだった。そして、中には、トップジャーナルへの論文掲載と一流大学での研究が彼らのアイデンティティと自尊心の基本であるという見解をみずから内面化していった人々もいる。実際、それは、今や研究者の生活に蔓延している圧倒的な挫折感から自分を守るための方法でもあった。

しかし、高ランクの一流大学で働くということなどとは異なる種類の人生のあり方や目的意識があってしかるべきだろう。私は本書の第2章で、事実上他の全てを犠牲にしてでもそのような目的を達成しようとする強烈な願望が一部の人々の生き方において支配的になっているということを指摘した。そのような願望が阻止されることよりもさらに悪いことが何かあるとしたら、それは実際にそのような願望が達成されてしまうことだろう。「トップ」の大学で働く人々は、実戦経験がある退役軍人によく見られる取り憑かれたような目つきをしている例が少なくない。彼らは、1本論文を刊行しまた助成金が取得できたら、また次の論文と助成金に向けて突撃を繰り返すというような形での行軍をヘトヘトになりながらも続けてきたのである。彼らは、大学の管理者や研究者仲間から寄せられる期待をマゾヒスティックに内面化する一方で、他人の失策を目にした際にはサディスティックに罰を加えようとする——これは、「協同的統制（concertive control）」の古典的な事例である[6]。そのような大学で働いているどれだけ多くの若手教員が、たとえ自分が何本か「世界トップレベルのジャーナル」に論文を発表して栄光に包まれたとしても、その先数十年にわたって狂気じみたペースで仕事を続けなければならないのだという現実を思い知って恐怖の念にかられていることであろうか。人的損失は膨大なものであり、事実上計り知れないほどである。

著名な社会学者であるゲイリー・マルクスは率直にまた諧謔《ユーモア》を交えながら、彼がハーバードでの若手時代に最初は大成功を収めたものの、その後挫折を経験し、再び成功を収めることになった経験について振り返っている。彼が指摘するように、学問上の創造に関わるプロセスそれ自体を愛することをやめ、特定の種類のアウトカム（成果物）にのみ執着するようになったときには、そのために支払わなければならない代償がある。マルクスはまた、研究生活における収穫逓減《ていげん》の法則についても指摘している。キャリア初期に達成した業績はとてつもなく素晴らしいものだと感じられるのだが、後になってくると *Groundhog Day*（『恋はデジャ・ブ』）と同じような展開になってしまうかも知れないのだ［『恋はデジャ・ブ』＝1993年に公開された米国映画。ビル・マーレイ演じる気象予報士の主人公は、取材に訪れた田舎町で「タイムループ」によって同じ出来事を際限無く繰り返すという災厄に見舞われることになる］。マルクスは研究者に対して「キャリアだけをあなたの人生の目的にしてしまわないように」と強い調子で忠告している(7)。というのも、音楽が終わって拍手の波が収まり、もはや講演依頼も来なくなってくると、自分が生涯かけて築き上げてきたキャリアが結局は砂上の楼閣のようなものだったことに気づかされることが多いからである。

私はまた、キャリアを築き上げる上でのプレッシャーと危険についてアン・クンリフが語った内容についても大いに感銘を受けている。彼女は、非主流派の研究者の一人として米国で論文を刊行してテニュアを獲得しようとした際に遭遇した幾多の困難について振り返って、次のように書いている。

> 与えられる指示に対して素直に同調するなんてとんでもないことだった。私は自分の基本的な方針には自信があったし、研究というのは自分の生きた経験に対して持つ意味に関わるものであり、私は、私自身が面白いと思ったことをやりたかったのだ。残りのキャリアを飽き飽きしながら過ごしたくはなかった。だから、私も自分の論文を一流ジャーナルに掲載するための方法を実際に見つけたいという気持ちはたしかにあったし、学問に対しても実際に貢献したかった。ただし、それを私独自の方法――それが実際にどういうものであるか突き止めることができさえしたらの話だったが――でやりたかったのだ(8)。

もちろん、いつだって別のやり方というものはある。スティーブ・カーはかつて研究者だったことがあり、

「Bという行動を期待しながら、Aという行動に対して褒賞を与えることの愚かさについて」というタイトルの論文を［1975年に］発表してキャリアの初期段階で高い評価を受けた[9]。彼はその後、ゼネラル・エレクトリック（GE）やゴールドマン・サックスの経営幹部に転身した。2018年に彼の「愚かさ」論文を記念して書かれた*Journal of Management Inquiry*の記事との関連でインタビューを受けたときに、カーはGEにおける自分の経歴について次のようにコメントしている。

> 私がGEにいたとき、我々はよく、GEというのはたとえ結婚生活がうまくいってなくても、家にいる時間があまりにも少ないので、その不幸な事実に気づくこともないとか言っていたもんだ。その話を聞いた10人中9人は「あっちに行ってくれ。そんなライフスタイルになんか興味がない」と言う。でも10人目は「そいつぁ僕には素晴らしく思えるねえ」とか言っていた。さて、社会全体をそのようにするわけにはいかないけど、GEには「社会」なんか必要じゃなかった。GEの中に、上手くやれば裕福になれるという考え方に対してポジティブに反応するような者が何人かいれば良かったんだ。でもまあ、上手にやれない場合はクビになってしまう確率が高いんだけど。多分かなり屈辱的なやり方でお払い箱にね。もし、そういうのがイヤだったら、GEには来ないでくれということなんでね[10]。

巨額の富の約束はさておき、身の毛もよだつようなこの社風と、幾つかの有名大学やビジネススクールで支配的になっている規範的要請とのあいだには何か違いがあるだろうか？　またそれは、許されることもしくは価値があることとして認められるのだろうか？　私は、人生にはトップジャーナルに論文を掲載することよりも多くのことがあると思っている。また、非人間的な大学を作っておきながら、そういう場所で今よりも人間味あふれる世界を作るための仕事などできるはずはない。私は評価の高いジャーナルに論文を掲載しようとすることそれ自体については何の反対意見もないし、私自身もその努力をしてきたつもりである。しかし、今やそれが多くの研究者たちにとっては自制が効かないほど強度の中毒をもたらしており、また彼らは、書いた論文の点数とそれが掲載されたジャーナルの格付けだけで自分自身を定義するようにさえなっている。家族全員を殺害することと引き換えにトップジャーナルに掲載してやると言われた場合、中には「何かマズいことでもある？　もちろんOKだよ！」と応じる者さえいるかも知れないのだ。今こそ、情熱に満ちた研究というものを再び見出し、勇気を持ってそれを追求し、また自分がそもそも最初にこの仕事を選んだ頃の動機について思い出すべき時なのである。C・ライト・ミルズが述べているように、「研究職というのはキャリアの選択であるだけでなく生き方の選択でもある」のだ。[11] 私は、それに付け加えて言いたい。そうでもなければ研究などというのは無意味だ、と。

研究し尽くされたテーマの範囲を越えて

以上の点に関して言えば、既に十分に掘り尽くされた知識の継ぎ目をさらに掘り起こそうとすることほど無意味で虚しい仕事はないだろう。私は第6章で、マッツ・アルベッソンとイアニス・ガブリエルも言及している、実質的に同じ内容の論文を何度も何度も書き直しているようにしか見えない研究者のことについて触れた。その研究テーマは、変化、リーダーシップ、多様性というものであったり、あるいは研究者たち自身が自分の専門だと考えているテーマだったりする。[12] そういうタイプの研究者たちの場合、どうやら、「もういい加減にしようよ」と互いに言い合うことは一種のタブーであるし、特定のテーマについては既に研究し尽くされており本当の意味で重要なアイデアが発掘される余地などないという事実はどうしても認めたくないようなのである。

　その点に関しては、コミュニケーションが組織を構成していくプロセスに関する理論化である、「ＣＣＯ（＝Communicative Constitution of Organizations）」などと呼ばれる研究分野がそれに近いかも知れない。このアプローチそれ自体は実り多いものであり、私自身の研究もそれにかなりの影響を受けている。また、そういう影響を受けてきたのは、どうやら私一人に限ったことではないらしい。Google Scholar に「コミュニケーションは組織を構成する（communication constitutes organizations）」と入力すると、91万６０００件のヒットがあり、２０１７年以降では1万８０００件近くがヒットする。しかし、私の場合で言えば、ＣＣＯの理論フレームワークを使った一連の研究について何か本当に新鮮で刺激的なものが見つけられなくなってから、かなりの時間が経過している。つまり、この分野の研究は無用な繰り返しがあまりにも多くなっているのであり、新しい発見がなされてきたというよりは、単に研究者が鈍感になっているだけなのだろう。

　たとえば、カレン・アシュクラフトとティモシー・クーンは、２０１８年に出版された *The Agency of Organizing: Perspectives and Case Studies*（組織化の行為主体性――理論的視点と事例研究）というタイトルの本で1章を担当している。この章では、広い意味でのＣＣＯの観点から、ノースカロライナ州で可決されたトイレット・ルームの利用に関する法律で定められた、出生証明書に記載されている性別と一致する方の個室の利用を義務付ける規定が持つ意味について検討を加えている。その規定自体は、その法律によって直接的に影響を受ける人々にとってだけでなく社会全体にとっても重要な意味を持つ問題である。実際、この問題をテーマとして扱うことは、我々が今生活しているこの時代について多くのことを教えてくれるし、個人やグループに対する反動的な攻撃に抵抗する際の新たな戦いの場を提供することにもなるだろう。しかし、ほぼ無作為にその章のあるページを選んだ上で開いてみたところ、私の目には次のような文章が飛び込んできた。

エージェンシー（行為主体性）に関する通常の見方とは異なり、問題は、どの参加者が多かれ少なかれ影響力（たとえば、行為主体としての人間の金銭や宗教による影響力）を「持っている」または「行使している」ことが明らかにされるかではなく、参加者間の関係性の配置が、何よりもまずそれらをその場のプレーヤーであることをオーソライズし、自然と文化というお馴染みの二分法をイナクトすることによって行き詰まりを生み出し、二項極の周りにトイレット・ルームの実践をクラスター化する。具体的に言えば、それは、社会的および物質的な「モノ」のハイブリッドなマトリクスであり（意味もまた、実践の場で具体化されることから「モノ」でもあることに注意が必要である）、そのマトリクスは、何らかのプログラムされた機械あるいはカーテンの後ろにいる魔法使いのようなものとしてではなく、相互に適応しあう実践の束として作用するのである。ロボットでもなければ魔法使いでもない場合、このマトリクスを、全ての明らかな行為主体（実際にそうである）をオーソライズするために必要となる単なる補助的なインフラストラクチャーと見なしたくなるかも知れないが、マトリクスは（また）それ自体が行為であり、すでにその場に設置されている不活発な背景などではない……エージェンシーは何らかの形で事前にオーソライズされた、潜在的な構造的能力で「1つ」が行使することを選択するものではない。エージェンシーは、もしそれがあるとしても「1つ」の所有物ではない。それはそれを可能にする関係の同時的な実践から放射されるのである。[13]

私の場合だったら、これを次のように翻訳する――「どれだけの権力を持ち、また私が他の人々に対して影響をどれだけ行使することができるかは、その人々と私が示す態度と行動がどのようなものであり、また他の人々がどの程度私にそれをさせる積もりであるか、ということに依存する。私は、単に自分の性別に適合していると自分で考えるだけでは、特定のバスルームを使うことはできない。他の誰であっても、そんなことはできない」。それにしても、傍点の有無はともあれ「参加者間の関係性の配置」というのは〈我々が互いにどのように話すか〉ということ以外に何かを意味しているのであろうか？

右の文章は、盛んに、幾つかの言葉を特に必要がないと思われる引用符を使って括《くく》っている。これは恐らく、著者たちはそれらの言葉を使ってはいるものの、自分たち自身とそこで自分たちが使っているボキャブラリーとのあいだにアイロニカルな距離を保ちたいと考えているからなのだろう。また、「モノ（stuff）」の後には括弧で括った文章を挿入して、その言葉の意味について説明しているが、それによってこの名詞が実際には何も意味していないことが分かる。「具体的に言えば」と述べている後に続く文章はさらに入り組んだものになっている。というのも、著者たちは、自明なことを述べているに過ぎないという事実を認めないようにしようと足掻《あが》く中で、自分たち自身をさらにもつれた言葉の結び目の中に入り込ませようとしているからである。

今をさかのぼること１９７１年にマレー・デイビスは、興味深い理論は「読者が当然のこととして考えている前提を否定するものである。それに対して、つまらない理論は読者が当然と考えていることを肯定するものである」と主張している[14]。この点からすれば、ＣＣＯの伝統の流れをくむ研究は、今や使い古されて公理と化した内容をそれ自体の自己参照的な枠組みの中で単に繰り返すだけに終わっているのだと言える。そして、その分だけつまらないものになっていると言える。

そのような文章に出くわしたとき、私には、その理論的アプローチには既に語るに値する内容などあまり残っていないはずにもかかわらず、著者はとりあえず大袈裟な言葉を並べ立てて何かを言っておこうという決意を固めているのでないかとさえ思えてしまう。特に、特定の理論や方法ないし視点に対する個人ないしグループの思い入れがあまりにも強すぎて、感情的にも知的な面でも、もはや他のことができなくなってしまっている場合にそういうことが起こるのだろう。上の例について言えば、CCOアプローチは、モントリオール学派としてよく知られるモントリオール大学の研究者たちと強く結びついている。CCOについては、ウィキペディアにも独自の項目が設けられており、それによれば、このアプローチの発祥はジェームズ・テイラーの研究と、モントリオール大学に1987年に新設された博士課程にまで遡ることができるのだと言う。私には、このような形で研究内容がブランディングされ、またそのブランドに関連する問題についてだけ研究を進めなければならないと感じてしまうのは、あまり健全なやり方ではないと思う。実際、それは思考を解放するのではなく、檻の中にとじこめてしまうことになるだろう。

それとは対照的に、理論構築というのは本来、開放的なプロセスとしておこなわれ、またそれに関わる人々が研究テーマを色々と変えながら、特定の学問領域の狭い枠を越えて文献を広範に読み込み、身の周りで起こっている重要な出来事に目を向けて取り組んだ上で、従来の研究に対して真に新しい何かを追加する方法を見つけるまで粘り強く突き進んでいったときにこそ成し遂げられるものである。そのような柔軟なアプローチは実際のところ非常に健全なものである。ビル・スターバックは、2010年にJMSに「何が論文を影響力がありかつ頻繁に引用されるものにするか」と題された論文を発表した[15]。これは、第6章で説明した彼自身の論文「知識集約型企業における組織学習」に関する考察である。スターバックは次のように書いている。

革新的な論文というのは、積極的というよりはむしろ受動的に対応することによって生まれる場合の方がはるかに多い。もちろん、長期的な計画を念頭に置いてその計画どおりに作業を進める研究者が重要な貢献を果たすこともあるだろう。しかし、その貢献は研究者自身の周囲で新たに発生している現実的な問題に対応できるという種類のものではない。それとは対照的に、研究課題の設定に関して柔軟な対応をとっている研究者は、自分の手で新しい研究テーマを見つけ出すことができるのである。

また、右のようなスタンスをとれば、研究者が何か興味深い発見をする可能性も高くなる。スターバックは、このようなアプローチには一方で「瑣末かつ一時的なものに過ぎないトピックを次から次へと気まぐれに追いかけてしまうというリスク」を生み出す可能性があることを認めている。たしかに、彼の言うとおりではある。しかし、そのアプローチは、もしかしたら、それよりもさらに悲惨な事態を生み出す可能性がある問題、つまり単なる無意味な繰り返しをおこなうためだけに果てしもなく重箱の隅をつついていく、という問題を回避する上で有効であるかも知れない。そうであれば、スターバックが言う「リスク」を取る価値は十分にあると言える。しかも、その方が研究をもっと楽しくおこなえるかも知れないのである。

学術ジャーナルのあり方について考え直す

学術研究の現状を改善していくためには、ジャーナル論文の刊行に関する基準について考え直していく必要もあるだろう。ジャーナルの編集委員や査読者は、多くの場合、論文が改訂される頻度が高く、またリジエクトされることが多いほど、ジャーナルに対する評価は高くなると考えているようである。私は、これは真実ではないと思う。そもそも、そのような発想が経営研究をどのような代物にしてしまったかという点について考えてみて欲しい。ジェイ・バーニーは、彼が戦略研究における「完全性の規範」と呼んでいるものについて痛烈に批判している。その規範が想定しているのは、次のようなことである――「1本の論文で新しい理論を構築した上で、その理論から検証可能な仮説を幾つか導き出し、それらの仮説をテストするための適切なデータと方法を適用してその検証結果を報告し、その結果の理論的インプリケーションについて議論する――これら全てをわずか32ページ程度の原稿の範囲内で成し遂げるように指示されている」。同様の要請は、経営研究における戦略研究以外の他の分野でもなされるようになってきた。バーニーが結論として述べているように、「これは正気の沙汰ではない」[16]。

この規範が意味しているのは、査読担当者にとって最も簡単な査読評の書き方は、論文に何が欠けているかを指摘することだということである。投稿者は、複数の査読者から出される〈もっと多くの問題点を盛り込むように〉という要求に対応するのにさんざん苦労したあげくに、今度は編集委員からは盛り込み過ぎだというお叱りを受けることになる。そのような対応を繰り返していく中で、投稿者は、ある種のアクロバット・ダンサーが抱くのと同じような不安と恐怖を感じることになる。何しろそのダンサーの体は既に限界ギリギリまでねじ曲げられているはずなのに、さらに別の難しいポーズを取るように要求されるのである。

また、本書で先に述べたように、我々の分野のジャーナルは、たとえ実際に扱うことがあるにしても、学術界の外の現実世界における本当の意味で重要な意味を持つテーマに対して取り組むのがあまりにも遅くなってしまう例が多い。2008年の金融危機はその典型である。これは、論文の執筆にかかる時間を除外して考えてみれば、投稿論文を審査して掲載するまでのプロセスが持つ性格によるところが大きい。これについて、アート・ベディアンはＡＭＪ（*Academy of Management Journal*）のフォーラムについて次のように述べている。

どうやらこのフォーラムに寄せられたエッセイの著者たちは、２００４年のジャーナルの最優秀論文として選出された論文が最初の投稿から最終的な受理までに24カ月かかったという事実を誇らしく思っているようである。この時間の３分の１はさまざまな査読をおこなう上で必要とされ、16カ月は３人の査読者の改訂要求に対応して原稿を書き直すのに費やされた。出版までに恐らく12カ月程度のタイムラグがあるという事実を考えてみると、我々の分野の研究のタイミングの悪さという点については大いに疑問を感じざるを得ない。世の中を変えていく可能性がある画期的な性格を持つ科学的なブレークスルーについて報告する可能性に関して疑問が生じてくることはここで言うまでもないだろう。[17]

たしかに、これは、まったくもって馬鹿げたことである。

今では90パーセント以上のリジェクション率というのも、それほど珍しいことではなくなっている。我々の周りでは「大量虐殺」が頻発しているのである。これは言い過ぎだろうか？　少なくとも、トップジャーナルへの掲載に人生の浮沈がかかっている人々にとっては、決して言い過ぎなどでない。いわく、文献レビューが長すぎる（または短すぎる）、方法論のセクションではデータの収集法やコーディングの方法について詳しく書き過ぎている（あるいは十分なだけ書き込まれていない）、重要な文献（恐らく査読者自身が書いた論文）が「見落とされている」、理論的貢献があまり顕著なものではない（あるいは通説とあまりにもかけ離れている）等々。いずれにせよ、一般的に我々には〈査読者のコメントはフェアなものであり、著者はそれに対して前向きに対応しなければならない〉と考えるように、という指示が与えられる。*Industrial Marketing Management* というジャーナルで、ピーター・ラプラカとその共著者たちは次のように書いている。

査読者のコメントの中には手厳しすぎると思えるものがあるかも知れない。しかし、著者は常に、コメントがどういう点から来ているのかを理解するように努めるべきである。たとえば、原稿があまり明快に書かれておらず、したがって査読者は著者の主張を理解するのに苦労したのかも知れない。したがって、原稿を首尾よく改訂するためには適切なマインドセットで臨むことが本当に重要である。[18]

賛成である。もっとも、査読担当者や編集委員のコメントが明らかに馬鹿げている場合（実際そういう場合が多い）、我々は一体どうすれば良いのだろうか。一例を挙げてみよう。私の同僚の一人が「ある一流ジャーナル」に論文を投稿した。そのジャーナルの編集委員はその論文をリジェクトした上で、論文が引用し損なった12点の文献をリストアップしてみせた――それらは全て編集委員自身の論文だった。多くの場合、原稿をジャーナルに提出するプロセスというのは、とてつもなく困難な障害物レースのコースを進んでいくようなものである。デスク・リジェクトの弾丸をかわし、査読者のコメントのハードルを越え、頻繁な改訂要求に応じるための長期間に及ぶプロセスを通過していかなければならない。そのあいだ中ずっと、編者と査読者の「貴重なフィードバック」に対して何度となく感謝の念を表明する必要もある。論文は、著者があらかじめ想定しておいた全ての査読者からのあらゆる種類の要求を満足させようとしていく中で、長大で無意味かつ退屈な文献レビューでふくれ上がっていく。査読者の側は、目の前にある論文自体のクオリティとは関係なく、とりあえず何らかの改善提案をするようにという要請を受けていることもあって、著者に対して実際にそのような要求をする。そして編集委員の側はと言えば、たとえ原稿が十分に掲載に値するものであったとしても、その段階で「タイム」を宣告して即座に刊行のための手続きに入ることは滅多にない。

ここから生まれてくる論文——血まみれで、形が崩れ、長たらしくて、参考文献で鬱血している——は、必ずしもそのような査読プロセスを経た結果としてより良いものになっているわけではない。我々は、何らかのバランス感覚を取り戻す必要があるのだ。たぶん、マシュー・スピーゲルのアドバイスに耳を傾けて、著者、編集委員、査読者としてやることの分量を単純に減らすべき時が来たのかも知れない[19]。この方向に向かって進んでいくためには多くのステップが必要となる。私は、出版するかどうかを確定するためには、論文を2回改訂するだけで十分という風にすべきだという提案に賛同する。マッツ・アルベッソンとその共著者たちが指摘するように、「そうすれば、査読者と著者を、通常は最終的に気の抜けた論文や長すぎる論文、ないしは辛くて手間がかかり過ぎる上にリジェクションという結果に終わることになるプロセスの中に閉じ込めてしまう、『関与のエスカレーション』のダイナミクスの発動を未然に防止することができる[20]」。また、それは、査読プロセスを関係者の誰もが少なくともある程度は楽しめるものにする上でも有効であるかも知れない。

以上のような提案とは正反対の話を、経営学系で最もよく知られたジャーナルの編集主任の1人を含む多くの研究者仲間と夕食をとったときに耳にしたことが思い出される。その時、私が当時おこなっていたある研究——実際は研究不正に関わる研究——について説明したのだが、その夕食の場では、その研究のインプリケーションに関して実に活発で有益な議論が交わされた。件《くだん》の編集主任は、その時、意味深長な感じで私に次のようなことを言ったのであった——「しかし、もし君がその論文を我々のところに投稿してきたら、もっと理論的貢献を展開させる方向で書き直すように相当強く勧めるだろうね」。彼は、特にその理由については何も言わなかった。彼がまだその原稿を読んでいなかったという点にも注目して欲しい。それでも彼は既にその時点で、それを何度となく改訂手続きにかけるべきだという風に決め込んでいたのである。そもそもなぜ理論的貢献の至上命令が世界において支配的なものになって、またその編集主任も自明のこととして考えていたか、その理由について私は知らない。また私は、その理由それ自体について説明できるような「理論的貢献」なるものを果たすこともできないだろう。しかし私は、それが我々の分野に対して深刻なダメージを与えてきたという事実だったら確実に知っている（第6章参照）。そして、我々は今やそのような状況から卒業すべき時がきたのだ。

私は理論を発展させることができる論文に対しては特に異議を唱える積もりはない。たしかに、そういう論文は重要である。しかし、全ての論文がそうしなければならないと主張するのはあまりにも馬鹿げている。ついでに言えば、論文は全て同じテンプレート（導入、方法、調査結果、考察、含意、本論文の限界……そして欠伸《あくび》）に従わなければならないという主張も全くのナンセンスだ。もっと革新的で多様な書き方を採用する必要があるのだ。また、魅力的なデータが含まれている一方で、まだそれを説明できるだけのしっかりした理論的枠組みができていない論文も掲載を認めるべきである。実際、そういう論文は、他の研究者にとってはまさにその種の理論的枠組みを思いつく上での刺激になるかも知れないのである。また、理論よりも経営実務に対して大きな影響を与える論文だって、少なくとも何本かは必要である。［論文だけではなく］もっと本を書くことを勧めるというのも良い考えかも知れない。

たしかな目的意識に裏づけられた批判を目指して
——批判的経営研究が抱える問題

最後に、目的を踏まえた批判の仕方ということの重要性についてコメントしておきたいと思う。特に、批判的経営研究（Critical Management Studies＝CMS）は、実証主義や機能主義的な研究に対する批判を含んでいるという点で1980年代後半になって多くの注目を集めてきたアプローチでもあるので、ここで検討を加えておきたい。このアプローチは、「主流の経営学者には、経営幹部に特有の『一致団結して頑張ろう』という明らかに単元主義的（unitarist）な利害関心を示している目標と行動について、それを特に問題のない前提として見なす傾向がある」と指摘した上で、その傾向に対して異議を唱えてきた。たとえば、株主価値の向上は、一部の人々（つまり、株式所有者）にとっては魅力的であるかも知れないが、株を持っていない人々や株主価値を左右する仕事に実際に従事している人々（従業員）にとってはあまり魅力的ではないのかも知れない。したがって、多くの組織行動論関連の授業における定番的な講義トピックである「[従業員が示す]変化への抵抗」は、必ずしも克服しなければならない不合理な異常行動などではない、ということにもなる。その種の行動は、むしろ、劣悪な労働環境、気まぐれな経営方針、低賃金、不安定な雇用、そしていわゆる「ギグエコノミー」等々のきわめて多くの非人間的な慣行に対するきわめて真っ当な反応である場合が多いだろう。

何百万人もの人々がギグエコノミーの影響を受けている。より正確には、2017年には英国で280万人がギグワーカーとして働いていたと推定されている。そのうち、56パーセントが18歳から34歳だった。過ぎ去りし昔の時代には、これは、結婚したり家を持ったりする上での適齢期であった。しかし、ギグワークで働いている労働者の4人に1人は、1時間当たり7・50ポンド以下しか収入を得ていない[21]。したがって、かつてはごく普通の将来への希望だったものが、今や実現不可能なファンタジー、宝くじを当てるのとそれほど変わりがないものになっているのである。この状況に対する抵抗の気運も高まっており、比較的新しくて小規模な組合であるIndependent Workers Union of Great Britain（英国独立労働者組合）の活動が、宅配会社や大学の清掃員として働く人々などを含む低賃金労働者のあいだで注目を集めている。読者は、経営と組織を研究対象とする学者、特にCMSの系譜に連なる研究者たちが、これら全ての問題について盛んに研究してきたはずだと思うかも知れない。

しかし実際には、CMS関係者の多くは、そのような問題について研究するのではなく、私がこの本で繰り返し批判してきたような、紛《まが》い物でしかない理論化という快適な避難所に引きこもっているのである。本書で私は既に、最も心の広い読者でさえ堪忍袋の緒が切れるだろうと思われるほど多くの不快な実例をあげてきたので、もうこれ以上それらと同じような性格を持つCMSの研究事例を取りあげて紹介するつもりはない。しかし、これだけは言っておきたい思うことがある。それは、CMS系の研究にほとんど見られないのは、我々が今実際に暮らしている現実の世界についての説得力のある説明とそれについて我々がなし得ることに関する真剣な提案だ、という事実である。その代わりにあるのは、論文刊行という以外には何の目的らしい目的もない、批判のための批判である。しかも、それは読者に対して苦痛を与える難解な文体で書かれており、また、一種の聖典として扱われてきた規範的な文献への言及がてんこ盛りになっているのである。そのような論文の元になっているインスピレーション（inspiration）の量は、読者がそれを苦労して読み解こうとする際に流す汗（perspiration）の量に反比例している場合が少なくない。

アンドレ・スパイサー、マッツ・アルベッソン、ダン・ケレマンは3人とも彼ら自身がよく知られた批判的経営研究系の経営学者であるが、「(CMSは)危機に瀕している。その提唱者の雇用とキャリアの点ではなく、道徳的および社会的関連性という点における危機ということなのだが」と述べている[22]。アンソニー・ホップウッドも同じような筆致で次のように指摘している。

本当の意味で徹底したフィールドワークが実施されることはますます少なくなっている。現場から離れた場所で単なる表面的な解釈をおこなうことが、ごく普通の慣行になっているようである。その一方では、一見無限の繰り返しのようにも見えるマイナーな理論化が進んでいる。私はここで「マイナー」と言っている。というのも、あまりにも多くの「理論化」なるものが既存の理論文献に含まれている内容を単に繰り返し述べ、また既に知られているはずのことを何度となく要約しているだけに過ぎないからである。その種の理論化の目的は、経営実務における技やその組織的および社会的文脈についてより広い観点から理解しようとするよりは、著者の業績リストに追加される論文数を増やすことの方にあるとしか思えない[23]。

これには、かなり皮肉な面がある。というのも、本来は主流の経営研究に対する批判として始まった運動が、今や多くの者にとっては、彼らの名声と給与の額を上げるために採用される、抜け目のない就職と昇進のための策略に過ぎないものに変質してしまったからである。米国経営学会には現在CMS部門があり、同部門は700人を超えるメンバーから構成されている。こうしてCMSは主流の経営学の一部になり、主流派の特徴であった悪徳の少なくとも一部を同じように持つことになった。それにはたとえば、内向き志向、耐えがたいほどの悪文、そして実践的な意味や意義について議論する代わりに理論を偏愛する傾向などが含まれる。

そのCMSがより広い範囲の人々の意識に対して影響を与えてこなかったというのは、恐らく単なる偶然などではない。CMSの文献は実に偉大なことを成し遂げてきたのである。つまり、その種の文献に対する世間の無関心さを助長するという偉業である。また、CMSは権力や新自由主義の正統性に対して本気で実践的な面での挑戦をしてこなかった。むしろ、CMSには、大火事に気づいたものの、消火の手助けをするのではなく、火事についての報告書を書くことの方を選びたがる消防士に似ている面がある。私は、このような傾向の理由の一部は、この流派に属する研究者の多くがCMS関連の学会の外側にある世界に対してますます距離を置くようになり、むしろメタ理論的な言説形式の中に引きこもっていったことにあると指摘したい。一方、最大の権力を持っている人々［主流の経営学者たち］について言えば、彼らは、批判的経営研究系のジャーナルで開陳されているような、主流派に対する嫌がらせに近い論調などは毛ほども気にかけていないのである。

それとは対照的な例として、ジェームズ・ブラッドワースの *Hired: Six Months Undercover in Low Wage Britain*(24)（邦訳『アマゾンの倉庫で絶望し、ウーバーの車で発狂した』）に目を通してみて欲しい。ブラッドワースは、アマゾンの倉庫や訪問介護関連の企業、建築現場で期間労働者として働いた経験や、アドミラル・インシュアランス・グループでは「契約更新コンサルタント」、ウーバーではタクシー運転手として勤務した経験について報告している。学者だったら、これを民族誌《エスノグラフィー》と呼ぶに違いない。しかし、ブラッドワースはあくまでもジャーナリストであって学者などではないので、彼は単に「変化しつつある英国社会の性格」に関する本を書いているだけだと言っている。むさ苦しい一時宿泊所で暮らしながら、彼は、我々の経済における職業の非正規化によって常に不安定な生活を余儀なくされている、貧しくて病気がちであり、また絶望的な気持ちに陥っているさまざまな人々に出会っている。

その人々にとって連帯は必ずしも優勢な本能などではない。彼らの多くは、むしろ移民や互いに対して敵対的な態度を示している。しかし、これらの人々は聖人ではないが罪人というわけでもない。彼らが望むことと私や読者諸氏が望むこととのあいだには多くの共通点がある。つまり、生活していけるだけのお金、家《うち》と呼ぶことができる家、そして自分の仕事が明後日もあるという何らかの保証などである。ブラッドワースはギグエコノミーにおける生活の現実を容赦なく暴き立てた上で、その修正のための行動計画を提供するわけではない。しかし彼は少なくとも読者に対して、何をしなければならないか、何をなすべきかを読者が自分自身で考えてみるように促しているのである。

なぜ、この本と同じ程度に強い関心を引く可能性があり、また重要な意義のある研究をしようとするCMS系の研究者の数は増えていないのだろうか？　当然ではあるが、ブラッドワースは本を書くための体験取材に6カ月もの時間をかけることができたという点は考慮に入れなければならない。研究者がそれと同じような調査をしようとしたら、かなり苦労することになるだろう。もっとも、もしそれが可能だったとしても、実際にやろうと思う者はほとんどいないと思う。何しろ、世の中を変えていくことよりも、ビッグワードとビッグネームを駆使してメタ理論的なゲームに没頭することの方が、はるかに魅力的な選択肢になっているのである。何はともあれ、［大学と学問の世界の］外の世界は凍てつくほどに寒い場合が多いのだし。

問題は、ひたすら理論化と問題化に取り組むだけでは肝心な問い、つまり、我々は何をなすべきかという問いには答えられないということである。この点について考察したポール・トンプソンは、「CMSには全てを問題として取り上げる一方で何事も解決しないという傾向がある」と指摘した[25]。批判のための批判はとてつもなく見当違いの考え方であるが、私には、それが、ラディカルなポーズをして見せることや、フーコー、ブルデュー、ラカン、バトラー（「蒙昧主義者ジュディス」★）、そして朝からモリモリと勇気が湧いている日にはカール・マルクス、といった具合にして偉大な思想家たちの文献の中から繰り返し繰り返し引用していく程度の結果しか生み出さないように思えてならない。

以上のような傾向に対する不満がCMS自体の陣営内で高まっているというのは歓迎すべき兆候である。この点に関しては特に、CMSは「批判的パフォーマティビティ（critical performativity）」という問題設定に対してもっと真剣に向き合うべきだという点が指摘されている。初期のCMS系の研究者たちは、「パフォーマティビティ（業績達成志向）」と呼ばれるもの、すなわち、「組織活動の成果の向上を、その成果の目的が体現すべき価値、あるいはそれを達成するために選択した手段の倫理性に配慮することなく目指すことへの執着」と定義されているものについて批判的な検討を加えていた[26]。残念ながら、これが結果としては、社会における仕事と労働のあり方を改善しようとするいかなる試みをも拒絶し、解放や進歩に向けた全ての試みをむしろ新たな形の抑圧として扱い、また「問題化」されるべき対象だと唱える論者たちを生み出すことにも結びついてしまったのである。そのような人々の論調とは対照的に、アンドレ・スパイサーとその共著者たちは次のように示唆している。

「批判的パフォーマティビティ」とは、「特定の経営理論との生産的な関与を通じて社会的変化を生み出すために、各種の経営理論に対して関与していくこと」を意味する。批判的パフォーマティビティは、

★私は、このもじり［「トマス・ハーディの小説 *Jude the Obscure*（邦訳『日陰者ジュード』）から」］をアマゾン書店のバトラーの本に関する読者レビューからくすねてきたことを、ここにみずから進んで告白するものである。

CMSに蔓延している冷笑的なスタンスを克服しようとするものである。それは、批判というものは、否定的な対応――今日のCMSにおいては支配的な傾向であるように思われる――だけでなく、本来は肯定的な対応をも含まなければならないという点について認識することから始まる。[27]

要するに、彼らは社会変革の促進という目的を持った批判のあり方を提唱しており、さらに、何らかの批判をする者は自分たちがいかなる立場に立ち、またいかなる見解に対して反対の意思を表明しているのかについて明言することを提案しているのである。これは、CMS系の文献が読者に対して与えることも多い「全てに反対」という不毛な印象などではなく、むしろ「何が可能であるかという点に関する気運を醸成しようとすること」を意味する。[28]

もっとも、この発想それ自体に全く問題がないというわけではない。実際、これについては批判もなされてきた。たとえば、批判的パフォーマティビティという考え方は、組織経営に関わる議論と実践のあり方を大幅に変えていく上で研究者が個人レベルで持ち得る能力をあまりにも誇張しがちであるという点が指摘されてきた。[29]また、実務家と密接に関与していく中で研究者が自分自身の価値観とは違う方向で妥協してしまうことになる可能性についても指摘されてきた。[30]

私はここで、堂々巡りになりがちなこの種の議論についてレビューするつもりはない。ただ私が言っておきたいのは、大学のセミナールームの範囲を超えて社会に対して影響を及ぼすための努力をすることは、全く何もしないよりも望ましいということである。また、今のような時代にあっては、企業化された大学の中に留まったままで学問というものの価値を主張することには、大学の外の世界に踏み出して活動している際にそのような主張をするのと同じくらいに大きな問題が含まれている、ということも言っておきたい。批判的パフォーマティビティという発想が持つ大きな強みは、ジャック・ラカンなどをはじめとする各種の有名人による、奇妙奇天烈なところが多い定式化に頼り切りになるのではなく、もっと多くの人々が理解できる言葉を使いながら、本当の意味で重要な問題に取り組んでいく可能性を開いてくれるということである。これは、批判的な観点が本来持っているはずのエッジ（切れ味・先鋭性）を放棄するなどということを意味するものではない。むしろ、それはそのエッジに対してさらに鋭い目的意識を付け加えていくことを意味するのである。実際また、そうすべき時はもう来ているのだ。

結語

経営研究は今や危うい状態に置かれている。しかし、その状況はまだ行き着くところまで行ってしまったというわけでもない。もっとも、我々は、世界には我々経営研究に関わる者の生計を保証してやる義務などない、という現実に直面しなければならないだろう。人類の歴史を通して、どんな偉大な制度や組織であっても次から次へと生まれては消えていった。対照的に、現在ビジネススクールが立っている場所と言えばいかにも貧弱なものであり、社会に及ぼしてきた影響もきわめて限定的なものに過ぎなかった。それらは比較的最近になって売り出されたお菓子のようなものであり、移りゆく嗜好の変化に対しては実に脆弱である。巨額の経費をかけて建てられたビジネススクールのビルディングは、永続性の幻想を作り出す上ではある程度効果的である。しかし、制度や組織は何よりもまず、人間が作り出したものである。それらのものは、十分なだけの数の人々が正当性を認め、必要な資源を提供し、また社会に対して何らかの重要な価値を付加するものだと信じてくれる場合にのみ存続していくのである。

批判的経営研究における「アンファン・テリブル（恐るべき子供）」であるマーティン・パーカーは、以上のような問題に関連して、ビジネススクールなどは廃止し、その代わりにもっと広い視野で経営教育が目指すべき目的を捉えることができる「組織化の学校」に置き換えるべきだと主張している。彼によれば、ビジネススクールは、資本主義、権力、株主価値、その他ほとんど全てのカリキュラム項目について（比較的）無批判的な扱いをすることによって、既に施しようがないほどの病に蝕《むしば》まれている。また経営学者たちがおこなう研究は、「人々の行動と市場に関して新自由主義的な解釈が広い範囲で席捲している状態」を反映しているだけに過ぎない[31]。ビジネススクールは既に恥で塗り固められた要塞のようなものになってしまっている。今やレッキング・ボール（クレーンにつけて使う解体工事用のボール）を持ち出さなければならない時が来たのだ。

私の場合、パーカーが主張している状態を目指すまでの心の準備は（まだ）できていない。しかし、私は、今の段階では、経営研究は我々にとっての強みというよりも弱みになってしまっているという点について指摘しておきたい。資金を提供してくれている人々がこれに気づいてしまったら「万事休す」である。我々の運命はさまざまな力によって左右されるものであるが、その中には我々自身が積極的に行動を起こそうとする意欲も含まれる。私は、本書が、その行動が今後どのような形をとるべきか、また我々は自分たち自身の研究をどのように見るべきかという点に関わる議論の端緒になることを願っている。要するに、より伝統的な意味での学術的価値を取り戻すべきなのである。

アカデミックな職業！

マックス・ウェーバーは、1918年にミュンヘン大学で「職業としての学問」と題した演説をおこなった。その中で彼は次のように振り返っている。

アイデアは、それが私たちを喜ばせる時ではなく、アイデア自体がそう望む時に私たちのところにやってきます。実際、最高のアイデアというのは、……ソファで葉巻を燻《くゆ》らせている時、……あるいは緩やかな上り坂の道を歩いている時やその他の時に心に浮かんでくるものです。いずれにせよ、アイデアは、私たちが机の前で考え込んだり答えを求めている時ではなく、むしろこちらが期待していない時に生まれてくるのです。しかし、1つ確実に言えるのは、私たちが机の前で考えをめぐらしたり情熱的な献身で答えを探したりしていることが全くなければ、アイデアは思い浮かばないものなのです[32]。

ウェーバーの言葉は、学術研究における創造が持つ2つの側面について語っている。つまり、ハードワークと、（多くの場合は特に目的を定めずに）考えるための空間と時間である。現代の学問生活では、この本来複雑なものであるはずのプロセスにおける規律的な面だけがますます強調されるようになっている。その側面においては、目標を設定し、我々がどのように時間を過ごすかを監視し、我々の成果（アウトプット）を測定し監査することが重視される。このテクノクラート的なアプローチは、我々の想像力が自由に歩き回ったり遊んだりできる余地を狭めてしまう。それは自律性を束縛の鎖に置き換えることになるし、他方では、内発的な動機づけを、手段が目的に転化している業績達成志向ゲームで成功するという外因性の衝動に置き換え、それによって結果として手段と目的を両方とも台無しにしてしまうことになる。さらに、その結果として、ウェーバーが、全ての真っ当な学術的な営みにとっての本質的な要素であるとして実に的確に指摘した「情熱的な献身」の精神が今や脅かされているのである。

この本を通して私は、大学と政府と社会が、特定の利害に囚われずにおこなわれる真理と知識の追求こそが研究生活における中心的な目的であるという点について改めて認識される環境を再構築するために、もっと多くのことをしなければならないと主張してきた。さらに付け加えて言えば、研究者は全く無力でもなければ行動する義務がないというわけでもないのである。トップジャーナルでの論文掲載は、それ自体が目的ではなく、目的を達成するための手段だと考える必要がある。また我々は、組織の世界に関して、今までよりもはるかにスケールが大きく、より重要な意味を持つ問いを設定していく必要がある。

そうしていく中で、恐らく我々は、h指数以外に失うものは何もないことを改めて認識していく必要があるのだろう。

訳者解説——経営学の「不都合な真実」と再生への道筋

本書は、Dennis Tourish, *Management Studies in Crisis: Fraud, Deception and Meaningless Research*, Cambridge University Press, 2019 の全訳である。

本書には、経営学という学問領域が今まさに直面している危機の諸相が、研究の質とインテグリティ（倫理的な一貫性や誠実性。訳語解説参照）、大学における研究・教育体制、学問と実社会との関係など多岐にわたる問題との関連で余すところなく描き出されている。ただし、本書は単なる「批判のための批判」などではない。著者のトゥーリッシュ教授は、経営学の再生の可能性を見すえた上で、さまざまな改善策を本書の各所で提案しているのである（そのような改善提案が盛り込まれた、本書の第6章と同じタイトルを持つ論文「経営研究におけるナンセンスの勝利」は、2020年に *Academy of Management Learning and Education* の最優秀論文に選出されている）。

本書で主な分析と考察の対象になっているのは、欧米各国や豪州などにおける経営研究に見られる問題点とビジネススクールをはじめとする高等教育機関が組織として抱えている深刻な問題である。しかし、同様の問題は程度の差こそあれ日本を含む他の多くの国々でも見出されるものである。また本書でも度々指摘されているように、それらの問題は、経営学に限られたものではなく、社会科学系の学問領域全般に及んでいる。さらに、経営学の場合には「実学」としての側面がある。したがって、もしこの研究分野がその創始の頃から宿痾《しゅくあ》とも言える深刻な問題を抱えているのだとしたら，組織経営の実務に携わる人々も決して無関心ではいられないだろう。

こうしてみると，この本には，我々日本の読者にとっても，経営学以外の学問を専攻する研究者にも，あるいは経営学の成果を実務に生かすことを考えている人々にとっても，とうてい他人事《ひとごと》などとは思えないような重要な問題提起が含まれていると考えることができる。そのような観点から見た場合，この本についてはさまざまな読み方や「使い方」ができるように思われる。以下では，その中でも次の3つを中心にして解説していくことにする。

・破壊的な「告発」の書として
・第一級の組織エスノグラフィーとして
・他山の石として

破壊的な「告発」の書として

経営学の惨状　イアニス・ガブリエル教授は推薦の辞で本書を devastating，つまり破壊的で衝撃的と評している。実際，各章のタイトルからもある程度想像できるように，経営学の現状に対する著者の批判はきわめて痛烈であり，また，その語り口は，時にかなり辛辣かつ激越なものになっている。このように本書には，経営学を苦境に追い込んだ各種の要因に関する告発の書としての一面がある。

たとえば，経営学は創始の段階から深刻な欠陥を抱えた学問領域であったが（第1章），近年はそれに加えてさまざまなタイプの研究不正行為が横行しており（第4章），それにともなって国際的な一流ジャーナルの場合も含めて論文撤回の案件が頻発している（第5章）。一方で、一見優れた学術的成果であると思えるような、エレガントで抽象的な概念用語を駆使して書かれた論文は、実際には悪文だらけの意味不明なナンセンスでしかない（第6章）。それとは対照的に、現場の実務家にも「腹落ち」がするようにも思える気の利いた概念や印象的なエピソードが散りばめられたリーダーシップ研究の多くは、実際には流行《はや》り廃《すた》りが激しい「キャッチフレーズ勝負」的な言葉遊びに過ぎない。また、主な調査法として採用されてきたアンケート[1]には深刻な欠陥がある場合が少なくない（第7章）。さらに、象牙の塔の範囲を越えて実務の世界との接続を目指す「根拠にもとづく経営（エビエンスベースト・マネジメント）」を理念として掲げる研究の中には、その表向きの意図とは裏腹に利益相反の疑いが濃厚な例も見受けられる。また、その運動を支えているはずの肝心のエビデンス・ベース（実証的根拠）はそれ自体がかなり脆弱なものでしかない（第8章）。

危機の背景　トゥーリッシュ教授は、以上のように、今日の経営学が陥っている「惨状」とも言える危機的状況の背景にある要因に対しても鋭い分析のメスを入れている。第2章では、大学やビジネススクールが、世界ランキングの維持や上昇に執着するあまりに管理主義的な性格を強めていき、また学問の自由を圧殺してきた経緯について論じている。そのような圧力が強まることによって、研究者はトップジャーナルへの論文掲載それ自体を目的にするようになり、また、肝心の論文も、編集委員や査読者の意向を過剰に忖度した無内容で気の抜けたものになってきたのである。第3章は、大学の内部文書を含む各種の調査資料を駆使して、そのような偏狭な業績評価を中心とする管理主義的な大学運営が教職員に対して過酷な勤務と生活を強いていることを明らかにする。そのようないわば「ブラック企業」にも似た労働環境は、多くの教職員に強度のストレスをもたらし、倦怠感や冷笑的態度《シニシズム》、ひいては燃え尽き症候群を頻発させている。また極度のプレッシャーで疲れ果てて精神的に追いつめられた研究者の自殺という事態まで引き起こしている。

以上の要約からも明らかなように、経営学が今日迎えている深刻な危機は、経営学を専攻分野とする研究者たち自身が招いたものという面がある一方で、その多くは、大学および学界の組織体制に起因するものである。また、それら諸機関の高圧的な組織管理の背景には、近視眼的であり短期的な業績評価に傾斜する、高等教育と学術研究に関する国家政策があることは言うまでもない。

トゥーリッシュ教授は、これらの問題の根底にある要因や関係者による心ない行為と発言の数々を白日の下にさらした上で舌鋒鋭い批判を加えている。もっとも一方で、その批判と告発はしばしばウィットに富む比喩を交えてなされており、また古典的文献（たとえば『カンディード』や『種の起源』）から映画作品（『ターミネーター』『恋はデジャ・ブ』）あるいは人気TV番組（『アイ・ラブ・ルーシー』『スタートレック』）などからの卓抜な引用が織り込まれている。それが、かなり大部なこの本を読み物としても楽しめるものにしている。また、本書の随所、とりわけ第9章と第10章に盛り込まれた改善提案は、日本を含む各国において経営学に関わる人々が持ち得る将来への希望と今後この学問領域が進むべき道筋について重要な手がかりを与えてくれている。

第一級の組織エスノグラフィーとして

当事者による現状分析　右で見たように、本書には批判と告発の書としての性格があるが、その告発には「内部告発」としての一面がある。というのも、トゥーリッシュ教授は20年以上にわたって豪州および英国のビジネススクールで組織論やリーダーシップ論の研究と教育に従事してきた当事者の一人に他ならないからである。トゥーリッシュ教授は、日本語版への序で「そもそもこのような本を書かなければならなかったという点については、それをとても残念なことだとも思っています」と述べている。これはまさに、当事者ないし内部者としての感慨でありまた反省の弁でもあるだろう。実際、トゥーリッシュ教授はたとえば序章や第2章では自分自身が本書で扱っているような「過ち（faults）」を何度か繰り返してしまったことを率直に認めている。その中には、論文を難解な文章で書いてしまったり、ジャーナルのインパクト・ファクターの上昇を目指す編集委員の要請にしたがって、特に必要でもないのに過去にそのジャーナルに掲載された論文を引用したことなどが含まれている。

このように、本書には、当事者としての個人的な体験を踏まえた知見や解釈が随所に織り込まれている。もっとも一方でこの本は、そのような現場体験あるいは主観的な印象や感情に対して一歩距離を置いて、それらをより広い文脈に置いてとらえ直すことによってこそ得られる透徹した分析が含まれている。このような、当事者と局外者の2つの視点をあわせもつ第3の視点(2)に立って書かれた本書には、第一級の「組織エスノグラフィー」としての性格がある。

組織エスノグラフィーというのは、人類学的な現地調査の手法を企業組織や学校あるいは病院などの近代的な組織に適用することによって「深く調査対象に入り込み、参加者として観察することによって内部者の見解を解明するためのフィールドワークの報告書」のことである(3)。トゥーリッシュ教授は、大学組織や学界組織を対象とするフィールドワークをおこなう上で、自身の内部者としての体験や観察を効果的に生かしていく一方で、本書の執筆にあたって実に多様な調査手法を採用している。

たとえば、第5章では、いったんジャーナルに掲載されたものの研究不正によって撤回された論文をめぐる事情に関して、編集委員や撤回された論文の共著者だけでなく、研究不正に手を染めることによって名声と職をともに失うことになった著者に対してインタビューをおこなった結果について報告する。また同章で解説されている資料の中には、独自に作成した商学・経営学系の撤回事例のデータベースを用いた分析の結果も含まれている。同じように、第4章では、経営学以外の学術領域も含めて研究不正行為の実態に関する膨大な数の先行研究から、研究不正行為の驚くほどの広がりとその多様な「手口」の詳細を明らかにする。このように各種の手法を縦横に駆使しておこなわれるトゥーリッシュ教授の分析は、経営学の現状に対してさまざまな角度から光をあて、その危機の諸相を立体的に浮かびあがらせている。そして、それは、組織エスノグラフィーとしての本書における記述に深さと広さそして「分厚さ」[4]を与えることになる。

批判理論の批判理論的分析　ここで詳しい解説は省略するが、学術研究のあり方に関する内部者《インサイダー》による批判的検討としては、ともに米国の社会学者であったチャールズ・ライト・ミルズの *The Sociological Imagination*（邦訳『社会学的想像力』）とアルヴィン・グルドナーによる *The Coming Crisis of Western Sociology*（邦訳『社会学の再生を求めて』）が良く知られている。本書はそのような知識社会学的な批判的分析の経営学版とも言える。

右のミルズとグルドナーの2点の著作は、そのどちらにも「社会学の社会学」、つまり社会学という学問それ自体に対して社会学的手法を適用して批判的な分析を加えた論考としての性格がある。同じように、本書には「批判理論の批判理論的分析」といった趣がある。批判的経営研究ないしＣＭＳ（Critical Management Studies）というのは、１９８０年代後半から主としてヨーロッパや豪州などの経営学者のあいだで採用されるようになってきた発想であり、米国を中心とする主流の経営学における理論的・思想的・方法論的な前提について問い直し、経営学研究の新たな地平を切り拓いたという点に顕著な特徴がある。また、本書にはその批判的経営研究の発想がふんだんに盛り込まれている。

もっとも、トゥーリッシュ教授は、そのＣＭＳの近年の動向に対しては鋭い批判の矛先を向けている。本書の第6章や第10章では、最初は主流の経営学の体制への挑戦として始まったはずのＣＭＳが、いつしか難解で無内容な哲学用語を散りばめた論文を量産する上で便利この上ない独自のテンプレートを作り上げてしまったことが指摘されている。つまり、CMSのある部分は、今や小さな砦《とりで》の中に立て籠もるミニチュアサイズの反動的な体制と化してしまったのである。(5) またトゥーリッシュ教授は、第10章で、CMSには何ら代案を示さないで主流の批判に明け暮れる「批判のための批判」に終始する傾向があるという点を指摘し、それについて手厳しく批判している。

他山の石として

日本の経営学と「世界標準」 日本語版への序でトゥーリッシュ教授は、我々日本の読者に対して〈一流ジャーナルへの論文掲載に関する圧力が日本にも存在するのか〉という問いを投げかけている。残念ながら、その問いに対しては「イエス」と答えざるを得ない。

日本の科学政策や大学院拡充政策の明らかな失敗、またそれにともなう若手研究者の困窮や優秀な研究者の「頭脳流出」などに関する新聞や雑誌による報道などを通して今では広く知られているように、本書で指摘されているのと同じような状況は日本にも存在している。その意味でも、本訳書は他山の石として参照すべき多くの事実、とりわけ海外における学術研究と大学運営が抱える問題、そしてまた高等教育政策の「失敗事例」に関する情報が大量に含まれている。

訳者の知る限りでは、日本の経営学の現状に関して本書に匹敵するほどの本格的で体系的な分析は未だなされてはいない。重要な手がかりになる文献があるとしたら、それは、2019年に『組織科学』誌の特集号「質の高い研究論文とは?」に掲載された7本のエッセイであろう。また2021年には、それに新たに4本のエッセイを加えて、『質の高い研究論文の書き方――多様な論者の視点から見えてくる、自分の論文のかたち』が本訳書の版元でもある白桃書房から刊行されている。

それらのエッセイの著者たちが現在の経営学について抱いている問題認識のエッセンスは、『質の高い』の編者である青島矢一・一橋大学教授による「まえがき」に凝縮されている。少し長くなるが、その一部を以下に引用する。

> ……研究者には「国際的な学術コミュニティで認められる」研究をすることがますます求められている。特に近年は、大学や研究機関の国際競争力の向上が強く叫ばれるようになり、査読付きの国際雑誌への論文掲載が研究者のキャリア形成上不可欠となっている。一流の査読雑誌に掲載されるためには、国際的な学術コミュニティが認める基準に沿って研究の質の高さを示す必要があり、そこでは、研究に学術的貢献があることを説得するための作法も重要となる。日本の経営学が国際的な潮流と多少距離を置いて発展してきた経緯もあり、国際標準に合った研究論文を量産するには追加的な努力が必要となる。国際標準に合わせたこうした研究活動が、自分が面白いと思う研究や、真理に近づくと思うような研究、社会に役に立つと思う研究と必ずしも整合しないとき、研究者はどこに［どこを］向いて研究をすればよいのだろうか(6)。

この文章で青島教授が指摘している「国際標準に合った研究論文を量産する」という要請は、特にキャリア形成の途上にある若手や中堅の研究者の場合に顕著なものになり、時に過酷な圧力としてその人々の生活と心身に影響を及ぼしている(7)。

世界標準《グローバル・スタンダード》のグローバル性とローカル性　ここで注意しておかなければならないのは、青島教授の言う

「国際標準」は、米国の学術界というきわめて狭い範囲でしか通用しない「内輪」の基準である場合が少なくないという点である。つまり、国際標準ないしいわゆる世界標準＝グローバル・スタンダードとされるものは、実際には、適用可能な地域および何らかの意味がある議論として通用する社会的な範囲、という二重の意味においてきわめてローカルな基準に過ぎない場合も多いのである。

これについては、『質の高い』所収のエッセイで浅川和宏・慶應義塾大学教授が指摘している幾つかの点が参考になる。浅川教授はまず「経営研究の国際標準化が世界的に加速化」している点を明らかにする。その上で、それが「アメリカ流国際標準への過度の同質化」を生み出し、ひいては各国の研究者が自国の地域的な特殊性や文脈から目を背けて執筆した、独創性や新奇性に乏しい「凡庸な三流実証研究」としか言いようのない論文が世界の実証系ジャーナルに大量に投稿されているという事実について指摘している。(8)

青島教授は先にあげた引用の中で、日本の経営学は国際的な動向と一定の距離を置いて発展してきたという点に言及しているが、浅川教授もまた日本の経営研究が（善かれ悪しかれ）国際標準化の「蚊帳の外」にあったために、今なお一定の独自性を維持していると指摘している（これは隣接科学である経済学や心理学などとは異なる点でもあるだろう）。さて、そのような独自性は果たしていつまで維持され得るものであろうか？　特に現実関連性（レリバンス）に裏づけられた独自性、つまり日本社会の実態を踏まえた上で実務にも有効な知見を提供してきたという意味での、日本の経営研究の独自性は今後どのような変化を遂げていくのであろうか？

青島教授は、先の引用で大学や研究機関に対して国際競争力の向上が要請されるようになったという点について述べている。その要請に関連して、日本でも国策レベルでもまた大学内部でも、大学ランキングやジャーナル・ランキングを重視する傾向がますます強くなっている。それが先に挙げた、研究者に対して加えられている「国際標準（≒米国標準）」に準拠した論文の掲載に関する圧力の最も重要な背景要因でもある。

本書の第10章で解説されているように、この種の圧力と学術ジャーナルにおける査読プロセスとのあいだにはしばしば密接な関連がある。ジャーナルの編集委員や査読者は、自誌の「質」や独自性を維持するために、投稿された論文を特定のテンプレートに沿って書き上げることを要請する場合が多い。その結果として、投稿論文に当初は含まれていたはずの独創的なアイデアや「標準」から外れた内容は削ぎ落とされていくことが少なくない。また、ジャーナルのインパクト・ファクターを上げるために、著者は不必要な文献の引用を強要されることもある。

つまり、国際標準の要件を満たすためには、投稿者は時として自らの論文を「プロクルステスの寝台」[9]の上に差し出さなければならないのである。その結果として、たとえ首尾良く一流ジャーナルないしそれに準ずるレベルのジャーナルに掲載されたとしても、その論文は「血まみれで、形が崩れ、長たらしくて、参考文献で鬱血している」状態（本訳書３７６ページ）になってしまうかも知れない。そのような形で国際標準に安易に準拠してしまった場合には、日本の経営学がこれまで維持してきた独自性は雲散霧消してしまう可能性があるとさえ言えるだろう。

自他の失敗を糧《かて》にして　日本の場合、大学をはじめとする研究機関に対して政府やその関係機関から加えられ、また各大学の側がその教職員に対して加えてきた圧力の多くは、この国で１９９０年代初頭いらい矢継ぎ早に打ち出されてきた大学改革政策に付随して生じてきたものである。訳者が別のところで論じてきたように、それらの政策は「改革」という言葉とは裏腹に大学における研究と教育の現場に大きな混乱と疲弊をもたらしてきた。その意味では、これらの改革は、そのほとんどが明らかな失敗（失政）だったと言える。[10]

そして、その失敗ないし失政の背後にある最も重要な原因の１つに「改革の自己目的化」があることは明らかであろう。つまり、内閣構成員や文科省をはじめとする政府関係者は、ＰＤＣＡ、エビデンスベースト、見える化という「三題噺」をお題目のように繰り返すだけで、実際には、改革の具体的な成果や成否それ自体について慎重に検証することもなく、次から次へと根拠薄弱な新規事業を立ち上げては「やっている感」を演出してきたのである。その改革の自己目的化のさらに背後には、いわゆる「官僚の無謬性神話」を典型とする、明らかな失敗に対してすら真摯に向きあおうとしない心の習癖《クセ》と組織体制がある。

一方で、日本の教育政策や科学政策には舶来信仰が根強く残っている。つまり、海外の大学や学術界の教育と研究が果たしてきたとされる一見華々しい業績や成果に関する報告を鵜呑みにして、その「成功事例」の模倣を大学や現場の教職員に強要する、というやり方である。それは、改革関連の行政文書に盛り込まれているおびただしい数のカタカナ語やアルファベットの頭文字からも明らかであろう。これは取りも直さず、日本の政府、大学、研究者たちが海外における、いわば光り輝く「成功」事例の影の部分に目を向けようともせず、明らかな失敗事例から学ぶことにすら失敗してきたということを意味する。

日本の読者にとって本書が持つ最も重要な意義の1つは、まさしくその「失敗事例からの学習」という点にある。実際、本書は、国際標準とされてきた経営研究とそれを生み出してきた大学や政府機関がこれまでに経験してきた数々の失敗事例に関する詳細なケーススタディでもある。それらの失敗の事例は、まさに「他山の石」として日本における経営研究のあり方を変えていく上での教訓を提供している。また、それらの事例について検討することは、今まさに日本で生じつつある危機的な兆候（たとえば、大学ランキングや論文のインパクト・ファクターへの執着）を新たな角度から見直すことにもつながっていくだろう。

要するに本書は、他者の失敗からだけでなくみずからの失敗に対しても真摯に向き合い、そこから教訓を学んでいくための、またとない貴重な教材になっているのである。そして、そのような教訓からの学習は、日本の経営研究が、独自性を保ちながらも「ガラパゴス化」に陥ることなく、かつ内実が必ずしも定かではない「世界標準」の形式だけを模倣することを避けて、真の意味で国際的に通用するものになっていくためにはどうしても必要になるに違いない。

訳語解説

原書では比較的特殊な専門用語について適宜解説がなされており、詳しい解説はほとんど必要が無い場合も多い。左には、日本の読者には比較的馴染みが薄いと思われる幾つかの用語について若干の解説を加えておいた。なお、本訳書の本文では、一部の専門用語や日本ではそれほど良く知られていないと考えられる文芸作品および映画などに関しては、適宜、ブラケット（［ ］）内の文章の形で解説を加えた。また、未邦訳の書籍の題名や学会名などについては括弧内にその和訳を挙げておいた箇所もある。

【インテグリティ】(integrity)　本書では、第4章のタイトルにおける使用例のように、「研究（活動）の倫理的な一貫性や誠実性」というような意味合いで使用されている。カタカナ言葉としての「インテグリティ」は、近年企業倫理やコンプライアンスとの関係で日本でも比較的頻繁に使用されるようになってきた言葉であり、人の資質あるいは組織としての活動の特徴に関して使われる場合には、高潔さや誠実さ、一貫性などを指す。なお、インテグリティは、藤本隆宏とキム・クラークの『製品開発力』における「プロダクト・イテンテグリティ」という使用例のように「倫理的に正しく、尊敬されるようなまとまりの良さ」[11]を指す場合もある。

【オーセンティック】(authentic)　これも、インテグリティの場合と同様に日本語に訳しづらい言葉であり、本訳書ではカタカナ表記にしておいた。辞書的な意味には、「本物らしい」ないし「由緒正しい」というものがあり、反意語の inauthentic は、「紛《まが》い物の」ないし「偽《にせ》の」ということを意味する。第7章の副題には、“(in)authentic leadership theory"という言葉が含まれている。これも訳しづらい表現であるが、本訳書では「まことしやかなオーセンティック・リーダーシップ理論」としておいた。なお、本物らしさや由緒正しさを意味する「オーセンティシティ（authenticity）」は、2000年前後から製品やサービスのマーケティングにおける重要な訴求ポイントとしても注目されてきた[12]。

【業績達成志向】(performativity)　哲学ないし社会科学系の用語としての performativity には実に多様な意味がある。本書の場合、第10章以外では、主として批判的経営理論の文献における用法に準拠した形で次のような意味合いで使用されている――「研究業績の効率的な達成を学術的知や真実の追求よりも優先する傾向」（訳者による2章の解説をも参照）。一方、批判的経営理論ではある時期から「批判的パフォーマティビティ（critical performativity）」という用語が、かなり異った、むしろ肯定的な意味あいを持つ用語として使われている。これについて第10章には、「特定の経営理論との生産的な関与を通じて社会的変化を生み出すために、各種の経営理論に対して関与していくこと」（本訳書383頁）という解説がある。これら2種類の用法を明確に区別するために、後者については performativity をカタカナ表記にしておいた。

【現実関連性】(relevance)　実学としての経営研究が実務とどのような関連を持っているかという意味合いで使われることが多い。本書でも解説されているように、実証研究の理論的・方法論的厳密性（rigor）と対になって取りあげられ、また両者のあいだのギャップが問題視されることも少なくない。同じような意味で practical relevance という用語が使われる場合もあり、その場合は「実践関連性」ないし「実務関連性」という訳語をあてることもできるが、本訳書ではより広い実社会との関係を含み得る訳として「現実関連性」を採用した。なお、教育学系などを含む各種の日本語文献ではレリバンスとカタカナ表記で使用されたり単に「関連性」と訳されたりする場合もある。

【理論構築】(theory development)　本書の本文では理論的検討に関わる手続きについてはほぼ一貫して theory development が使用されており、その訳語としては「理論構築」をあてた。日本語の文献の中には、これを「理論開発」と訳している場合も多いが、それだと、「製品開発」や「経済開発」などの連想が浮かんでしまうだろう。なお、本書で引用されている文献の中には、同じような意味内容について theory building あるいは theory construction という用語を使用している例もある。construction や building の場合とは違って、development には、「新しく理論を立ち上げる」という意味内容だけでなく、既存の理論を改良ないし洗練させていく手続きというニュアンスが含まれているように思われる。もっとも、実際にはそれほど厳密な区別はなされていないようでもある。

謝辞

昨今の厳しい出版事情にもかかわらず本書の刊行をこころよく引き受けていただいた白桃書房の皆様、特に翻訳権の交渉と編集の労をとっていただいた平千枝子氏にここで改めて感謝の念を捧げたいと思います。また、原著者のトゥーリッシュ教授には、細かい文章表現などに関する訳者の質問に対して迅速かつ丁寧に回答していただいた。訳者の語学力不足や専門知識の欠如などからかなり見当違いの質問も含まれていたようだが、トゥーリッシュ教授からは、そのいずれに対しても即座に――ほとんどの場合、質問の電子メールを送った翌日には――明快な返答を頂戴できたのであった。

2022年3月11日

訳　者

索　引

人名索引

あ行

か行

さ行

た行

な行

は行

ま行

ら行

わ行

事項索引

さ行

た行

な行

は行

ま行

や行

ら行

邦訳文献

注

序　章

1. Mingers, J. (2015) Helping business schools engage with real problems: The contribution of critical realism and systems thinking, *European Journal of Operational Research*, 242, 316-331. 引用は 316 ページから。
2. Brooks, C., Fenton, E., Schopohl, L., and Walker, J. (2018) Why does research in finance have so little impact? *Critical Perspectives on Accounting*, DOI: doi.org/10.1016/j.cpa.2018.04.005.
3. Starbuck, W. (2003) Shouldn't organization theory emerge from adolescence! *Organization*, 10, 439-452. この引用は 442 ページ。次の引用は 449 ページから。
4. Harley, B. (in press) Confronting the crisis of confidence in management studies: Why senior scholars need to stop setting a bad example, *Academy of Management Learning and Education*.
5. Shymko, Y., and Roulet, T. (2017) When does Medici hurt da Vinci? Mitigating the signalling effect of extraneous stakeholder relationships in the field of cultural production, *Academy of Management Journal*, 60, 1307-1338. 引用は 1307 ページから。
6. Carney, D., Cuddy, A., and Yap, A. (2010) Power posing: Brief nonverbal displays affect neuroendocrine levels and risk tolerance, *Psychological Science*, 21, 1363-1368.
7. これらの引用は全て 1363 ページにある要旨から。
8. www.ted.com/talks/amy_cuddy_your_body_language_shapes_ who_you_are 参照 (2017 年 9 月 12 日)。
9. www.nytimes.com/2014/09/21/fashion/amy-cuddy-takes-a-stand-TED talk.html 参照 (2017 年 9 月 12 日)。
10. Cuddy, A. (2015) *Presence: Bringing Your Boldest Self to Your Biggest Challenges*, New York: Little Brown. (石垣賀子訳『〈パワーポーズ〉が最高の自分を創る』早川書房、2016)
11. Ranehill, E., Dreber, A, Johannesson, M., Leiberg, S., Sul, S., and Weber, R. (2015) Assessing the robustness of power posing: No effect on hormones and risk tolerance in a large sample of men and women, *Psychological Science*, 26, 653-656.
12. Gelman, A., and Fung, K. (2016) The power of the 'power pose', Slate Magazine, 19 January,www.slate.com/articles/health_and_science/science/2016/01/amy_cuddy_s_power_pose_research_is_the_latest_example_of_scientific_overreach.html (2017 年 9 月 12 日)。

第 I 章

1. これは経営研究の世界ではかなり以前から問題視されてきた点である。この点に関する比較的最近の議論については、以下を参照――Hodgkinson, G., and Starkey, K. (2011) Not simply returning to the same answer over and over again: Reframing relevance, *British Journal of Management*, 22, 355–369.
2. Gordon, R., and Howell, J. (1959) *Higher Education for Business*, New York: Columbia University Press 及び Pierson, F. (1959) *The Education of American Businessmen*, New York: McGraw-Hill 参照。
3. Taylor, F. (1911) *The Principles of Scientific Management*, New York: Harper.(上野陽一訳・編『科学的管理法』産能大学出版部、1969)
4. Conti, R. (2013) Frederick Winslow Taylor, in M. Witzel and M. Warner (eds.) *The Oxford Handbook of Management Theorists*, Oxford: Oxford University Press, pp. 11–31. 引用は 11 ページから。
5. Taylor, 1911, p. 14 参照。
6. これについては www.youtube.com/watch1v-8NPzLBSBzPI 参照(2018 年 12 月 7 日).
7. Taylor, 1911, pp. 44–46 参照。
8. Taylor, 1911, p. 46 参照。
9. Cooke, B. (2003) The denial of slavery in management studies, *Journal of Management Studies*, 40, 1895-1918.
10. Taylor, 1911, p. 40 参照。
11. Taylor, 1911, p. 59 参照。
12. Braverman, H. (1974) *Labor and Monopoly Capital*, New York: Monthly Review Press.
13. ハリー・ブレーバーマンはあるところでこの証言を詳細に引用している。Braverman, 1974, pp. 64–67.
14. Taylor, 1911, p. 83 参照。強調は原文。
15. Taylor, 1911, p. 47 参照。
16. これは、当時バーンハムが関わっていたトロツキー主義運動とも関連がある。彼は、長期にわたるトロツキー本人との論争を交わした後で大騒ぎを起こした末にその運動から離脱した。Burnham, J. (1941) *The Managerial Revolution*, New York: Pelican Books(武山泰雄訳『経営者革命』東洋経済新報社、1965)参照。
17. Wrege, C., and Perroni, A. (1974) Taylor's pig-tale: A historical analysis of Frederick W. Taylor's pig-iron experiments, *Academy of Management Journal*, 17, 6–27. 引用は 6 ページから。
18. Stewart, M. (2009) *The Management Myth: Why the Experts Keep Getting it Wrong*, New York: Norton. 引用は 48 ページから。
19. Mayo, E. (1922) Industrial peace and psychological research. II. Industrial unrest

and 'nervous breakdown', *Industrial Australian and Mining Standard*, 67, 63.
20. Bruce, K., and Nyland, C. (2011) Elton Mayo and the deification of human relations, *Organization Studies*, 32, 383-405.
21. Bynum, B. (2000) Discarded diagnoses, *The Lancet*, 356, 4 November 1615.
22. この瞠目すべき文書の全文については以下を参照 www.pbs.org/wgbh/aia/part4/4h3106t.html (2018年12月7日)。
23. Van Maanen, J. (2013) Hold the Mayo: Some comments on the origins of organizational ethnography, *Journal of Organizational Ethnography*, 105-107. 引用は107ページから。
24. Roethlisberger, F., and Dickson, W. (1939) *Management and the Worker: An Account of a Research Program Conducted by the Western Electric Company, Hawthorne Works*, Chicago, Cambridge, MA: Harvard University Press. 以下の引用は575ページから。
25. Mayo, E. (1933) *The Human Problems of an Industrial Civilization*, New York: Macmillan. (村本栄一訳『産業文明における人間問題』日本能率協会、1951) 引用は103ページから。
26. Mannevuo, M. (2018) The riddle of adaptation: Revisiting the Hawthorne studies, *Sociological Review*, 66, 1242-1257.
27. Mayo, 1933, p. 57参照。
28. Harvey, A., Denfield, K., and Montague, P. (2010) Monetary favors and their influence on neural responses and revealed preference, *Journal of Neuroscience*, 28, 9597-9602及びKlein, O., Doyen, S., Leys, C., Gama, P., Miller, S., Questienne, L., and Cleermans, A. (2012) Low hopes, high expectations: Expectancy effects and the replicability of behavioural experiments, *Perspectives on Psychological Science*, 7, 572-584参照。
29. www.ncbi.nlm.nih.gov/pmc/articles/PMC3921203/ 及び skepdic.com/cleverhans.html 参照 (両方とも2017年3月5日)。
30. Gillespie, R. (1991) *Manufacturing Knowledge: A History of the Hawthorne Experiments*, Cambridge: Cambridge University Press. 引用は58ページから。
31. Mayo, 1933, p. 103参照。
32. Hanlon, G. (2017) *The Dark Side of Management: A Secret History of Management Theory*, London: Routledge. 引用は180ページから。
33. Carey, A. (1967) The Hawthorne studies: A radical critique, *American Sociological Review*, 32, 403-416参照。またきわめて的確な批判についてはViteles, M. (1953) *Motivation and Morale in Industry*, New York: Norton参照。
34. Carey, 1967, p. 408参照。
35. Jones, S. (1992) Was there a Hawthorne effect? *American Journal of Sociology*, 98, 451-468. 引用は460ページから。

36. Levitt, S., and List, J. (2011) Was there really a Hawthorne effect at the Hawthorne plant? An analysis of the original illumination experiments, *American Economic Journal: Applied Economics*, 3, 224-238 引用は 226 ページから。
37. Van Maanen, 2013, p. 107 参照。
38. Gordon and Howell, 1959, p. 357 参照。次の引用は 359 ページから。
39. Schmidt, R. (1958) Executive decision making, *Academy of Management Journal*, 1, 36-44. 引用は 36 ページから。
40. Thompson, J. (1956) On building an administrative science, *Administrative Science Quarterly*, 1, 102-111. 引用は 105 ページから。
41. Peters, T., and Waterman, R. (1982) *In Search of Excellence*, New York: Harper and Row. (大前研一訳『エクセレント・カンパニー——超優良企業の条件』講談社、1983)
42. Starkey, K., and Tiratsoo, N. (2007) *The Business School and the Bottom Line*, Cambridge: Cambridge University Press, pp. 132-133.
43. Pfeffer, J., and Fong, C. (2002) The end of business schools? Less success than meets the eye, *Academy of Management Learning and Education*, 1, 78-95. 引用は 88 ページから。
44. Tsui, A. (2017) Ivory tower, value-free ideal, and responsible science, in Honig, B., Lampel, J., Baum, J., Glynn, M., Jing, R., Lounsbury, M., Schiilller, E., Sirmon, D., Tsui, A., Walsh, J., and Witteloostuijn, A. (2017) Reflections on scientific misconduct in management: Unfortunate incidents or a normative crisis? *Academy of Management Perspectives*, 32, 412-442, DOI: 10.5465 /amp.2015.0167. 引用は 418 ページから。
45. Hambrick, D. (1994) What if the academy actually mattered? *Academy of Management Review*, 19, 11-16. 引用は 13 ページから。
46. Starkey, K., and Madan, P. (2001) Bridging the relevance gap: Aligning stakeholders in the future of management research, *British Journal of Management*, 12, S3-S26.
47. Hammer, M., and Champy, J. (1993) *Reengineering the Corporation: A Manifesto for Business Revolution*, New York: Harper Business Books.
48. https://money.cnn.com/magazines/fortune/fortune_archive/1993/08/23/78237/index.htm (2018 年 8 月 30 日)。
49. Shapiro, E. (1995) *Fad Surfing in the Boardroom*, Cambridge, MA: Perseus Books.
50. Kilduff, M., and Kelemen, M. (2001) The consolations of organization theory, *British Journal of Management*, 12 (SI), S55-S59.
51. Grey, C. (2001) Re-imagining relevance: A response to Starkey and Madan, *British Journal of Management*, 12 (SI), S27-S32. 引用は S29 ページから。
52. Learmonth, M., Lockett, A., and Dowd, K. (2012) Promoting scholarship that matters: The uselessness of useful research and the usefulness of useless research,

British Journal of Management, 23, 35–44.

53. Li, D.X. (2000) On default correlation: A copula function approach, *Journal of Fixed Income*, 9, 43–54.
54. *The Black Swan*（望月衛訳『ブラック・スワン』ダイヤモンド社、2009）の著者であるニコラス・タレブによる批判については www.wired.com/2009/02/wp-quant/ 参照（2018 年 8 月 17 日）。
55. McSweeney, B. (2009) The roles of financial asset market failure denial and the economic crisis: Reflections on accounting and financial theories and practices, Accounting, *Organizations and Society*, 34, 835–848.
56. Tushman, M., and O'Reilly, C. (2007) Research and relevance: Implications of Pasteur's quadrant for doctoral programs and faculty development, *Academy of Management Journal*, 50, 769–774. 引用は 769 ページから。
57. Starkey and Tiratsoo, 2007, p. 84 参照。
58. Antebey, M. (2013) *Manufacturing Morals: The Values of Silence in Business School Education*, Chicago: University of Chicago Press.
59. Irwin, A. (2019) Re-making 'quality' within the social sciences: The debate over rigour and relevance in the modem business school, *Sociological Review*, 67, 194–209. 引用は 197 ページから。
60. Kocieniewski, D. (2013) Academics who defend Wall St. reap reward, *New York Times*, 27 December, www.nytirnes.com/2013/12/28/business/academics-who-defend-wall-st-reap-reward.html（2018 年 3 月 7 日）。
61. Mingers, J. (2015) Helping business schools engage with real problems: The contribution of critical realism and systems thinking, *European Journal of Operational Research*, 242, 316–331 参照。引用は 321 ページから。
62. Weick, K. (2001) Gapping the relevance bridge: Fashions meet fundamentals in management research, *British Journal of Management*, 12 (SI), S71–S75. 引用は S74 ページから。
63. Gardner, J. (1968) *No Easy Victories*, New York: Harper, p. 90.

第 2 章

1. Courpasson, D. (2013) On the erosion of 'passionate scholarship', *Organization Studies*, 34, 1243–1249. 引用は 1244 ページから。
2. Alvesson, M., Gabriel, Y., and Paulsen, R. (2017) *Return to Meaning: A Social Science with Something to Say*, Oxford: Oxford University Press. 引用は 5 ページから。
3. Wilsdon, J., Allen, L., Belflore, E., Campbell, P., Curry, S., Hill, S., Jones, R., Kain, R., Kerridge, S., Thelwall, M., Tinkler, J., Viney, I., Wouters, P., Hill, J., and Johnson, B. (2015) *The Metric Tide*, London: Higher Education Funding Council.

4. Power, M. (1997) *The Audit Society: Rituals of Verification*, Oxford: Oxford University Press.（國部克彦・堀口真司訳『監査文化——検証の儀式化』東洋経済新報社、2003）次の引用は 97 ページから。
5. Power, M. (2003) Evaluating the audit explosion, *Law and Policy*, 25, 185-202. 引用は 190 ページから。
6. Kalfa, S., Wilkinson, A., and Gollan, P. (2018) The academic game: Compliance and resistance in universities, *Work, Employment and Society*, 32, 274-291. 引用は 275 ページから。
7. Foucault, M. (1977) *Discipline and Punish*, London: Allen and Unwin; pp. 201-202 参照。
8. Head, S. (2011) The grim threat to British universities, *New York Review of Books*, 13 January, www.nybooks.com/articles/2011/01/13/grim-threat-british-universities/（2018 年 3 月 17 日）。
9. Kaplan, R., and Norton, D. (1992) The balanced scoreboard: Measures that drive performance, *Harvard Business Review*, January-February, 71-79.
10. Nørreklit, H. (2003) The balanced scoreboard: What is the score? A rhetorical analysis of the balanced scoreboard, *Accounting, Organizations and Society*, 28, 591-619. 591 ページ参照。
11. Woodman, C. (2016) Warwick University plc: Neo-liberalism, authoritarianism and resistance, *Prometheus*, 34, 39-48.
12. Busch, L. (2017) *Knowledge for Sale: The Neoliberal Takeover of Higher Education*, Cambridge, MA: MIT Press. 17 ページ参照。
13. Muller, J. (2018) *The Tyranny of Metrics*, Princeton, NJ: Princeton University Press.（松本裕訳『測りすぎ——なぜパフォーマンス評価は失敗するのか？』みすず書房、2019）16 ページ参照。
14. Norton and Kaplan, 1992, p. 71 参照。
15. Alvesson, M., and Spicer, A. (2017) (Un) Conditional surrender? Why do professionals willingly comply with managerialism? in T. Huzzard, M. Benner, and D. Karreman (eds.) *The Corporatization of the Business School: Minerva Meets the Market*, London: Routledge, pp. 92-110. 94 ページ参照。
16. 詳細な事例研究については Pelletier, K., Kottke, J., and Sirotnik, B. (2018) The toxic triangle in academia: A case analysis of the emergence and manifestation of toxicity in a public university, *Leadership*, DOI: 10.1177/1742715018773828 参照。
17. *FT* はこのリストへのアクセスに関して登録を要求している。もっとも、以下のサイトでも閲覧できる http://library.mcmaster.ca/find/ft-research-rank-journals,（2018 年 8 月 17 日）。
18. The Association of Business Schools は 2014 年に勅許付与され、現在は Chartered Association of Business Schools として知られている。ここでは同機関のジャーナル・

ガイドの幾つかの版に関する混同を避けるために単に ABS と表記している。
19. https://charteredabs.org/academic-journal-guide-2018-available-now/ 参照（2018 年 8 月 17 日）。
20. www.abdc.edu.au/pages/abdc-journal-quality-list-2013.html 参照（2018 年 8 月 17 日）。
21. Nkomo, S.（2009）The seductive power of academic journal rankings: Challenges of searching for the otherwise, *Academy of Management Learning and Education*, 8, 106-112 参照。
22. www.gate.cnrs.fr/spip.php?article1002&lang=fr（2018 年 8 月 17 日）。
23. 詳細な批判的検討については、以下を参照。Tourish, D.（2011）Journal rankings, academic freedom and performativity: What is, or should be, the future of Leadership? *Leadership*, 7, 367-381; Tourish, D., and Willmott, H.（2015）In defiance of folly: Journal rankings, mindless measures and the ABS Guide, *Critical Perspectives on Accounting*, 26, 37-46.
24. Singh, G., Haddad, K., and Chow, C.（2007）Are articles in 'top' management journals necessarily of higher quality? *Journal of Management Inquiry*, 16, 319-331.
25. Smith, K., and Hitt, M.（eds.）（2005）*Great Minds in Management: The Process of Theory Development*, Oxford: Oxford University Press.
26. Walker, J., Fenton, E., Salter, A., and Salandra, R.（2018）What influences business academics' use of the Association of Business Schools（ABS）list? Evidence from a survey of UK academics, *British Journal of Management*, DOI: 10.1111/1467-8551.12294.
27. Pidd, M., and Broadbent, J.（2015）Business and management studies in the 2014 Research Excellence Framework, *British Journal of Management*, 26, 569-581.
28. 全面的な情報開示。私はそのジャーナルの編集委員になった。
29. Sparkes, A.（2018）Autoethnography comes of age, in D. Beach, C. Bagley, and S. Marques da Silva（eds.）*The Wiley Handbook of Ethnography of Education*, London: Wiley-Blackwell, pp. 479-499. 引用は 492 ページから。
30. Cunliffe, A.（2018）Alterity: the passion, politics and ethics of self and scholarship, *Management Learning*, 49, 8-22. 引用は 15 ページから。
31. Prasad, A.（2013）Playing the game and trying not to lose myself: A doctoral student's perspective on the institutional pressures for research output, *Organization*, 20, 936-948.
32. Bell, E., Kothiyal, N., and Willmott, H.（2017）Methodology-as-technique and the meaning of rigour in globalized management research, *British Journal of Management*, 28(3), 534-550, DOI: 10.1111/1467-8551.12205.
33. Schüßler, E.（2017）The role of socialization for the transmission of norms, in Honig, B., Lampel, J., Baum, J., Glynn, M., Jing, R., Lounsbury, M., Schüßler, E., Sirmon,

D., Tsui, A., Walsh, J., and Witteloostuijn, A. Reflections on scientific misconduct in management: Unfortunate incidents or a normative crisis? *Academy of Management Perspectives*, 32, 412–442.

34. Segalla, M. (2008) Editorial: Publishing in the right place or publishing the right thing, *European Journal of International Management*, 2, 122–127.
35. Macdonald, S., and Kam, J. (2007) Ring a Ring o'Roses: Quality journals and gamesmanship in management studies, *Journal of Management Studies*, 44, 640–655.
36. Barney, J. (1991) Firm resources and sustained competitive advantage, *Journal of Management*, 17, 99–120.
37. Merton, R. (1968) The Matthew Effect in science, *Science*, 159, 56–63.
38. 部分的な例外は *Academy of Management Annals* である。同誌はジャーナルであるか書籍のシリーズであるか明確ではないという理由で ABS ガイドの前の版では除外されていた。新版からは年刊のジャーナルとして見なされて 4 つ星ジャーナルとしてリストに加えられた。
39. Hardy, C. (2013) Treading fine lines, *Journal of Management Inquiry*, 22, 452–456. 引用は 454 ページから。
40. Grey, C. (2010) Organizing studies: Publications, politics and polemic, *Organization Studies*, 31, 677–694. 引用は 685 ページから。
41. Seeber, M., Cattaneo, M., Meoli, M., and Malighetti, P. (2019) Self-citations as strategic response to the use of metrics for career decisions, *Research Policy*, 48, 478–491.
42. Fowler, J., and Aksnes, D. (2007) Does self-citation pay? *Scientometrics*, 7, 427–437.
43. Alvesson, Gabriel and Paulsen, 2017, p. 7 参照。
44. Larivière, V., and Sugimoto, C. (2018) The Journal Impact Factor: A brief history, critique, and discussion of adverse effects, in W. Glänzel, H. Moed, U. Schmoch, and M. Thelwall (eds.) *Springer Handbook of Science and Technology Indicators*, Cham (Switzerland) : Springer International Publishing, 12 ページ参照。
45. Brembs, B. (2018) Prestigious science journals struggle to reach even average reliability, *Frontiers in Human Neuroscience*, DOI: 10.3389/fnhum. 2018.00037.
46. Fong, E., and Wilhite, A. (2017) Authorship and citation manipulation in academic research, *PLoS One*, 12(12), e0187394, DOI: 10.1371/journal. pone.0187394.
47. Goodhart, C. (1975) Problems of monetary management: The UK experience, in *Papers in Monetary Economics, Volume I*, Reserve Bank of Australia 参照。
48. Khan, S. (2018) Doctors 'being pressurised into manipulating patient records to meet A&E targets', *The Independent*, 28 January, www.independent. co.uk/news/health/doctors-accident-emergency-targets-patients-records-figure-manipulate-a-e-hospitals-a8172996.html 参照 (2018 年 2 月 21 日)。

49. BBC Scotland (2018) A Force in Crisis, 30 April. 参照。
50. もし関心がある、あるいは時間を持て余しているのなら、最近のランキングは以下のサイトで閲覧できるので見てみてもよいだろう。www.usnews.com/best-colleges.
51. Gladwell, M. (2011) The order of things, *New Yorker*, 14-21 February, 68-75.
52. www.washingtonpost.com/local/education/five-colleges-misreported-data-to-us-news-raising-concerns-about-rankings-reputation/2013/02/06/cb437876-6b17-11e2-af53-7b2b2a7510a8_story.html?utm_term=.127a7b33e48e 参照 (2018 年 2 月 21 日)。
53. www.nytimes.com/aponline/2018/07/10/us/ap-us-temple-business-school-falsified-rankings.html 参照 (2018 年 7 月 23 日)。
54. Guttenplan, D. (2010) Questionable science behind academic rankings, *New York Times*, 14 November, www.nytimes.com/2010/11/15/education/15iht-educLede15.html (2018 年 12 月 12 日)。
55. Gabriel, Y. (2010) Organization studies: A space for ideas, identities and agonies, *Organization Studies*, 31, 757-775 参照。
56. King, E., Avery, D., Hebl, M., and Cortina, J. (2018) Systematic subjectivity: How subtle biases infect the scholarship review process, *Journal of Management*, 44, 843-853. 引用は 843 ページから。
57. Amabile, T. (1983) Brilliant but cruel: Perceptions of negative evaluators, *Journal of Experimental Social Psychology*, 19, 146-156.
58. Gibson, B., and Oberlander, E. (2008) Wanting to appear smart: Hypercriticism as an indirect impression management strategy, *Self and Identity*, 7, 380-392.
59. Baumeister, R., Bratslavasky, E., Finkenauer, C., and Vohs, K. (2001) Bad is stronger than good, *Review of General Psychology*, 5, 323-370.
60. Gabriel, 2010, p. 764 参照。
61. Seibert, S. (2006) Anatomy of an R&R (or, reviewers are an author's best friends ...), *Academy of Management Journal*, 49, 203-207. 引用は 203 ページから。
62. Cederström, C., and Spicer, A. (2017) Going public, *Organization*, 24, 708-711. 引用は 708 ページから。
63. Jump, P. (2015) Grant income targets set at one in six universities,THE poll suggests, *Times Higher Education*, 11 June, www.timeshighereducation.co.uk/news/grant-income-targets-set-one-six-universities-poll-suggests (2018 年 8 月 20 日)。
64. Mills, C. (1959) *The Sociological Imagination*, Oxford: Oxford University Press(鈴木広訳『社会学的想像力』紀伊國屋書店、1965), p. 205.
65. https://charteredabs.org/wp-content/uploads/2018/04/Chartered_ABS_ Research_Income_Report_2018-WEB.pdf 参照 (2018 年 4 月 11 日)。
66. Karran, T., and Mallinson, L. (2017) *Academic Freedom in the U.K.: Legal and Normative Protection in a Comparative Context*, Report for the University and College Union, London: University and College Union. 引用は 64 ページから。

67. Harvey, C., Kelly, A., Morris, H., and Rowlinson, M. (2010) *The Association of Business Schools Academic Journal Quality Guide (Version 4)*, London: Association of Business Schools, p. 2.
68. 再現研究ができないナンセンスな研究の増殖などを含む、この種の信念がもたらすネガティブな効果については、以下の書籍が詳細に論じている。Moosa, A. (2018) *Publish or Perish: Perceived Benefits versus Unintended Consequences*, Cheltenham: Edward Elgar.
69. Sorokowski, P., Kulczycki, E., Sorokowska, A., and Pisanski, K. (2017) Predatory journals recruit fake editor, *Nature*, 543 (23 March), 481–483.
70. Bagues, M., Sylos-Labini, M., and Zinovyeva, N. (2019) A walk on the wild side: 'Predatory' journals and information asymmetries, *Research Policy*, 48, 462–477.
71. Cederström, C., and Hoedemaekers, C. (2012) On dead dogs and unwritten jokes: Life in the university today, *Scandinavian Journal of Management*, 28, 229–233. 引用は231ページから。
72. Grey, 2010, p. 691 参照。

第3章

1. このメールの全文と他のメールについては以下のサイトで閲覧できる。www.dcscience.net/2014/12/01/publish-and-perish-at-imperial-college-london-the-death-of-stefan-grimm/. グリムの死に関する *Times Higher Education* の記事は以下のサイトで閲覧可能である。

   www.timeshighereducation.co.uk/news/imperial-college-professor-stefan-grirnm-was-given-grant-income-target/2017369.article?storyCode=2017369 及び www.timeshighereducation.co.uk/news/stefan-grimm-inquest-new-policies-may-not-have-prevented-suicide/2019563.article 参照。また *Daily Mail* の記事は以下を参照。www.dailymail.co.uk/news/article-2861588/Professor-dead-cash-row-Cancer-scientist-said-told-fellow-academics-chiefs-treated-like-s.html.「ある同僚」の証言からの引用はこの報告書からのものである。
2. http://felixonline.co.uk/news/5475/review-in-response-to-grimmsdeath-completed/ 参照。
3. www.timeshighereducation.com/news/cardiff-plans-review-aftersuicide-overworked-lecturer 参照（2018年6月9日）。
4. Willetts, D. (2017) *A University Education*, Oxford: Oxford University Press.
5. Willetts, 2017, p. 104 参照。
6. Martin-Sardesai, A., and Guthrie, J. (2018) Human capital loss in an academic performance measurement system, *Journal of Intellectual Capital*, 19, 53–70.
7. Schuler (2017) The role of socialization for the transmission of norms, in Honig, B.,

Lampel, J., Baum, J., Glynn, M., Jing, R., Lounsbury, M., Schiilller, E., Sirmon, D., Tsui, A., Walsh, J., and Witteloostuijn, A. (2017) Reflections on scientific misconduct in management: Unfortunate incidents or a normative crisis? *Academy of Management Perspectives*, 32, 412–442.

8. Fochler, M., and de Rijcke, S. (2017) Implicated in the indicator game? An experimental debate, Engaging Science, *Technology, and Society*, 3, 21–40. 引用は 25 ページから。
9. Task and Finish Group Report (2012) *Listening to Our Voices: Towards a Sustainable Future*, University of Exeter 参照。これは某大学の内部報告書であり引用は 4 ページから。
10. Kinman, G., and Wray, S. (2013) *Higher Stress: A Survey of Stress and Well-Being Among Staff in Higher Education*, London: University and College Union.
11. Guthrie, S., Lichten, C., van Belle, J., Ball, S., Knack, A., and Hofman, J. (2017) *Understanding Mental Health in the Research Environment: A Rapid Evidence Assessment*, Cambridge: RAND Europe.
12. Padilla, M., and Thompson, J. (2016) Burning out faculty at doctoral research universities, *Stress Health*, 32, 551–558.
13. https://docs.google.com/spreadsheets/d/1OODoiZKeAtiGi131AONCspryCHWo5Yw9xkQzkRntuMU/edit#gid-O 参照 (2018 年 2 月 22 日)。
14. www.tirneshighereducation.com/features/work-life-balancc-survey-2018-long-hours-take-their-toll-acadcrnics 参照 (2018 年 2 月 22 日)。
15. De Vita, G., and Case, P. (2016]) 'The smell of the place': Managerialist culture in contemporary UK business schools, *Culture and Organization*, 22, 348–364. 引用は 354 ページから。
16. Saunders, M. (2006) The madness and malady of managerialism, *Quadrant*, March, 9–17. 引用は 17 ページから。
17. Alvesson, M., and Spicer, A. (2017) (Un) Conditional surrender? Why do professionals willingly comply with managerialism? in T. Huzzard, M. Benner, and D. Karreman (eds.) *The Corporatization of the Business School: Minerva Meets the Market*, London: Routledge, pp. 92–110. 引用は 95 ページから。
18. Martin, B. (2016) What's happening to our universities? *Prometheus*, 34, 7-24. 引用は 7 ページから。
19. オリジナルの UCU フォーラムはオンラインでは今では入手不能である。もっとも、私は同フォーラムがアップロードされた際にファイルをダウンロードしておいた。ここではそのアーカイブから引用している。同フォーラムの全文は要請に応じて提供できる。
20. Alakavuklar, O., Dickson, A., and Stablein, R. (2017) The alienation of scholarship in modern business schools: From Marxist material relations to the Lacanian sub-

ject, *Academy of Management Learning and Education*, 16, 454-468. 引用は 457 ページから。

21. www.the-eye.wales/death-duties/ 参照（2018 年 3 月 19 日）。
22. www.walesonline.co.uk/news/wales-news/swansea-university-managemcnt-school-describes-8644690 参照（2018 年 3 月 19 日）。
23. Gabriel, Y.（2012）Organizations in a state of darkness: Towards a theory of organizational miasma, *Organization Studies*, 33, 1137-1152. 引用は 1141 ページから。
24. Day, N.（2011）The silent majority: Manuscript rejection and its impact on scholars, *Academy of Management Learning and Education*, 10, 704-718. 引用は 706 ページから。
25. Knights, D., and Clarke, C.（2014）It's a bittersweet symphony, this life: Fragile academic selves and insecure identities at work, *British Journal of Management*, 35, 335-357.
26. Peters, D., and Ceci, S.（1982）Peer-review practices of psychological journals: the fate of published articles, submitted again, *Behavioral and Brain Sciences*, 5, 187-266.
27. Alvesson, M.（2012）Do we have something to say? From re-search to roi-search and back again, *Organization*, 20, 79-90. 引用は 79 ページから。
28. www.timeshighereducation.com/fcatures/universities-need-to-plan-fordark-future-if-academics-prefer-their-own-plan-b（2018 年 2 月 27 日）。
29. Oswald, A.（2018）The perils of middle age, *Times Higher Education*, 28 June, 26.
30. Byron, K., Khazanchi, S., and Nazarian, D.（2010）The relationship between stressors and creativity: A meta-analysis examining competing theoretical models, *Journal of Applied Psychology*, 95, 201-212. 引用は 201 ページから。
31. この問題に関する興味深くかつ感動的な面も多い議論については以下を参照。O'Neill, M.（2014）The slow university: Work, time and well-being, *Qualitative Social Research*, DOI: http://dx.doi.0rg/10.17169/fqs15.3.2226 及び Sparkes, A.（2007）Embodiment, academics and the audit culture: a story seeking consideration, *Qualitative Research*, 7, 521-550.
32. Bristow, A.（2012）On life, death and radical critique: A non-survival guide to the Brave New Higher Education for the intellectually pregnant, *Scandinavian Journal of Management*, 28, 234-241. 引用は 238 ページから。
33. このような主旨の内容を含む特に詳細な議論については以下を参照。Adler, N., and Haning, A.（2009）When knowledge wins: Transcending the sense and nonsense of academic rankings, *Academy of Management Learning and Education*, 8, 72-95.
34. Alvesson, M., and Sandberg, J.（2014）Habitat and habitus: Boxed-in versus box-breaking research, *Organization Studies*, 35, 967-987.

35. Jones, D.（2018）Could slow be beautiful? Academic counter-spacing within and beyond 'The Slow Swimming Club', *Journal of Management Inquiry*, 27, 420–435. 引用は 426 ページから。

36. Berg, M., and Seeber, B.（2016）*The Slow Professor: Challenging the Culture of Speed in the Academy*, Toronto: University of Toronto Press.

37. Dzeng, E.（2014）How academia and publishing are destroying scientific innovation: A conversation with Sydney Brenner, *King's Review*, 24 February, http://kingsreview.co.uk/articlesfbow-academia-and-publishing-are-destroying-scientiflc-innovation-a-conversation-with-sydneybrenner/（2018 年 3 月 19 日）。

38. Harford, T.（2011）*Adapt: Why Success Always Starts with Failure*, London: Little Brown. 引用は 103 ページから。

39. *Times Higher Education*（2018）, 1 March, www.timeshighereducation.com/news/radical-ideas-required-cut-research-grant-waste-funders-told 参照。

40. Vaesen, K., and Katzav, J.（2017）How much would each researcher receive if competitive government research funding were distributed equally among researchers? *PLoS/ONE*, 12, e0183967, https://doi.org/10.1371/joumal.pone.0183967.

41. Stern, N.（2016）*Building on Successes and Learning from Experience: An Independent Review of the Research Excellence Framework*, https://assets.publishing.service.gov.uk/govemment/uploads/system/uploads/attachment_data/file/541338/ind-16-9-ref-stern-review.pdf（2018 年 9 月 12 日）。

42. これらの多くの機関から認証を得るために必要となる直接・間接的なコストは膨大なものであり、また、未認証であることが大学や学部の威信にとってダメージとなるという点を踏まえて、ローリーとウィルモットは［AACSB などによる］認証と「（マフィアなどによる）みかじめ料の取り立て」とのあいだには多くの共通点があると指摘している。Lowrie, A., and Willmott, H.（2009）Accreditation sickness in the consumption of business education: The vacuum in AACSB standard setting, *Management Learning*, 40, 411–420 参照。

43. 同報告書は以下で閲覧可能である。https://workspace.imperial.ac.uk/college/Public/Provost%27s%20Board%20paper%20Performance%20Management%20Review%20-%20FULL.pdf（2015 年 8 月 20 日）。

44. Dearing Report into the future of UK higher education（1997）の序文に引用されている。www.educationengland.org.uk/documents/dearing1997/dearing1997.html#for（2015 年 8 月 21 日）。

第 4 章

1. 本章及び 5 章の内容の幾つかは以前に以下の文献に発表されている。Tourish, D.,

and Craig, R. (2018) Research misconduct in business and management studies: Theorising its causes, exploring its consequences and possible remedies, *Journal of Management Inquiry*, DOI: 10.1177/1056492618792621.

2. Martin, B. (2013) Editorial: Whither research integrity? Plagiarism, self-plagiarism and coercive citation in an age of research assessment, *Research Policy*, 42, 1005-1014. 引用は 1010 ページから。
3. Wright, D., and Breithaupt, H. (2012) To protect and serve research integrity, *Science & Society*, 13(6), 484-486, http://europepmc.org/backend/ptpmcrender.fcgi?accid-PMC3367251&blobtype=pdf (2015 年 11 月 20 日)。
4. Matthews, D. (2015) Secret dossier warns of scale of research fraud, *Times Higher Education*, 3 December, 6-7.
5. Abritis, A. (2015) *An Assessment of Retractions as a Measure of Scientific Misconduct and Impact on Public Health Risks* (doctoral dissertation, University of South Florida), http://scholarcommons.usf.edu/etd/5630 (2015 年 11 月 20 日)。
6. www.singaporestatement.org/downloads/singpore%20statement_A4size.pdf 参照 (2016 年 1 月 12 日)。
7. www.ascb.org/files/SFDeclarationFINAL.pdf 参照 (2016 年 1 月 12 日)。
8. http://publicationethics.org/about.
9. http://retractionwatch.com/ 参照 (2016 年 1 月 12 日)。
10. Hiney, M. (2015) *Briefing Paper: Research Integrity: What It Means, Why It Is Important and How We Might Protect It*, Brussels: Science Europe.
11. Ferguson, C., Marcus, A., and Oransky, I. (2014) The peer-review scam, *Nature*, 515, 480-482.
12. Horbach, S., and Halffman, W. (2019) The extent and causes of academic text recycling or 'self-plagiarism', *Research Policy*, 48, 492-502.
13. Colquhoun, D. (2017) An investigation of the false discovery rate and the misinterpretation of *p*-values, *Royal Society Open Science*, 1(3), 140216, DOI: 10.1098/rsos.140216.
14. Bishop, D. (2018) Using simulations to understand *p*-values (blog post), *BishopBlog*, http://deevybee.blogspot.co.uk (2018 年 2 月 1 日)。
15. Ziliak, S., and McCloskey, D. (2008) *The Cult of Statistical Significance*, Ann Arbor: University of Michigan Press, p. 2.
16. Colquhoun, 2017 参照。
17. Wasserstein, R., and Lazar, N. (2016) The ASA's statement on p-values: context, process, and purpose, *American Statistician*, 70, 129-133. 引用は 131-132 ページから。
18. Nelson, L., Simmons, J., and Simonsohn, U. (2018) Psychology's renaissance, *Annual Review of Psychology*, 69, 511-534. 引用は 514 ページから。
19. Chambers, C. (2017) *The 7 Deadly Sins of Psychology: A Manifesto for Reforming*

the Culture of Scientific Practice, Princeton and Oxford: Princeton University Press and Oxford University Press. この問題について特に詳細に解説されている同書の2章を参照。

20. Aguinis, H., Ramani, R., and Alabduljader, N. (2018) What you see is what you get? Enhancing methodological transparency in management research, *Academy of Management Annals*, 12, 83-110. 引用は84-85ページから。
21. Hendry, D. (1980) Econometrics – alchemy or science? *Economica*, 47, 387-406.
22. Simmons, J., Nelson, L., and Simonsohn, U. (2011) False positive psychology: Undisclosed flexibility in data collection and analysis allows presenting anything as significant, *Psychological Science*, 22, 1359-1366.
23. www.tylervigen.com/spurious-correlations 参照。
24. Moosa, I. (2017) Blaming suicide on NASA and divorce on margarine: The hazard of wing cointegration to derive inference on spurious correlation, *Applied Economics*, 49, 1483-1490.
25. Ferguson, C., and Heene, M. (2012) A vast graveyard of undead theories: Publication bias and psychological science's aversion to the null, *Perspectives on Psychological Science*, 7: 555-561.
26. Bergh, D., Sharp, B., Aguinis, H., and Li, M. (2015) The looming replication crisis in strategic management (conference paper), Annual International Conference of the Strategic Management Society, Denver, CO, 3-6 October.
27. Leung, K. (2011) Presenting post hoc hypotheses as a priori: Ethical and theoretical issues, *Management and Organization Review*, 7, 471-479.
28. Bakker, M., and Wicherts, J. (2011) The (mis) reporting of statistical results in psychology journals, *Behavior Research Methods*, 43, 666-678.
29. Hubbard, R. (2016) *Corrupt Research: The Case for Reconceptualising Empirical Management and Social Science*, London: Sage. 引用は5ページから。
30. Aguinis et al., 2018, p. 83 参照。
31. DeSimonc, J., Kohler, T., and Schoen, J. (2018) If it were only that easy: The use of meta-analytic research by organizational scholars, *Organizational Research Methods*, DOI: 10.1177/1094428118756743.
32. Aczel, B., Palfi, B., and Szaszi, B. (2017) Estimating the evidential value of significant results in psychological science, *PLoS ONE*, 12181, e0182651, https://doi.0rg/10.1371 /journal. pone.0182651.
33. Kerr, N. (1998) HARKing: hypothesizing after the results are known, *Personality and Social Psychology Review*, 2, 196-217. 引用は209ページから。
34. たとえば Universities UK による *The Concordat to Support Research Integrity* (2012) の11ページを参照。www.universitiesuk.ac.uk/policy-and-analysis/reports/Documents/2012/the-concordat-to-supportrcsearch-integrity.pdf 参照 (2018年4月2

日）。

35. Levelt Committee, Noort Committee and Drenth Committee (2012) *Flawed Science: The Fraudulent Research Practices of Social Psychologist Diederik Stapel*, http://pubman.mpdl.mpg.de/pubman/item/escidoc: 1569964:7/component/escidoc: 1569966/Stapel_Investigation_Final_report.pd£ (2015年11月20日)。引用は53ページから。
36. Randall, D., and Welser, C. (2018) *The Irreproducibility Crisis of Modern Science*, New York: National Association of Scholars.
37. Bergh, D., Sharp, B., Aguinis, H., and Li, M. (2017) Is there a reproducibility crisis in strategic management research? Evidence on the reproducibility of study findings, *Strategic Organization*, 15, 423-436. この引用は423ページからであり、次の引用は430-432からのものである。
38. Makel, M., Plucker, J., and Hegarty, B. (2012) Replications in psychology research: How often do they really occur? *Perspectives on Psychological Science*, 7, 537-542.
39. 詳しい内容については Reich, E. (2009) *Plastic Fantastic: How the Biggest Fraud in Physics Shook the Scientific World*, Houndmills: Palgrave Macmillan 参照。
40. Ioannidis, J. (2005) Why most published research findings are false, *PLoS Medicine*, 2, e124, DOI: 10.1371/journal.pmed.0020124 及び Ioannidis, J. (2012) Why science is not necessarily self-correcting, *Perspectives on Psychological Science*, 7, 645-654 参照。
41. Hubbard, R., and Vetter, D. (1991) Replications in the finance literature: An empirical study, *Quarterly Journal of Business and Economics*, 30, 70-81.
42. Open Science Collaboration (2015) Estimating the reproducibility of psychological science, *Science*, 349(6251), DOI: 10.11126/science.aac4716.
43. 概観については Molden, D. (2014) Understanding priming effects in social psychology: What is 'social priming' and how does it occur? *Social Cognition*, 32(SI), 1-11 参照。
44. Mazar, N., Amir, O., and Ariely, D. (2008) The dishonesty of honest people: A theory of self-concept maintenance, *Journal of Marketing Research*, 45, 633-644.
45. Verschuere, B., Meijer, E., Jim, A. et al. (2018) Registered replication report on Mazar, Amir, and Ariely (2008), *Advances in Methods and Practices in Psychological Science*, 1(3), 299-317, DOI:10.117/7/2515245918781032.032.
46. Kahneman (2012) からのレター参照。 www.nature.com/polopoly_fs/7.6716.1349271308!/suppinfoFile/Kahneman%20Letter.pdf (2018年4月31日)。
47. たとえば心理学者のリサ・バーレットは2015年9月1日付の *New York Times* に 'Psychology is Not in Crisis' と題した意見記事を発表した。www. nytimes.com/2015/09/0l/opinion/psychologyis-not-in-crisis.html 参照 (2018年9月15日)。また以

下も参照。Bartlett, T. (2018) I want to bum things to the ground, *Chronicle of Higher Education*, 11 September, www.chronicle.com/article/l- Want-to-Burn-Things-to/24 4488?key=ONA-J84 Te0SO7njbTdOtJ5MGIT3EFSH5UcVzn-A0Sjv QuzkOG6OmekK3-jrAePM-NIhXSXktZXhZb2x6RVdBSDZBTVJHZHFYRVVPOVV 4ZOtjRW9RbWIm cVlqMA (2018年9月15日)。

48. https://improvingpsych.org 参照 (2018年9月15日)。
49. Prinz, F., Schlange, T., and Asadullagh, K. (2011) Believe it or not: How much can we rely on published data on potential drug targets? *Nature*, 10, 712, DOI: 10.1038/nrd3439-c1.
50. Jump, P. (2015) Reproducing results: How big is the problem? *Times Higher Education*, 3 September, www.timeshighereducation.co.uk/features/reproducing-results-how-big-is-the-problem?nopaging=l (2015年11月11日)。
51. Ioannidis, J., Allison, D., Ball, C., Coulibaly, I., Cui, X., Culhane, A., Falchi, M., Furlanello, C., Game, L., Jurmen, G., Mangion, J., Mehta, T., Nitzberg, M., Page, G., Petretto, E., and van Noort, V. (2009) Repeatability of published microarray gene expression analyses, *Nature Genetics*, 41, 149–155.
52. Stroebe, W., and Hewstone, M. (2015) What have we learned from the Reproducibility Project? *Times Higher Education*, 17 September, www.timeshighereducation.com/opinion/reproducibility-project-what-havewe-leamed (2015年9月23日)。
53. Pashler, H., and Harris, C. (2012) Is the replicability crisis overblown? Three arguments examined, *Perspectives on Psychological Science*, 7, 531–536.
54. Nelson et al., 2018 参照。
55. 表4. 1に引用された研究は以下の通りである。Bailey, C., Hasselback, J., and Karcher, J. (2001) Research misconduct in accounting literature: A survey of the most prolific researchers' actions and beliefs, *Abacus*, 37, 26–54. Banks, G., O'Boyle, E., Pollack, J., White, C., Batchelor, J., Whelpy, C., Abston, K., Bennett, A., and Adkins, C. (2016) Questions about questionable research practices in the field of management: A guest commentary, *Journal of Management*, 42, 5–20. Bedeian, A., Taylor, S., and Miller, A. (2010) Management science on the credibility bubble: Cardinal sins and curious misdemeanours, *Academy of Management Learning and Education*, 9, 715–725. Honig, B., and Bedi, A. (2012) The fox in the hen house: a critical examination of plagiarism among members of the Academy of Management, *Academy of Management Learning and Education*, 11, 101–123. Hoover, G., and Hopp, C. (2017) What crisis? Taking stock of management researchers' experiences with and views of scholarly misconduct, *CESifo Working Papers*, https://ideas.repec.org/p/ces/ceswps/_6611.html (2017年9月1日)。
56. Hvistendahl, M. (2015) China pursues fraudsters in science publishing, *Science*, 350(6264), 1015.

57. 表4. 2 に引用された研究は以下の通りである。Agnoli, F., Wicherts, J., Veldkamp, C., Albiero, P., and Cubelli, R. (2017) Questionable research practices among Italian research psychologists, *PLOS/One*, 12(3), e0172792, DOI: 10.1371/joumal.pone.0172792. Boulbes, D., Costello, T., Baggerly, K., Fan, F., Wang, R., Bhattacharya, R., Ye, X., and Ellis, L. (2018) A survey on data reproducibility and the effect of publication process on the ethical reporting of laboratory research, *Clinical Cancer Research*, DOI: 10.1158/1078-0432.CCR-18-0227. Cossette, P. (2004) Research integrity: an exploratory survey of administrative science faculties, *Journal of Business Ethics*, 49, 213–234. Eastwood, D., Derish, P., Leash, E., and Ordway, S. (1996) Ethical issues in biomedical research: Perception and practices of postdoctoral research fellows in responding to a survey, *Science and Engineering Ethics*, 2, 89–114. Fanelli, D. (2009) How many scientists fabricate and falsify research? A systematic review and meta-analysis of survey data, *PLoS ONE*, 4, e5738, DOI: 10.1371/joumal.pone.0005738. Fraser, H., Parker, T., Nakagawa, S., Barnett, A., and Fidler, F. (2018) Questionable research practices in ecology and evolution, *Open Science Framework*, DOI: osf.io/ajyqg. John, L., Loewenstein, G., and Prelec, D. (2012) Measuring the prevalence of questionable research practices with incentives for truth telling, *Psychological Science*, 23, 524–532. Kalichman, M., and Friedman, P. (1992) A pilot study of biomedical trainees' perceptions concerning research ethics, *Academic Medicine*, 67, 769–775. Kerr, N. (1998) HARKing: hypothesizing after the results are known, *Personality and Social Psychology Review*, 2, 196–217. Martinson, B., Anderson, M., and De Vries, R. (2005) Scientists behaving badly, *Nature*, 435, 737–738. Necker, S. (2014) Scientific misbehavior in economics, *Research Policy*, 43, 1747–1759. Pupovac, V., and Fanelli, D. (2015) Scientists admitting to plagiarism: A meta-analysis of surveys, *Science and Engineering Ethics*, 21, 1331–1352. Ranstam, J., Buyse, M., George, S.L., and Lachenbruch, P. (2000) Fraud in medical research: An international survey of biostatisticians, *Controlled Clinical Trials*, 21, 415–427. Swazey, J., Anderson, M., and Louis, K. (1993) Ethical problems in academic research, *American Scientist*, 81, 542–553. Tijdink, J., Bouter, L., Veldkamp, C., van de Ven, P, Wicherts, J., and Smulders, Y. (2016) Personality traits are associated with research misbehaviour in Dutch scientists: A cross-sectional study, *PLoS One*, DOI: 10.1371/journal. pone.0163251. Titus, S. (2014) Evaluating U.S. medical schools' efforts to educate faculty researchers on research integrity and research misconduct policies and procedures, *Accountability in Research*, 21, 9–25. Titus, S., Wells, J., and Rhodes, L. (2008) Repairing research integrity, *Nature*, 19(453), 980–982. Williams, J., and Roberts, D. (2016) Academic integrity: Exploring tensions between perception and practice in the contemporary university (report), Canterbury: University of Kent Society for Research into Higher Education, www.srhe.ae.uk/downloacls/

WILLIAMS JoannaROBERTSDavid.pdf.
58. www.ourcatholicprayers.com/St-Augustine-on-prayer.html（2018 年 8 月 20 日）。
59. Krimsky, S., Rothenberg, L., Stott, P., and Kyle, G.（1996）Financial interests of authors in scientific journals: A pilot study of 14 publications, *Science and Engineering Ethics*, 2: 395–410.
60. Ngai, S., Gold, J., Gill, S., and Rochon, P.（2005）Haunted manuscripts: Ghost authorship in the medical literature, *Accountability in Research: Policies and Quality Assurance*, 12, 103–114.
61. Bosch, X., and Ross, J.（2012）Ghostwriting: Research misconduct, plagiarism, or fool's gold? *American Journal of Medicine*, 125, 324–326. 引用は 325 ページから。
62. Wager, E.（2009）Recognition, reward and responsibility: Why the authorship of scientific papers matters, *Maturitas*, 62, 109–112.
63. Abritis, A., and McCook, A.（2017）Cash bonuses for peer-reviewed papers go global, Science, www.sciencemag.org/news/2017/08/cash-bonuses-peer-reviewed-papers-go-global（2017 年 8 月 30 日）。
64. Powell, S.（2018）Financial bonus for published research, *The Australian*, 18 July, p. 27.
65. 問題の大学に勤務する 3 名の著名な医学研究者は、まさにそのような理由をあげ、同大学の研究上のインテグリティを毀損したとして公的にその種のインセンティブについて批判した（*The Australian*, 1 August 2018, p. 31）。
66. Pinto, J., Leana, C., and Pil, F.（2008）Corrupt organizations or organizations of corrupt individuals? Two types of organization-level corruption, *Academy of Management Review*, 33, 685–709.
67. ランス・アームストロングとオプラ・ウィンフリーのインタビュー参照。www.youtube.com/watch?v= e_-yfFliDao（2016 年 1 月 18 日）。
68. Kelman, H.（1973）Violence without moral restraint: Reflections on the dehumanization of victims and victimizers, *Journal of Social Issues*, 29, 25–61.
69. Kim, T., Monge, R., and Strudler, A.（2015）Bounded ethicality and the principle that 'ought' implies 'can', *Business Ethics Quarterly*, 25, 341–361.
70. Edwards, M., and Roy, S.（2017）Academic research in the 21st century: Maintaining scientific integrity in a climate of perverse incentives and hypercompetition, *Environmental Engineering Science*, 34, 51–61. 引用は 53 ページから。
71. Smith, R.（2006）Research misconduct: the poisoning of the well, *Journal of the Royal Society of Medicine*, 99, 232–237. 引用は 234 ページから。

第 5 章

1. カラバグとバーグレンも同様に情報の機密性という点は編者が調査を最後までおこ

なうか否かを決める上での重要なポイントの1つであると述べている。研究不正に関連するきわめてデリケートな事情がこの領域における研究に特有の問題となっている。Karabag, S., and Berggren, C. (2016) Misconduct, marginality and editorial practices in management, business and economics journals, *PLoS ONE*, 11: e0159492, doi.org/10.1371/journal.pone. 0159492 参照。

2. スターペルの行為に関する公式の報告書を参照。Levelt Committee, Noon Committee and Drenth Committee (2012) *Flawed Science: The Fraudulent Research Practices of Social Psychologist Diederik Stapel*, http://pubman.mpdl.mpg.de/pubman/item/escidoc:1569964:7/component/escidoc:1569966/Stapel_Investigation_Final_report.pdf.
3. Stapel, D. (2014) *Faking Science: A True Story of Academic Fraud*, trans. N. Brown, http://nick.brown.free.fr/stapel/FakingScience-20141214.pdf (2016 年 1 月 16 日)。
4. Guffey, D., and Harp, N. (2013) Ranking faculties, PhD programs, individual scholars, and influential articles in accounting information systems based on citations to publications in the Journal of Information Systems, *Journal of Information Systems*, 28, 111–144.
5. Stone, D. (2015) Post-Hunton: Reclaiming our integrity and literature, *Journal of Information Systems*, 29, 211–227. 引用は 214 ページから。
6. Malone, J. (2014) *Report of Judith A. Malone, Bentley University Ethics Officer, concerning Dr. James E. Hunton*, Waltham, MA: Bentley University, www.bentley.edu/fllcs/Hunton%20report%20July2l.pdf (2015 年 12 月 1 日)。
7. http://blog.opcninnovation.net/2012/12/end-to-cmbarrassing-year-foroi-research.html 参照 (2017 年 9 月 11 日)。
8. https://retraetionwatch.com/2018/08/14/management-researcherwith-l6-retractions-has-new-professorship/#more-69981 参照 (2018 年 8 月 17 日)。
9. Woolf, P. (1991) Accountability and responsibility in research, *Journal of Business Ethics*, 10, 595–600. 引用は 598 ページから。
10. (2015) Retraction, *Journal of Information Systems*, 29, 229 参照。
11. (2015) Retraction Notice, *Organizational Behavior and Human Decision Processes*, 131, 190 参照。
12. (2015) Retraction, *Journal of Management Studies*, 52, 849 参照。
13. Karabag, S., and Berggren, C. (2016) Misconduct, marginality and editorial practices in management, business and economics journals, *PLoS ONE*, 11: e0159492, doi.org/10.13 71/journal.pone.0159492.
14. (2014) Retraction, 'Technological turbulence and the impact of exploration and exploitation within and across organizations on product development performance' by Ulrich Lichtenthaler, *Entrepreneurship Theory and Practice*, DOI:

10.11111/etap.520 参照。

15. (2012) Retraction, 'Integrated knowledgc exploitation: The complementarity of product development and technology licensing', *Strategic Management Journal*, 33, 1341 参照。

16. (2012) Retraction, *Journal of Management Studies*, 49, 1350 参照。

17. Bohannon, J. (2013) Who's afraid of peer review? *Science*, 342, 6065.

18. Atwater, L., Mumford, M., Schriesheim, C., and Yammarino, F. (2014) Retraction of leadership articles: Causes and prevention, *Leadership Quarterly*, 25, 1174–1180.

19. Kochan, C., and Budd, J. (1992) The persistence of fraud in the literature: The Darsee case, *Journal of the American Society for Information Science*, 43, 488–493.

20. Bar-llan, J., and Halevi, G. (2018) Temporal characteristics of retracted articles, *Scientometrics*, 116(3), 1771–1783, doi.org/10.1007/s11192-0182802-y.

21. 報告書の全文は次のサイトで閲覧可能。http://retraction watch.com/2014 /11/14/univ-no-misconduct-but-poor-research-practice-in-mgt-profs-worknow-subject-to-7-retractions/

22. Lockett, A., McWilliams, A., and Van Fleet, D. (2014) Reordering our priorities by putting phenomena before design: Escaping the straitjacket of null hypothesis significance testing, *British Journal of Management*, 25, 863–873.

23. Schwab, A., Abrahamson, E., Starbuck, W., and Fidler, P. (2011) Perspective - researchers should make thoughtful assessments instead of null-hypothesis significance tests, *Organization Science*, 22, 1105–1120.

24. Stroebe, W., Postrnes, T., and Spears, R. (2012) Scientific misconduct and the myth of self-correction in science, *Perspectives on Psychological Science*, 7, 670–688. 引用は 671 ページから。

25. Thielen, J. (2018) When scholarly publishing goes awry: Educating ourselves and our patrons about retracted articles, *Libraries and the Academy*, 18, 183–198. 引用は両方とも 187 ページから。

26. Berggren, C., and Karabag, S. (2019) Scientific misconduct at an elite medical institute: The role of competing institutional logics and fragmented control, *Research Policy*, 48, 428–443.

27. マッキャリーニのプライベートな生活も偽りに満ちたものであった。2016 年 1 月号の *Vanity Fair* 誌に掲載された記事は、マッキャリーニがいかにして、彼についてのドキュメンタリー番組の制作にあたっていた NBC TV のプロデューサーと恋愛関係になったかを報告している。彼らは婚約を交わしたのだが、マッキャリーニは法王が結婚式を司祭し、ビル・クリントンとオバマ大統領がその式に列席するだろうと豪語していた。ああしかしながら、これらの要人の誰一人として彼のことなど耳にしたことすらなく、また、彼自身は 30 年間にわたって妻帯していたことが判明したのであった。wwe.vanityfair.com/news/2016/01/celebrity-surgeon-nbc-news-producerscam

参照（2018年4月16日）。
28. Hussinger, K., and Pellens, M. (2019) Guilt by association: How scientific misconduct harms prior collaborators, *Research Policy*, 48, 516–530.
29. www.icmje.org/recomrnendationsfbrowse/publishing-and-editorialissues/scientific-misconduct-expressions-of-concem-and-retraction.html 参照（2018年8月7日）。
30. Stroebe et al., 2012, p. 676 参照。
31. Nuzzo, R. (2015) Fooling ourselves, *Nature*, 526, 182–185. 引用は183ページから。
32. Antonakis, J. (2017) On doing better science: From thrill of discovery to policy implications, *Leadership Quarterly*, 28, 5–21. 引用は7ページから。
33. Hall, J., and Martin, B. (2019) Towards a taxonomy of research misconduct: The case of business school research, *Research Policy*, 48, 414–427.
34. www.icmje.org/recommendations (browse/publishing-and-editorialissues/scicntific-misconduct-expressions-of-concem-and-retraction.html 参照（2018年8月24日）。
35. Hoover, G., and Hopp, C. (2017) What crisis? Taking stock of management researchers' experiences with and views of scholarly misconduct, CESifo Working Papers, https://ideas.repec.org/p/ces/ceswps/_6611.html（2017年9月1日）。
36. Wicherts, J., Borsboom, D.,, Kats, J., and Molenaar, D. (2006) The poor availability of psychological research data for reanalysis, *American Psychologist*, 61, 726–728.
37. 具体的な事例については以下を参照。Gabriel, A., and Wessel, J. (2013) A step too far? Why publishing raw datasets may hinder data collection, *Industrial and Organizational Psychology*, 287–290.
38. Ben-Yehuda, N., and Oliver-Lumerman, A. (2017) *Fraud and Misconduct in Research*, Ann Arbor: University of Michigan Press, p. 94.
39. Ziliak, S., and McCloskey, D. (2008) *The Cult of Statistical Significance*, Ann Arbor: University of Michigan Press, p. 2.
40. Francis, G. (2012) The psychology of replication and replication in psychology, *Perspectives on Psychological Science*, 7, 585–594.
41. Schwab, A., and Starbuck, W. (2017) A call for openness in research reporting: How to tum covert practices into helpful tools, *Academy of Management Learning and Education*, 16, 125–141. 引用は131ページから。
42. Resnik, D., Rasmussen, L., and Kissling, G. (2015) An international study of research misconduct policies, *Accountability in Research*, 22, 249–266.
43. House of Commons Science and Technology Committee (2018) *Research Integrity: Sixth Report of Session 2017–19*, 11 July, London: House of Commons.
44. Rastrollo, M., Schulze, M., Ruiz-Canela, M., and Martinez-Gonzalez, M. (2013) Financial conflicts of interest and reporting bias regarding the association between

sugar-sweetened beverages and weight gain: A systematic review of systematic reviews, *PLOS Medicine*, 10, e1001578 DOI: 10.1371/joumal.pmcd.1001578.

45. Carrick-Hagenbarth, J., and Epstein, G. (2012) Dangerous interconnectedness: economists' conflicts of interest, ideology and financial crisis, *Cambridge Journal of Economics*, 36, 43–63.
46. 声明の全文については以下を参照。www.aeawcb.org/aea_joumals/AEA_Disclosure_ Policy.pdf (2016年1月29日)。
47. Broad, W., and Wade, N. (1982) *Betrayers of the Truth: Fraud and Deceit in the Halls of Science*, New York: Simon and Schuster.
48. Adler, N., and Hansen, H. (2012) Daring to care: Scholarship that supports the courage of our convictions, *Journal of Management Inquiry*, 21, 128–139.

第6章

1. http://aom.org/Publications/AMJ/Information-for-Contributors.aspx 参照 (2018年8月5日)。
2. Sutherland, J. (1975) *Systems Analysis, Administration and Architecture*, New York: Van Nostrand, p. 9.
3. Bacharach, S. (1989) Organizational theories: Some criteria for evaluation, *Academy of Management Review*, 14, 496–515. 引用は496ページから。
4. Sutton, R., and Staw, B. (1995) What theory is not, *Administrative Science Quarterly*, 40, 371–384. 引用は378ページから。
5. Campbell, J. (1990) The role of theory in industrial and organizational psychology, in M. Dunnette and L. Hough (eds.) *Handbook of Industrial and Organizational Psychology* (volume 1), Palo Alto, CA: Consulting Psychologists Press, pp. 39–74. 引用は65ページから。
6. Corley, K., and Gioia, D. (2011) Building theory about theory building: What constitutes a theoretical contribution? *Academy of Management Review*, 36, 12–32. 引用は12ページから。
7. King, A., and Lepak, D. (2011) Editors' comments-myth busting-what we hear and what we've learned about AMR, *Academy of Management Review*, 36, 207–214. 引用は209ページから。
8. Tilcsik, A. (2014) Imprint-environment fit and performance: How organizational munificence at the time of hire affects subsequent job performance, *Administrative Science Quarterly*, 59, 639–668. 引用は639ページから。
9. Billig, M. (2013) *Learn to Write Badly: How to Succeed in the Social Sciences*, Cambridge: Cambridge University Press, p. 51.
10. Van Maanen, J. (1995) Style as theory, *Organization Science*, 6, 133–143. 引用は

139ページから。

11. Weick, K. (1989) Theory construction as disciplined imagination, *Academy of Management Review*, 14, 516-531. 引用は516ページから。次の引用は、言うまでもなく、この論文のタイトルに直接言及しているものである。
12. Hambrick, D. (2007) The field of management's devotion to theory: Too much of a good thing? *Academy of Management Journal*, 50, 1346-1352. 次の引用は1346ページから。
13. Davis, G. (2010) Do theories of organizations progress? *Organizational Research Methods*, 13, 690-709. 次の引用は707ページから。
14. Hambrick, 2007, p. 1348参照。
15. Leavitt, K., Mitchell, T., and Peterson, f. (2010) Theory pruning: Strategies to reduce our dense theoretical landscape, *Organizational Research Methods*, 10, 644-667. 引用は647ページから。
16. Colquitt, J., and Zapata-Phelan, C. (2007) Trends in theory building and theory testing: A five-decade study of the *Academy of Management Journal*, *Academy of Management Journal*, 50, 1281-1303.
17. Kacmar, K., and Whitfield, J. (2000) An additional rating method for journal articles in the field of management, *Organizational Research Methods*, 3, 392-406.
18. この点に関する洞察あふれる分析については以下を参照。Cornelissen, J. (2017) Preserving theoretical divergence in management research: Why the explanatory power of qualitative research should be harnessed rather than suppressed, *Journal of Management Studies*, 54, 368-383.
19. Edwards, J., and Berry, J. (2010) The presence of something or the absence of nothing: Increasing theoretical precision in management research, *Organizational Research Methods*, 13, 668-689. 引用は670ページから。
20. Hofstede, G. (1980) *Culture's Consequences: International Differences in Work-Related Values*, London: Sage; and Hofstede G., Hofstede, G.J. 及び Minkov, M. (2010) *Cultures and Organizations: Software of the Mind - Intercultural Cooperation and Its Importance for Survival*, New York: McGraw-Hillを参照。
21. Mcsweeney, B. (2002) Hofstede's model of national culture differences and their consequences: A triumph of faith-a failure of analysis, *Human Relations*, 55, 89-118. 引用は92ページから。
22. たとえば以下を参照。Hofstede, G. (1998) Attitudes, values and organizational culture: disentangling the concepts, *Organization Studies*, 19, 477-492. 引用は480ページから。
23. Google Scholarは個別の学術論文、書籍、学位論文などの文献の引用度数を一覧として示している。*h*指数は物理学者のジョージ・ハーシによって考案されたものである。この指数は、特定の研究者の全ての文献を把握した上でどれだけの数の文献がど

れだけの頻度で引用されたかを計算するためのツールを提供している。その得点はどれだけの数の出版物が h 回引用されたかを示し、それがその研究者の *h*–指数ということになる。今では、研究者の中には、自分の *h*–指数をまるで何かに憑かれたかのように度々チェックしている者が少なくない。彼らは、この指数が自分の専門家としての全般的な価値を示すものだと考えているのである。

24. Hofstede, G. (2001) *Culture's Consequences: Comparing Values, Behaviours, Institutions and Organizations across Nations* (2nd ed.), London: Sage, p. 385.
25. McSweeney, B. (2002) The essentials of scholarship: A reply to Geert Hofstede, *Human Relations*, 55, 1363–1372.
26. Bothello, J., and Roulet, T. (2018) The imposter syndrome, or the misrepresentation of self in academic life, *Journal of Management Studies*, DOI: 10.111/joms.12344 参照。
27. Clark, T., and Wright, M. (2009) So farewell then...Reflections on editing the *Journal of Management Studies*, *Journal of Management Studies*, 46, 1–9. 引用は 6 ページから。
28. Ferris, G., Hochwarter, W., and Bucklet, M. (2012) Theory in the organizational sciences: How will we know it when we see it? *Organizational Psychology Review*, 2, 94–106.
29. Lindebaum, D. (2016) Critical essay: Building new management theories on sound data? The case of neuroscience, *Human Relations*, 69, 537–550. 引用は 537 ページから。なお強調は原文。
30. Bloom, H. (1973) *The Anxiety of Influence: A Theory of Poetry*, Oxford: Oxford University Press.
31. Alvesson, M., and Sandberg, J. (2011) Generating research questions through problematization, *Academy of Management Review*, 36, 247–271.
32. De Rond, M., and Miller, A. (2005) Publish or perish: Bane or boon of academic life? *Journal of Management Inquiry*, 14, 321–329.
33. Barney, J. (2005) Where does inequality come from? The personal and intellectual roots of resource-based theory, in K. Smith and M. Hitt (eds.) *Great Minds in Management*, Oxford: Oxford University Press, pp. 280–303. 引用は 296–297 ページから。
34. Alvesson, M., and Gabriel, Y. (2013) Beyond formulaic research: In praise of greater diversity in organizational research and publications, *Academy of Management Learning and Education*, 12, 245–263.
35. Alvesson and Gabriel, 2013, p. 248 参照。
36. Mills, C. (1959) *The Sociological Imagination*, Oxford: Oxford University Press. 引用は、それぞれ 26 ページと 33 ページから。
37. Grey, C., and Sinclair, A. (2006) Writing differently, *Organization*, 13, 443–453. 引

用は 445 ページから。

38. Chia, R., and Holt, R. (2006) Strategy as practical coping: A Heideggerian perspective, *Organization Studies*, 27, 635-655. 引用は、それぞれ 635 ページと 645 ページから。

39. Billig, 2013, p. 4 参照。

40. www.openculture.com/2013/06/n0am_chomsky_slams_zizek_and_lacan_empty_posturing.html 参照 (2018 年 7 月 23 日)。

41. Contu, A., Driver, M., and Jones, C. (2010) Jacques Lacan with organization studies, *Organization*, 307-315. 引用は 307-308 ページから。

42. Gross, P., and Levitt, N. (1994) *Higher Superstition: The Academic Left and its Quarrels with Science*, Baltimore: Johns Hopkins University Press, p. 73.

43. Vidaillet, B., and Carnot, G. (2015) Working and resisting when one's workplace is under threat of being shut down: A Lacanian perspective, *Organization Studies*, 36, 987-1011.

44. Lacan, J. (1970) Of structure as an inmixing of an otherness prerequisite to any subject whatever, in R. Macksey and E. Donato (eds.) *The Language of Criticism and the Sciences of Man*, Baltimore: Johns Hopkins University Press, 186-200. 編集を施された引用は 190-193 ページから。

45. Sokal, A., and Bricmont, J. (1997) *Intellectual Impostures*, London: Profile Books. 引用は 29 ページから。

46. Orwell, G. (1946) Politics and the English language, Horizon, April, www.orwell.ru/library/essays/politics/english/e_polit/ 参照 (2018 年 7 月 25 日)。

47. www.denisdutton.com/bad_writing.htm 参照 (2018 年 8 月 7 日)。

48. www.shmoop.com/judith-butler/writing-style-report.html 参照 (2018 年 8 月 7 日)。

49. https://archive.nytimes.com/query.nytimes.com/gst/fullpagc-9SOCE5D61531F933A157S0C0A96F958260.html 参照 (2018 年 8 月 7 日)。

50. https://genius.com/Judith-butlcr-gcndcr-troublc-1999-prcfaceannotated 参照 (2018 年 8 月 10 日)。

51. Pinker, S. (2014) *The Sense of Style: The Thinking Person's Guide to Writing in the 21st Century*, London: Penguin, p. 36.

52. http://faculty.georgctown.edu/irvincm/thcory/Nussbaum-Butler-Critique-NR-2-99.pdf 参照 (2018 年 8 月 10 日)。

53. Pinker, S. (2014) Why academics stink at writing, *Chronicle Review*, 26 September, https://stevenpinker.com/files/pinker/filcs/w hy_acade mics_stink_at_writing.pdf (2018 年 7 月 23 日)。

54. Weick, K. (1993) The collapse of sensemaking in organizations: The Mann Gulch disaster, *Administrative Science Quarterly*, 38, 628-652.

55. Maclean, N. (1992) *Young Men and Fire*, Chicago: University of Chicago Press.

56. Weick, 1993, p. 633.
57. Ibid., p. 628.
58. Starbuck, W. (1992) Learning by knowledge-intensive firms, *Journal of Management Studies*, 29, 713–740.
59. Ibid., p. 713.
60. Ibid., p. 714.
61. Ibid., p. 715.
62. Ibid., p. 719.
63. Ibid., p. 738.
64. Walsh, J. (2011) Embracing the sacred in our secular scholarly world, *Academy of Management Review*, 36, 215–234. 引用は 218 ページから。
65. Barney, J. (1991) Firm resources and sustained competitive advantage, *Journal of Management*, 17, 99–120.
66. Barney, J. (2005) Where does inequality come from? The personal and intellectual roots of resource-based theory, in K. Smith and M. Hitt (eds.) *Great Minds in Management*, Oxford: Oxford University Press, pp. 280-303 参照。
67. Pfeffer, J. (2007) A modest proposal: How we might change the process and product of management research, *Academy of Management Journal*, 50, 1334–1345. 引用は 1338 ページから。
68. Mintzberg, H. (2005) Developing theory about theory, in K. Smith and M. Hitt (eds.) *Great Minds in Management*, Oxford: Oxford University Press, pp. 355–372. 引用は 366 ページと 369 ページから。
69. Darwin, C. (1859) *On the Origin of Species by Means of Natural Selection*, London: John Murray, p. 425.

第 7 章

1. オーセンティシティ概念に関する包括的なレビューは、次の文献を参照。Lehman, D., O'Connor, K., Kovacs, B., and Newman, G. (2019) Authenticity, *Academy of Management Annals*, 2019, 13, 1–42.
2. 以下の 3 本の論文である。Peterson, S., Walumbwa, F., Avolio, B., and Hannah, S. (2012) The relationship between authentic leadership and follower job performance: The mediating role of follower positivity in extreme contexts, *Leadership Quarterly*, 23, 502–516. Walumbwa, F., Luthans, F., Avey, J., and Oke, A. (2011) Authentically leading groups: The mediating role of collective psychological capital and trust, *Journal of Organizational Behavior*, 32, 4–24. Walumbwa, F., Wang, P., Wang, H., Schaubrocck, J., and Avolio, B. (2010) Psychological processes linking authentic leadership to follower behaviors, *Leadership Quarterly*, 21, 901–914.

3. Walumbwa, F., Avolio, B., Gardner, W., Wernsing, T., and Peterson, S. (2008) Authentic leadership: development and validation of a theory-based measure, *Journal of Management*, 34, 89–126.
4. https://pubpccr.com/publications/1E79BA4AA94EB722491Bl4AE871B0F 参照(2018年5月15日)。
5. Avolio, B., Wernsing, T., and Gardner, W. (2018) Revisiting the development and validation of the Authentic Leadership Questionnaire: Analytical clarifications, *Journal of Management*, 44, 399–411.
6. Burs, J. (1978) *Leadership*, New York: Harper and Row. 次の引用はそれぞれ425ページと426ページから。
7. Ciulla, J. (1995) Leadership ethics: Mapping the territory, *Business Ethics Quarterly*, 5, 5–28.
8. Burns, 1978, p. 395 参照。
9. Bass, B., and Steidlmeier, P. (1999) Ethics, character and authentic transformational leadership, *Leadership Quarterly*, 10, 181–217.
10. Tourish, D. (2013) *The Dark Side of Transformational Leadership: A Critical Perspective*, London: Routledge.
11. Walumbwa et al., 2008, p. 94 参照。
12. Luthans, F., and Avolio, B. (2003) Authentic leadership: A positive developmental approach, in K. Cameron, J. Dutton and R. Quinn (eds.) *Positive Organizational Scholarship*, San Francisco: Barrett-Kochler, pp. 241–261. 次の引用はそれぞれ242ページと245ページから。
13. Collinson, D. (2012) Prozac leadership and the limits of positive thinking, *Leadership*, 8, 87–102.
14. Walumbwa, F., and Wemsing, T. (2013) From transactional and transformational leadership to authentic leadership, in M. Rumsey (ed.) *The Oxford Handbook of Leadership*, Oxford: Oxford University Press, pp. 392–400.
15. この表に引用された文献は以下の通りである。Bhindi, N., and Duignan, P. (1997) Leadership for a new century: Authenticity, intentionality, spirituality, and sensibility, *Educational Management and Administration*, 25, 117–132. George, W. (2003) *Authentic Leadership: Rediscovering the Secrets to Creating Lasting Value*, San Francisco: Jossey-Bass. Luthans, F., and Avolio, B. (2003) Authentic leadership: A positive developmental approach, in K. Cameron, J. Dutton and R. Quinn (eds.) *Positive Organizational Scholarship*, San Francisco: Barrett-Koehler, pp. 241-261. May, D., Chan, A., Hodges, T., and Avolio, B. (2003) Developing the moral component of authentic leadership, *Organizational Dynamics*, 32, 247–260. Shamir, B., and Eilam, G. (2005) What's your story? A life-stories approach to authentic leadership development, *Leadership Quarterly*, 16, 395–417. Walumbwa, F., Avolio, B., Gardner, W.,

Wernsing, T., and Peterson, S. (2008) Authentic leadership: Development and validation of a theory-based measure, *Journal of Management*, 34, 89-126. Whitehead, G. (2009) Adolescent leadership development: Building a case for an authenticity framework, *Educational Management Administration and Leadership*, 37, 847-872.

16. Leroy, H., Anseel, F., Gardner, W., and Sels, L. (2015) Authentic leadership, authentic followership, basic need satisfaction, and work-role performance: Across-level study, *Journal of Management*, 41, 1677-1697.
17. Yagil, D., and Medler-Liraz, H. (2014) Feel free, be yourself: Authentic leadership, emotional expression, and employee authenticity, *Journal of Leadership and Organizational Studies*, 21, 59-70.
18. Hannah, S., Avolio, B., and Walumbwa, F. (2011) Relationships between authentic leadership, moral courage, and ethical and prosocial behaviors, *Business Ethics Quarterly*, 21, 555-578.
19. Walumbwa, F., Christensen, A., and Hailey, F. (2011) Authentic leadership and the knowledge economy: Sustaining motivation and trust among knowledge workers, *Organizational Dynamics*, 40, 110-118.
20. Hsich, C., and Wang, D., (2015) Does supervisor-perceived authentic leadership influence employee work engagement through employee-perceived authentic leadership and employee trust? *International Journal of Human Resource Management*, 26, 2329-2348. 引用は 2341 ページから。
21. Avolio, B., Gardner, W., Walumbwa, F., Luthans, F., and May, D. (2004) Unlocking the mask: A look at the process by which authentic leaders impact follower attitudes and behaviors, *Leadership Quarterly*, 15, 801-823. 引用は 802 ページから。
22. Contu, A. (2018) Conflict and organization studies, *Organization Studies*, DOI: 10.1177/0170840617747916.
23. www.cxcd.hbs.edu/programs/ald/Pages/default.aspx 参照（2018 年 5 月 10 日）。
24. Spector, B. (2014) Flawed from the 'get-go': Lee Iacocca and the origins of transformational leadership, *Leadership*, 10, 361-379.
25. George, B., Sims, P., McLean, A., and Mayer, D. (2007) Discovering your authentic leadership, *Harvard Business Review*, February, 129-138 及び George, W. (2003) *Authentic Leadership: Rediscovering the Secrets to Creating Lasting Value*, San Francisco: Jossey-Bass 参照。
26. George, 2003, p. xxiii 参照。
27. Erickson, R. (1995) The importance of authenticity for self and society, *Symbolic Interaction*, 18, 121-144. 引用は 121 ページから。
28. Gardner, W., Avolio, B., and Luthans., F (2005) 'Can you see the real me?' A self-based model of authentic leader and follower development, *Leadership Quarterly*, 16, 343-372. 引用は 355-357 ページから。次の引用は 357 ページから。

29. Heidegger, M. (1953) *Being and Time*, trans. Joan Stambaugh, Albany, NY: State University of New York Press.
30. Goffman, E. (1959) *The Presentation of Self in Everyday Life*, New York: Anchor, pp. 81-82.(石黒毅訳『行為と演技——日常生活における自己呈示』誠信書房、1974)
31. Pfeffer, J. (2015) *Leadership BS: Fixing Workplaces and Careers One Truth at a Time*, New York: Harper Collins.
32. Ford, J., and Harding, N. (2011) The impossibility of the 'true self' of authentic leadership, *Leadership*, 7, 463-479. 引用は 465-466 ページから。
33. Fairhurst, G. (2007) *Discursive Leadership*, London: Sage.
34. Dumaine, B. (1993) America's toughest bosses: Seven CEOs who make your top dog look like a pussycat, *Fortune*, 18 October, 38-50.
35. Fairhurst, 2007, p. 104 参照。
36. Liu, H., Cutcher, L., and Grant, D. (2017) Authentic leadership in context: An analysis of banking CEO narratives during the global financial crisis, *Human Relations*, 70, 694-724. 引用は 714 ページから。
37. Lawler, J., and Ashman, I. (2012) Theorizing leadership authenticity: A Sartrean perspective, *Leadership*, 8, 327-344. 引用は 329 ページから。
38. Pfeffer, 2015, p. 89 参照。
39. Algera, P., and Lips-Wiersma, M. (2012) Radical authentic leadership: Co-creating the conditions under which all members of the organization can be authentic, *Leadership Quarterly*, 23, 118-131.
40. Ford and Harding, 2011, p. 476 参照。
41. Gardner, R. (2017) Authentic leadership through an ethical prism, *Advances in Developing Human Resources*, 19, 467-477.
42. Spoelstra, S., Butler, N., and Delaney, H. (2016) Never let an academic crisis go to waste: Leadership studies in the wake of journal retractions, *Leadership*, 12, 383-397. 引用は 392 ページから。
43. 表 7. 2 は以下の文献を元にして作成した。Clapp-Smith, R., Vogelgesang, G., and Avey, J. (2009) Authentic leadership and positive psychological capital: The mediating role of trust at the group level of analysis, *Journal of Leadership and Organizational Studies*, 15, 227-240. Hsieh, C., and Wang, D., (2015) Does supervisor-perceived authentic leadership influence employee work engagement through employee-perceived authentic leadership and employee trust? *International Journal of Human Resource Management*, 26, 2329-2348. Leroy, H., Anseel, F., Gardner, W., and Scls, L. (2015) Authentic leadership, authentic followership, basic need satisfaction, and work-role performance: Across-level study, *Journal of Management*, 41, 1677-1697. Leroy, H., Palanski, M., Simons, T. (2012) Authentic leadership and behavioural integrity as drivers of follower commitment and performance, *Journal of*

Business Ethics, 107, 255–264. Weiss, M., Razinskas, S., Backman, J., and Hoegel, M. (2018) Authentic leadership and leaders' mental well-being: An experience sampling survey, *Leadership Quarterly*, 29, 309–321.

44. Gould, S. (1996) *Full House: The Spread of Excellence from Plato to Darwin*, New York: Harmony Books, p. 30.
45. Smolovic-Jones, O., and Grint, K. (2013) Essay: Authentic leadership and history, in D. Ladkin and C. Spiller (eds.) *Authentic Leadership: Clashes, Convergences and Coalescences*, London: Edward Elgar, pp. 21–38. 引用は 27 ページから。
46. Rosenzweig, P. (2008) *The Halo Effect: How Managers Let Themselves be Deceived*, New York: Simon and Schuster.（桃井緑美子訳『なぜビジネス書は間違うのか――ハロー効果という妄想』日経 BP、2008）
47. Arulf, J., Mathisen, J., and Hacrem, T. (2012) Heroic illusions in football teams: Rationality, decision making and noise-signal ratio in the firing of football managers, *Leadershi*p, 8, 169–185.
48. Rosenzweig, 2008, pp. 36–37 参照。
49. Ibid., p. 47.
50. Alvesson, M., and Karreman, D. (2016) Intellectual failure and ideological success in organization studies: the case of transformational leadership, *Journal of Management Inquiry*, 25, 139–152. 引用は両方とも 145 ページから。
51. Walumbwa, F., Wang, P., Wang, H., Schaubroeck, J., and Avolio, B. (2010) Psychological processes linking authentic leadership to follower behaviors, *Leadership Quarterly*, 21, 901–914.
52. Walumbwa et al., 2010, p. 901.
53. Ibid., p. 905.
54. Ibid., p. 910.
55. McSweeney, B. (2018) Avoiding preordained conclusions in qualitative case studies of causality – three defences against confirmation bias［未刊行の原稿］。
56. Walumbwa et al., 2010, p. 911.
57. Steffens, N., Mols, F., Haslam, A., and Okimoto, T. (2016) True to what *We* stand for: Championing collective interests as a path to authentic leadership, *Leadership Quarterly*, 27, 726–744. 引用は 726 ページから。
58. Walumbwa et al., 2008, p. 201 参照。
59. Fredrickson, B., and Losada, M. (2005) Positive affect and the complex dynamics of human flourishing, *American Psychologist*, 678–686.
60. Brown, N., Sokal, A., and Friedman, H. (2013) The complex dynamics of wishful thinking: The critical positivity ratio, *American Psychologist*, December, 801–813 及び Brown, N., Sokal, A. and Friedman, H. (2014) The persistence of wishful thinking, *American Psychologist*, September, 629–632 を参照。

61. Fredrickson, B. (2009) *Positivity*, New York: Crown Publishing.（植木理恵・高橋由紀子訳『ポジティブな人だけがうまくいく 3：1 の法則』日本実業出版社、2010）
62. Banks, G., McCauley, K., Gardner, W., Guler, C. (2016) A meta-analytic review of authentic and transformational leadership: A test for redundancy, *Leadership Quarterly*, 27, 634–652. 引用は 634 ページから。
63. Hoch, J., Bommer, W., Dulebohn, J., and Wu, D. (2018) Do ethical, authentic, and servant leadership explain variance above and beyond transformational leadership? A meta-analysis, *Journal of Management*, 44, 501–529. 引用は 512 ページから。
64. Avolio, B., Gardner, W., and Walumbwa, F. (2005) Preface, in W. Gardner, B. Avolio, and F. Walumbwa (eds.) *Authentic Leadership Theory and Practice: Origins, Effects and Development*, Oxford: Elsevier, pp. xxi–xxix. 引用は xxii ページから。
65. Avolio, B. (2013) Foreword, in D. Ladkin and C. Spiller (eds.) *Authentic Leadership: Clashes, Convergences and Coalescences*, London: Edward Elgar, pp. xxii–xxvii. 引用は xxvi ページから。
66. Antonakis, J., Bendahan, S., Jacquart, P., and Lalive, R. (2010) On making causal claims: A review and recommendations, *Leadership Quarterly*, 21, 1086–1120. 引用は 1086 ページから。
67. Feynman, R. (1988) '*What do You Care What Other People Think?' Further Adventures of a Curious Character*, New York: W. Norton, p. 218.

第 8 章

1. 本章の一部を以下の文献の内容を元にしている。Tourish, D. (2015) Evidence-based management: Some pros, cons and alternatives, in A. Wilkinson, K. Townsend and G. Suder (eds.) *Handbook of Research on Managing Managers*, London: Edward Elgar, pp. 141–160, Tourish, D. (2013) 'Evidence based management', or 'Evidence oriented organising'? A critical realist perspective, *Organization*, 20, 173–192.
2. Rousseau, D. (2006) Is there such a thing as 'evidence-based management'? *Academy of Management Review*, 31, 256–269.
3. Barends, E., Rousseau, D., and Briner, R. (2014) *Evidence-Based Management: The Basic Principles*, Amsterdam: Center for Evidence-Based Management.
4. Learmonth, M. (2008) Evidence-based management: A backlash against pluralism in organizational studies, *Organization*, 15, 283–291.
5. Lawler, E. (2007) Why HR practices are not evidence-based, *Academy of Management Journal*, 50, 1033–1036. 引用は 1033 ページから。
6. Tourish, D., Paulsen, N., Hobman, E., and Borclia, P. (2004) The downsides of downsizing: Communication processes and information needs in the aftermath of a

workforce reduction strategy, *Management Communication Quarterly*, 17, 485–516.

7. Evans, S., and Tourish, D. (2017) Agency theory and performance appraisal: How bad theory damages learning and contributes to bad management practice, *Management Learning*, 48, 271–291.
8. Rousseau, D. (2007) A sticky, leveraging, and scalable strategy for high-quality connections between organizational practice and science, *Academy of Management Journal*, 50, 1037–1042. 引用は 1038 ページから。
9. 具体例についてはたとえば以下を参照。Starkey, K., Hatchuel, A., and Tempest, S. (2009) Management research and the new logics of discovery and engagement, *Journal of Management Studies*, 46, 547–558.
10. Briner, R., and Walshe, N. (2014) From passively received wisdom to actively constructed knowledge: Teaching systematic review skills as a foundation of evidence-based management, *Academy of Management Learning and Education*, 13, 415–432.
11. Rousseau, D., Manning, J., and Denyer, D. (2008) Evidence in management and organization science: Assembling the field's full weight of scientific knowledge through syntheses, *Academy of Management Annals*, 2, 475–515. 引用は 476 ページから。
12. Pfeffer, J. (1998) Six dangerous myths about pay, *Harvard Business Review*, 76, 109–119.
13. Rynes, S., Gerhart, B., and Parks, L. (2005) Personnel psychology: Performance evaluation and pay-for-performance, *Annual Review of Psychology*, 56, 571–600.
14. Guest, D., Paauwe, J., and Wright, P. (eds.) (2012) *HRM and Performance: Achievements and Challenges*, London: John Wiley & Sons, p. xx.
15. Rousseau, D. (2018) Making evidence-based decisions in an uncertain world, *Organizational Dynamics*, 14, 135–146.
16. Cooper, C., Kong, D., and Crossley, C. (2018) Leader humor as an interpersonal resource: Integrating three theoretical perspectives, *Academy of Management Journal*, 61, 769–796.
17. デイビッド・ブレントによるもっと気の利いた引用は以下を参照。www.nme.com/photos/david-brent-s-best-quotes-21-of-his-most-cringeinducing-lines-from-the-office-l419406#6RiAI2LhwhOEvYSS.99 (2018 年 9 月 17 日).
18. Rousseau et al., 2008, p. 481 参照。
19. Morrell, K., and Learmonth, M. (2017) Evidence-based management, in A. Wilkinson, M. Lounsbury, and S. Armstrong (eds.) *The Oxford Handbook of Management*, Oxford: Oxford University Press, pp. 419–436.
20. Hewison, A. (2004) Evidence-based management in the NHS: Is it possible? *Journal of Health Organization and Management*, 18, 336–348.

21. Mingers, J. (2015) Helping business schools engage with real problems: The contribution of critical realism and systems thinking, *European Journal of Operational Research*, 242, 316-331. 引用は 321 ページから。
22. Rousseau, D., and McCarthy, S. (2007) Educating managers from an evidence-based perspective, *Academy of Management Learning and Education*, 6, 84-101.
23. Ghoshal, S. (2005) Bad management theories are destroying good management practices, *Academy of Management Learning and Education*, 4, 75-91.
24. Pfeffer, J. (2005) Why do bad management theories persist? A comment on Ghoshal, *Academy of Management Learning and Education*, 4: 96-100.
25. Evans, S., and Tourish, D. (2017) Agency theory and performance appraisal: How bad theory damages learning and contributes to bad management practice, *Management Learning*, 48, 271-291.
26. Pfeffer. J., and Sutton, R. (2006) *Hard Facts, Dangerous Half-Truths and Total Nonsense: Profiting from Evidence-Based Management*, Boston: Harvard Business School Press. (清水勝彦訳『事実に基づいた経営――なぜ「当たり前」ができないのか』東洋経済新報社、2009) *AMLE* 誌における同書に関する議論については Book and Resource Reviews, *Academy of Management Learning and Education* (2007), 6, 139-152 を参照。
27. Learmonth, M. (2009) Rhetoric and evidence: The case of evidence based management, in D. Buchanan and A. Bryman (eds.) *The SAGE Handbook of Organizational Research Methods*, London: Sage, pp. 93-107. 引用は 95 ページから。
28. Bloom, P., and Rhodes, C. (2018) *CEO Society: The Corporate Takeover of Everyday Life*, London: Zed Books.
29. Tsang, E., and Kwan, K. (1999) Replication and theory development in organisational science: A critical realist perspective, *Academy of Management Review*, 24, 759-780.
30. Starbuck, W. (2004) Why I stopped trying to understand the real world, *Organization Studies*, 25, 1233-1254. 引用は 1245 ページから。
31. Tsui, A. (2007) From homogenization to pluralism: international management research in the academy and beyond, *Academy of Management Journal*, 50, 1353-1364.
32. Lord, C., Ross, L., and Lepper, M. (1979) Biased assimilation and attitude polarization: The effects of prior theories on subsequently considered evidence, *Journal of Personality and Social Psychology*, 37, 2098-2019.
33. Rynes, S., Giluk, T., and Brown, K. (2007) The very separate worlds of academic and practitioner periodicals in human resource management: Implications for evidence-based management, *Academy of Management Journal*, 50, 987-1008.
34. Rynes, S., Colbert, A., and O'Boyle, E. (2018) When the 'best available evidence'

doesn't win: How doubts about science and scientists threaten the future of evidence-based management, *Journal of Management*, 44, 2995-3010.

35. Locke, E., and Latham, G. (2009) Has goal setting gone wild, or have its attackers abandoned good scholarship? *Academy of Management Perspectives*, 23, 17-23.
36. Ordonez, L., Schweitzer, M., Galinsky, A., and Bazerman, M. (2009a) Goals gone wild: The systematic side effects of overprescribing goal setting, *Academy of Management Perspectives*, 23, 6-16. 引用は 6 ページから。
37. Ordonez, Schweitzer, M., Galinsky, A., and Bazerman, M. (2009b) On good scholarship, goal setting and scholars gone wild, *Academy of Management Perspectives*, 23, 82-87. 引用は 82 ページから。
38. Latham, G., and Locke, E. (2009) Science and ethics: What should count as evidence against the use of goal setting? *Academy of Management Perspectives*, 23, 88-91.
39. Adams, R., Smart, P., and Huff, A. (2017) Shades of grey: Guidelines for working with the grey literature in systematic reviews for management and organizational studies, *International Journal of Management Reviews*, 19, 432-454.
40. Weick, K. (2001) Gapping the relevance bridge: Fashion meets fundamentals in management research, *British Journal of Management* 12, special issue, s71-s75.
41. Learmonth, M., and Harding, N. (2006) Evidence-based management: The very idea, *Public Administration*, 84, 245-266.
42. Applebaum, E., and Batt, R. (2014) *Private Equity at Work: When Wall Street Manages Main Street*, New York: Russell Sage Foundation.
43. Tourish, D., and Vatcha, N. (2005) Charismatic leadership and corporate cultism at Enron: The elimination of dissent, the promotion of conformity and organizational collapse, *Leadership*, 1, 455-480.
44. Hope, T. (2004) Pretend it works: Evidence and governance in the evaluation of the Reducing Burglary Initiative, *Criminal Justice*, 4, 287-308.
45. Flyvbjerg, B. (1998) *Rationality and Power: Democracy in Practice*, Chicago: University of Chicago Press.
46. Tenbensel, T. (2004) Does more evidence lead to better policy? The implications of explicit priority-setting in New Zealand's health policy for evidence-based policy, *Policy Studies*, 25, 189-207.
47. Cohen, M., March, J., and Olsen, J. (1972) A garbage can model of organizational choice, *Administrative Science Quarterly*, 17, 1-25.
48. Staw, B. (1976) Knee deep in the big muddy: A study of escalating commitment to a chosen course of action, *Organizational Behavior and Human Performance*, 16, 405-433.
49. Morrell, K., and Learmonth, M. (2015) Against evidence-based management, for

management learning, *Academy of Management Learning and Education*, 14, 520-533. 引用は524ページから。

50. Briner, R., Denyer, D., and Rousseau, D. (2009) Evidence-based management: Concept cleanup time? *Academy of Management Perspectives*, 23, 19-32. 引用は19ページから。

51. Pfeffer, J. (2007) A modest proposal: How we might change the process and product of managerial research, *Academy of Management Journal*, 50, 1334-1345.

52. Bartunek, J. (2007) Academic-practitioner collaboration need not require joint or relevant research: Toward a relational scholarship of integration, *Academy of Management Journal*, 50, 1323-1333.

53. Barger, P., and Grantley, A. (2006) Service with a smile and encounter satisfaction: Emotional contagion and appraisal mechanisms, *Academy of Management Journal*, 49, 1229-1238. 引用は1236ページから。

54. Learmonth, 2008, p. 284参照。

55. Rousseau, D. (2012) Envisioning evidence-based management, in D. Rousseau (ed.) *The Oxford Handbook of Evidence-Based Management*, Oxford: Oxford University Press, pp. 3-24.

56. Morrell, K., Learmonth, M., and Heracleous, L. (2015) An archaeological critique of 'evidence-based management': One digression after another, *British Journal of Management*, 26, 529-543.

57. Davis, G. (2015) What is organizational research for? *Administrative Science Quarterly*, 60, 179-188. 引用は179-180ページから。

58. Weick, K. (2016) 60th anniversary essay: Constrained comprehending: The experience of organizational inquiry, *Administrative Science Quarterly*, 61, 333-346.

59. Clegg, S. (2009) Managing power in organizations: The hidden history of its constitution, in S. Clegg and M. Hauggaard (eds.) *The SAGE Handbook of Power*, London: Sage, pp. 310-331.

60. Mingers, J. (2000) What is it to be critical? Teaching a critical approach to management undergraduates, *Management Learning*, 31, 219-237.

61. Fairclough, N. (2005) Discourse analysis in organization studies: The case for critical realism, *Organization Studies*, 26, 915-939. 引用は922ページから。

62. 2018年に英国で開催されたそのような会合については、以下のURLの文献を参照。www.theguardian.com/sciencefblog/2018/may/02/theuniverse-is-an-egg-and-the-moon-isnt-real-notes-from-a-flat-earthconference.

63. Bhaskar, R. (1998) General introduction, in M. Archer, R. Bhaskar A. Collier, T. Lawson and A. Norrie (eds.) *Critical Realism: Essential Readings*, London: Routledge, pp. 3-16. 引用は14ページから。

64. Grey, C. (2001) Re-imaging relevance: A response to Starkey and Madan, *British*

Journal of Management, 12, special issue, s27–s32. 引用は s30 ページから。

65. Morrell et al., 2015, p. 530 参照。

第 9 章

1. Acemoglu, D., and Robinson, J. (2012) *Why Nations Fail: The Origins of Power, Prosperity, and Poverty*, New York: Random House Digital, p. 182.
2. McCloskey, D. (2016) *Bourgeois Equality: How Ideas, Not Capital or Institutions, Enriched the World*, Chicago: University of Chicago Press. 次の引用は 7 ページから。
3. Ridley, M. (2015) *The Evolution of Everything*, London: Fourth Estate.
4. Titan, A. (2015) The efficient market hypothesis: Review of specialised literature and empirical research, *Procedia Economics and Finance*, 32, 442–449.
5. International Labor Organization (2017) *Global Wage Report 2016/17: Wage Inequality in the Workplace*, Geneva: International Labor Organization.
6. International Labor Organization (2015) *World Employment and Social Outlook: the Changing Nature of Jobs*, Geneva: International Labor Organization.
7. Orwell, G. (2001) *The Road to Wigan Pier*, London: Penguin Classics. (土屋宏之・上野勇訳『ウィガン波止場への道』筑摩書房、1996) 次の引用は 182 ページから。
8. Twain, M. (1876) *The Adventures of Tom Sawyer*, New York: American Publishing Company, pp. 11–14.
9. Trist, E., and Bamforth, K. (1951) Some social and psychological consequences of the longwall method of coal-getting: an examination of the psychological situation and defences of a work group in relation to the social structure and technological content of the work system, *Human Relations*, 4, 3–38. 引用はそれぞれ 6–7 ページと 10 ページ。
10. Orwell, 2001, p. 187 参照。
11. Ng, M., and 139 others (2014) Global, regional, and national prevalence of overweight and obesity in children and adults during 1980–2013: A systematic analysis for the Global Burden of Disease Study 2013, *The Lancet*, 384, 766–781.
12. Schumpeter, J. (1942) *Capitalism, Socialism and Democracy*, New York: Harper and Brothers.
13. Kotler, P. (2012) *Principles of Marketing*, London: Prentice Hall.
14. Schwab, K. (2016) *The Fourth Industrial Revolution*, Geneva: World Economic Forum.
15. Keynes, J. (1933) Economic possibilities for our grandchildren (1930), *Essays in Persuasion*, London: Macmillan, pp. 358–373. 引用は 3 ページから。
16. Frey, C., and Osborne, M. (2013) *The Future of Employment: How Susceptible are Jobs to Computerization?* Oxford: Oxford Martin Programme on Technology and

Employment, Oxford University.

17. Lawrence, M., Roberts, C., and King, L. (2017) *Managing Automation: Employment, Inequality and Ethics in the Digital Age*, London: IPPR Commission on Economic Justice.
18. Arthur, W. (2017) Where is technology taking the economy? *McKinsey Quarterly*, October, www.mckinsey.com/busincss-functions/mckinseyanalytics/our-insights/wherc-is-tcchnology-taking-the-economy (2018年2月7日)。
19. Berriman, R., and Hawksworth, J. (2017) Will robots steal our jobs? The potential impact of automation on the UK and other major economies, *UK Economic Outlook*, March, 30-47. 引用は30ページから。
20. Susskind, R., and Susskind, D. (2015) *The Future of the Professions: How Technology will Transform the Work of Human Experts*, Oxford: Oxford University Press. 次の引用は262ページから。
21. Tapscott, D., and Tapscott, A. (2016) *Blockchain Revolution: How the Technology Behind Bitcoin is Changing Money, Business and the World*, New York: Random House.
22. Lawrence et al., 2017, p. 3 参照。
23. Nedelkoska, L., and Quintini, G. (2018) Automation, skills use and training, Organization for Economic Co-operation and Development iLibrary, www.oecd-ilibrary.org/docserver/2e2f4eea-en.pdf?expires=1523873145&id=id&accname=guest&checksum=BA4EOD2082E128FE4FABFEC]FF5B3CB2 (2018年4月16日)。
24. Fleming, P. (2019) Robots and organization studies: Why robots might not want to steal your job, *Organization Studies*, 40, 23-38.
25. Paulsen, R. (2015) *Empty Labor: Idleness and Workplace Resistance*, Cambridge: Cambridge University Press.
26. Rothlin, P., and Werder, P. (2007) *Boreout! Overcoming Workplace Demotivation*, London: Kogan Page.
27. Harari, Y. N. (2015) *Homo Deus: A Brief History of Tomorrow*, London: Vintage. (柴田裕之訳『ホモ・デウス――テクノロジーとサピエンスの未来 上・下』河出書房新社、2018) 引用は375ページから。
28. Kahenamn, D. (2011) *Thinking Fast and Slow*, London: Penguin.
29. www.theguardian.com/technology/2017/aug/20/elon-musk-killer-robots-experts-outright-ban-lethal-autonomous-weapons-war 参照 (2017年9月5日)。
30. Pinker, S. (2011) *The Better Angels of Our Nature*, London: Allen Lane, p. 196. (幾島幸子・塩原通緒訳『暴力の人類史 上・下』青土社、2015)
31. Asimov, I., and Shulman, J. (eds.) (1988) *Isaac Asimov's Book of Science and Nature Quotations*, p. 281.
32. Dozier, R. (2002) *Why We Hate*, London: Contemporary Books. 引用は1ページか

ら。

33. Pinker, 2011.
34. Pinker, S. (2018) *Enlightenment Now: The Case for Reason, Science, Humanism and Progress*, London: Allen Lane. 引用は 302 ページから。(橘明美・坂田雪子訳『21 世紀の啓蒙——理性、科学、ヒューマニズム、進歩 上・下』草思社、2019)
35. Pinker, 2018, p. 302.
36. www.bbc.co.uk/news/world-curope-41314948 参照 (2018 年 4 月 16 日)。
37. www.bbc.co.uk/ncwsfbusiness-43752226 参照 (2018 年 4 月 16 日)。
38. Ferras-Hernindez, X. (2017) The future of management in a world of electronic brains, *Journal of Management Inquiry*, 27, 260–263.
39. Boden, M. (2016) *AI: Its Nature and Future*, Oxford: Oxford University Press.
40. これらの全ての問題に関する議論については以下の文献参照。Pinker, S. (1997) *How the Mind Works*, London: Penguin Books.
41. Hanson, R. (2016) *The Age of Em: Work, Love and Life when Robots Rule the Earth*, Oxford: Oxford University Press. 引用は 53 ページから。
42. Davis, G. (2016) Can an economy survive without corporations? Technology and robust organizational alternatives, *Academy of Management Perspectives*, 30, 129–140. 引用は 129 ページから。
43. Garmulewicz, A., Holweg, M., Veldhuis, H., and Yang, A. (2018) Disruptive technology as an enabler of the circular economy: What potential does 3D printing hold? *California Management Review*, 60, 112–132.
44. Phan, P., Wright, M., and Lee, S. (2017) From the editors: Of robots, artificial intelligence, and work, *Academy of Management Perspectives*, 31, 253–255. 引用は 253 ページ。
45. Harari, 2015, p. 379 参照。
46. Lawrence et al., 2017, p. 3 参照。
47. Bregman, R. (2017) *Utopia For Realists*, London: Bloomsbury.
48. www.wired.co.uk/article/finland-universal-basic-income-results-trial-cancelled, (2018 年 8 月 20 日)。
49. www.ippr.org/blog/owning-the-future 参照 (2018 年 4 月 16 日)。
50. Soete, L. (2018) Destructive creation: Explaining the productivity paradox in the digital age, in M. Neufcind, J. O'Reilly and F. Ranft (eds.) *Work in the Digital Age: Challenges of the Fourth Industrial Revolution*, London: Rowman and Littlefield, pp. 29–46.
51. Pinker, 2018, p. 119 参照。

第10章

1. Byington, E., and Felps, W. (2017) Solutions to the credibility crisis in management science, *Academy of Management Learning and Education*, 16, 142-162. 引用はそれぞれ 143 ページと 147 ページから。

2. Lilienfeld, S. (2017) Psychology's replication crisis and the grant culture: Righting the ship, *Perspectives on Psychological Science*, 12, 660-664. 次の引用は 662 ページから。

3. Chomsky, N. (1967) The responsibility of intellectuals, *New York Review of Books*, https://chomsky.info/19670223/ (2018 年 1 月 5 日)。

4. Alvesson, M., Gabriel, Y., and Paulsen, R. (2017) *Return to Meaning: A Social Science with Something to Say*, Oxford: Oxford University Press. 引用は 85 ページから。

5. Alvesson, M., and Spicer, A. (2016) (Un) conditional surrender: Why do professionals willingly comply with managerialism? *Journal of Organizational Change Management*, 29, 29-45.

6. Barker, J. (1993) Tightening the iron cage: Concertive control in self-managing teams, *Administrative Science Quarterly*, 38, 408-437.

7. Marx, G. (1990) Reflections on academic success and failure: Making it, forsaking it, reshaping it, in B. Berger (ed.) *Intellectual Autobiographies by Twenty American Sociologists*, Berkeley: University of California Press, pp. 260-284.

8. Cunliffe, A. (2018) Alterity: The passion, politics and ethics of self and scholarship, *Management Learning*, 49, 8-22. 引用は 16 ページから。

9. Kerr, S. (1975) On the folly of rewarding A, while hoping for B, *Academy of Management Journal*, 18, 769-782.

10. Wright, T., Hollwitz, J., Stackman, R., de Groat, A., Baack, S., and Shay, J. (2018) 40 years (and counting): Steve Kerr reflections on the 'folly', *Journal of Management Inquiry*, 27, 309-315. 引用は 313 ページから。

11. Mills, C. Wright (1959) *The Sociological Imagination*, Oxford: Oxford University Press, p. 196.

12. Alvesson, M., and Gabriel, Y. (2013) Beyond formulaic research: In praise of greater diversity in organizational research and publications, *Academy of Management Learning and Education*, 12, 245-263.

13. Ashcraft, K., and Kuhn, T. (2018) Agential encounters: Performativity and affect meet communication in the bathroom, in B. Brummans (ed.) *The Agency of Organizing: Perspectives and Case Studies*, London: Routledge, pp. 170-193. 引用は 187 ページから。

14. Davis, M. (1971) That's interesting! Towards a phenomenology of sociology and a sociology of phenomenology, *Philosophy of the Social Sciences*, 1, 309-344. 引用は

309 ページから。

15. Starbuck, W. (2010) What makes a paper influential and frequently cited? *Journal of Management Studies*, 47, 1394–1404. 引用は両方とも 1395 ページから。
16. Barney, J. (2005) The roots of resource-based theory, in K. Smith and M. Hitt (eds.) *Great Minds In Management*, Oxford: Oxford University Press, pp. 280–303. 引用は 297 ページから。
17. Bedeian, A. (2008) Balancing authorial voice and editorial omniscience: The 'It's my paper and I'll say what I want to' versus 'Ghost-writers in the sky' minuet, in Y. Baruch, A. Konrad, H. Aguinis and W. Starbuck (eds.) *Opening the Black Box of Editorship*, Houndsmills: Palgrave Macmillan, pp. 134–142. 引用は 139 ページから。
18. LaPlaca, P., Lindgreen, A., Vanhamme, J., and Di Benedetto, A. (2018) How to revise, and revise really well, for premier academic journals, *Industrial Marketing Management*, 72, 174–180.
19. Spiegal, M. (2012) Reviewing less-progressing more, *Review of Financial Studies*, 25, 1331–1338.
20. Alvesson, M., Gabriel, Y., and Paulsen, R. (2017) *Return to Meaning: A Social Science with Something to Say*, Oxford: Oxford University Press, p. 103.
21. Lepanjuuri, K., Wishart, R., and Cornick, P. (2018) The characteristics of those in the gig economy (report), London: Department for Business, Energy & Industrial Strategy.
22. Spicer, A., Karreman, D., and Alvcsson, M. (2009) Extending critical performativity, *Human Relations*, 69, 225–249. 引用は 243 ページから。
23. Hopwood, A. (2009) On striving to give a critical edge to CMS, in M. Alvesson, T. Bridgman and H Willmott (eds.) *The Oxford Handbook of Critical Management Studies*, Oxford: Oxford University Press, pp. 515–524. 引用は 517 ページから。
24. Bloodworth, J. (2018) *Hired: Six Months Undercover in Low Wage Britain*, London: Atlantic Books.（濱野大道訳『アマゾンの倉庫で絶望し、ウーバーの車で発狂した』光文社、2019）
25. Thompson, P. (2005) Brands, boundaries, and bandwagons, in C. Grey and H. Willmott (eds.) *Critical Management Studies: A Reader*, Oxford: Oxford University Press, pp. 364–382. 引用は 370 ページから。
26. たとえば次の文献を参照。Fournier, V., and Grey, C. (2000) At the critical moment: Conditions and prospects for critical management studies, *Human Relations*, 53, 7–32.
27. Spicer et al., 2009, p. 538 参照。
28. Ibid., p. 551.
29. Fleming, P., and Banerjee, S. (2016) When performativity fails: Implications for critical management studies, *Human Relations*, 69, 257–276.

30. Butler, N., Delaney, H., and Spoelstra, S. (2018) Risky business: Reflections on critical performativity in practice, *Organization*, 25, 428–445.
31. Parker, M. (2018) *Shut Down the Business School: What's Wrong with Management Education*, London: Pluto Press, p. 69.
32. Weber, M. (1946/1919) Science as a vocation, in H. Gerth and C. Wright Mills (trans. and eds.) *From Max Weber: Essays in Sociology*, Oxford: Oxford University Press, p. 136.

訳者解説注

1. ここでは「アンケート」を欠陥のある質問表調査という意味で使用している。これについては、佐藤郁哉（2021）『はじめての経営学　ビジネス・リサーチ』東洋経済新報社、pp. 7–8 参照。
2. 佐藤郁哉（2002）『組織と経営について知るための実践フィールドワーク入門』有斐閣、pp. 46–48。
3. 金井壽宏・佐藤郁哉・ギデオン・クンダ・ジョン・ヴァン - マーネン（2010）『組織エスノグラフィー』有斐閣、p. ii。
4. エスノグラフィーにおける分厚い記述については、クリフォード・ギアツ（吉田禎吾他訳）（1987）『文化の解釈学』岩波書店、第 1 章、佐藤郁哉（2006）『フィールドワーク　増訂版』新曜社、pp. 110–116 等を参照。
5. グルドナーは「自省的な社会学」を提唱し、自省的（reflexive）であること、つまり社会学者が自分の社会的役割やみずからの議論と分析の前提を明確に認識することが社会学の危機を乗り越えていくためのきわめて重要なカギであるとした。CMS の場合も自省性（reflexivity）（「再帰性」という訳語があてられることもある）は最も重要なキーワードとして使われてきた。しかしながら、どうやらある種の CMS の文献の場合、その自省性は自らの研究や文章の書き方に対しては向けられていないようである。
6. 青島矢一（2021）「まえがき」青島矢一編『質の高い研究論文の書き方――多様な論者の視点から見えてくる、自分の論文のかたち』白桃書房、p. ii。
7. 遠藤貴宏（2018）「大学の経営モデルと『国際化』の内実」佐藤郁哉編著『50 年目の大学解体と 20 年後の大学再生――高等教育政策をめぐる知の貧困を越えて』京都大学学術出版会。
8. 浅川和宏（2021）「経営研究の国際標準化時代における質の高い論文の条件――日本からのアプローチ」青島編（2021）上掲書、pp. 13–20。
9. ギリシア神話に登場してくる強盗。つかまえた旅人を寝台の上に置いて、体がはみ出せばその部分を切断し、逆に身長が足りなければ引き伸ばして殺害した。
10. 佐藤郁哉編著（2018）上掲書、佐藤郁哉（2019）『大学改革の迷走』筑摩書房。

11. 藤本隆宏（2005）「*Product Development Performance* ができるまで」藤本他著『リサーチマインド　経営学研究法』有斐閣、p. 120。

12. Gilmore, J.H. and B. Joseph, Pine II. (2007) *Authenticity: What Consumers Really Want.* Harvard Business School Press（林正訳（2009）『ほんもの――何が企業の「一流」と「二流」を決定的に分けるのか？』東洋経済新報社）。田中祥司・高橋広行（2017）「ブランドの『本物感』を構成する要素の測定」『流通研究』第19巻第1号、pp. 39-52 等を参照。

訳注参考文献

Alvesson, M., Bridgeman, T., and Willmott, H. (2009) "Introduction." In Alvesson, M., Bridgeman, T., and Willmott, H. (eds.) *The Oxford Handbook of Critical Management Studies.* Oxford University Press, pp. 1-26.

Fournier, V. and Grey, C. (2000) "At the Critical Moment: Conditions and Prospects for Critical Management Studies." *Human Relations,* 53(1): 7-32.

Wasserstein, R. L. and Lazar, N. A. (2016) "Editorial: The ASA's Statement on *p*-Values: Context, Process, and Purpose." *The American Statistician,* 70(2): 129-133.

オーウェル，G.（土屋宏之・上野勇訳）（1996）『ウィガン波止場への道』筑摩書房。

カディ，A.（石垣賀子訳）（2016）『〈パワーポーズ〉が最高の自分を創る』早川書房。

クリメッキ，R.（2018）「個人的体験としての REF」佐藤郁哉編著『50 年目の「大学解体」20 年後の大学再生――高等教育政策をめぐる知の貧困を越えて』京都大学学術出版会、pp. 307-337。

グルドナー，A. W.（岡田直之・田中義久・矢沢修次郎・矢沢澄子・栗原彬・瀬田明子・杉山光信・山口節郎訳）（1974-1975）『社会学の再生を求めて〈1〉〈2〉〈3〉』新曜社。

ゴッフマン，E.（石黒毅訳）（1974）『行為と演技――日常生活における自己呈示』誠信書房。

佐藤郁哉（2017）「『選択と集中』：選択的資源配分を前提とする研究評価事業がもたらす意図せざる結果に関する組織論的研究」『同志社商学』第 68 号、pp. 341-417。

――――（2018a）「REF2021――口に苦い良薬かフランケンシュタイン的怪物か？」佐藤郁哉編著、前掲書、pp. 223-306。

――――（2018b）「英国の研究評価事業――新たなルールと新たなゲームの可能性」佐藤郁哉編著、上掲書、pp. 223-306.

佐藤俊哉（2017）「統計的有意性と P 値に関する ASA 声明」（Wasserstein and Lazar (2016) の部分訳）http://www.biometrics.gr.jp/news/ajj/ASA.pdf.

ジョージ，B.（小川孔輔・林麻矢訳）（2017）『True North リーダーたちの羅針盤』生産性出版。

ソーカル，A.・ブリクモン，J.（2012）（田崎晴明・大野克嗣・堀茂樹訳）『「知」の欺瞞

——ポストモダン思想における科学の濫用』岩波書店。
テイラー, F.（上野陽一訳・編）（1969）『科学的管理法』産能大学出版部。
ハーディ, T.（川本静子訳）（1988）『日陰者ジュード』図書刊行会。
バーナム, J.（武山泰雄訳）（1965）『経営者革命』東洋経済新報社。
バトラー, J.（竹村和子訳）（2018）『ジェンダー・トラブル——フェミニズムとアイデンティティの攪乱 新装版』青土社。
ハラリ, Y. N.（柴田裕之訳）（2018）『ホモ・デウス——テクノロジーとサピエンスの未来 上・下』河出書房新社。
パワー, M.（国部克彦・堀口真司訳）（2003）『監査文化——検証の儀式化』東洋経済新報社。
ピーターズ, T.・ウォーターマン, R.（大前研一訳）（1983）『エクセレント・カンパニ——超優良企業の条件』講談社。
ピンカー, S.（幾島幸子・塩原通緒訳）（2015）『暴力の人類史 上・下』青土社。
————（橘明美・坂田雪子訳）『21 世紀の啓蒙——理性、科学、ヒューマニズム、進歩 上・下』草思社。
フェファー, J.・サットン, R.（清水勝彦訳）（2009）『事実に基づいた経営——なぜ「当たり前」ができないのか』東洋経済新報社。
ブラッドワース, J.（濱野大道訳）（2019）『アマゾンの倉庫で絶望し、ウーバーの車で発狂した』光文社。
フレドリクソン, B.（植木理恵・高橋由紀子訳）（2010）『ポジティブな人だけがうまくいく 3:1 の法則』日本実業出版社。
マクリーン, N. （水上峰雄訳）（1997）『マクリーンの渓谷——若きスモークジャンパー（森林降下消防士）たちの悲劇』集英社。
ミュラー, J. Z.（松本裕訳）（2019）『測りすぎ——なぜパフォーマンス評価は失敗するのか？』みすず書房。
ミルズ, C. W.（鈴木広訳）（1965）『社会学的想像力』紀伊國屋書店。
ローゼンツワイグ, P.（桃井緑美子訳）（2008）『なぜビジネス書は間違うのか——ハロー効果という妄想』日経 BP 社。

■訳者紹介

佐藤　郁哉

Ikuya SATO

同志社大学商学部教授・一橋大学名誉教授

1955年、宮城県生まれ。77年、東京大学文学部卒業。84年、東北大学大学院博士課程中退。86年、シカゴ大学大学院修了（Ph.D.）。一橋大学大学院商学研究科教授、プリンストン大学客員研究員、オックスフォード大学客員研究員などを経て2016年より現職。専門は経営組織論・社会調査方法論。

主な著作に、『暴走族のエスノグラフィー』（新曜社、国際交通安全学会賞）、*Kamikaze Biker*（University of Chicago Press）、『現代演劇のフィールドワーク』（東京大学出版会、日経・経済図書文化賞）、『組織エスノグラフィー』（共著。有斐閣、経営行動科学学会優秀研究賞）、『社会調査の考え方［上］［下］』（東京大学出版会）、『50年目の「大学解体」20年後の大学再生』（共著。京都大学学術出版会）、『大学改革の迷走』（筑摩書房）、『はじめての経営学　ビジネス・リサーチ』（東洋経済新報社）など。

■著者紹介

デニス・トゥーリッシュ
Dennis TOURISH

英国サセックス大学ビジネススクール教授（リーダーシップ論・組織論）

1988年、英国アルスター大学（北アイルランド）コミュニケーション理学士（BSc: Bachelor of Science）。91年、同大学健康・社会サービス経営学修士（MSc: Master of Science）優秀賞。96年、同大学博士（Ph.D.）。

2015年から2021年まで、学術誌*Leadership*の編集委員長を務める。多数の論文を発表し、2020年に*Academy of Management Learning and Education*に掲載された論文“The triumph of nonsense in management studies”は、同年の最優秀論文賞受賞。研究テーマには、組織の機能不全をもたらすリーダーシップに関する研究も含まれ、その一環として、2013年には*The Dark Side of Transformational Leadership*（変革型リーダーシップのダークサイド）を刊行。また、カルト的な組織におけるリーダーシップ、銀行業界における傲慢な行動、社会科学における研究のインテグリティなど、多岐にわたる研究もおこなっている。最近の論文に、*Leadership*誌の特集号に掲載された“Introduction to the special issue: Why the coronavirus crisis is also a crisis of leadership”がある。

さまざまな公共機関や民間企業に対するコンサルタント業務や経営幹部教育の経験も豊富であり、またその研究内容については、SKYニュース、BBCニュース、ITVニュース、BBCワールドニュースなどのラジオやテレビの取材を受けている。

これまでに執筆、共著、共同編集の形で9冊の本を公刊、その中でも本書が最も重要なものであると考えている。妻と2人の子供、4人の孫、そして犬と猫がいる。世界のさまざまな国を訪れているが、訪日経験はまだ無い。

経営学《けいえいがく》の危機《きき》
詐術《さじゅつ》・欺瞞《ぎまん》・無意味《むいみ》な研究《けんきゅう》

発行日――2022年7月26日　初 版 発 行　〈検印省略〉
　　　　　2023年3月16日　初版3刷発行

訳　者――佐藤郁哉《さとういくや》

発行者――大矢栄一郎

発行所――株式会社　白桃書房
〒101-0021　東京都千代田区外神田5-1-15
☎03-3836-4781　Ⓕ03-3836-9370　振替00100-4-20192
http://www.hakutou.co.jp/

印刷・製本――藤原印刷株式会社

ISBN978-4-561-16186-8　C3034

推 薦 文

最近おこなわれた数々の研究によって、経営学あるいは社会科学一般における研究成果に対しては懐疑の目を向けるべきだとするに足るだけの根拠が次々に明らかにされてきた。研究者の中には、昇進や昇給のために不正な手段を用いる者が少なくないが、その種の不誠実な行為によって生み出されてきた文献は研究活動や大学における教育を台無しにしてきた。また、このような嘆かわしい状況が認識されてきたことは、経営学者ひいては社会科学者一般のあり方に関する正統性の危機にもつながってきた。大学は変わらなければならないし、大学教員を育成していく方法も変えていかなければならない。デニス・トゥーリッシュは、このような堕落と腐敗の元凶とも言える原因について指摘する一方で、研究と教育を今よりも誠実で人々にとってより有用なものにするための実践的な改善策を提案している。すべての経営学者は、本書における彼の分析に目を通し、またその提言に対して耳を傾けるべきである。

——ウィリアム・スターバック（オレゴン大学ラドキスト・ビジネス・カレッジ客員教授、ニューヨーク大学名誉教授）

経営研究の現状について痛烈に批判し、かつその改善策を提案している。トゥーリッシュは、経営学者に対しては「本当に意味のある研究」に取り組むように、一方でビジネススクールの執行部に対しては手遅れになる前に改革を始めるようにと、それぞれにとって耳の痛い忠告をしているのである。

——クリスター・グレイ（ロンドン大学ロイヤル・ホロウェイ校経営学部組織論教授）

トゥーリッシュは、この分野の研究者である私たちがいかにして経営研究を実務家にとって無縁なものにし、また私たち自身を世の中にとって無用なものにしてしまったかという点について痛烈なメッセージを送っている。彼は、私たちが抱えている問題が、科学的厳密性と現実関連性に関わる2つの危機などという範囲をはるかに超えたところにあることを明らかに示しているのである。私たちは大学教員をビジネススクールや大学のランキング指標の規準をクリアための商品として扱っている。一方で教員の側は、研究業績の刊行実績を職業人生の唯一の目標として追い求めていく中で魂を失い、そのシステムの中に取り込まれてしまっている。この閉鎖的で自己言及的なシステムは創造性を萎縮させ、象牙の塔の中で人間性を破壊しているのである。それは私たち自身が持っている才能の使い道として正しいやり方であろうか？　また、それで社会から提供される資源や寄せられている信頼に対してきちんと向き合っていると言えるのであろうか？　トゥーリッシュは単なる批判を述べるだけに留まらない。彼は解決の方向性を示し、さらにこの自滅的な傾向を制止するための具体的な方策を例示しているのである。トゥーリッシュが繰り返しアピールしているように、「我々はもっとうまくやれる（We can do better)」はずなのである。その楽観主義に共鳴して、私はそれに「きっとやれる（We can do it)」と付け加えたい。

——アン・S・ツイ（責任ある商学・経営学研究のためのネットワーク組織〈Responsible Research in Business and Management〉共同設立者）